# 云制造模式下的
# 企业敏捷性及其绩效提升

IMPROVING OF
ENTERPRISE AGILITY AND ITS PERFORMANCE THROUGH THE
CLOUD MANUFACTURING MODE

霍春辉 著

# 图书在版编目（CIP）数据

云制造模式下的企业敏捷性及其绩效提升/霍春辉著.—北京：经济管理出版社，2015.9
ISBN 978-7-5096-3842-2

Ⅰ.①云… Ⅱ.①霍… Ⅲ.①计算机网络—应用—制造工业—工业企业管理—研究—中国 Ⅳ.①F426.4-39

中国版本图书馆 CIP 数据核字（2015）第 145244 号

组稿编辑：张永美
责任编辑：张永美　高　娅
责任印制：黄章平
责任校对：王　淼

出版发行：经济管理出版社
　　　　　（北京市海淀区北蜂窝 8 号中雅大厦 A 座 11 层　100038）
网　　址：www.E-mp.com.cn
电　　话：（010）51915602
印　　刷：北京九州迅驰传媒文化有限公司
经　　销：新华书店
开　　本：720mm×1000mm/16
印　　张：18.75
字　　数：349 千字
版　　次：2015 年 9 月第 1 版　2015 年 9 月第 1 次印刷
书　　号：ISBN 978-7-5096-3842-2
定　　价：58.00 元

·版权所有　翻印必究·

凡购本社图书，如有印装错误，由本社读者服务部负责调换。
联系地址：北京阜外月坛北小街 2 号
电话：（010）68022974　　邮编：100836

# 前 言

　　随着第三次工业革命的不断推进,世界各国掀起了"再工业化"的浪潮:美国继"先进制造伙伴计划"之后又出台了"国家制造创新网络计划",以重振和巩固其制造业强国地位;德国提出了"工业4.0"发展规划,以实现制造业智能化快速发展;英国、法国、日本等强国也纷纷走上了"再工业化"的发展之路。我国顺应时代发展潮流,提出了"中国制造2025"的战略规划,以期改变中国制造业"大而不强"的局面,争取在2025年跻身于世界制造业强国之列。然而,当前我国制造业的快速发展和转型升级面临着严峻的挑战,除了激烈的国际竞争环境外,我国本土环境也不容乐观,人口红利正在逐渐消失,环境问题十分突出,发达国家正将部分企业撤离中国等。中国制造业面临着动态复杂的环境,大部分企业处于"微笑曲线"的底端,迫切需要实现快速发展和转型升级。因此,制造业企业需要提升自身组织敏捷性,以增强企业快速应对外部环境变化的能力。

　　"云制造"的出现为我国制造业的转型升级提供了发展思路。"云制造"一词最早是由李伯虎及其团队提出的。云制造的本质是将云计算、物联网、智能化等先进新兴信息化技术与制造业实现深度融合,从而实现制造业服务化、网络化、绿色化、智能化、虚拟化、敏捷化发展,进一步推进"两化"融合。先进新兴信息化技术的应用,特别是云计算技术的应用为实现制造业的快速发展提供了机遇和挑战。首先,云计算是一种基于互联网的高性能计算模式和服务模式,改变了传统的计算模式,不再受时空的限制,具有高度的灵活性;其次,云计算实现了商业模式的创新(提供软件即服务、基础设施即服务、平台即服务等服务内容),实现了计算资源的服务化;最后,云计算具有低成本、可扩展、高效率等优势,能够实现按需分配,有效提高计算资源的利用率,进而实现资源的优化配置。云计算被广泛应用于IT行业、电信行业、电子商务、教育等领域。国外企业(亚马逊、谷歌等)率先推出云计算服务,为大、中、小型企业提供以软件即服务、基础设施即服务、平台即服务等为主的云服务内容,实现了基于云计算的商业模式创新,推动了企业的快速发展。随着云计算的快速发展,中国企业(阿里巴巴、百度等)也开始推出云计算服务,例如阿里云、百度云等,推动了云计算在中国的快速发展。随着云技术应用不断成熟,云计算理念逐渐延伸至制造业,为"云制造"在制造业中的实践和应用提供了理论支持和技术支持。

云制造模式是先进新兴信息化技术的集合,是云计算技术在制造业领域的深度延伸和拓展。与云计算相比,它面向的资源不仅包括计算资源,而且还涵盖了广泛的制造资源和制造能力;它提供的服务不仅包括云计算提供的服务范围,而且还包括设计即服务、生产加工即服务、经营管理即服务等服务内容。此外,云制造比敏捷制造(Agile Manufacturing)、网络化制造(Networked Manufacturing)、众包生产(Crowdsourcing Production)等先进制造模式在推进制造业实现快速发展和转型升级方面更具优势。它借鉴了云计算、物联网、高效能计算、语义Web等先进信息技术,充分融合了敏捷化、个性化、绿色化、服务化等先进思想,为制造业企业参与敏捷性竞争提供了新的技术手段和制造模式。当前,各国已经开始探索云制造模式,美国MFG.com的制造交易平台是云制造模式的雏形;美国波音公司采用基于网络协同、制造服务外包的模式;欧盟第七框架于2010年8月启动了云制造项目;我国"863"计划资助了云制造项目,进一步推动了"云制造"理念的落实。此外,我国一些知名制造企业(如沈鼓集团、航天科技集团、中国北车集团、中国兵工集团等)也已经在尝试设计和应用云制造模式,并取得了一些显著绩效。目前,对于云制造模式的研究和实践虽然取得了一些成果,但仍有很多技术和应用问题亟须深入研究。特别是如何应用云制造模式提升企业组织敏捷性以快速适应动态复杂的外部环境是当前亟待解决的问题。关于组织敏捷性的研究是管理学领域重点研究内容之一,最早起源于美国里海大学雅柯卡研究所。早期对组织敏捷性的研究主要集中于敏捷制造(AM)领域;后来则有一部分学者跳出敏捷制造的框架体系,开始从组织适应性、组织柔性、动态能力等研究视角出发,将组织敏捷性视为一种企业动态能力来进行系统研究,这也是本书所采纳的研究视角。通过对国内外文献的梳理发现,针对云制造模式的研究,特别是在概念、运行原理、技术体系等方面成为信息科学领域研究的热点,而我国管理学领域对云制造模式的研究尚处于起步阶段。此外,当前部分学者将组织敏捷性视为一种动态能力，并展开了相应的实证研究，进一步推动了组织敏捷性理论的发展。在文献检索过程中，尚未发现将云制造模式与组织敏捷性和绩效纳入统一框架的实证研究。云制造模式对组织敏捷性及绩效作用机理的"暗箱"依然存在，从而使得政府和企业决策者无法确认云制造模式应用的实际效果，因此该问题亟须管理学领域学者们展开系统研究。

本书基于动态能力观将云制造纳入组织敏捷性的框架体系，深入探究云制造模式、组织敏捷性、企业绩效三者之间的逻辑关系，构建了"云制造—组织敏捷性—绩效"CAP 模型。这是本书的主体思想，也是本书的精华所在。为了验证CAP 模型的可靠性，课题组本着科学严谨的研究态度，采用实地调研、问卷调查和与企业高管进行访谈等方法来收集一手数据资料，搜集权威新闻、核心期刊、企业内部资料、官方网站信息等二手数据，通过三角验证的方式以确保数据资料的真实可靠。本书主要包括七部分内容：①问题的提出；②国际制造业的发展及启示；③组织敏捷性的研究理路；④基于云的企业管理模式；⑤组织敏捷性对企业绩效的影响机理；⑥云制造模式对组织敏捷性与绩效的影响机理；⑦云制造模式下我国制造企业组织敏捷性的应用对策。本书脉络清晰，紧紧围绕"云制造模式对组织敏捷性绩效的作用机理"这一主题展开研究和讨论，采用实证研究和案例研究相结合的方法，对研究主题层层深入，引用国内外数据资源和丰富的案例资料（包括连云港、亚马逊、阿里巴巴、华晨金杯、沈鼓集团等）。本书紧紧把握制造业，特别是先进制造业发展的脉搏，洞悉国际制造业的发展现状和未来发展趋势；梳理组织敏捷性理论的研究理路，包括组织敏捷性的历史渊源、内涵特征、分析框架、衡量指标与实证研究等；阐述当前企业基于云的管理模式创新，包括云计算在企业中的应用、云管理模式在企业中的实践以及基于云技术的电子商务发展模式等；深入探究组织敏捷性对企业绩效的影响以及云制造模式对组织敏捷性和绩效的影响机理。综上研究，本书致力于为中国制造业的快速发展和转型升级提供思路和借鉴：

第一，借鉴国际制造业的发展经验。制造业是衡量国家综合实力和国际竞争力的重要标志。美国、欧洲、日本等发达国家和地区重视制造业，特别是先进制造业的发展，实现国家和地区的快速发展。国际制造业的发展经验值得中国借鉴和学习。如何将发达国家发展先进制造业的经验与中国制造业具体实际相结合是当前中国制造业发展的关键。中国制造业的发展应注重把握当前国际制造业的发展趋势，明确先进制造业的战略地位，提升自主创新能力，实现中国制造业的智能化、绿色化、服务化、敏捷化发展。

第二，创新企业管理模式或商业模式。云计算在企业管理中的应用不断普及，促使新的管理模式产生，即云管理模式。云管理是借助云计算技术和其他相关技术，通过集中式管理系统而建立的完善的数据体系和信息共享机制。它是基于社交网络、移动互联网、云计算等新兴技术而构建的新型管理模式。云管理改变了中国企业传统的管理模式，突破了传统的组织、时空和资源的局限，提高了管理的灵活性。基于对连云港和越秀集团云管理模式的探讨，云管理模式能够促进集团生产运作的智能化、信息化、高效化；基于对亚马逊、阿里巴巴、苏宁云商案例的研究，电商企业应用云技术能够实现商业模式的创新。因此，企业应该将云技术与企业具体实际相结合，实现管理模式或商业模式的创新以推动企业实现快速发展或转型升级。

第三，提出我国制造企业云制造应用对策。云制造模式要真正落实到制造业的实践与应用，就需要与企业的具体信息化需求、组织架构、产品制造模式、组织文化等企业特点相适应。云制造模式不仅仅是一种技术手段，也是一种与企业息息相关的管理手段，必须与企业管理模式相匹配。云制造的探索和落实，需要充分结合制造企业的自身特点，不能够盲目地使用和推广。因此，大型制造集团企业应用云制造模式需要结合自身信息化需求，注重统筹规划，加强顶层设计，打造个性化云制造模式。此外，制造业企业应该基于德国"工业4.0"先进理念，应用先进云技术，推进制造业的智能化发展，构建开放式云制造平台等，实现制造业企业由单纯的制造型企业向制造服务型企业转变，不断推进商业模式的创新，实现企业快速发展。

第四，应用云制造模式实现组织敏捷性优化。基于CAP模型，本书从技术敏捷性、顾客敏捷性、合作伙伴敏捷性、运营敏捷性四个方面提出了基于云制造模式的组织敏捷性优化策略。云制造模式是一种先进制造模式。本书通过对沈鼓集团应用云制造模式的案例研究，深度挖掘云制造模式对企业组织敏捷性的作用机理，探寻组织敏捷性优化路径。外部环境日益动态复杂，制造企业需要尝试应用云制造模式或其理念以提升组织敏捷性（包括技术敏捷性、顾客敏捷性、运营敏捷性、合作伙伴敏捷性）以增强其竞争优势。

综上，本书的价值除了论证CAP模型以外，还基于应用云管理模式和云制造模式的案例企业的实践经验，提出了我国制造企业的云制造模式应用对策和基于云制造模式的组织敏捷性优化策略，以期为我国制造业应用云制造模式以实现个性化发展、商业模式创新、企业转型升级等提供借鉴，为我国制造业企业提升自身组织敏捷性以快速应对外部环境变化提供思路。

课题组成员本着科学严谨的研究态度，坚持从中国制造业的实际出发，广泛借鉴国际制造业发展最新研究成果，深入企业认真调研以获取第一手资料，注重理论与实际相结合，把握制造业发展的时代脉搏。本项目研究历时三年多，得到了政府、学校、科研机构和企业的帮助和支持。课题组成员在研究过程中，广泛借鉴和采纳专家和企业家的宝贵建议，不断深入探究云制造模式对组织敏捷性和绩效的作用机理，紧密结合案例企业应用云制造模式实际情况，注重探索云制造模式与组织敏捷性的内在逻辑关系，以期为中国制造业实现快速发展和转型升级提供借鉴。希望本书能为政府、企业管理者、相关学者、广大研究生及对中国制造业发展、云制造模式、组织敏捷性等相关领域感兴趣的各界人士提供有益的参考和借鉴。

本书在写作过程中借鉴和参考了许多国内外知名学者研究成果的内容，在此谨向原作者表示感谢。由于笔者水平有限，加上时间仓促，书中可能难免存在不足和疏漏之处，敬请广大读者和相关专家对本书予以批评指正。

霍春辉

2015年4月

# 目 录

## 第一章 问题的提出 ... 001

### 第一节 研究背景 ... 001
一、实践背景 ... 001
二、理论背景 ... 012

### 第二节 研究的内容体系 ... 015

### 第三节 研究方法与思路 ... 018
一、研究方法 ... 018
二、研究思路 ... 019

## 第二章 国际制造业的发展及启示 ... 021

### 第一节 国际制造业的发展现状 ... 021
一、美国制造业的发展 ... 022
二、欧洲制造业的发展 ... 023
三、日本制造业的发展 ... 025

### 第二节 国际制造业的发展趋势 ... 026
一、全球化 ... 027
二、智能化 ... 027
三、虚拟化 ... 028
四、集群化 ... 028

五、服务化 …………………………………………………………… 029
　　六、绿色化 …………………………………………………………… 029
　　七、敏捷化 …………………………………………………………… 030
　第三节　国际制造业发展对我国的启示 ………………………………… 030
　　一、国际经验 ………………………………………………………… 030
　　二、启示 ……………………………………………………………… 032

## 第三章　组织敏捷性的研究理路 ……………………………………… 043
　第一节　组织敏捷性的渊源及内涵 ……………………………………… 043
　　一、组织敏捷性的起源 ……………………………………………… 043
　　二、组织敏捷性的内涵 ……………………………………………… 046
　第二节　组织敏捷性的特征及相关概念辨析 …………………………… 051
　　一、组织敏捷性的特征 ……………………………………………… 051
　　二、组织敏捷性相关概念辨析 ……………………………………… 053
　第三节　组织敏捷性的分析框架 ………………………………………… 054
　　一、Sambamurthy 三维度框架 ……………………………………… 054
　　二、Rick Dove 四维度框架 ………………………………………… 055
　　三、Goldman 四维度框架 …………………………………………… 056
　　四、其他分析框架 …………………………………………………… 056
　第四节　组织敏捷性的衡量指标及实证研究 …………………………… 059
　　一、组织敏捷性的衡量指标 ………………………………………… 059
　　二、敏捷性的实证研究 ……………………………………………… 061

## 第四章　基于云的企业管理模式 ……………………………………… 065
　第一节　云计算在企业中的应用 ………………………………………… 065
　　一、云计算的内涵及其特征 ………………………………………… 065
　　二、云计算的服务层次 ……………………………………………… 067
　　三、云计算的服务模式 ……………………………………………… 071
　　四、云计算应用的潜在风险 ………………………………………… 076
　　五、国内云计算应用现状 …………………………………………… 078
　第二节　云管理在企业中的应用 ………………………………………… 081
　　一、云计算对企业管理的影响 ……………………………………… 081

二、云管理模式的概念 ……………………………………………………… 082
　　三、连云港港口集团云管理模式的实施 …………………………………… 083
第三节　基于云技术的电子商务发展模式解析 …………………………………… 091
　　一、电子商务企业中云计算功能分析 ……………………………………… 092
　　二、国内外典型电子商务企业的云计算应用模式分析 …………………… 093
　　三、电子商务企业云计算的应用建议 ……………………………………… 102
第四节　云制造模式探析 …………………………………………………………… 103
　　一、云制造模式的内涵 ……………………………………………………… 103
　　二、云制造的运行原理及体系结构 ………………………………………… 105
　　三、云制造的特征及关键技术 ……………………………………………… 109
　　四、云制造的研究现状及未来展望 ………………………………………… 110

# 第五章　组织敏捷性对企业绩效的影响机理 …………………………………… 113

第一节　相关理论基础 ……………………………………………………………… 113
　　一、动态能力 ………………………………………………………………… 113
　　二、流程基础观 ……………………………………………………………… 124
第二节　理论框架与模型 …………………………………………………………… 130
　　一、技术敏捷性的前因作用：技术敏捷性和组织敏捷性 ………………… 131
　　二、业务流程的中介作用：动态能力观与流程基础观 …………………… 135
　　三、理论模型 ………………………………………………………………… 137
第三节　研究假设与实证检验 ……………………………………………………… 141
　　一、研究假设 ………………………………………………………………… 141
　　二、调查问卷的编制与效度检验 …………………………………………… 143
　　三、样本选择与数据收集 …………………………………………………… 146
　　四、数据分析与处理 ………………………………………………………… 146
　　五、研究发现、启示与局限性 ……………………………………………… 150
　　六、研究总结及展望 ………………………………………………………… 152
第四节　案例研究——华晨金杯公司 ……………………………………………… 155
　　一、华晨金杯公司技术敏捷性的演进 ……………………………………… 155
　　二、IT敏捷性对华晨金杯公司组织敏捷性的影响 ………………………… 157

## 第六章　云制造模式对组织敏捷性与绩效的影响机理 …… 163

### 第一节　云制造模式对组织敏捷性的影响 …… 163
一、基于 CTRS 指标评价体系的云制造对组织敏捷性影响分析 …… 163
二、云制造应用对组织敏捷性的影响分析 …… 171

### 第二节　理论框架与模型 …… 177
一、云计算时代的企业业务流程敏捷性 …… 177
二、云计算的业务敏捷性与经济效益 …… 179
三、云制造影响组织敏捷性与绩效的 CAP 模型 …… 181

### 第三节　单案例研究——沈鼓集团 …… 185
一、沈鼓集团云制造服务平台的演进 …… 185
二、云制造对组织敏捷性影响的指标评价体系分析 …… 198
三、沈鼓集团云制造应用对组织敏捷性的影响分析 …… 202
四、研究结论 …… 206

### 第四节　跨案例研究——英业达集团与沈鼓集团 …… 209
一、英业达集团云制造建设背景 …… 209
二、英业达集团云制造应用现状 …… 211
三、云制造模式对英业达集团绩效的影响机理 …… 213
四、沈鼓集团与英业达集团案例对比分析 …… 216
五、研究局限与未来研究方向 …… 218

## 第七章　云制造模式下我国制造企业组织敏捷性的应用对策 …… 219

### 第一节　我国制造企业的云制造应用建议 …… 219
一、打造个性化云制造模式 …… 219
二、探索基于云制造的商业模式 …… 227
三、发挥云制造模式的协同优势 …… 233
四、构筑集团企业的"私有云" …… 239
五、搭建中小企业的"公有云" …… 244

### 第二节　基于云制造的组织敏捷性优化策略 …… 255
一、技术敏捷性优化策略 …… 255
二、顾客敏捷性优化策略 …… 257
三、合作伙伴敏捷性优化策略 …… 258

四、运营敏捷性优化策略 ……………………………………………… 258

# 附　录 ………………………………………………………………… 261

　　附录一　华晨金杯汽车有限公司组织结构 ……………………… 262
　　附录二　调研时间与访谈对象 …………………………………… 263
　　附录三　组织敏捷性的变量和指标 ……………………………… 263
　　附录四　业务流程变量及指标 …………………………………… 264
　　附录五　企业绩效变量及指标 …………………………………… 265

# 参考文献 ………………………………………………………………… 267

# 第一章 问题的提出

## 第一节 研究背景

### 一、实践背景

#### (一) 企业竞争环境的转变

1. 欧美国家的"再工业化"战略

"再工业化"是指政府重新重视制造业的发展,通过积极采取各种有效措施以期恢复以制造业为主的实体经济的重要战略地位。"再工业化"最早源于20世纪70年代,是针对德国鲁尔地区、法国洛林地区、美国东北部地区和日本九州地区等重工业基地改造问题提出的。制造业是衡量国家综合实力和国际竞争力的重要标志。在经济全球化和信息革命的大背景下,无论是发达国家还是发展中国家都开始重新审视制造业的战略地位。美国把"再工业化"作为摆脱美国经济困境的一项国家战略,特别是信息时代的到来,如何进一步推动信息化技术在制造业的广泛应用成为美国重新发展制造业的重点。美国政府实施的"再工业化"战略,中期目标是要重振美国制造业,创造就业,推动美国经济走出低谷等。远期目标是要在世界经济领域掀起一场"战略大反攻",以"再工业化"作为抢占世界高端制造业的战略跳板,促使主导"新型制造业"的先进技术和设备在环保、能源、交通，乃至所有经济领域遍地开花，以达到巩固维持其超级大国地位的战略目标。①美国实施"再工业化"战略已经取得了初步成效，推动了美国经济的发展，增加了更多的就业机会，特别是先进制造技术的就业机会。美国的"再工业化"不是简单对制造业的复苏和回归，而是着重推动先进制造业的发展，特别注重以智能制造和数字化制造技术为主的现代化制造业的快速发展。如今，制造业的发展离不开信息技术的支持，迫切需要实现工业化和信息化的深度融合。

与此同时，西欧各国也纷纷出台了"再工业化"的计划和政策。2008年9月8日，英国政府公布一项新的振兴国家制造业的战略计划。2010年9月，法国政府在"新产业政策"中明确将工业置于国家发展的核心位置，提出了法国必须进行"再工业化"，并计划到2015年把法国的工业生产量在现有基础上提高25%。2010年，西班牙也制定了"再工业化"援助政策，预计至2015年将制造业占GDP比重由12%提高至18%。②发达国家制造业虽然在国内生产总值中所占的比重不断下降，但依然是推动国家经济增长的主要动力。全球制造业产业格局正在发生深刻的变革，但"再工业化"仍是各国未来参与国际竞争和提高国际地位的重要支撑，特别是装备制造业的发展，将直接影响甚至决定一个国家的经济能否健康快速发展。美国、日本、德国等制造业强国，纷纷把制造业作为立国强国之本，制定了详细的先进制造业创新战略，以进一步推动制造业的转型升级，促进先进制造业的快速发展。因此，以智能制造和先进制造技术为核心的"再工业化"是未来各国制造业的发展趋势。

2. 后金融危机时代的制造业竞争

后金融危机时代是指美国2008年发生次贷危机以后，迅速触底的全球经济回升直至下一轮经济增长周期到来之前的一段时间，这个时间间隔可能是两年、三年或八年、十年甚至更久。国际金融危机爆发后，欧美国家（例如美国、德国、英国等）为了恢复经济增长，保持制造业的竞争力，纷纷将目光转向实体经济，重新重视制造业，特别是先进制造业的发展。在后金融危机时代，世界经济的重点由虚拟经济开始向实体经济转移，注重发展以制造业为主的工业经济。在21世纪的今天，世界经济开始逐渐回暖，发展势头相对较好，全球制造业发生大变革，开始逐步由低端制造向高端制造演进，不断向制造业价值链两端（技术和服务）延伸，这是后金融危机时代下世界各国发展实体经济的重要方面之一。

---

① 李正信."再工业化"美国的战略选择［N］.经济日报，2013-04-17.
② 张文汇.欧美再工业化及其挑战［J］.中国金融，2013（5）：73-75.

然而，后金融危机时代下，制造业回归发达国家成为企业投资目的地的重要选择，而我国当前制造业劳动力成本优势正在逐渐消失，面临着制造业转型升级的巨大压力。欧美发达国家"去工业化"曾将大量制造生产环节外包到我国沿海地区。当前经过新技术改造的生产方式对要素需求降低，为美国"再工业化"创造了条件。新技术革命提高了生产效率，促使传统制造业回流美国，进而对我国的出口制造业形成巨大冲击。[1] 我国经济正处于重要的战略转型期，面对世界经济的复苏，国际制造业的快速发展增大了我国参与国际竞争的压力。

在全球经济复苏过程中，我国制造业应该抓住全球制造业重新洗牌的重要战略机遇期。因此，如何适应后金融危机时代下竞争环境的转变，实现我国制造业快速发展和经济发展方式的转变就成为我国目前经济发展亟须解决的问题。在动态复杂环境下，诸如经济全球化、技术的交叉渗透、产业界限与企业边界的模糊化、信息技术和电子商务的快速发展、知识要素地位的上升、标准的建立与更替以及动态的战略调整等挑战，不仅改变了竞争的规则、竞争的性质和可持续竞争优势的源泉，而且还相互作用，进一步强化了环境的动态性，对企业竞争优势问题提出了更严峻的挑战。

3. "工业 4.0" 时代来临

2014 年 3 月，国家主席习近平访问德国时在《法兰克福汇报》中发表署名文章提出，当前全球新一轮科技和产业革命呼之欲出，世界各国争相调整、适应，抓紧实施必要改革。其中，重点提到德国"工业 4.0"战略。[2] "工业 4.0"一词源于 2011 年汉诺威工业博览会，德国业界提出该想法是想通过物联网等技术应用提高德国制造业水平。随后，德国成立了"工业 4.0 工作组"，并于 2013 年 4 月发布了《保障德国制造业的未来：关于实施"工业 4.0"战略的建议》的报告。同时，德国联邦教研部与联邦经济技术部也于 2013 年将"工业 4.0"项目纳入了《高技术战略 2020》的十大未来项目中。德国机械及制造商协会（VDMA）等还合作设立了"工业 4.0"平台。2013 年 12 月，德国电气电子和信息技术协会发表了德国首个"工业 4.0"标准化路线图。在 2014 年 4 月的汉诺威工业博览会上，"工业 4.0"成为主题。德国总理默克尔将"工业 4.0"称作一个里程碑。"工业 4.0"是工业化和信息化深度融合的体现，为实现制造业发展智能化、绿色化、数字化提供了先进的发展理念。

---

[1] 芮明杰. 欧美"再工业化"对我国的挑战与启示 [N]. 中国社会科学报，2013-03-06.
[2] 王尔德. 德国"工业 4.0"战略对《中国制造 2025》的启示 [N]. 21 世纪经济报道，2014-07-04.

2014年10月10日，李克强总理和德国总理安格拉·默克尔共同主持召开第三轮中德政府磋商。两国政府共同发布《中德合作行动纲要》，其中提出由中国工业和信息化部、科技部和德国联邦经济和能源部、联邦教研部组织建立"工业4.0"对话。工业和信息化部部长苗圩与德国联邦副总理兼联邦经济和能源部部长西格玛尔·加布里尔共同签署了《关于中国作为2015年汉诺威消费电子、信息及通信博览会（CeBIT）合作伙伴国的联合声明》。[①] 我国就"工业4.0"与德国展开合作，为我国制造业的发展，特别是先进制造业的发展带来了良好的发展机遇，有利于我国实现工业化和信息化的深度融合，为我国如何实现制造业的智能化、绿色化、数字化、信息化发展提供了很强的借鉴意义，有利于推动我国由传统的制造业大国向制造业强国的转变，同时也为我国参与国际竞争带来了巨大的挑战。

4. 第三次工业革命

第一次工业革命源于英国，是以蒸汽机和机器大生产为主要特征的工业革命，开启了工业机器化大生产的序幕；第二次工业革命源于美国、德国等，是以电动机和内燃机为主要标志的工业革命，从此世界工业化中心开始从英国向美、德等国转移。如今，第三次工业革命悄然兴起，欧洲率先进入第三次工业革命，其中两个重要的标志：一是2007年欧盟构建了"20-20-20到2020"计划，即到2020年之前，温室气体在1990年基础上减排20%，能源使用效率提高20%，可再生能源的利用增加20%。二是在2007年，欧洲议会通过正式宣言，引入建设第三次工业革命所需的五大支柱计划，从此走上新经济之路。

杰里米·里夫金在《第三次工业革命：新经济模式如何改变世界》一书中指出了第三次工业革命的五大支柱：第三次工业革命的第一大支柱是从化石燃料向可再生能源转型。欧盟已经承诺，到2020年20%的电力将来自可再生能源。第二大支柱是用世界各地建筑收集分散的可再生能源。欧盟拥有1.9亿幢建筑，欧盟的目标就是，将它们转化为微型绿色发电厂：在房顶收集太阳能，在屋前装上风能发电设备，利用地热供暖，将厨余垃圾转化成生物能源。第三大支柱是必须在建筑和其他基础设施中使用氢和其他可储存基础来储存这些可再生新能源。第四大支柱是互联网技术革命与可再生能源相结合所建立起来的神经网络。第五大支柱是以插电式或燃料电池动力为交通工具的交通物流网络。到时可在任何一个生

---

① 鞠丽. 中国和德国将开展"工业4.0"对话 [N]. 工信微报，2014-10-15.

产电力的建筑中为车充电,也可通过电网平台买卖电力能源。①

虽然学术界和实践界对第三次工业革命的认识并未达成一致,但从杰里米·里夫金对第三次工业革命的描绘来看,新一轮的工业革命已然步入欧洲,绿色科技将逐渐打破传统以化石燃料为基础的工业生产体系,逐步实现信息化技术、绿色能源与制造业的深度融合,推动现代工业向智能化、绿色化、敏捷化、信息化方向发展。

第三次工业革命真正进入大众视野,源于《经济学人》2012年4月发表的《第三次工业革命:制造业与创新》的专题报道,系统阐述了当前正在发生的技术引领的制造业的变化,认为3D打印技术将与其他数字化生产模式一起推动第三次工业革命的实现。② 我国当前正处于信息技术和能源体系相互融合的时代,互联网通信技术与可再生资源的出现,同样给我国带来第三次工业革命的巨大契机。第一次工业革命和第二次工业革命传统的集中式的经营活动将逐渐被第三次工业革命的分散经营方式所取代。③

**(二)我国制造业转型升级对组织敏捷性的要求**

1. 组织敏捷性在制造业的成功实践

(1)美国制造业的成功实践。

20世纪80年代,原联邦德国和日本生产的高质量的产品大量推向美国市场,迫使美国的制造策略由注重成本转向产品质量。进入20世纪90年代,产品更新换代加快,市场竞争加剧。美国制造商意识到仅仅依靠降低成本、提高产品质量还难以赢得市场,还必须缩短产品开发周期。当时,美国汽车更新换代的速度已经比日本慢了一倍多,速度成为美国制造商关注的重点。为重新夺回美国制造业的世界领先地位,美国政府把制造业发展战略目标瞄向21世纪。美国通用汽车公司(GM)和里海(Leigh)大学的雅柯卡(Iacocca)研究所在国防部的资助下,组织了百余家公司分析研究400多篇优秀报告后,提出《21世纪制造企业战略》的报告。这份报告在1988年首次提出"敏捷制造"的新概念。1990年向社会半公开以后,该报告立即受到世界各国的重视。1992年美国政府将"敏捷制造"这种全新的制造模式作为21世纪制造企业的发展战略。

20世纪90年代,美国在航空航天、机床和电子制造业等三个行业分别建立

---

① 段聪聪. 第三次工业革命,中国不能滞后 [N]. 环球时报,2012-07-05.
② 芮明杰. 第三次工业革命与中国的选择 [M]. 上海:上海辞书出版社,2013:31.
③ 芮明杰. 第三次工业革命与中国的选择 [M]. 上海:上海辞书出版社,2013:29.

敏捷制造研究中心，从此，"敏捷制造"在全世界范围内引起了强烈反响，受到各国政府和产业部门的高度重视。1992年，美国国防部高级研究计划局（Advanced Research Projects Agency，ARPA）和美国国家自然科学协会（NSF）共同投资500万美元，组建了敏捷制造企业协会（Agile Manufacturing Enterprise Forum，AMEF），现在改称为敏捷性论坛（Agility Forum）。敏捷性论坛的主要工作是负责组织各界人士开展有关"敏捷制造"理论和实践等方面的探讨，每年召开一次关于敏捷性的国际会议。目前，全世界大约有250个企业和组织参与了该论坛的工作。

1992年，美国还开展了敏捷制造技术项目（Technologies Enabling Agile Manufacturing，TEAM）的研究活动。参加该项目的包括国防部、劳伦斯·利弗莫尔国家实验室、国家自然科学基金会等政府机构在内的75家以上的研究所、公司和工业集团（包括先进"敏捷制造"技术的提供者和最终用户），其目的在于集中工业资源、政府实验室和国防产品生产厂的力量来研究先进"敏捷制造"技术。截至目前，共有25家以上的企业在进行TEAM项目的技术研究活动。

1993年，美国国防部高级研究计划局和国家自然科学基金会又共同投资了1500万美元来支持"敏捷制造"实验项目，他们有选择地资助了3个学校的先进制造技术研究所（AMRI），即纽约州Rensselaer Polytechnic Institute的电子AMRI、伊利诺伊大学的AMRI和得克萨斯大学的自动化机器人AMRI，支持它们开展敏捷制造方面的研究，分别研究电子工业、机床工业、航天和国防工业的"敏捷制造"问题。此外，ARPA还配套支持了工业界进行的7项敏捷化商务实践、4项敏捷企业决策支持研究、8项敏捷化智能设计与制造系统和10项敏捷供应链管理系统。

从1994年开始，由AMEF牵头开展了"最佳敏捷实践参考基础"研究，有近百家公司和大学研究机构分别就"敏捷制造"的六个领域，包括集成品与过程开发/并行工程、人员问题、动态联盟、信息与控制、过程与设备、法律问题等进行了研究与实践相结合的深入工作。

美国现已有上百家公司和企业在进行"敏捷制造"的实践活动。随着对"敏捷制造"原理研究的日趋深入，美国一些大公司应用"敏捷制造"原理取得了显著成绩。例如，得克萨斯设备防御系统和电子集团（DSEG）在对捕鲸叉（Harpoon）导弹工厂的管理中，参照"敏捷制造"的一些原理，采用了灵活多变的动态组织结构。它改变了传统的按装配、测试、质量控制等功能布置工厂的方式，按照多任务、自导向工作组的原则组成工作单元，使每个工作单元拥有它所需要的资源，缩短产品流动的距离，从而将装配的线性传递距离减少

70%，并简化了运储设备的复杂性。

又如 IBM 公司也将快速响应市场，满足市场/用户需要作为企业的根本出发点，用户只需通过电话或电子邮件订货就可获得满意的商品。IBM 公司在一条有 40 多名工人的生产线上，可同时生产 27 种产品，而且每种产品因用户特殊要求而异。用户的订货数据输入电脑数据库，机器人或专职工人根据电脑数据挑选部件，然后输入传送带送往组装站。组装工人按电脑屏幕指示的步骤组装，然后由包装工人包装起运，第二天产品就会出现在用户面前。

美国在《21 世纪制造企业发展战略报告》中列举了将于 2006 年实现敏捷制造思想的几个设想方案。例如，美国汽车公司敏捷响应用户需求。美国汽车公司 USM（United States Motor Co.）是一家以国防部为主要用户的汽车公司。该公司承诺：①每辆汽车都按照用户的要求制造；②每辆汽车从订货起 3 日内交货；③在整个寿命周期内，有责任使用户满意，汽车能够重新改造，使得寿命延长。

20 世纪 90 年代后期至今，信息技术的飞速发展，如分布式计算技术、网络通信技术与互联网技术，为实施新的制造概念和模式提供了更有效的手段，一些技术突破原有技术的限制，为创造更新一代的制造思想和概念提供了空间。

（2）其他发达国家的成功实践。

目前，敏捷制造已具备了一定的实践基础，典型行业敏捷制造的应用示范在进行。20 世纪 90 年代，日本提出一个名为"智能制造系统"（Intelligent Manufacturing System，IMS）的国际性研究计划，在完成了可行性分析并确定组织结构后，于 1995 年正式启动。IMS 计划中有两个项目与敏捷制造有关，一个是自治和分布制造系统，另一个是较为长期的自治和分布制造系统，其副标题为"生物制造系统"。

自治和分布制造系统重点在于系统集成技术和自治模块结构的研究，强调系统应由可重复使用模块快速组成，当某一个模块被修改或置换时，不影响其他模块以及整个系统的正常运行，这一系统体现了敏捷的特性。

德国、法国和英国也都参加了一项主题为"未来的工厂"的尤里卡项目，为实施敏捷制造进行基础性研究工作。德国对未来制造业开展了一些工作，如 21 世纪制造业战略等。1994 年德国人提出了改变工业组织结构的分形公司（Fractal Company）。

敏捷制造的基本思想和方法可以应用于绝大多数类型的行业和企业，其中制造加工工业最为典型。敏捷制造的应用将在世界范围内，尤其是发达国家逐步实施。敏捷制造的发展与应用是工业企业适应经济全球化和先进制造技术及其相关技术发展的必然产物，已具有非常深厚的实践基础和基本雏形，世界主要国家的航空航天企业都已在不同的阶段或层次上按照敏捷制造的原理和思路实施。

（3）组织敏捷性在实践中的研究拓展。

虽然有大量的企业在努力实施敏捷制造，而且这些公司也确实从某一方面或几方面提高了企业的敏捷性，但是，迄今为止，在敏捷制造研究领域仍有大量问题尚待解决。面对这种情况，美国等发达国家开始对敏捷制造的开发与应用研究给予高度重视，他们资助了许多研究单位来开发实现敏捷制造的参考模型和支持工具，并且鼓励不同行业开展敏捷制造的示范应用，以期能够在边研究边应用的过程中逐渐积累经验，完善敏捷制造的工具和产品，从而为更多的行业和企业应用奠定基石。

敏捷制造的理论体系至今尚未健全，但人们已经基本达成了共识——以"敏捷制造"为代表的先进制造模式将是21世纪企业在竞争中取胜的必要条件，这种模式尤其适应当今快速多变的制造业产品市场环境：物质产品和服务融合，形成新一代产品的革新方向；全球经济一体化、市场共同化、国际竞争空前激烈；多品种、变批量的顾客/用户驱动市场方式等。

虽然敏捷制造最初是针对制造业所提出来的企业发展战略（市场要求柔性和适时生产，顾客需要小批量和高度定制化的产品，为在动态复杂变化的市场上竞争取胜，企业必须采用敏捷制造战略），对制造企业的生存能力的分析具有普遍性，但是，敏捷制造理论研究揭示了敏捷制造的规律，在敏捷制造的结果和表现形式的基础上形成了机理，因此，敏捷制造的适用范围大大拓宽。敏捷制造强调对市场的适应性，但它不是一种具体的生产运作方式，而是一个不断驾驭市场变化、持续获得竞争优势的经营模式；敏捷制造与精益生产一样，都追求更高的质量和资源利用效率，但它不是具体的生产过程。事实上，随着敏捷制造理念的贯彻，企业的敏捷性得到了提高，企业进行精益生产将会更加容易；敏捷制造不像全面质量管理或业务流程再造，虽然它也关注过程的改进，但它侧重的不是一次具体的调整与改革，而是采用新的商业模式；CIMS（计算机集成制造系统）是实现敏捷制造的重要技术手段，但是敏捷制造不单单是技术的升华，它还关注如何管理高素质的人员，企业敏捷性是技术与管理方式的集合，企业敏捷性的提高有助于先进技术的运用。为了更高效地提升敏捷性，抓住敏捷制造的核心内涵对企业来说将变得尤为重要。

2. 中国制造业转型升级的敏捷性要求

(1) 组织敏捷性研究的必要性。

随着网络经济和知识经济的快速发展，高新技术的更迭加快，产品生命周期逐渐缩短，顾客需求个性化、产品品种多样化、交货期缩短，顾客对产品和服务的期望不断提高。企业受到多种力量的威胁，如任意批量订单生产、产品寿命缩短、有形产品和服务的融合、全球生产网络、适应大量定制的分销基础设施等。企业竞争进入了"敏捷竞争时代"，在这种环境背景下，企业敏捷性决定企业的生存与发展。

"十一五"期间，我国工业增加值年均增速 11.3%，特别是在 2010 年，我国超过美国成为全球制造业第一大国。"中国制造"广受欢迎的同时，也面对从全球产业链中下游升级的重要问题。美国耶鲁大学教授彼得·肖特 2008 年的调研报告指出，工业国家已经通过制造更好和更高质量的产品应对来自中国等国的竞争。中国由制造大国迈向制造强国的道路仍面临巨大挑战。20 世纪 80 年代，当美国面临德国和日本高质量产品的竞争时，政府将敏捷制造模式确定为其 21 世纪制造企业的战略。通过提高敏捷性，得克萨斯设备防御系统和电子集团（DSEG）、IBM、美国汽车公司（USM）等公司都获得了成功。如今，谷歌、iTunes 和 Facebook 等公司也树立了敏捷性的典范，敏捷性使其保持独创性，它们的服务也能够根据客户需求而转变，获得动态竞争优势。对于正处在转型升级关键时期的中国制造业而言，敏捷性是值得借鉴的关键模式，是适应当前中国市场复杂动态性的关键，组织敏捷性问题的研究亟须深入。对敏捷性理论的总结和论证可以明确提升制造业组织敏捷性的迫切性，推动和完善组织敏捷性理论可以帮助相关政府部门与行业协会为我国制造业的转型升级设计出科学、合理、有效的发展路径。

(2) 技术敏捷性研究的紧迫性。

信息技术（IT）的迅猛发展和广泛应用影响并改变了人们的生产生活方式。与此同时，IT 业已成为现代企业发展的重要推动力，成为增强企业综合实力、提高企业产品市场竞争能力的关键要素。

伴随着信息技术的日新月异，企业的经营模式和经营环境也发生了巨大的变化，例如，竞争全球化、国际竞争结构巨变、组织层级和企业规模随着业务的不断扩大越来越庞大、顾客需求快速变化、交易模式发生改变等。如果想要适应这种变化，企业就必须深入了解并且充分利用信息技术，对企业实施流程再造，改变传统的经营理念、经营模式，增强企业适应动态复杂环境的能力，成为"敏捷竞争者"，只有这样，企业才能在激烈的市场竞争中生存发展。

我国制造业面临严峻形势，必须在"产品创新、管理创新、技术创新"上有重大突破。用信息化带动工业化从而实现制造业信息化是跨越发展的一项重要措施。但是，2008年上半年，资本市场中的经济状况对许多公司产生了影响。2008年3月，Gartner建议首席信息官必须做好削减IT成本的准备，以便应对日益紧缩的经济环境。软件开发项目，尤其是那些探索性的、动态的、精益的项目，在现阶段被冻结甚至延期直到经济状况回暖之后再进行发展。有些团队劳动力减少，丧失了有价值的领域和项目知识。这些不确定的因素使IT管理者和执行者萌生了返回舒适地带的念头，有些IT管理者和执行者正在从敏捷的方法倒退到更加传统的、面向计划的方法。因此，当前研究IT敏捷性是否能为企业真正带来绩效是很紧迫的一项课题，它可以为我国制造企业在提高技术敏捷性，尤其是在IT技术投入决策方面提供理论依据，对提高中国制造企业的敏捷性、提升"中国制造"的竞争优势做出贡献。

### （三）云制造的兴起

云制造是一种基于网络的、面向服务的、智慧化的制造新模式和新手段。作为一个新生事物，国内外企业对云制造的应用非常重视，纷纷启动了对云制造项目的应用与实践。

#### 1. 国外云制造实践进展

云制造实践最早产生于20世纪初期的美国。MFG.com在2000年时成立于美国亚特兰大，是当前世界上最大的制造资源交易平台之一，并在上海和巴黎等地设有分公司。MFG.com的制造平台交易模式是云制造模式的雏形。平台上的采购商能够通过MFG.com制造资源交易平台发布工程CAD文件或提供产品技术规格等，从而对其所需的工业零部件、纺织品和服装类等产品询盘，实现制造资源的智能化管理。与此同时，MFG.com还为广大采购商及供应商的合作沟通、询盘报价、尽职调查、查询订单成交状态及监测货物流状态提供平台。然而，MFG.com的制造平台模式与云制造模式还有一定的差距，目前它只是一个产品生产和产品销售服务的交易平台，而产品开发、产品使用等功能还有待进一步开发和完善。此外，美国波音公司采用基于网络协同、制造服务外包的模式，组织全球40多个国家和地区的企业协同研发波音787，使研发周期缩短了30%，成本减少了50%。

随着云制造这一概念在美国的兴起，云制造的应用与研究也引起了各国政府的高度关注。为进一步推动云计算技术在制造业中的应用，欧盟第七框架于2010年8月启动了制造云项目（Manu Cloud），并投资了500万欧元进行基于网络和软件的制造能力服务和实现面向用户的产品个性化定制需求的研究。此外，美国政府、大学和企业也开展了类似的研究项目。国外对云制造模式的应用与实践尚处于起步阶段，需要不断深入探索，推动云制造模式应用逐步落实。

2. 国内云制造应用现状

国家"863"计划资助了云制造项目，进一步推动了"云制造"理念的落实及应用。国内一些知名制造企业（如沈鼓集团、航天科技集团、中国北车集团、中国兵工集团等）也已经在尝试设计和应用云制造模式，例如中国航天科工集团研制的"云制造"公共服务平台——"天智网"已有2500多家企业用户，广泛服务于制造业企业的转型升级。目前，国内对云制造的应用主要体现在两个方面：一是面向集团企业的云制造服务平台；二是面向中小企业的云制造服务平台。针对当前国内主要的两种云制造服务平台的应用与实践做如下介绍：

（1）面向集团企业的云制造服务平台。

面向集团企业的云制造服务平台是以一个大型企业集团为制造服务中心，为下属企业或与其密切联系的中小企业开展制造服务的云平台模式。面向集团企业的云制造服务平台的主要服务对象是集团及下属企业。例如，航天科工集团二院与北京航空航天大学等进行合作，共同构建了基于复杂航天产品制造的云制造服务平台，目的是为未来能够提升集团整体的制造能力，实现制造资源和制造能力在集团与下属企业之间的共享与协同，目前该云制造服务平台对高端数控加工设备、单元制造系统及制造各阶段的专业能力进行了虚拟化封装，有利于推动制造资源和制造能力的协同与整合，充分提高集团企业制造资源和能力的使用效率，能够有效缩短复杂产品的研发及生产周期，有效解决集团企业内资源分布不均等问题。

作为我国轨道交通装备制造业的国有大型企业，中国北车集团构建了基于制造和管理的云制造服务平台，目的是对企业所拥有的资源进行有效的整合和利用。中国北车集团不仅拥有众多的资源，而且下属企业分布广泛。为了实现对下属企业的资源和能力进行统一管理，能够同时整合各下属企业客户的分散需求，中国北车集团通过云制造服务平台对集团企业及客户进行统一管理，推动北车集团制造业的转型和管理的变革，改变了下属企业自给自足的生产组织模式，不仅能够有效降低成本，而且还有利于推动下属企业装备产品在制造过程中的协同和优化。

（2）面向中小企业的云制造服务平台。

面向中小企业的云制造服务平台是针对众多的中小企业服务的共有云服务平

台，涵盖的范围更加广泛。宁波模具行业在国家"863"计划的支持下，成为中小企业产业集群探索"云制造"的先行者。浙江大学等科研单位针对模具行业当前存在的问题进行了系统的研究，例如，模具行业长期存在产品开发周期较长、制造成本较高、质量不能保证等问题。浙江大学等科研单位结合宁波模具行业发展的具体实际情况，研发了基于模具行业的中小企业云制造服务平台。其主要功能包括：模具零件库协同管理、模具企业诚信协同管理、模具知识库协同管理、模具行业协同设计和制造、模具行业协同售后服务管理及模具行业信息技术服务管理。[①] 该中小企业服务平台的搭建是为整合宁波地区模具行业中小企业的制造资源和能力，实现中小企业生产制造能力的协同，推动宁波地区模具行业的快速发展。

东莞华中科技大学制造工程研究院、华中科技大学、广东工业大学、广东电子工业研究院及杭州爱科电脑技术有限公司协同建立中小企业云制造服务平台。该中小企业云制造服务平台也获得了国家"863"计划的资助。中小企业云制造服务平台具备制造服务生命周期的全部功能，包括发布、查询、搜索制造资源与能力，智能匹配与推荐、在线交流、在线签订合同、在线提供服务，并进行服务评价。也建立了对制造服务过程的引导、监控、考核、评价、反馈等全流程机制，实现了针对制造服务资源/能力的参数进行搜索的专业化搜索引擎并分门别类地建立制造资源的参数库，能够实现制造资源、服务能力的标准化描述。云制造平台集成了第三方支付系统，实现了在线支付功能。

虽然我国各地区已经纷纷建立云制造项目，但从整体来看，国内针对云制造项目的相关实践目前仍处于探索阶段，在模式、技术及应用等方面的研究与实践仍需不断深入。云制造项目市场发展空间非常广阔。

## 二、理论背景

### （一）云制造理论的研究现状

云制造是一种能使我国制造业实现"服务型制造"、"敏捷制造"、"绿色制造"和"中国创造"的新型制造模式。它借助云计算、语义 Web、嵌入式系统技术、物联网、高效能计算等先进的信息技术手段实现对产品的研发、设计、生产、销售和服务等全生命周期相关资源的整合，提供标准、规范和可共享的服务模式。云制造由我国的李伯虎院士率先提出，国外没有这个专业术语，但国外学

---

① 张霖，区和坚，罗永亮，陶飞. 云制造的研究及应用现状 [J]. 新材料产业，2013（8）：63-68.

者在相关领域的研究一直在进行，类似研究被纳入网络化制造（Internet-based Manufacturing）、全球制造（Global Manufacturing）、电子化制造（E-manufacturing）和面向服务的制造（SOM）、众包（C-Sourcing）、协作网络（Collaborative Network）等研究领域。李伯虎等（2011）认为，云制造是一种面向服务、高效低耗和基于知识的网络化、敏捷化的制造新模式，是对云计算、网络化制造、ASP平台、制造网络等概念和技术的延伸和拓展；杨海城（2010）认为，云制造是面向区域、行业或企业，借助先进的信息技术，实现对产品开发、生产、销售、使用等全生命周期的相关资源整合，提供标准、规范、可共享的制造服务模式；王兴山（2011）强调了中小企业加速融入制造产业链的需求，指出了建设公共服务平台的必要性。综上可见，云制造丰富和拓展了云计算资源共享和服务模式，有利于产业链低端的制造业企业借助智能化的管理系统实现技术创新和管理创新；云制造面向区域和产业的特性，为进一步推进制造业企业集聚发展提供了新模式；云服务平台致力于研究制造产业共性关键技术及产业间差异，为制造业企业的发展提供全方位的技术支持，有效解决制造业企业的发展难题。

云制造比敏捷制造（Agile Manufacturing）、网络化制造（Networked Manufacturing）、众包生产（Crowd Souring）、工业产品服务系统（Industrial Product Service System）等更为先进。它借鉴了云计算、物联网、高效能计算、语义Web等先进信息技术，有效综合了敏捷化、个性化、绿色化、服务化等思想，为制造业企业参与敏捷竞争提供了新的技术手段。云制造概念提出后，在国内信息科学领域掀起了研究热潮，李伯虎的文章被评为2011年中国百篇最具影响的国内学术论文，《计算机集成制造系统》期刊在2012年特设专刊讨论云制造。此外，任磊等（2011）对云制造资源虚拟化进行了研究；张霖等（2010）对云制造的构造、关键技术及支撑技术等问题进行了研究；尹超等（2011）设计了中小企业云制造服务平台共性关键技术体系；吴畅（2011）对东莞制造网运用云制造服务进行了战略分析；宋振晖、王芬婷（2012）基于平衡计分卡方法分析了云制造服务价值网络的战略风险管理；马国强（2012）探讨了云制造理论对协同制造模式发展趋势的影响；罗建强、赵艳萍（2012）对云制造服务模式下的延迟策略实施进行了分析。王云霞等（2013）对云制造理论进行了系统研究；蔡建湖等（2013）对云制造环境下中小企业信息化建设思路进行了分析；张宇红等（2013）基于云制造设计了中小型模具制造企业云服务平台。

云制造是一种面向服务的先进制造模式。作为一个新生事物，国内外企业对云制造的应用非常重视，国家"863"计划资助了云制造项目，美国政府、大学和企业也开展了类似的研究项目。目前，云制造的应用主要是面向大型集团企业的私有云服务平台、面向中小企业的公有云服务平台、区域性加工资源共享服务平台、物流制造服务平台及供应链云制造服务平台等。但"863"计划和"973"计划支持的这些科技类项目并未对云制造模式影响组织敏捷性和绩效的作用机理、效果进行系统严谨的理论建构与实证检验，这个过程"黑箱"亟须由管理学领域来打开。总体而言，云制造的相关实践目前正处于起步阶段，在模式、技术及应用等各个方面的研究与实践有待深入，云制造发展空间十分广阔。

**（二）组织敏捷性的研究进展**

作为管理领域的研究热点之一，国内外对组织敏捷性的研究起始于美国里海大学雅柯卡研究所，早期的研究（Dove，1991；Kidd，1994；汪应洛等，1995；张申生，1996）多侧重于敏捷制造（AM），后来国内的一些学者（如陈志祥，2001；刘心报，2003；达庆利，2005；王道平，2010；王富忠，2011；谢磊，2012）将敏捷制造的研究延伸至敏捷供应链。另有一部分学者则跳出敏捷制造的框架，从组织适应性、组织柔性、动态能力等理论出发，将组织敏捷性作为一种企业动态能力来研究，这也是本课题研究所采纳的理论视角。此流派的早期研究注重对组织敏捷性的基本内涵加以界定并提出理论分析框架。随着研究的深入，学者们近年已开始对组织敏捷性进行实证研究。例如，Zain等（2005）的实证研究验证了IT采纳与接受对组织敏捷性具有正向的影响；Oosterhout等（2005）以荷兰企业为样本论证了企业当前的敏捷性水平尚未满足需求；仇福江、田也壮（2005）针对中美制造企业的敏捷性改进差异进行了比较性的实证研究；廖成林等（2007）实证分析了企业合作关系、敏捷性供应链和企业绩效之间的关系；Bottani（2009）以机械工程和食品加工两个行业的企业为案例，探讨了组织敏捷性的评价方法；Jing Quan等（2010）针对巴西汽车制造业开展了组织敏捷性机理的研究；Ting-Ting等（2010）分析了组织敏捷性在知识创造和企业绩效之间的调节作用；Mark等（2011）分析了产品和企业业务流程模块化对制造业敏捷性和企业成长的影响；Vinodh等（2012）利用SEM方法对组织敏捷性的构念进行了信度和效度的评估；Nicholas和Varun（2012）利用动态能力理论框架，验证了客户敏捷性与企业绩效之间的关系；郑晓明等（2012）针对海底捞进行了顾客敏捷性方面的案例分析。

对国内外相关文献的研究发现，云制造模式是当前国内外刚刚兴起的研究热点，现有研究已奠定了基础，而我国管理学领域在这方面的研究则刚刚起步。另外，组织敏捷性的研究仍备受关注，新近的研究已不再局限于敏捷制造的研究框架,而是从组织适应性、组织柔性、动态能力等理论出发,将组织敏捷性视为一种动态能力,并开始了相关的实证研究。但检索中尚未发现将云制造模式与组织敏捷性和绩效纳入统一框架的实证研究,云制造模式对组织敏捷性作用机理的"黑箱"依然存在,这使得政府和企业决策者无法确认云制造模式的实际应用效果,因此管理学领域应尽快开展此类研究。

## 第二节 研究的内容体系

在经济全球化和信息技术革命的背景下,国际制造业的产业结构与生产方式正发生着巨大的变革,全球化制造模式的转型和升级为制造业的快速发展提供了重大历史机遇,云制造、智能制造、"工业4.0"等一系列新概念层出不穷。本书将系统研究云制造模式对组织敏捷性与绩效的作用机理,并提出企业应用云制造模式的对策。本书的研究内容主要分为以下七章。

第一章主要是介绍对云制造模式对组织敏捷性影响机理探究的时代背景,主要包括实践背景和理论背景两方面。实践背景主要是从企业竞争环境的转变、组织敏捷性在制造业的成功应用、当前中国制造业的转型对敏捷性的要求、云制造的应用现状四个方面进行论述,理论背景主要从云制造理论和组织敏捷性理论的研究现状展开论述。此外,该章还系统阐述了本书展开研究的方法和技术路线。

第二章主要是系统介绍国际制造业,特别是发达国家(美国、欧洲、日本)制造业的发展现状,通过对美国、欧洲、日本三个制造业强国的先进制造业发展战略和举措的研究和归纳,从中提炼出关于发达国家先进制造业发展的经验,从而为推动我国制造业的快速发展提供启示和借鉴意义,为引出云制造模式对组织敏捷性影响机理的探究做铺垫。

第三章将系统介绍组织敏捷性的研究理路,主要是介绍敏捷性的内涵、组织敏捷性相关概念的辨析、组织敏捷性的特征,并对国内外研究现状进行综述,探究得出组织敏捷性现有的实证研究还十分匮乏。根据组织敏捷性的构念,系统研究IT敏捷性、组织敏捷性、业务流程与企业绩效之间关系、从动态能力观和流程基础观整合的视角来研究组织敏捷性形成机理方面的研究(尤其是实证研究)目前尚未发现,笔者认为此类研究可以作为本领域理论深入研究的一个切入点。

第四章主要是探究基于云的企业管理模式。本章分为四部分:第一部分系统研究云计算在企业中的应用，主要是阐述云计算的内涵及特征、服务层次、服务模式及云服务面临的问题；第二部分系统探究云管理在企业管理中的应用，主要是采用案例的研究方法阐述连云港港口集团云管理模式的实施；第三部分是对基于云技术的电子商务发展模式的辨析，系统研究对云技术在亚马逊、阿里巴巴和苏宁云商三家典型电商企业中的应用模式及其对比分析；第四部分是对云制造模式进行系统研究，主要介绍了云制造的内涵、运行原理及体系结构、特征及关键技术、研究现状及未来展望，为下一步研究做铺垫。

第五章主要是研究组织敏捷性对企业绩效的影响机理。本章通过对现有理论的总结和分析，提出了一个 TOPP 模型（见图 1-1），这个概念模型将动态能力观和流程基础观衔接在一起，认为技术敏捷性是组织敏捷性的一个重要的前因变量，并且这些敏捷性将通过业务流程这个中介变量来影响企业的财务绩效和市场绩效。

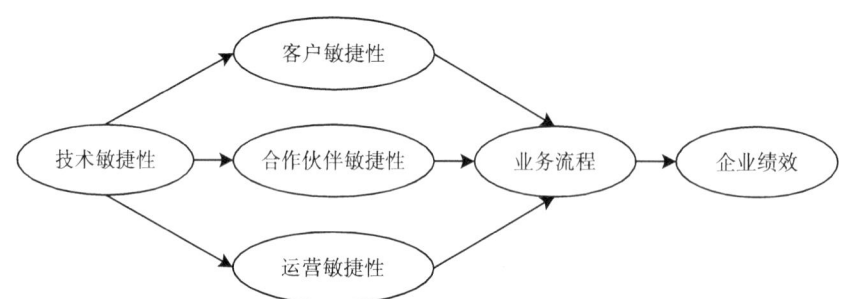

图 1-1　组织敏捷性对企业绩效的作用机理（TOPP）模型

根据组织敏捷性对企业绩效的作用机理模型，本书提出了三大假设，假设 1：技术敏捷性对组织敏捷性（客户敏捷性、合作伙伴敏捷性和运营敏捷性）具有正向的影响。假设 2：组织敏捷性（客户敏捷性、合作伙伴敏捷性和运营敏捷性）对业务流程（企业的市场响应速度、产品质量和生产效率）具有正向的影响。假设 3：由组织敏捷性所推动的业务流程（如市场响应速度、产品质量和生产效率）对组织绩效（财务绩效和市场绩效）具有正向的影响。我们将采用问卷调查的方式，从汽车制造业中调研数据，并且用结构方程模型方法检验研究中提出的理论模型和假设，此外，将采用华晨金杯公司的案例进一步验证理论模型的科学性。

第六章主要是研究云制造模式对企业组织敏捷性及其绩效的影响机理。本章主要包括四部分：第一部分基于 Rick Dove（1996）提出的 CTRS 指标评价体系基于云制造对组织敏捷性影响机理进行分析和基于 TOPP 模型的云制造应用对组织敏捷性三个维度（客户敏捷性、合作伙伴敏捷性和运营敏捷性）的影响进行系统分析；第二部分系统阐述了业务流程管理的概念、功能，进一步探讨了云时代的企业业务流程敏捷性深刻内涵，探究了云计算的业务敏捷性与经济效益的关系，提出了云制造模式对组织敏捷性和绩效的作用机理（CAP）模型，如图 1-2 所示，并对 CAP 模型构造机理进行了阐释；第三部分主要是通过应用云制造理论分析和沈鼓集团案例研究相结合的方法对云制造模式对集团企业的组织敏捷性及绩效的影响机理进行了系统阐述，通过对沈鼓集团云制造案例的研究，论证云制造模式对集团组织敏捷性和绩效具有一定的提升作用；第四部分主要是对英业达集团和沈鼓集团应用云制造模式及其对绩效的影响机理进行跨案例分析。本部分在介绍英业达集团云制造建设背景、应用现状及其对集团企业绩效的基础上，将英业达集团与沈鼓集团在应用云制造模式及其对集团企业绩效的影响进行了较为详细的跨案例对比，从而进一步优化云制造模式对企业绩效影响的模型。

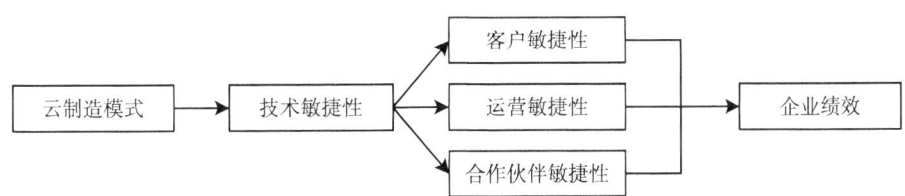

图 1-2　云制造模式对组织敏捷性和绩效的作用机理（CAP）模型

第七章是云制造模式下我国制造企业组织敏捷性的应用对策。该章主要包括我国制造企业云制造应用建议和基于云制造的组织敏捷性优化策略。其中，对云制造应用建议从五个方面进行了阐述：第一，打造个性化云制造模式；第二，探索基于云制造的商业模式；第三，发挥云制造模式的协同优势；第四，构筑集团企业的"私有云"；第五，搭建中小企业的"公有云"。基于云制造的组织敏捷性优化策略主要是从技术敏捷性、顾客敏捷性、合作伙伴敏捷性、运营敏捷性四个方面提出了组织敏捷性的优化策略。

# 第三节　研究方法与思路

## 一、研究方法

### （一）理论研究和实证研究相结合

根据云制造理论和组织敏捷性理论，利用逻辑演绎的方法提出 CAP 分析框架模型。同时，为了验证该理论假设，我们将采用实证研究方法对之验证。

### （二）统计调查

为了验证 CAP 理论假设模型，利用案头调查、问卷调查和访谈，收集数据资料。对企业应用云制造前后的敏捷性和绩效进行比较分析。

1. 问卷调研

文献回顾中目前尚未发现可以检验本书中所有组织敏捷性构念的完整数据，因此，通过调查来收集数据的方法便成为本书中发展构念最好的方法。学者们目前普遍认同调查方法是理解组织行为的一种有效方法，但同时也指出了这种方法的不足，如信息偏倚和内容效度、无应答偏倚、共同方法变异（CMV）、同源偏差等。对此，我们在研究中通过文献回顾、深度访谈、分类测验、三角测量、预测试、选项的编码调换、插入半开放式的问题等方法来尽量回避和减少这些问题。

2. 定量分析：结构方程建模

为了验证 TOPP 模型，我们采取结构方程模型的方法进行分析，SEM 能够进行验证性因子分析，对量表的收敛效度与区分效度进行分析并比较若干模型的优劣。基于收集的数据，我们将对组织敏捷性、业务流程和企业绩效等三层面变量进行验证性因子分析（CFA）并评估构念的信度，考察其 Cronbach's α 值，并通过"AVE"来验证每个构念的聚合效度和区分效度。我们选择偏最小二乘法（PLS）作为估计方法，PLS 是一种结构方程建模型的技术工具，这种方法对样本容量和残差分布的要求最小（Chin，1998）。PLS 没有提供针对路径系数显著性的统计检验，因此，我们还使用 Bootstrap 方法来计算路径系数并检验它们的显著性。

### (三) 案例分析

**1. 单案例分析**

单案例研究是案例研究中普遍应用的研究方法之一，为了验证 CAP 模型，同时能够切实提出基于云制造模式提升中国企业敏捷性与绩效的路径，研究拟从应用云制造模式的装备制造企业中具有代表性的企业进行单案例分析。如果发现原有理论缺陷，则继续深入企业进行理论研究，以探索新的理论。

**2. 跨案例分析**

多案例研究的案例选择不再基于特定案例的独特性，而是基于案例群对理论发展的贡献。具体而言就是多案例的选择是基于理论原因，如可重复性、理论拓展性、对立重复和排除其他可能的解释（Eisenhardt, 2001; Yin, 2009）。在案例选择过程中，我们采取理论抽样的规则。所谓理论抽样是指所选择的案例要体现研究问题的独特性，最适合回答该研究问题。[①] 我们针对所要研究的问题，选择多个案例进行研究和分析。与此同时，为了更好地验证理论模型的可行性，我们采用跨案例分析与比较分析的方法进行系统的研究，以便进一步探索新的理论。

## 二、研究思路

### (一) 基本观点

全球经济危机使国际市场竞争加剧，动态复杂的经营环境迫使更多企业重视提升敏捷性。敏捷性已成为当前制造业核心竞争力的关键因素和制造业信息化发展的要点。

技术敏捷性是组织敏捷性的一种重要的前因变量，云制造模式的特点可能使其成为企业技术敏捷性的一种重要驱动力，因此，理论上它有利于提升组织的敏捷性，进而改善企业绩效。

云制造借鉴了云计算的思想，并在其基础上拓展和延伸，它面向的资源不仅包括计算资源，还涵盖广泛的制造资源和能力，整合难度和前期投入非常之大，其探索和应用推广需要考虑我国工业化和信息化的现实水平，在扎实研究的基础之上逐步推进和完善，不可冒进。

### (二) 技术路线

本书的技术路线如图 1-3 所示。

---

[①] 毛基业, 李高勇. 案例研究的"术"与"道"的反思——中国企业管理案例与质性研究论坛（2013）综述 [J]. 管理世界, 2014 (2): 111–117.

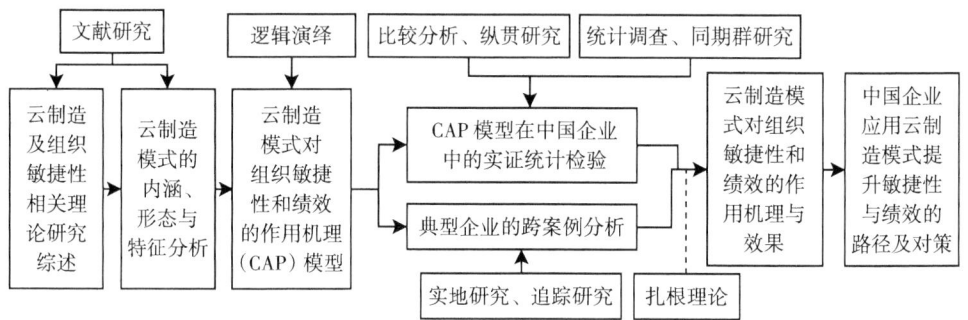

图 1-3 本书的技术路线

# 第二章 国际制造业的发展及启示

## 第一节 国际制造业的发展现状

制造业是衡量国家综合实力和国际竞争力的重要标志，对解决就业压力有着重要的作用。西方学者曾坦言："无论今后科学技术怎样进步，发展先进制造业将是人类社会永恒的主题，制造业也将永远是人类社会的首席产业。"[①] 在经济全球化和信息技术革命的背景下，国际制造业的产业结构与生产方式正发生着巨大的变革，全球化制造模式的升级为制造业的快速发展提供了重大历史机遇。主要发达工业国纷纷从国家战略的高度制定并实施先进制造业发展战略。无论是美国、日本还是欧洲，都制定了详细的国家先进制造业创新战略，正是由于这些战略的正确实施，才使得发达国家和地区能够系统、有效地完成产业转型与升级，进而促进先进制造业发展。作为一个制造业大国，我国必须从战略高度给予制造业高度重视，通过实施行之有效的创新、追赶、跨越的路径与模式，推动我国先进制造业实现发展阶段的整体性跨越，优化产业结构，转变经济发展方式，坚定不移地走中国特色新型工业化道路，继续推进装备制造业的快速发展，带动我国经济朝着创新驱动的发展路径全面转型与升级。

---

① 金碚. 全球竞争格局下中国产业发展路径 [N]. 燕赵都市报，2009-12-09.

## 一、美国制造业的发展

工业革命后,制造业成为美国经济发展的重要性支柱。"二战"后,美国在全球制造业的竞争中经历了一个"绝对优势—渐次衰败—重塑优势"的过程。在这一过程中,美国各界人士都逐渐对制造业的地位和作用有了更深入的了解与认识。美国通过产业升级、技术革新、结构调整等措施重振制造业,促进了制造业的创新与发展,这无疑对正处于摸索当中的发展我国起到了借鉴作用。

20世纪80年代以来,美国逐渐重视对产业技术的改革与创新,先后采取了一系列措施来促进制造业的发展。美国政府分别于1990年施行了"先进技术计划"、1993年实施了"先进技术计划"、1997年颁布了"下一代制造—行动框架"、1998年进一步制订"集成制造技术路线图计划"等行动计划,提出了未来制造业面临的六大时代特征,以便更好地推动制造业向前发展。此外,美国政府还首次设立了主管制造业的部长助理以便更加突出国家对发展制造业的重视。为了夺取高科技的制高点,促进产业升级与转型,美国政府还制订了专项计划,促进产、学、研三者之间的交流与合作,以便共同促进制造业的进一步发展。积极研究和应用面向21世纪的现代制造模式。

随着市场环境的日益复杂,美国逐渐认识到传统制造模式已不再适应当今制造业发展的现状。于是提出了一系列面向21世纪的新型现代制造模式,其中最具代表性的有精益思维(LT)、敏捷制造(AM)、知识网络化企业(KNE)和网络联盟企业等。这些制造模式推动了制造业的全面变革,提升了制造业的整体产业素质和国际实力,提高了制造业在国际竞争中的地位。此外,美国还投入大笔资金扶持建立了众多工程技术研究中心来更好地推动信息技术等在制造业领域中的应用与推广。中小制造企业在美国企业总数中占据着重大的比例,美国政府也非常重视对中小企业先进制造业的发展,专门制订了"制造业发展伙伴关系计划",建立面向中小企业的国家级技术服务网络。

金融危机爆发后,面对经济增长日益衰减、失业率日益增加、制造业持续萎靡不振和社会日益动荡等情况,美国政府再次认识到发展先进制造业的重要性。为了抑制萧条、推动经济增长、提高社会就业率、促进社会稳定和谐,奥巴马于2009年提出了"再工业化"的经济复苏战略,将大力发展国内制造业、扩大内需,同时促进出口来保障工业化的再造。美国的"再工业化"并不是简单地重振传统制造业,而是要着重发展高科技含量、高附加值的创新型先进制造业,包括改造、提升现有的工业和发展创新新工业的过程。2009年,奥巴马政府采取制订"国家先进制造业战略计划"、"五年出口倍增计划"等举措,启动了一场以出口拉动增长,以制造业促进就业的国家行动,并以此改造传统制造业不良状况,提高社会就业率,促进经济恢复与快速增长。2010 年,美国政府提出《制造业促进法案》,旨在恢复美国制造的昔日荣光,创造更多就业岗位,提高国家制造业总体竞争力。① 2011 年,奥巴马总统推出了"高端制造合作伙伴"(Advanced Manufacturing Partnership,AMP)计划。该计划由道氏化学公司和麻省理工学院共同领导实施,主要致力于四个方面的工作:建设国家安全关键产业的国内制造能力;缩短先进材料从开发到推广应用的时间;投资新一代机器人研制工作;开发创新型的节能制造工艺。② 2012 年 2 月,美国国家科学技术委员会公布"国家先进制造业战略计划",该计划由美国商务部、国防部和能源部牵头,相关联邦部门参与,旨在协调各部门发展先进制造业的政策。计划制定了五个方面的举措发展先进制造业:一是通过公共和私营部门联合投资、政府早期采购等方式,加大对先进制造业技术的投资,特别是对中小制造企业先进技术的投资;二是开发一个更加适应岗位技能要求的教育和培训系统,提高劳动力技能;三是建立健全公共和私营部门以及官产学合作的伙伴关系,加快先进制造技术的投资与部署;四是通过跨机构、跨领域投资组合,优化联邦政府先进制造业投资;五是通过研究和实验税收减免、政府投资等方式,加大公共和私营部门对先进制造业的研发投资力度。2012 年 3 月,美国总统奥巴马首次提出了"国家制造业创新网络",并在 2013 年和 2014 年的国情咨文中再次重申。与此同时,美国能源部也出台了旨在通过战略投资,提高美国在清洁能源制造领域竞争力的"清洁能源制造计划",并向 12 家企业实施了 1.5 亿美元的清洁能源税收信贷。

## 二、欧洲制造业的发展

欧洲是现代工业的发源地,"二战"前一直是全球制造业的中心。"二战"后其中心地位逐渐被削弱,而美国随着制造业发展日益强盛,成为新的全球制造业中心。然而,欧洲依然是世界先进制造业发展的重要力量,特别是以德国为代表的装备制造业、电子工业和汽车工业。在模具制造、动力装置和数控机床等行业,德国也一直保持着全球领先的地位。2008 年金融危机后,德国制造业也受

---

① 郭政. 德国"工业 4.0"对我国制造业发展的启示 [J]. 上海质量,2014(4):22.
② 蒋钦云. 我国战略性新兴产业规划与美国重振制造业框架比较研究 [J]. 国际经济合作,2012(1):51-52.

到了波及。具有 100 多年历史的德国家族企业舒特公司产品订单骤减，无奈之下只能向银行申请贷款。西门子、宝马、奥迪、大众、保时捷等世界著名企业都源自世界制造强国德国。德国于 2013 年 4 月于汉诺威国际博览会正式提出"工业 4.0"计划。其主要内容可以总结为"一个愿景，双重战略，三大特征，八个优先"。该计划描绘了下一代制造的基本场景，在集成互联网、物联网、服务网的基础上，智能工厂可以根据顾客的个性需求制造智能产品。[①]在大数据时代背景下，德国启动了"智慧数据——来自数据的创新"项目，以便大力支持大数据相关技术的研究开发与自主创新，进而开拓德国大数据未来的广阔市场。

欧洲制造业的发达不仅仅取决于它们长期的历史积累与经验，更取决于欧洲各国之间的交流与密切合作，它们共同研究制定出一系列适合欧洲各国经济发展与繁荣的政策与措施，携手促进欧洲整体经济的向前发展。欧洲各国制订了一整套研究与创新行动计划，旨在研究开发出一套完善的创新政策，加强自主创新能力，支持和保障技术创新活动的顺利开展。2002 年欧盟委员会加大对制造业研究开发的资金投入，以便建立具有活力的、以知识为基础的经济体，实现欧盟的可持续发展。同年，在瑞典斯德哥尔摩举行的第三届欧洲创新企业论坛又有七个城市被正式接纳为欧洲创新企业区。创新企业区的建立有助于欧洲各国在技术上的交流与合作，彼此吸取经验教训，在制造业技术上达到世界顶尖水平，最终将使得这些创新企业整结为一体，这无疑将对欧洲在世界国家竞争中取得优势地位有极大的推动作用。

信息社会技术（IST）的研究与开发项目是欧盟第六框架计划中的重中之重，总预算高达 36 亿欧元，占第六个框架研究计划总预算的 20.6%。[②]信息社会技术研究与开发有助于促进欧洲的技术创新与发展，增强欧洲的整体竞争力，同时也有助于带动欧洲其他领域的技术创新与合作。前欧盟的技术创新中介机构已形成了以欧洲企业与创新中心（BICS）为代表的欧洲技术创新网络。该中心的宗旨是为企业技术创新服务，尤其是创建新一代技术型企业，其重点服务对象是欠发达地区和中小企业。BICS 已成为企业接受新知识、诊断技术症结、评价企业创新项目、培训企业管理人员、寻求财政支持、解决创新难题、分析企业发展前景及掌握国际市场演变的服务载体。[③] 2011 年欧盟宣布投资 2000 亿欧元，重点以贷款

---

[①] 郭政. 德国"工业 4.0"对我国制造业发展的启示 [J]. 上海质量，2014（4）：23-27.
[②] 吴晓波，齐羽等. 我国先进制造业发展战略研究——创新、追赶与跨越的路径及政策 [M]. 北京：机械工业出版社，2013.
[③] 金启明. 欧盟激励技术创新的手段和措施 [J]. 科技广场，2003（4）：32-33.

和税收方式支持相关制造业的发展。同时，欧盟重点支持了一批面向未来的制造技术的研发项目，推动诸如智能制造、ICT 驱动制造升级、物联网应用等的研究与实践。[①] 此外，欧盟还在关于制造业的相关战略中指出，应该鼓励大学开展适合培养高技能素质人才的课程与相关实践活动，可见，欧洲对于制造业高素质技能人才的重视。

### 三、日本制造业的发展

"二战"后，由于产业结构的成功升级与转型，日本经济得到了飞速发展，一度超过德国成为仅次于美国的世界第二大制造业强国。1955~1970 年，日本通过第一次产业结构大调整，实现了由劳动密集型向资本密集型的转变。这一时期是日本装备制造业高速发展的重要时期。进入 20 世纪 70 年代以后，石油危机的冲击以及发展中国家新兴工业国的追赶，促使日本积极地进行了第二次产业结构大调整，确立了加速由资源密集型的重化工业向技术密集型工业转变的调整方针，并取得了一定的成效。1980~1990 年，日本实现了制造业的第三次升级，完成了由技术集约型向知识密集型的结构调整。1985 年"广场协议"后日元升值，使得日本装备制造业在劳动力成本上的比较优势迅速丧失，日本部分制造业不得不转移到"亚洲四小龙"和我国等其他劳动力较廉价的国家和地区中，此外，产业结构内部的种种矛盾和发达国家与发展中国家的贸易摩擦也促使日本再次进行产业调整。产业结构日趋知识化和服务化，以信息技术为中心的高新产业迅速发展，信息产业成为日本 GDP 中份额最大的产业，也逐渐成为日本国民经济的主导产业。信息产业对日本 GDP 增长的贡献率达到 20%，超过了其他任何产业贡献率的 13%。[②] 20 世纪末，在世界石油危机的影响下，日本汽车业仍具有强劲的竞争力，保持着较高的出口比率。日本对美国和东亚的汽车贸易特化系数一直在 0.9 以上，1988 年对美国和东亚的汽车贸易特化系数分别为 0.91 和 0.98，表明了日本依然保持汽车产业的竞争优势。[③] 进入 21 世纪后，日本加大了在新兴装备制造业领域如电子计算机、通信器材、广播通信等信息产业和软件等产业的扶持力度。

---

[①] 郭政. 德国"工业 4.0"对我国制造业发展的启示 [J]. 上海质量，2014（4）：22-23.
[②] 黄先智. 战后日本技术引进、产业结构变迁及其启示 [J]. 云南科技管理，2003（1）：58-60.
[③] 丛强、朱景萍、刘炳义、吴纯忠、李宝功. 海外装备制造强国支持政策与发展趋势 [J]. 石油科技论坛，2010（3）：57-60.

日本政府通过采取均衡的发展战略，强化产业政策的引导，以此来带动产业结构的优化升级。此外，日本企业注重引进吸收他国先进技术与管理经验，加之自身的科技创新与发展，使得日本实现了跨越式发展，跃升为世界制造业强国。日本作为后发达工业国家的代表，最初，其技术水平及资本要素尚不完备，主要依赖从其他工业发达的国家进口高档产品，其后日本逐渐进行自主开发、自行生产，逐步通过国产化替代进口。随着对引进技术的消化与吸收、创新和规模经济的逐步形成，日本开始逐步形成比较成本优势，产品开始出口国外。这种"进口—国内生产—出口"的发展模式得益于日本特别重视引进技术的消化吸收，并在此基础上发展创新，从而推动了国内装备制造业的升级换代。[①] 2009年和2010年，日本国际贸易委员会和日本通产省分别发布了《日本制造业竞争策略》和《日本制造业》专题报告，包括全面推动以制造为主的五个战略性新兴产业。2011年又公布了以增强制造业国际竞争力为主要目的的《应对日元升值综合经济对策》。[②] 日本政府通过制定中长期规划，选择和确定主导产业作为经济发展的主攻方向，并在执行过程中根据实际情况的变化，及时调整产业发展的内容，实现产业结构由低级到高级的发展。日本政府对新型产业、主导产业的支持，大多是通过经济立法的形式体现出来。由政府金融机构给予主导产业部门优先提供低息贷款、利率一般比民间银行低三四个百分点。此外，日本还建立了一套主要基于终身雇佣的人力资源政策，致力于在企业中营造良好的集体氛围、建立雇员的忠诚度和归属感，进而促进各企业吸纳人才，提高企业利润水平，增强国家经济竞争力。

## 第二节 国际制造业的发展趋势

国际制造业特别是发达国家制造业的发展趋势，是进入21世纪我国先进制造业面对的重要国际背景。顺应国际制造业发展趋势，适应经济全球化的生存环境和发展条件，借鉴有益的国际经验发展自己是我国亟待解决的难题。当今，国际制造业发展趋势主要有：

---

① 刘曦. 发达国家装备制造业发展特点及经验启示 [J]. 特区经济，2011（10）：91-93.
② 郭政. 德国"工业4.0"对我国制造业发展的启示 [J]. 上海质量，2014（4）：22.

## 一、全球化

随着经济全球化进程的加快,发达国家的制造业按照价值链和产业链的要求,建立面向全球开发和配置资源的高效生产体制,形成全球性的生产体系。国际上出现了加快制造业结构调整和大规模实行产业转移的趋势。发达国家由于劳动力成本较高,不得不放弃一些传统产业,转向发展高科技产业与现代服务产业。而发展中国家劳动力成本廉价,从事劳动密集型产业的加工生产,接受发达国家的劳动密集型产业的转移。目前,欧美国家传统的劳动密集型产业已经转移得差不多了,不少资本密集型产业和技术密集型产业也在向外转移,制造业的结构不断升级优化。制造业的资源配置由一国范围扩大到全球范围,制造业正向生产全球化、融资全球化、销售全球化、服务全球化和研发全球化方向发展。[1] 尽管制造业正在大规模转移,但是制造业的主根仍留在发达国家。制造业的全球化配置,一方面使得发展中国家能参与国际分工,从事较高质量的制造活动;另一方面也可能使得发展中国家在国际分工的底端充当"长工"。[2]

## 二、智能化

先进制造技术(AMT)指的是,在制造系统和制造过程中有机融合并有效应用信息、现代管理和自动化等现代科学技术,实现优质、快速、低耗、高效、清洁、灵活地制造市场所需产品的先进工业技术。先进制造技术的概念形成于20世纪90年代,是信息化带动工业化、工业化促进信息化的结晶,是现代制造业发展的基础。近几年来,发达国家纷纷调整技术政策与产业政策,将高技术发展的重点转向先进制造技术领域。如美国政府出台了"先进制造技术计划"和"制造技术中心计划",日本实施了"智能制造技术计划",德国出台了"工业4.0和智能制造计划"。为了发展先进制造技术、提高制造业在国际竞争中的地位,许多国家根据经济全球化趋势和本国的技术条件、资金实力,通过直接投资、行政指导和减免税收等措施,选择具有前瞻性和覆盖面广的关键技术进行重点研究开发。

发达国家将先进的制造技术与生产经营方式结合起来,对现代制造模式进行了广泛深入的研究。随着全球化的发展与市场环境的日益复杂,美国开始积极探

---

[1] 徐志磊.国内外制造业发展趋势[J].航空制造技术.2003(10):17-19.
[2] 周必健.国际制造业发展五大趋势[J].产经纵深.2003(3):54-56.

索研究新式制造业模式以适应现代制造业发展的需要。其中，最具代表性的现代制造模式主要有精益思维、敏捷制造、知识网络化企业和网络联盟企业等。现代制造模式的应用带动了制造业的整体变革，提高了产业素质和产品的国际竞争力，促进了美国制造业的发展，增强了美国整体经济的实力。为美国重新夺回在国际上制造业的霸主地位奠定了坚实的基础。欧洲各国也逐渐意识到随着全球竞争的日益激烈、市场环境的日益复杂、顾客需求的日益增多，对制造商的反应速度与灵活性有了更高的要求。因此，只有积极探索出一种新的制造模式才能更好地适应这些状况。

## 三、虚拟化

在经济全球化的趋势以及信息技术不断发展的条件下，制造业逐步趋向虚拟化。虚拟化组织又称为无边界组织，是指两个或两个以上独立的经济实体之间，在一定的时间和范围内，为了共同开发一种或几种新技术产品，而形成的一种暂时性的组织联盟形式。虚拟化制造是指企业凭借现代先进的信息传播手段、无形资产、先进技术等，整合其他企业的制造资源与能力，然后以其自身独特的核心能力进行资源的配置与规划，最终实现以较低的成本、较短的产品开发与生产周期提升企业参与国际市场竞争的能力。[①]

## 四、集群化

当今世界既形成了以跨国公司为主导的全球生产体系，也形成了扎根于本土、具有产业集群现象的区域生产体系。产业集群指的是在一个适当大的区域范围内相同的产业高度集中于某个特定地区的产业成长现象。产业集群有助于市场技术信息交流，形成规模经济，降低劳动力成本，快速反映市场需求，实现灵活敏捷制造。对于产业集群，国外有多种称谓，如产业区、企业集群、区域集群、地方生产系统等。无论是在发达国家还是在发展中国家都存在大量的产业集群现象。正如迈克尔·波特所言，"当产业集群形成时，一个国家无论在最终产品、生产设备、上流供应及售后服务等方面都会有国际竞争的实力"。联合国贸易与发展大会发布的《2001年世界投资报告》中指出：产业集聚优势已经超越低成本优势，成为吸引外资投向的主导力量；要重视地方产业集群在全球生产组织中所发挥的作用，新的投资政策所关注焦点是"推动产业联系"。目前，国际上已逐渐

---

① Igbaria M., Tan M. The Virtual Workplace. USA: Idea Group Publishing, 1998.

达成了一个共识,即一国欲想获得国际竞争优势,单靠跨国经营的大企业是不够的,还需要积极发展本国的中小企业产业集群。

## 五、服务化

对顾客来说与商品相关的外部服务复杂性和重要性日益提高,当今制造业出现了"制造服务化"的趋势,即制造业企业由仅仅提供物品或物品与附加服务向物品—服务包转变。[①] 完整的"包"(Bundles)包括物品、服务、支持、自我服务和知识,并且服务在整个"包"中居于主导地位,是增加值的主要来源。物品—服务包不仅包括维护和修理,还包括购买融资、运输、安装、系统集成和技术支持。作为产出无形成分的服务,提高了物品的价值和销量。这样,传统的产品或物品、服务的观念,被物品—服务包观念所取代。在制造服务化的过程中,制造商的角色由物品提供者向服务提供者转变,[②] 制造商提供的不再是商品本身,而是其功能和服务。[③] 举例来说,Xerox 公司已从复印机制造商向"文档服务公司"(Document Company)转变;IBM 从大型机和个人电脑制造商向信息服务公司转变;通用电气公司在把服务作为该公司独立领域的过程中,所制造的价值已相当于其海外工程承包总额的 70%。[④] 将服务化作为行业发展首选不仅有助于提高行业服务化水平,增加行业利润,还有助于提高国际竞争力。

## 六、绿色化

当今世界,绿色化、低碳化、环保化已逐步成为制造业在 21 世纪的必由之路。2007 年德国出台了能源与气候"一揽子"计划,该计划的实施将促使 2020 年相比 1990 年温室气体排放总量降幅 36%。日本自 1974 年就制订并实施《新能源开发计划》,把发展太阳能和燃料电池技术定为国家战略,1997 年又颁布了《关于促进新能源利用的特别措施法》,致力于打造低碳制造、绿色制造。绿色化制造模式的目标与宗旨是使所研究开发的产品从设计、生产、包装、运输、销

---

① Vandermerwe S., Rada J. Servitization of Business: Adding Value by Adding Services [J]. European Management Journal, 1988, 6.

② White A.L. Stoughton M., Feng L. Servicizing: The Quiet Transition to Extended Product Responsibility [R]. Boston: Tellus Institute, 1999.

③ Fishbein B., McGari L. S., Dillon P.S. Leasing: A Step Toward Producer Responsibility [M]. NY: INFORM, 2000.

④ 王九云,丁晶晶,王栋. 国外装备制造业发展经验及对我国的启示 [J]. 学术交流,2011(7):121-122.

售、使用、维护直到报废处理的整个产品生命周期中，对环境的污染降到最低，对资源的利用效率达到最大。绿色制造、低碳制造和循环经济是人类社会可持续发展的基础，是制造业未来发展的战略方向。传统的制造业模式忽视对环境的保护，对环境造成了巨大的污染。而绿色制造模式不仅考虑到资源的利用效率，而且强调对环境的保护意识，促进产品制造与环境保护协调发展。

### 七、敏捷化

如今市场竞争更加激烈，组织必须发挥员工的聪明才智，不断改善经营管理水平，及时响应顾客的需求，在云计算技术下反应的灵活性和敏捷性是使组织能够快速应对复杂外部环境的关键特性。有效运作的敏捷组织有以下几个特点：顾客需求至上；敏捷性跨职能工作小组；敏捷性再造流程；较强的学习、沟通、创新能力等。

## 第三节　国际制造业发展对我国的启示

### 一、国际经验

通过前文对美国、欧洲、日本三个发达国家和地区先进制造业的发展历程和战略举措的研究归纳，我们提炼出以下几点关于发达国家先进制造业创新与可持续发展的经验：

#### （一）重视制造业发展

无论什么时代，无论在哪个国家，制造业都将是创造财富、提高就业率、促进国家经济发展的重要力量。无论是美国、欧洲还是日本，都制定了详细的国家先进制造业创新战略，正是由于这些战略的正确实施，才使得发达国家和地区能够系统、有效地完成产业转型升级，进而促进先进制造业发展。美国政府分别于1990年施行了"先进技术计划"、1993年实施了"先进制造技术计划"、1997年颁布了"下一代制造——行动框架"、1998年进一步制订了"集成制造技术路线图计划"等行动计划，提出了未来制造业面临的六大时代特征，以便更好地推动制造业的向前发展。欧洲制造业的发达不仅仅取决于他们长期的历史积累与经验，更取决于欧洲各国之间的交流与密切合作，它们共同研究制定出一系列适合欧洲各国经济发展与繁荣的政策与措施，携手促进欧洲整体经济的向前发展。日本政府通过采取均衡的发展战略，强化产业政策的引导，以此来带动产业结构的优化升级。此外，日本企业注重引进吸收他国先进技术与管理经验，加之自身的科技创新与发展，使得日本实现了跨越式发展，跃升为世界制造业强国。

### （二）创新产学研体系

作为世界先进制造业强国的美国、德国与日本无不对产学研给予高度重视，对产学研注入大笔资金帮助其研发出更加先进的制造技术与模式。美国政府通过"专项计划"与建立各类工程技术中心，推动以信息技术为代表的高新技术在制造业中的应用。欧洲成立欧洲企业与创新中心（BICS）已成为企业接受新知识、诊断技术症结、评价企业创新项目、培训企业管理人员、寻求财政支持、解决创新难题、分析企业发展前景及掌握国际市场演变的服务载体。2001年日本经济产业省制订了风险事业育成计划，鼓励企业界与大学科研相结合，对两者合办风险事业给予支持。

### （三）培养职业人才

教育和人才是知识经济时代制造业最重要的生产要素之一。美国十分重视教育科技投入，积极推动产学研的发展。美国国家制造业协会（NAM）在劳工部、教育部和教育委员会的支持下成立了劳动力发展中心和制造业虚拟大学，并创立了制造业劳动力优化计划（Manufacturing Workforce Excellent Program），旨在培育与建立优秀团队，使雇员不断保有与之相适应的知识和技能，鼓励他们在产品开发、工艺改进、管理创新和安全生产等方面做出积极贡献。[1] 日本建立了一套以终身雇佣为核心的人力资源政策，致力于在企业中营造良好的集体氛围、培育雇员的忠诚度和归属感，进而促进各企业吸纳人才，提高企业利润水平，增强国家经济竞争力。

### （四）依托全球创新网络

如美国波音747飞机，含有约450万个零部件，来自近10个国家，1000多家大企业，15000多家小企业。波音公司通过优化自身的全球制造、研发网络，充分利用别国资源，牢牢抓住核心技术，实现自身升级。制造的全球化对于后发国家是十分重要的升级契机。韩国、中国台湾正是抓住国际产品内分工的趋势，从制造业外包加工起步，通过"引进、消化、吸收、再创新"逐步占领制造业的

---

[1] 郑江绥，董书礼. 美国、欧盟发展制造业的经验及其对中国的启示［J］. 中国科技论坛，2006（3）：130.

细分高端环节。①

**(五) 探索现代制造模式**

美国积极研究和应用面向 21 世纪的现代制造模式。20 世纪 90 年代以来，随着全球化的发展与市场环境的日益复杂，美国开始积极探索研究新式制造业模式以适应现代制造业发展的需要。其中最具代表性的现代制造模式主要有精益思维、敏捷制造、知识网络化企业和网络联盟企业等。现代制造模式的应用带动了制造业的整体变革，提高了产业素质和产品的国际竞争力，促进了美国制造业的发展，增强了美国整体经济的实力。为美国重新夺回国际制造业霸主的地位奠定了坚实的基础。欧洲各国也逐渐意识到随着全球竞争的日益激烈、市场环境的日益复杂、顾客需求的日益增多，对制造商的反应速度与灵活性有了更高的要求。因此，只有积极探索出一种新的制造模式才能更好地适应这些状况。

**(六) 发展绿色低碳制造**

绿色制造、低碳制造和循环经济是人类社会可持续发展的基础，是制造业未来发展的战略方向。传统的制造业模式忽视对环境的保护，对环境造成了巨大的污染。而绿色制造模式不仅考虑到资源的利用效率，而且强调对环境的保护意识，促进产品制造与环境保护协调发展。2007 年德国出台了能源与气候"一揽子"计划，该计划的实施将促使 2020 年相比 1990 年温室气体排放总量降幅 36%。日本自 1974 年就制定并实施"新能源开发计划"，把发展太阳能和燃料电池技术定为国家战略，1997 年又颁布了"关于促进新能源利用的特别措施法"，致力于打造低碳制造、绿色制造。② 与发达国家相比，我国工业化面临的问题更多、更复杂、人口数量大、人均资源不足、生态环境恶化、环境污染严重的矛盾突出。③ 因此，发展循环经济，走绿色低碳制造之路是我国实现工业化、现代化的必由之路。

## 二、启示

随着经济全球化和信息技术的不断发展，制造业发展的环境和条件发生了巨大的变化，为制造业的发展带来了前所未有的机遇和挑战，推动着制造业由传统制造业向先进制造业的快速转变。先进制造业是衡量一个国家综合国力的重要指标之一，体现着一个国家的综合实力。我国要实现现代化，增强综合国力，就必

---

①② 吴晓波，齐羽等. 我国先进制造业发展战略研究——创新、追赶与跨越的路径及政策 [M]. 北京：机械工业出版社，2013.
③ 李大元. 发达国家再工业化对我国转变经济增长方式的启示 [J]. 现代经济探讨，2011 (8)：26-27.

须大力发展先进制造业，必须抢占先进制造业发展的"制高点"。我国坚持科学发展观，加快产业结构、产品结构和能源消费结构的调整，适当推进产业结构的升级和转型，实现从单纯的制造业向制造业、研发业和服务业转型，创建具有自主知识产权的国际品牌来实现整体的产业升级。我国应积极借鉴发达国家制造业发展的经验，把握国际制造业的发展趋势，需要做到以下几个方面：

**（一）明确制造业的战略地位**

在全球化时代，拥有强大的制造业可以为国家经济发展提供持续动力。制造业的发展是发展中国家实现工业化、进入发达国家行列的根本推动力量。制造业具有极高的产业带动效应，在国民经济中发挥着其他产业无法替代的主导作用，是产业发展的主要推动力量。[①] 先进制造业是全球制造业的未来发展方向，先进制造业的发展不仅极大支撑起我国国民经济发展和国防建设，而且将成为我国参与国际竞争的先导力量，因此，加快发展先进制造业影响深远，其重要性不言而喻。无论是美国、欧洲还是日本，都制定了详细的国家先进制造业创新战略，正是由于这些战略的正确实施，才使得发达国家和地区能够系统、有效地完成产业转型与升级，进而促进先进制造业发展。作为一个制造业大国，我国必须从战略高度给予制造业高度重视，优化产业结构，转变经济发展方式，坚定不移地走中国特色新型工业化道路，继续推进装备制造业的快速发展。《"十二五"规划纲要》已明确指出："优化结构、改善品种质量、增强产业配套能力、淘汰落后产能，发展先进装备制造业，调整优化原材料工业，改造提升消费品工业，促进制造业由大变强。"为此，要通过调整产业结构，优化产业布局，重点发展装备制造、船舶、汽车、建材与冶金等制造业领域，实现我国由制造大国向制造业强国转变。[②]

中共中央在"十一五"规划中指出："发展先进制造业、提高服务业比重和加强基础产业基础设施建设，是产业结构调整的重要任务，关键是全面增强自主创新能力，努力掌握核心技术和关键技术，增强科技成果转化能力，提升产业整体技术水平。""十二五"规划也突出强调："优化结构、改善品种质量、增强产业配套能力、淘汰落后产能，发展先进装备制造业，调整优化原材料工业，改造提升消费品工业，促进制造业由大变强。"由此可见，探索适合我国国情的先进制造业发展战略、路径和模式，对全面提升我国的综合实力和国际

---

① 张丽虹. 重视质量鼓励创新提高制造业国际竞争力 [J]. 质量与标准化，2014（3）：1-3.
② 国民经济和社会发展第十二个五年规划纲要 [EB/OL]. http: //www.gov.cn.

竞争力具有重大的战略意义。

### 1. 优化产业发展环境

美国、德国、日本等发达国家的制造业发展经验表明：要想促进制造业的发展，离不开政府对制造业研究开发的资金投入，离不开政府为制造业的发展创造良好的发展环境。因此，政府在发展先进制造业中起到计划、组织、引导、创造等不可替代的作用。相比之下，我国政府更应充分利用法律、法规、政策措施等为制造业的发展创造良好的制度环境。比如，中央政府应注重对基础技术、关键技术、先进技术等的投入和发展，通过财政、税收等优惠政策鼓励企业加快自主创新等。同时，地方政府也应积极配合中央政府制定符合地方发展需要的产业政策与发展规划来引导地方产业结构的调整与优化升级。我国政府应调整产业结构政策，促进产业结构向高级化发展，鼓励企业进行产业升级，为企业的自主创新与发展提供技术上与资金上的支持与帮助。

我国政府应该认识到在促进制造业发展的过程中还存在许多的问题和不足，必须采取积极有效的措施来弥补这些不足。例如，政府应打破传统体制的束缚，建立现代企业制度，为我国制造业的发展创造良好的体制环境；政府应保护知识产权和技术专利，为企业的自主创新和新产品开发孕育具有激励作用的外部环境；政府应改革投资项目审批制度，减少不必要的审批环节，进而提高行政服务效率与水平；政府可以通过税收政策来强化企业的研究开发投资，同时建立多元化投入机制，鼓励和引导民间资金发展先进制造产业；政府应大力拓展融资渠道，完善金融服务体系和配套设施，鼓励各类金融机构对先进制造业的支持力度；政府应进一步加快完善道路交通、港口建设、物流仓储等基础设施的建设；政府应制定正确合理的产业政策，促进企业产业结构的优化和升级；政府应尽快完善法律法规，出台具体可行的实施细则，为制造业的健康发展创造良好的法律环境；政府还应积极建立新型政企关系，使政府与企业各司其职、各尽所能、各得其所，共同努力，为制造业企业创造一个全方位、系统性、良性循环的生态环境。

### 2. 加强引导扶持

改革开放以来，我国制造业在开放和竞争的国内外环境中逐步步入了结构调整和产业升级的新时期，高端制造业比重不断增大，制造业的整体实力不断增强。但是，在全球化、信息化的世界潮流中，我国制造业的发展仍还面临诸多挑战，制造业长期发展中积累的一些深层次的矛盾和问题至今仍没有得到根本性的解决。当前，全球制造业正在进行整体的升级与优化，处于转型期的我国制造业也必须积极采取措施对传统制造业进行产业结构的调整优化与升级。可以预见，基于创新驱动的先进制造业发展路径，必将成为我国在未来全球制造业变革中抓住良好机遇的战略导向。我国必须深入贯彻落实科学发展观，坚持量、质并举，做大做强主导产业、培育壮大新兴产业和改造提升传统产业，以先进制造业引领产业升级。[①] 我国应积极改造传统制造业，淘汰落后因素，提升传统制造业的核心竞争力，向着高科技产业方向发展；根据地方特色，做大做强地方主导产业，促进地方主导产业的竞争实力；优化现有的产业结构，注重产业的协调发展，发挥产业集群效应和规模效益；积极发展新兴产业和高科技技术产业，为我国经济飞速发展提供有力支持。

3. 强化规划布局

我国要认真搞好先进制造业发展战略规划引导，坚持西部大开发、东北老工业基地振兴、东部崛起等发展战略，发挥东北老工业基地、长江三角洲、珠江三角洲等优势，按照因地制宜、分类指导的原则，确立省、市、自治区等优势产业和发展重点，集中资源优先发展，最大限度地发挥各地的区位优势和产业优势，在转变经济发展方式中，做好发展规划。

合理引导外资投向，东中西部并行发展。随着全球化的飞速发展，发达国家制造业逐渐向欠发达国家或地区转移，许多外资企业逐渐入驻我国。而且，这种转移趋势在不断增强。我国政府应严格执行国家的产业政策，积极引导外资流向中西部欠发达地区，实现我国经济的均衡发展，减少中西部地区的贫困人口，实现共同富裕。东部地区在今后的外资引进工作中，应更加重视外资质量，鼓励外资企业在国内设立研发中心，将最先进的技术引入我国。对于中西部地区，在引进外资方面，应该结合当地的经济发展水平有选择地引进，而不应该盲目地追求较高的技术水平。西部地区目前主要任务是加大在科研发方面的资金投入、提高企业的技术水平和人力资本水平，积极承接东部地区的产业转移，为当地企业获取外资的溢出效应积极创造条件。

(二) 提升自主创新能力

改革开放以来，我国在承接世界制造业转移的过程中，绝大多数承接的是劳动密集型产业，技术含量高的产业很少转移过来，这便产生了矛盾尖锐的现实：一方面，我国制造业高速增长，创造了一个又一个"制造第一"的神话；另一方面，我国制造业事实上已经成为外国的"装备车间"，只能沦落到"世界打工仔"

---

① 吴晓波，齐羽，高钰，白云峰. 我国先进制造业发展战略研究 [M]. 北京：机械工业出版社，2013.

的地位。[①] 我国现在尽管已是制造业大国,但不是制造业强国,距离成为制造业强国还有很长一段路要走,需要加大科研投入,大力发展高科技技术,增强自身创新能力。我国应在目前制造业发展现状基础上,充分借鉴国际先进制造技术与管理经验,不断加强自主创新意识,走出一条具有我国特色的可持续发展的新型工业化道路。美国、德国、日本发展制造业的经验也表明:技术创新与自主创新是提升制造业国际竞争力的核心与关键。因此,我国应加强引导扶持自主创新的政策措施,营造良好的公平、公正、公开的外部环境;逐步建立适应制造业发展的科研开发网络体系,鼓励企业通过体制和机制创新成为技术创新的主体;逐步提高劳动密集型产业的技术含量和附加值;鼓励企业提高集成创新能力和"引进、消化、吸收、再创新"能力,切实提高生产技术水平和产品创新水平。

1. 培育创新型人才

教育和人才是知识经济时代制造业最重要的生产要素。我国已逐渐步入老龄化阶段,劳动力数量逐渐减少且技能及素质能力不强。只有加大教育科技投入,提升劳动者的技能与素质,提高劳动者的生产效率,培养高素质人才,实现劳动力的再生产。美国、德国、日本三国的制造业发展经验表明:加大教育投入,重视人才培养是发展先进制造业的重要环节。我国制造业要想实现优化与转型升级,就必须高度重视教育的投入特别是注重对创新型人才的培养,建立市场经济条件下符合制造业发展需要的人才培养与合理使用的体制与机制,避免人才浪费现象。

2. 深化技术创新

中共十八大报告指出:"科技创新是提高社会生产力和综合国力的战略支撑,必须摆在国家发展全局的核心位置。"[②] 提高自主创新能力,既是加快转变经济发展方式的内在要求,也是全球竞争新格局下保持我国竞争优势的根本途径。[③] 我国应积极改造传统制造业,推进传统制造业信息化进程。传统制造业的信息化有助于我国发展高技术产品,提高生产效率,提高自身素质,降低生产成本,进而提高我国制造业的竞争力。目前,我国制造业体系还不够健全,自主创新能力不足,关键技术、核心技术主要依赖引进,在国际市场中制造业所占比重较低。因此,我国必须从基本国情出发,充分借鉴国际先进技术与科学经验,发挥自身的

---

① 胡迟. 从2009年我国制造业企业500强看我国制造业的差距与成长建议 [J]. 我国经贸导刊, 2009 (19): 18-21.
② 胡锦涛. 坚定不移沿着中国特色社会主义道路前进 为全面建成小康社会而奋斗 [J]. 求是, 2012 (22): 11.
③ 沈坤荣. 如何应对国际经济格局新变化 [J]. 求是, 2013 (8): 34.

比较优势，加大科技创新力度，研发先进制造技术，提高工业化效率，在创新目标、创新机制、创新方式等方面，创造出属于自己的品牌和自主知识产权，努力走出一条具有中国特色的自主创新之路。

科技创新是提升制造业竞争力的重要途径。我国要积极采取各种措施来促进技术革新，具体来讲可以包括以下几个方面：国家应设立专门研究机构制定我国制造业长期战略发展规划，并明确未来一段时期内制造业的发展方向和重点；对传统支柱行业要加大政策扶持力度，鼓励企业引进先进技术和装备，不失时机地加快技术改造和提升产业档次，为先进制造业的发展奠定强有力的基础；引导和鼓励企业加大科技投入，积极引进国外大企业在我国设立研发机构，通过引进、消化、吸收再创新等方法，提高企业自主创新水平；开展技术创新和产、学、研交流活动，积极支持企业同全国著名高校开展科技合作；加强对自主知识产权和自主品牌的保护。我国要想成为世界制造中心之一，就必须依靠技术创新，实现先进制造业智能化。

**（三）摆脱制造产业"空心化"**

随着生产力的快速发展与科学技术的不断进步，第三产业的发展速度逐步超过了第一、第二产业，成为以第三产业为主导的产业结构，这种演变趋势本身是合乎规律的，但它同时也带来了一个问题：产业的"空心化"现象。"空心化"现象是指高度发达的国家为追求完善的经济服务，以制造业为中心的物质生产和资本大量地转移到海外，使物质生产在国民经济中的比例明显下降。与发达国家相比较，我国技术装备工业还缺乏大型及高精尖成套技术装备及关键零部件的设计制造能力。因此，集中精力推动高精尖和大型技术装备及关键零部件的研发制造是我国推动机械装备工业发展的重中之重。但是鉴于我国技术装备业目前的情况，发展的重点应主要放在：大型原动机和锅炉，大型液压设备和加工中心，多样化的农机设备，高精尖的医疗器械，高速机车和超大型的轮船，超微电动机和高精尖的科研技术装备，高大精尖的电子通信设备和大规模集成电路，大型石化、冶金、建材等成套设备，航空、航天和核能发电大型设备等的研制和关键零部件的开发上。[①]

**（四）建立创新型产业集群**

产业集群，指在一个适当大的区域范围内生产某种产品的若干个同类企业高密度地聚集在一起。结合我国国情，创造性的借鉴国际经验，营造具有活力的产

---

[①] 马月才. 中、美、日制造业发展比较研究 [J]. 中国工业经济，2003（3）：26-27.

业集群发展环境，加快培育，升级产业集群，是我国制造业融入世界经济循环，不断提高国际竞争力的重要途径。我国应积极推动现有的新型产业区（长三角、珠三角等）成为国际知名的特色产业集群；发挥东北老工业基地的优势；以区域龙头企业为核心，催生新的产业集群。产业集群经济已成为我国改革开放事业中最为活跃的一种经济力量，建立现代化的产业集群，不仅要从基础设施等硬件上创造条件，还要从企业的产权机制、融资渠道、人才吸引等软件上予以支持。[1] 为了打造创新型产业集群，我国的制造业企业需要转变竞争观念，加强合作创新。与此同时，更为重要的是政府要从多方面着手来推动这一进程，发挥积极的作用。

1. 建立企业创新协作网络

装备制造业属于资金技术密集型产业，行业体系庞大、产业链长、品种类型多、专业化协作要求高。根据发达国家装备制造业发展的成功经验，大中小企业之间形成一种分工发达、竞争中有合作的企业共生网络，可以提高市场组织化程度、降低外部交易成本和内部组织成本，企业之间的竞争转化为企业网络之间的竞争，产业链条更加紧密。装备制造业产业集群的基本目标应该是"大企业主导，大中小企业共生"。大公司和企业集团是构建装备制造业创新型产业集群的核心。我国装备制造业创新产业集群的形成有赖于装备制造企业集团的大发展，集团公司要具有建立在新机制基础之上的自我发展能力，尤其是核心竞争力。装备制造的上游产业主要由中小企业构成，为最终产品、成套设备、大型主机等提供零部件、元器件、中间材料等。这些企业专业化技术水平上不去，产品成本、质量以及交货期无保证，势必影响大型装备制造企业的发展，也无法使大型企业摆脱"大而全"的组织结构。中小企业是装备制造业的重要组成部分，是装备制造业实现专业化生产、提高生产效率、降低生产成本的基础。促进中小装备制造业企业的合理化、专业化，是构建装备制造业创新型产业集群的重要手段之一。

我国装备制造业创新型集群的发展需要在大中小企业之间形成创新网络环境。建立在区域内企业间以及企业与科研机构、行政机构间长期合作基础上的稳定关系，由此产生创新网络与协作系统。转包的方式是产业协作网络形成的基本途径。因为转包关系将企业连接到更广泛的产业链网络中，通过转包关系建立起来的产业链网络，不仅能够在相互信任的基础上实现区域内企业竞争过程中的合作，同时更重要的是能够吸引外来企业及其研发部门机构的进入，并使之更加

---

[1] 周晴. 日本制造业竞争优势的分析及对我国的启示 [J]. 北方经贸，2010 (3)：109–111.

"黏附"在网络中。

**2. 优化装备制造产业区的布局规划**

由于装备制造企业在产品和技术上存在很强的配套要求，集群对产业关联的高度依赖远远不是其他行业制造业集群所能比拟的。因此，在产业区规划时，必须研究装备制造业的产业关联并据此设置集群区域内的产业链安排，引导跨产业、企业之间的技术、产品配套，从而推动整个装备制造业的进一步集聚和集群区域核心竞争力的提高。引导和扶持装备制造业集群内生式成长是有意义的。在集群中，核心企业往往都具备规模优势，处于主导地位；提升制造业集群产业关联度必须首先要围绕核心企业进行布局，强化核心企业与外围企业之间的经济、技术交互。并且，由于装备制造业存在着大量的同源技术和工业衔接，不同行业共享着很多关键共性技术，并存在技术、工艺的创新交叉以及关键技术和知识流动。因此，对装备制造业集群进行产业布局时，不能忽视高校、科研机构与制造企业之间的 R&D 合作。地方政府制定产业政策应该考虑"管、产、学、研"的研发合作以及装备制造企业在共性技术上的创新协同。

**3. 改进集群沟通渠道**

产业集群在发展初期，自身信息收集、扩散功能较弱，兼之信息具有明显的外部性。因此，地方政府应以地方产业总代表的身份与大学、研究机构以及集群外企业等建立信息渠道，促进产、学、研合作。在集群内地方政府应出面建立行业协会、召开洽谈会、设立常设机构等实现信息的内部扩散。信息交流的手段不仅体现在会议、电话、互联网等手段，地方政府应有意识地创造各种正式的和非正式的面对面的交流活动，营造创新氛围。

**4. 完善集群科技服务体系**

集群的技术服务体系是指从事集群知识创造、技术服务、信息服务和管理支持的服务机构。如研究机构、政府实验室、生产力中心、企业联合中心、技术孵化器等。集群内部技术服务体系的完善有利于集群内部成员接近研究开发资源，推进集群成员共同从事知识开发，并为维持这些知识合作或共享提供技术支持。国外产业集群的经验表明：拥有自己的知识中心是一个产业集群真正成熟的标志。此外，我国还应发展各种行业协会、商会、金融机构、创业服务中心、会计事务所、律师事务所等各种形式的中介组织。中介机构的不断完善对集群内企业与供应商、企业与客户、企业与同行企业以及与其他伙伴的合作都会有很好的促进作用，同时也有利于协调集群创新网络内各个企业的关系。

综合以上分析，装备制造业是我国改造的重点，而集群化发展则是我国装备制造业发展的必然选择，根据产业集群创新与演进的机理和我国装备制造业的现状与特征分析，在集群化发展的过程中，我国应该着力打造创新型的产业集群。创新型产业集群的打造是一个巨大的系统工程，在这个过程中企业必须转变战略思想和竞争观念，而政府的正确引导和平台建设则是不可或缺的推动力量。

**（五）推进绿色制造**

绿色制造、低碳制造和循环经济是人类社会可持续发展的基础，是制造业未来发展的方向。循环经济是一种建立在物质不断循环，高效、清洁利用基础上的经济发展模式。低碳制造是以低能耗、低污染、低排放为基础的制造业发展模式，其实质是能源高效利用、开发清洁能源、追求"绿色GDP"。传统的制造业模式忽视对环境的保护，对环境造成了巨大的污染。而绿色制造模式不仅考虑到资源的利用效率，而且强调对环境的保护意识，促进产品制造与环境保护协调发展。与发达国家相比，我国工业化面临的问题更多、更复杂，人口数量大、人均资源不足、生态环境恶化、环境污染严重的矛盾突出。此外，美国加强制造业的战略措施也启示我们，必须寻求新的经济增长点和可持续增长的突破口，必须大力发展循环经济，积极推进低碳制造、绿色制造。国家《"十二五"规划纲要》也已明确将再制造产业化列为循环经济重点工程，强调绿色技术与再制造的整合。以循环经济和绿色制造为目标，推动工业增长方式从高消耗、高排放型向资源节约和生态环保型转变，助推我国制造业产业升级。因此，发展循环经济，走绿色低碳制造之路是我国实现工业化、现代化的必由之路。

**（六）实施敏捷制造**

随着经济全球化和信息技术的不断发展，以最短的时间研发出质优价廉并符合顾客个性需求的新产品成为市场竞争的新焦点。早在1991年美国为了重振在全球市场的竞争地位，在总结其他发达国家先进制造经验的基础上，提出了《21世纪制造企业战略》的报告。报告中明确提出了"敏捷制造"（Agile Manufacturing, AM）的概念，受到世界各国的关注。我国"863"计划也从1993年就开始了对敏捷制造的跟踪研究，并结合国内制造业企业状况进行了大量的调查分析研究。敏捷制造的基本内涵是通过把灵活的企业动态联盟、先进的柔性制造技术及高素质的劳动者三者有机地结合起来，从而使企业能够从容应付快速、不可预测的市场需求，获得企业的长期经济效益。敏捷制造改变了传统的企业设计与制造方式，它以竞争能力和信誉为依据，以满足用户需求、获取利润为目标，比其他制造方式具有更灵敏、更快捷的反应能力。当今，敏捷化已成为国际制造业发展的趋势之一。我国制造业也应积极寻求制造业的敏捷化，并积极借鉴云计算、物联网等先进技术,将这些先进技术与敏捷制造有机地结合起来,建立敏捷制造企业,提高我国制造业的敏捷性。敏捷制造企业将成为21世纪企业的主要模式,将直接决定一个国家或一个企业在未来世界市场中的经济地位。

### (七)探索云制造模式

随着世界经济的不断发展,自主创新能力的不断增强,一批新的科学技术不断涌现。此外,近年来云计算、物联网、大数据等的出现也为制造业的升级与创新提供了机遇。这些新技术在制造业中的应用,必将改善我国传统制造业,推动我国制造业的信息化与产业化,最终促进我国制造业的升级创新,逐步迈向高端装备制造业。为了进一步实现我国从"制造业大国"到"制造业强国"转型的宏伟目标,我国应当积极探索云计算、物联网技术在制造业中的应用,积极借鉴发达国家发展制造业的先进理念,例如德国"工业4.0"计划。

德国出台的"工业4.0"战略规划,其核心是信息物理系统(Cyber Physics System,CPS)的深度融合,此项战略不仅为德国未来制造业的发展提供了美好的愿景,同时也引领了世界制造业智能化发展趋势。如今,制造业已经进入大数据时代,智能化制造对计算机技术和网络基础设施等提出了更高的要求。传统的计算机控制技术和信息处理模式已无法满足当代制造业发展的需求,而基于云计算的云制造模式正迎合了此需要,云计算技术提供的资源共享池,将各个制造业企业的制造资源集中起来,进行虚拟化、智能化,实现统一调配,这也有助于各个企业从"云"中获取自身发展需要的制造资源,不但节省了搜寻时间与搜寻成本,也大大提高了成功交易的概率。因此,推动我国制造业的发展需要注重以下两点:

1. 加快信息化与工业化的融合

在当今世界上,先进制造业仍然是衡量一个国家综合经济实力和国际竞争力的关键因素。在发达国家中,先进制造业尤其是高端技术制造业已成为国民经济的重要支撑力量。许多发展中国家也正在结合本国的优势资源与技术,改造传统制造业,向着发展高技术制造业的目标迈进。随着世界经济全球化的发展以及我国加入WTO后,我国制造业正面临着更加激烈的国内外竞争,如何有效提高我国制造业企业的核心竞争能力,很重要的一个方面就是要积极提高我国制造业企业的信息化水平。信息化是制造业研发新产品、拓展新市场和扩大合作最有效的手段之一,也是企业体制创新的重要推动力。国际数据公司(IDC)的研究报告显示,财富500强企业中,信息技术投资超过生产设备投资的企业达65%,而企业网络投资的回报率则高达 10 倍以上。[①] 我国应大力推进信息化与现代化，采用信息技术改造传统制造业，提高制造业的科技含量，以信息化带动工业化，从而促进生产力实现跨越式发展，增强综合国力和国际竞争力。

2. 推进制造业与服务业融合

当前，全球范围内制造业呈现出经济利润下滑趋势，而知识密集型生产性服务业则呈现出利润不断增长的趋势。制造业与生产服务业之间的良性互动有助于适应多重产业集群的发展趋势。多重产业集群能够在集群内部降低生产成本，优化产业结构，促进知识和技术的交流，形成良好的创新氛围。良好的现代服务业与先进制造业是相辅相成的关系，良好的现代服务业能够为先进制造业的发展创造良好的外部环境，而先进制造业的发展也将能够提升现代服务业水平。为了积极顺应世界制造业和服务业发展趋势，我国政府应积极鼓励发展现代服务业，增强制造业与服务业的融合发展，尤其需要加强金融信息及专业科学技术服务，不断向全球制造业价值链高端转移，[②] 把服务业作为经济发展的重要组成部分。同时，我国政府应推动实施制造业服务化战略，积极推动我国制造业企业沿着产业链优化升级，鼓励制造业企业向着"微笑曲线"的两端发展，减少对资源和成本的依赖程度，实现制造业由提供产品向提供服务的转变。

随着经济的飞速发展和信息技术的不断进步，我国制造业企业的发展已逐渐步入"云时代"。诸如网络化制造、面向服务的制造、敏捷制造等传统制造模式已很难适应当今制造业企业发展的需要。制造业企业应积极探索基于云计算的云制造模式，通过云计算、物联网等先进信息技术手段将企业的制造资源和制造能力进行虚拟化并进行封装管理，这有助于将散落在社会中的各种制造资源集中起来，实现新产品在研发设计、生产制造、销售服务、物流运输等各环节的高度协调，减少各企业的初期投资和运营成本、提高资源的整体利用效率、促进各企业间的专业分工与协作、及时掌握市场动向与变化，以最快的速度满足顾客的个性化需求，进而提升组织的敏捷性。

---

[①] 陈庆修. 企业应以信息化迎接全球化 [J]. 新视野，2002（4）：30-31.
[②] 赵彦云，秦旭，王杰彪. "再工业化"背景下的中美制造业竞争力比较 [J]. 经济理论与经济管理，2012（2）：81-82.

# 第三章 组织敏捷性的研究理路

## 第一节 组织敏捷性的渊源及内涵

### 一、组织敏捷性的起源

企业如何应对不可预测与动态复杂变化的环境,是产业界和学术领域近几十年来一直流行的课题。人们提出了许多不同的解决方法:网络化、再造工程、模块化组织、虚拟企业、高绩效组织、员工授权、柔性制造、JIT等。"适应性组织"、"柔性组织"和"敏捷性组织"是其中最主要和最受欢迎的概念。在界定这些术语方面存在很多种不同的方法,并且关于这些概念的定义和组成成分方面依然存在许多模糊性。一些学者对这些概念进行了严格的区分,而另一些学者则使用这些概念。然而,总体而言,这三个概念都是指组织拥有对变化的做出调整和适应的能力。

关于组织如何应对不确定性及变化的研究多使用"适应性"这个术语,来调查组织的形式、结构和形式化程度如何受到适应能力的影响(Burns 和 Stalker,1961;Hage 和 Aiken,1969;Hage 和 Dewar,1973)。20 世纪 80 年代,此类研究主要关注于组织柔性。Reed 和 Blunsdon(1998)将组织柔性描述为:企业调整其内部结构和流程以适应环境变化的能力。Volberda(1996)以及 Toni、

Tonchia（1998）对柔性的综述研究表明，绝大多数的柔性组织的定义侧重于对变化的反应和适应能力。20 世纪 90 年代，敏捷性成为处理动态性和变化性环境的新的解决方案。这是因为，在 20 世纪 80 年代，日本和原联邦德国生产的高质量产品大量进入美国市场，这些外来商品对美国制造业产生了巨大冲击。产品更新换代的加快和市场竞争的加剧，使美国企业不仅要降低生产成本和提高产品质量，还必须尽可能缩短产品开发周期。当时，美国汽车产品更新换代的速度已经比日本慢了一倍以上，因此，速度成为美国制造商关注的重心。美国为了能够重新夺回其制造业在全球的领先地位，政府把制造业发展战略目标瞄向 21 世纪。美国通用汽车公司和里海（Leigh）大学的雅柯卡（Iacocca）研究所在国防部的资助下，提出了著名的《21 世纪制造业发展战略》的报告，报告在 1988 年首次提出敏捷制造的新概念。1990 年向社会半公开以后，该报告立即受到世界各国的广泛重视。《21 世纪制造业发展战略》报告中首次提出了敏捷竞争战略："现代工业已经跨越大批量生产时代，并进入了敏捷竞争时期。新的竞争规则要求企业在产品、组织、战略诸方面变得更灵活、更敏捷。而敏捷是指对从迅速变化、不断细分、高质量、高性能的顾客定制产品和服务型的全球市场中获利的经营挑战做出的全面反应。企业要想在市场机会不断变化、难以预测的竞争环境中盈利运营，其战略目标应能丰富顾客的价值。产品应是敏捷产品，其生产需要顾客参与设计，能不断升级，满足顾客的特定要求。同时，竞争也不再是传统竞争的概念，而是通过合作提高竞争力。组织形式也随之出现虚拟状态。敏捷竞争改变了大批量生产企业的惰性，促使企业开发生产寿命周期短、高度差异化的产品，培养生气勃勃、积极向上的员工，造就广泛分权、灵活决策的企业。" 1992 年美国政府将敏捷制造这种全新的制造模式作为 21 世纪制造企业的战略。

敏捷制造的概念一经提出，立即得到美国产业界、政府机构以及社会各界的普遍认同，很快就成为理论研究与商务实践的焦点。

1989 年，美国"工业生产委员会"发布的《美国制造》战略研究报告中分析了美国制造业由盛而衰的具体原因，报告不但指出"大规模、大批量生产"这一曾经的成功法宝已经不能适应全球化的市场竞争环境，而且开始关注到企业应变能力的战略性意义。1991 年，沃麦克等在其著作《改变世界的机器》中具体地总结了以日本丰田公司为代表的先进的管理理念，提出了"精益生产"理念，为提高企业生产应变能力提供了理论指导。[①]

---

[①] 杨竹青. 国外敏捷企业研究体系及发展趋势［J］. 科技进步与对策，2012（11）：155-160.

美国"21世纪制造企业战略"项目结束后，Dove在1994年组织了"敏捷性论坛"，继续从事敏捷企业的理论研究、传播以及敏捷化企业实践的咨询工作。此后，Kidd组织了"欧洲敏捷性论坛"。两者相比，前者研究更早，力量也更为强大。

Dove是敏捷企业理论领域的世界级卓越专家，他在此领域耕耘了十余年，与Goldman、Nagel、Press、Kidd等一道开创了管理学界的一个新的研究领域。Dove先后发表有关敏捷企业的研究论文60多篇，2001年他出版了专著《响应能力：敏捷企业的术语、结构和文化》。其主要理论贡献有：①参与提出了敏捷企业概念，并对企业敏捷性、敏捷企业做出了初步界定。认为敏捷性反映了企业驾驭变化的能力，即能够"以任何方式来高速、低耗地完成它需要的任何调整，从变化中赢得竞争优势，适应未来不可预知、持续变化的商务环境并赢得竞争的能力"；同时，敏捷性是一种"善于开拓、创新从而引导市场、赢得竞争的能力"。认为敏捷企业是具有敏捷性的企业，如何实现组织敏捷性是一个系统和结构的问题。②提出了企业敏捷性评价的TCRS体系。即用变化的成本、时间、鲁棒性、适应性范围来综合评价企业敏捷性。③提出了敏捷系统设计的RRS（Reconfigurable, Reusable, Scalable）原则。④提出了敏捷空间战略理论。该理论是一个简单的战略分析框架，通过对企业可变能力、创新能力的组合分析，确定企业自身战略位置的类型是脆弱型、机会型、改革型还是敏捷型。⑤提出了敏捷化实践的参考模型。该模型是面向企业敏捷化实践的重点领域的集合，包括六个方面，即人员问题、法律问题、虚拟企业、过程和设备、信息和控制、产品实现，可以理解为企业敏捷化的关键领域。Dove的敏捷企业理论对中国的"敏捷理论"和"虚拟理论"产生了较大影响。随着张申生翻译发表论文《敏捷企业》，我国不少学者在相关研究中，都采用了"敏捷企业"这一称谓。Dove研究的最大特点是面向企业实践，重点研究如何通过传统企业的敏捷化改造来实现敏捷企业，因而，整个研究工作以企业的实践资料为基础，具有较好的实践效果。但是其理论的系统性、建构性不强，他对敏捷企业产生的深层动因、运行机理、运行过程、运行方式等系统化的理论研究不够。他几乎完全忽视了在网络经济背景下随着组织间交易成本的降低，企业所出现的资源和能力的虚拟化问题。

里海大学人文科学系的Goldman教授参与了"21世纪制造企业战略"项目的研究工作，并编辑了"报告"，是敏捷企业理论的早期研究者之一。之后，他成为"敏捷性论坛"的战略分析部主任和资深专家。1991年以来，其主要研究领域是敏捷虚拟组织、"下一代企业"等。早在1995年，他就出版了影响广泛的著作《敏捷竞争者和虚拟组织》。其主要理论贡献有：①提出了"敏捷性"系统说。认为"敏捷性"是一个综合体系，它只有作为一个系统时，才能给企业带来长期的战略性利益，才能在瞬息万变的、不确定性的竞争环境中为企业带来可持续的竞争优势。认为"敏捷性"定义了"一种经营的新规划"，反映了"一套关于制造、销售和购买的新的思维方式"，关于"商业体系的新形式以及关于企业和员工业绩评价的新尺度和开放思维"。敏捷性是对新的竞争环境的一种全面反应。②提出了敏捷竞争说。认为敏捷竞争的基本方式是"合作以竞争"，合作的目的是为了获得速度效应。合作有两种实现方式，即内部合作和外部合作。内部合作的主要形式是项目小组和向员工授权。外部合作的主要形式是虚拟企业。③提出了敏捷竞争的维度模型。认为不断变化的顾客及市场机会决定了企业没有唯一、普适的公式去适应敏捷竞争。"维度"实质上是测度敏捷性的四个方面，也是敏捷竞争原则的"底线"。四个维度是：丰富顾客价值；通过合作提高竞争力；建立适应变化及不确定性的组织；利用人员与信息的杠杆作用。

Kidd 是"欧洲敏捷性论坛"的创始人，敏捷企业、敏捷制造、下一代企业理论方面的领先专家。从 1992 年至今，他发表此领域的论文近 30 篇，1994 年出版专著《敏捷制造：锻造新边界》。主要理论贡献有：①发展了敏捷性理论。认为敏捷性是一种对变化、不确定和不可预测的环境有效反映的核心能力。并区分了内部敏捷性与外部敏捷性。在 CTRS 敏捷性评价体系基础上，将变化的频率纳入评价体系。认为敏捷性是属于 21 世纪的下一代企业的概念体系，当时的企业还不完全具备。②提出了"子整体"结构说。认为敏捷企业是由自动而又合作的结构单位——"子整体"构成。③提出了敏捷制造企业的核心因素，即高技能、知识渊博并具有柔性、理性和响应变化的敏捷人员；非等级化，既支持个体又支持合作以及团队工作的敏捷组织；先进的计算机基础技术及它们之间的相互关系。提出了敏捷制造企业的设计思想以及设计的系统原则、适应性螺旋式设计原则等。提出了敏捷制造企业所需要的关键技术体系。[①]

## 二、组织敏捷性的内涵

敏捷性，在汉语解释中包含三个意思：①行动迅速、协调而又有柔性；②头脑聪明、敏锐，能迅速思考，做出推断；③灵活、活泼。然而，作为管理学的概念，敏捷性指的是一种企业能力，是能够帮助企业及时响应市场需求变动，快速

---

① 周和荣. 敏捷企业理论研究综述 [J]. 中国科技论坛，2007（9）：67-144.

提供新产品以满足消费者需求，争取更多市场份额的竞争能力。这个词在管理学领域具有十分丰富的内涵，与一系列经典管理学理论密不可分。例如，它可以与生产周期联系在一起，表示快速；与大规模定制联系在一起，表示适应性；与虚拟组织联系在一起，表示供需链上各种合作形式；与精益生产联系在一起，表示高效的资源利用率；与一个具有自学习、自适应能力的组织形式联系在一起，表示系统的自组织和自适应性；与企业再造（Reengineering）联系在一起，表示企业业务流程的不断优化改进等。在全球激烈动荡的市场环境中，敏捷性已成为各个企业保持其竞争优势的重要因素之一。很多企业已经将组织敏捷性的构建与升级提升到了战略层次的高度，从战略角度进行规划，希望打造出一个可以驾驭变化，不断进行自我调整，从而快速、灵敏、积极、有效地效应市场变动、满足顾客需求的成功企业。组织敏捷性则是从特定企业组织这种特定组织形式的视角来界定敏捷性。具体是指使企业能在无法预测和持续变化的外部环境中，及时响应市场变化，不断增强竞争优势的能力，是企业实现其可持续发展所必须追求的战略竞争能力。由于本书的研究对象是企业组织，因此文书所提及的"敏捷性"即为组织敏捷性。

Iacocca研究中心认为，敏捷制造是指拥有多种能力的制造系统，它能够满足市场上快速变化的需求。目前，理论界就还没有组织敏捷性的定义达成一致。Vokura和Fliedner认为组织敏捷性是指企业可以快速地组织生产，并可以在大范围内根据客户特殊化需求提供低成本高附加值的产品。Flowle认为组织敏捷性其实是企业组织运用市场规律和市场环境的变化来充分发掘市场机会的能力。McGaughey认为组织敏捷性是指根据内外部环境的变化快速感应并对组织做出快速响应的能力。Sambamurthy等（2003）认为，组织敏捷性是指企业探测市场中创新的机遇并快速地通过获得、整合和重构必要的资源，如资产、知识和关系等以把握机遇。从狭义上来看，组织敏捷性是指企业就内外部环境的变化做出反应的能力，这种反应能力与速度有一定区别，它强调的是不可预测性，是从战略管理的角度来分析企业在面对突发事件时的适应能力与反应能力。

Iacocca研究中心认为敏捷制造是指拥有多种能力（软硬件技术、人力资源、培训管理、信息）的制造系统，它能够满足市场上快速变化的需求（速度、柔性、顾客、竞争对手、供应商、基础设施、响应性）。然而，关于敏捷性，目前尚未形成完全统一的定义。根据对现有文献的整理，我们总结了学者们的主要研究观点如下（见表3-1）：

表 3-1 敏捷性的不同定义

| 学者 | 年度 | 定义 |
| --- | --- | --- |
| Iacocca 研究中心 | 1991 | 敏捷性是指具有满足市场(包括速度、柔性、消费者、竞争者、供应者等)快速变化需要的能力(包括硬件与软件技术、人力资源、管理技术和信息沟通) |
| Goldman | 1993 | 敏捷性是指针对在商业竞争主导系统中产生的内在不可撤销的变革而形成的复杂的战略性反应 |
| Kidd | 1994 | 敏捷性是对成熟而普及的技术和制造方式的复合运用能力,也就是说,它是 LM、CIM、TQM、MRP、BRP 等多种技术的协调机制,可以快速并且前瞻性地让企业要素适应意外和不可预见的变化 |
| Goldman 等 | 1995 | 敏捷性是在充满不断的、不可预见的变化的竞争环境中繁荣发展并且对快速的变化迅速做出反应的能力 |
| Amos J. W.和 Gibson D. V. | 1995 | 企业能够通过复杂的通信基础设施迅速地组装其技术、雇员和管理,以对不断变化和不可预测的市场环境中的客户需求做出从容、有效和协调响应的灵性,即企业动态灵活、可重构、可集成、快速地响应市场变化的能力 |
| Dove | 1996 | 敏捷性是企业固有的,敏捷性的高低与企业的市场生存能力密切相关 |
| Cho 等 | 1996 | 敏捷性是指在持续竞争和不可预测变革的环境中,通过对市场变化进行快速有效的反应和提供符合顾客需要的产品和服务来实现生存与繁荣的能力 |
| Dover 等 | 1997 | 敏捷制造是对在持续变化的环境(包括技术、市场和商业企业的变动)中实现商品和服务生产敏捷性的一种新的表达方式,需要通过基于核心能力的有效联盟、适应管理变革和不确定性的组织重组以及人员和信息平衡。敏捷性反映的不仅是企业被动适应市场变化的能力,更强调企业主动把握市场机遇的能力 |
| Gould | 1997 | 敏捷性要求放弃不再适应变革需要的事物,即对企业传统运行模式进行变革,这意味着在不断变化的竞争环境中,未来的组织需要比现在组织具有更强的柔性和反应能力 |
| Yusuf 等 | 1999 | 敏捷性是在快速变化的环境中,成功地应用竞争性基础(例如,速度、柔性、创新和质量),通过整合和重构资源,在充满知识的环境中开展最佳实践,从而提供顾客驱动的产品和服务 |
| Gunasekaran | 1999 | 敏捷性是指在不断发生不可预见的变化的竞争环境中,快速响应并在顾客定义的产品和服务的驱动下有效地改变市场,从而生存并且蓬勃发展的能力 |
| Bulliger | 1999 | 敏捷性是指组织行为适应环境变化而应具有的灵活性,也可以理解为对持续变化市场的应变性。敏捷的企业实现应依赖于连续多重决策的过程或者自组织性、自构建性和自我组合的过程 |
| Rick Dove | 1999 | 敏捷性是一种有效地管理和应用变革的能力,以长期有效性、速度感、目的性和获益性为特点。不论是在获取市场机遇、生产过程、商务实践、制造技术、个人能力还是在竞争威胁等环节上,精通变革能力(组织能够有效应用知识的资格)是企业获取敏捷性的关键因素 |

续表

| 学者 | 年度 | 定义 |
|---|---|---|
| Sharifi 和 Zhang | 2001 | 敏捷性主要是指企业应付意外变化、在经营环境中不期而至的威胁下保持生存、利用环境变化来作为发展机遇的能力。敏捷性强调在快速变化的市场环境下，通过资源重构和知识转化实践为顾客提供其所需要的产品和服务，是企业获取竞争成功的基础，具体体现在速度、柔性、创新、领先、质量和效益上。 |
| Dove | 2001 | 组织在不断变化、不可预见的企业环境中繁荣发展的能力 |
| Hooper 等 | 2001 | 敏捷性是企业能够开发与探索其组织内部与组织间的能力 |
| Ramasesh 等 | 2001 | 敏捷性是通过整合可重构的资源来成功地开发竞争基础（速度、柔性、创新、前瞻性、质量和盈利能力），并且在知识丰富的环境中做出好的实践，从而在不断快速变化的市场环境提供客户导向的产品和服务 |
| Whadhwa 和 Roa | 2003 | 敏捷性是指企业能够应对相当不可预见的变化，而且这种反应是较为创新性的 |
| Sambamurthy 等 | 2003 | 组织敏捷性是指企业探测市场中创新的机遇并快速通过获得（Acquiring）、聚集（Assembling）和重构（Reassembling）必要的资源（例如，资产、知识和关系）来抓住这些机遇的能力 |

资料来源：笔者根据相关文献整理。

尽管这些定义不尽相同，但它们都侧重于将速度和柔性来作为敏捷性组织的基本特征（Gunasekaran，1999；Sharifi 和 Zhang，1999；Yusuf 等，1999）。敏捷性的另一个重要特征就是对变化和不确定性的有效反应（Goldman 等，1995；Kidd，1994；Sharifi 和 Zhang，2001）。一些学者（Sharifi 和 Zhang，1999）提出，以恰当的方式对环境变化做出回应并且利用变化是敏捷性的主要因素。Christopher（2000）指出，敏捷性是一个组织对变化的需求的快速反应，这种需求的变化既有数量的变化，也有种类的变化。而还有一些学者认为敏捷性定义的主要组成部分就是高质量并且高度顾客化的产品（Gunasekaran，1999；Kidd，1994；Mccarty，1993；Tsourveloudis 和 Valavanis，2002）。

通过对这些定义的研究可以发现，敏捷性这个概念由适应性和柔性特征共同组成。这两个术语代表了组织能够适应调整的演化思想。敏捷性组织代表了这种思想的最新发展阶段，它涵盖了适应性组织和柔性组织概念的所有重要特征。敏捷性的精髓在于随环境的变化而调整自身，即一种精于变化的能力，这包括感知（Sense）变化、理解（Perceive）变化、响应（Response）变化、利用（Take advantage of）变化和创造（Create）变化。作为这些能力的综合体，敏捷性不仅仅能够帮助企业被动地对外部变化进行及时反应，更重要的是使企业具有主动应对变化的意识和准备。因此，敏捷性是指在一个不断变化、不可预见的环境中，企业组织能够从发展战略、结构、功能和运行方式等角度不断地进行自我调整，实现快速、灵敏、有效、积极地响应市场变动、满足顾客需求，并在竞争中赢得优势，从而达到驾驭变化的能力（Sharifi，1999）。王铁骊（2007）认为，一般来说，企业对环境变化的敏捷性可具体表现为响应性、竞争性、柔性和快速性等四个方面：响应性是指识别变化和迅速响应变化的能力，并迅速从变化中恢复；竞争性是指能为实现企业的目标而提供有效、高效率的一组活动的能力，包括战略上的竞争性、技术能力上的竞争性、产品质量上的竞争性、成本上的竞争性、人力资源方面的竞争性等；柔性是指用同样的设施生产不同产品或者实现不同目标的能力，包括产量柔性、产品结构柔性、组织柔性、人力资源柔性和战略柔性等；快速性是指在最短的时间内执行任务的能力，包括新产品的快速开发、快速生产和快速交货能力。

通过总结，我们发现以往文献对敏捷性的定义大致可以划分成广义观和狭义观两大类。广义观包含了近20年来在产业领域已经应用的不同操作和技术的所有定义和描述。例如，Yusuf等（1999）提出，敏捷性是"对已经发展出来的众所周知的制造技术和方法的综合运用"，这种观点与Goldman等（1995）的观点类似，他们将敏捷制造描述为对所有的柔性生产技术、全面质量管理（TQM）、JIT生产以及并行生产等的吸收同化。因此，根据广义观，敏捷性是与并行工程制造、CIM、TQM、资源需求计划（MRPII）、JIT和员工授权等紧密联系在一起的。

狭义观主要侧重于快速适应能力的方面，然而，它不单单是指反应的速度（Sanchez和Nagi，2001；Tsourveloudis和Valavanis，2002）。敏捷性是指针对意外的、不可预见的变化迅速并且前瞻性地进行企业要素调整，它代表了一种新的、非常不同的制造业务模型（Kidd，1994）。企业要素是指目的、目标、技术和组织。但有人对此提出了异议，因为大多数的当前应用的操作都没有针对不确定和不可预见的动态变化的商业环境做出很好的调整，因此，这些方法不能够纳入敏捷性的概念。

尽管敏捷性的研究始于"敏捷制造"研究，然而敏捷的特性同样适用于其他的商业行为和服务行业（Katayama，1999）。虽然在许多研究文献中，敏捷性和敏捷制造被认为有着相同的内涵，甚至可以相互替代。然而，敏捷性并不简单地等同于制造速度的提升。因为其内涵已经超越了单纯的速度内涵而渗透到制造理念中。在当前变化难以预测的市场环境中，敏捷性的内涵已经由其所在的制造系统扩展到组织设计、管理和企业文化中，成为一个企业能否满足环境多变性和消费需要多样性，拥有未来竞争优势的衡量标准。

Gunasekaran（1999）也指出 AM 不是并行工程、柔性制造或者 CIM。为了澄清 AM 与现有操作之间的区别，Sanchez 和 Nagi（2001）指出并行制造是关注于资源的生产性运用的那些操作技术的集合，而敏捷性是一种整合体的战略。依据适应的类型，学者们比较了敏捷性和柔性制造：柔性制造是被动型的适应，而敏捷性是前瞻性的。根据 Tsourveloudis 和 Valavanis（2002）的观点，柔性是整个工厂从一个任务或者生产线转向另一个的一种能力，而敏捷性是整个企业适应市场上的不可预见和突变的战略性能力。然而，柔性这个术语有时也指整个企业（Volberda，1996；De Toni 和 Tonchia，1998），并且在这些例子中，它还被定义为对不可预见的环境适应和响应的能力。

可以说，在理解柔性和敏捷性这两个术语时，如果他们是针对制造战略，那么二者之间存在显著的区别。因此，敏捷制造可以被视为一种与柔性、并行制造及其他战略技术不同的制造战略。然而，当柔性和敏捷性的术语被用于整个企业时，许多学者的定义是雷同的。因此，敏捷性组织可以被视为这样一种方法，它吸收了适应性和柔性组织框架下发展起来不同操作、技术和理念以及基于商业环境中实际状况需要的不同制造战略。

## 第二节 组织敏捷性的特征及相关概念辨析

### 一、组织敏捷性的特征

周和荣（2005）总结了组织敏捷性的四个特点：第一，敏捷性是一个系统。只有企业系统的各要素、各环节均实现了敏捷性，并形成一个有机的敏捷系统，敏捷性才可能实现。这个特点既综合反映了企业系统输入（组织、技术、人员、管理、信息与知识等）、处理（核心能力的有效集成等）和输出（定制的产品）三个环节构成的运行过程的敏捷性，又反映了企业内部诸多构成要素（如组织、人员、技术、管理等要素）的敏捷性，同时，也反映了外部伙伴、供应商、分销商、顾客的敏捷性。总之，只有将敏捷性看作一个系统时，才能给企业带来长期的、战略性的利益；才能在瞬息万变的、具有不确定性的竞争环境中为企业带来长久的竞争优势。第二，敏捷性首先是一种能力属性。它反映系统及其要素能力的敏感性、快速性、创新性、柔性和客户满意性。敏感性即响应、决策、行动的敏锐性、智能转换性。快速性即在最短的时间内响应、决策和行动的属性，包括快速定制产品、快速研发、快速生产、快速交货等；创新性即通过重组企业内外部资源和能力来实现客户所需要的任何创新，主要是新产品创新、研发创新、组织创新、管理创新等；柔性即具有用同样的设施生产不同产品和实现不同目标的能力，包括产量柔性、产品结构柔性、组织柔性、人力资源柔性和战略柔性等；客户满意性是指客户对定制化产品的性能、时间、成本、质量和价值的满足感。敏捷性作为一种属性，还表现为一种规划属性和思维属性。敏捷性是关于"经营的新规划"，关于"制造、销售和购买的新的思维方式"，以及关于"商业体系的新形式和关于企业和员工业绩评价的新尺度的开放思维"。总之，敏捷性是驾驭新的竞争环境的一种全面规划体系。第三，敏捷性是动态性、开放性。即要求对个人和组织绩效的不断关注、对产品和服务价值的不断关心、对不断变化的顾客机会内涵的一贯专注，要求持续的变革，要求企业和员工学习任何他们需要了解的新事物，又要求能够快捷地与外部实体间动态地交换能力和资源。第四，敏捷性集中表现为系统及其要素的可重构性、可重用性、可扩充性，即 RRS 特性。可重构性是指企业所具有的能够根据变化的需要，对其组织、人员、技术等要素的数量、结构、关系等进行重构的能力属性。可重用性是指企业所具有的能够根据变化的需要，多次、反复地使用其组织、人员、技术等要素的能力属性。可扩充性是指企业所具有的能够根据变化的需要，对其组织、人员、技术等要素进行升级、扩展的能力属性。

敏捷性是一个系统，它是一种综合属性。整体的敏捷性依赖于系统内各要素的敏捷性的提升以及各要素之间的整合。企业系统包括输入（企业内部要素如组织、技术、人员、管理、信息与知识等）、处理（企业创造价值的具体过程）和输出（企业所提供的产品和服务）三个重要环节，这三个环节构成的运行过程的敏捷性既依赖于企业内组成要素诸如组织、人员、技术、管理等要素的敏捷性，又要整合外部伙伴、供应商、分销商、顾客的敏捷性。系统性的视角有助于帮助企业全盘思考，实现长远的、战略性的利益。

敏捷性是动态开放的。作为一个系统来讲，为了要适合动态的生存环境，内部必须与外部进行不断的能量交换，来维持系统的生命力，同时这种能量的交换要求内部要素之间通过不断的互动来对输入进行消化吸收从而达到最佳状态。敏捷性要求持续关注顾客不断变化的、个性化的需求，同时从外部汲取先进的知识、理念、方法和技术，在内部不断地消化和吸收，提升自我的能力，寻找满足顾客需求的解决方案。

Rick Dove 指出，敏捷性集中表现为系统及其要素的可重用性（Reusable）、可重构性（Reconfigurable）、可扩展性（Scalable）即 RRS 特性。可重用性这一特征强调的是企业内部各个系统元素具有独立性和功能上的完整性并且功能的划分具有原子性。系统元素以模块化的形式存在，而且企业可以根据变化的需要将各个要素多次、反复地使用。可重构性则强调企业系统内各要素间的松散耦合，即在不改变内部其他系统的前提下，可对系统的某一子系统进行升级、替换。可扩展性要求系统可以在一个开放式的集成平台下，根据系统功能的需要进行缩放，其中包括系统内部的精简和向外的跨越企业系统边界的集成。[1]

## 二、组织敏捷性相关概念辨析

### （一）敏捷性与敏捷制造

从广义的角度分析，虽然在许多研究文献中，敏捷性和敏捷制造被视作具有相同内涵的两个术语，甚至可以相互替代。但是如果从狭义角度分析，敏捷性和敏捷制造是有着一定的区别的。敏捷性强调的是一种企业能力，是企业实现快速响应市场，迅速提供满足消费者需求产品的必备能力。而敏捷制造则是一种制造模式，是指通过先进生产技术和信息技术的采用，实现制造过程敏捷化以保证敏捷性得以获得的方法和途径。

### （二）敏捷型组织与组织敏捷性

根据国外学者对敏捷性的研究成果，学术界通常认为，敏捷型组织是具备敏捷性的组织，具体而言，敏捷型组织是一个以实现敏捷性为战略目标，由符合敏捷性要求的组织结构、人员、业务流程等子系统构成的，能够及时响应市场变化、快速提供满足消费需要的产品或服务的企业组织模式。其实现需要技术、组织和人员的共同努力。国内对敏捷型组织的定义主要有三种：①广义说。从敏捷竞争力等角度进行定义，如张申生教授（2000）认为，敏捷型组织是具有敏捷竞争力，能够驾驭复杂、变化、不可预测的市场从而赢得竞争优势的组织形式，并概括了九种敏捷竞争力的影响因素。②狭义说。从敏捷制造角度定义，认为敏捷组织或敏捷企业即敏捷制造企业。③"下一代企业"说，认同 Kidd 与 Goldman 等国外学者的观点，认为敏捷企业是未来的、先进的企业模式，"是一种新型的企业经营组织形式"。

根据上文国外学者对组织敏捷性的论述，我们认为组织敏捷性是指企业所具

---

[1] 任宏波. 基于 BRM 的企业信息平台的构建与企业敏捷性研究 [D]. 成都：成都理工大学，2009.

备的能够及时感知市场变化并进行资源重构的组织运作及管理的能力，是敏捷性的一个必然构成部分。也可以说，组织敏捷性是敏捷性在企业组织运行层面的具体表现形式，是制造企业组织变革的关键环节。敏捷型组织与传统组织模式的本质区别在于其拥有了组织敏捷性。

## 第三节 组织敏捷性的分析框架

随着经济全球化程度的提高和网络经济与知识经济的快速发展，顾客对产品的需求日益多样化和个性化，产品生命周期已经缩短、顾客对交货期要求提高、对产品和服务期望也逐步提高。企业因此受到来自各个方面的威胁，如任意批量订单生产、有形产品和无形服务的融合、产品寿命缩短、全球生产网络、适应大量定制的分销基础设施等。因此，越来越多的企业注重增强企业柔性、敏捷性和自适应性以应对日益动荡的、不确定的环境。敏捷性已成为企业在不确定环境中求得生存与发展的关键因素之一，与之相关的研究因此受到企业界和理论界的关注和重视。由于组织敏捷性没有统一的定义，因此，根据不同的定义，学者们给出了不同的分析框架。

### 一、Sambamurthy 三维度框架

根据动态能力观，Sambamurthy 等（2003）提出了组织敏捷性的一个分析框架，他们认为组织敏捷性这个构念有三个重要的维度：客户敏捷性、合作伙伴敏捷性和运营敏捷性。

客户敏捷性是与客户合作来共同开发探索创新和竞争行动的机会的能力。比如，将客户作为创新思想的来源、作为创新产品与服务的合作开发设计者、作为检验产品或者帮助其他人了解新产品的用户。客户敏捷性描述了企业在利用客户的声音来获取市场情报信息并探测竞争活动机会方面的能力（Kohli 和 Jaworski, 1990）。

合作伙伴敏捷性是指企业通过战略联盟、伙伴关系和合资企业等形式来利用供应商、分销商、签约制造商以及物流提供商的资产、知识和竞争力的能力（Venkatraman 和 Henderson, 1998）。合作伙伴敏捷性是企业可以构建战略性、延伸性或者虚拟性的伙伴关系网络，从而探索创新和竞争行动的机会（Choudhury

和 Xia，1999）。合作伙伴敏捷性也是指企业通过有效的搜寻制造、物流或者客户支持资产和资源来开拓市场机会的能力，它使企业可以在需要获得其所在网络内当前所不具备的资产、竞争力或知识时，调整或适应其延伸的企业网络（Dyer 和 Singh，1998）。

运营敏捷性反映了企业在开拓创新和竞争行动机会时，其业务流程在获得速度、准确性和成本经济方面的能力。运营敏捷性是企业可以快速地重新设计现有的流程并且创造新的业务流程来开拓动态的市场状况。这三个维度累积在一起共同反映了敏捷性，形成全部三个维度敏捷性的企业在更多的竞争性活动中处于有利地位，最终形成企业的竞争优势。

### 二、Rick Dove 四维度框架

组织敏捷性的另外一种评价体系是由 Rick Dove 提出的，该种评价体系主要是基于时间维度、成本维度、鲁棒性维度和适应性范围维度形成的组织敏捷性四项评价指标，下面从这四个维度进行细化说明。

**（一）时间维度**

对组织敏捷性来说时间维度是最直接、最重要的衡量组织灵活性的指标之一，它主要包括用来描述企业发现或预见市场机会的时间长度，同时也包括企业研发设计周期、生产制造周期等影响新产品上市的时间长短。

**（二）成本维度**

敏捷的组织在获取敏捷性的同时也会产生一定的成本，企业在运行过程中以较低的生产成本快速获取企业资源、企业在信息获取方面较为便捷，能够在设计研发、生产销售各个环节以较低的投入迅速对内外部环境变化做出反应。

**（三）鲁棒性维度**

从统计决策角度分析，鲁棒性是指企业在面对动态变化时能够敏捷地做出决策的能力。从系统角度出发，鲁棒性也是稳定性的体现，比如企业的业务流程在运行的过程中面对突发状况的快速反应能力，也表现在一个组织生产的产品质量和数量等方面的稳定性，当新研发的产品上市后是否能够保证产品的运营状况和质量。

**（四）适应性范围维度**

适应性范围维度指的是企业应对不可预知的变化时，企业是否具备一定的适应性以及适应性范围的多少，当企业面对的市场需求发生变化时，企业的内部环境适应力的大小。通常情况下，企业可以通过资源重组优化、生产流程的变动等

方面来提升企业的适应能力和范围。

多数关于组织敏捷性的文献只讨论战略和技术工具。很少有文章阐述敏捷性企业概念的整体观以及敏捷性企业的形成机理。然而，我们可以在文献中找到建立在不同定义和方法基础上的许多组织敏捷性分析框架。

### 三、Goldman 四维度框架

Goldman 等（1995）制定了获取敏捷性竞争能力的四种主要的战略维度。他们建议每个公司创建一个敏捷性成效的项目，这个项目将敏捷性维度与现在以及未来公司的运作关联在一起。提出敏捷性的战略性维度是：①充实（Enriching）顾客；②合作以提高竞争优势；③组织起来以掌握变化；④杠杆化地利用人员和信息的冲击。充实顾客意味着向顾客传递价值和解决方案而不是产品。为了尽量快速并且低成本的市场提供产品，企业必须利用所有的现有资源，不管其位于何处，并且开展公司内部合作和与其他公司之间的合作。有效地掌控变化要求柔性的组织结构能够允许快速地重构人力资源和物理资源。根据 Goldman 等（1995）的观点，一个敏捷性的竞争环境是指在此人员技能、知识和经验是公司之间的主要区别因素。这样，连续的员工教育和培训是与敏捷企业运作整合在一起的，并且代表了对未来成功的一种投资。

### 四、其他分析框架

Yusuf 等（1999）提出了敏捷性的竞争基础：速度、柔性、创新、前瞻性、质量和盈利性。Yusuf 等（1999）宣布他们提出的竞争基础是 AM 在协同中必须获得的绝对基本的特征。在这个框架中，Yusuf 等（1999）区分了与不同层次的企业相关的敏捷性的三个方面。要素敏捷性（Elemental-agility）针对个体资源（人员、机器和管理）层面；微观敏捷性（Micro-agility）针对企业层面，而宏观敏捷性（Macro-agility）针对企业间层面。这个框架包括 AM 的四个核心概念：核心竞争力管理、虚拟企业形式、重构能力和知识驱动型企业。核心竞争力与个体和企业层面识别出的企业的员工和产品相关。企业核心竞争力来自企业范围内的学习过程、不同技能和技术的整合、工作组织和组织间合作的能力。虚拟企业是分布在相似供应链内众多企业之间的核心竞争力的整合。根据 Yusuf 等（1999）的观点，代表公司范围的核心技能的战略性官僚结构的形成使企业可以快速变化并在时间窗口打开时可以对业务进行重构。

Sharifi 和 Zhang（1999）提出敏捷制造的概念模型（见图 3-1），他们认为，敏捷性能力可以通过敏捷性提供者的方式来获得。敏捷性提供者可以来自四个制造领域：组织、技术、人员和创新。Sharifi 和 Zhang 还引用了 Kidd（1994）的观点，如果脱离了对这四个领域的整合，敏捷性就不能够实现，对公司敏捷性水平的评估需要明确的定义和对敏捷性特征的描述。需要说明的是，在现代动态变化的环境中，公司将会并且应当在用于获取和保持敏捷性的能力方面实现差异化。然而，我们仍然可以区分出许多共性特征。Sharifi 和 Zhang（1999）提出了主要敏捷性能力的具体类型。在这个模型中，反应力被视为辨别变化并对这些变化快速做出回应（反应性的或者是前瞻性的）并且从变化中恢复的能力。竞争力被定义为公司活动的生产率、效率和有效性提供基础的一系列延伸性的能力。柔性是企业运用同一设备生产不同产品并实现不同目标的一种能力。快速性是在尽可能短的时间内执行任务并生产运营的能力。

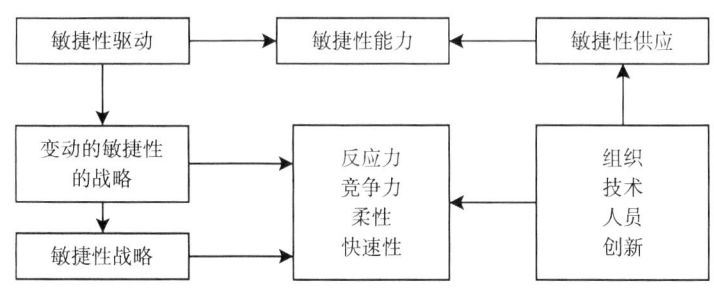

**图 3-1　Sharifi 和 Zhang（1999）提出的敏捷制造的概念模型**

Sharifi 等（2001）提出了一个更为全面和明确的四维度敏捷制造分析框架：①敏捷性的驱动力；②战略性能力；③敏捷性的提供者；④敏捷性能力。这个概念性模型描述了这四个要素之间的关系。敏捷性驱动力代表了外部商业环境的动荡和不可预见性的特点。根据文献，敏捷性驱动力将迫使公司修正现行的公司战略、承认对敏捷性的需要、采纳敏捷性战略。战略性能力诸如反应性、竞争力、柔性和快速性被视作是敏捷性组织能够成功应付变革的主要特征。

Jackson 和 Johansson（2003）认为，敏捷性本身并不是目的，而是在不确定和变化的市场中保持竞争优势的必要手段，敏捷性基于多种能力，这些能力存在于三个主要的企业维度：制造、产品和市场维度。Jackson 和 Johansson（2003）将敏捷性能力划分成四个主要维度：①与产品相关（Product-related）的变化能力；②运作经营中的变化能力；③内外部合作；④人员、知识和创造力。第一个维度与产品关联战略以及对变化、不确定的市场做出回应所需的运作相关。运作中的变化能力是关于管理生产系统中长期和短期变革所需的能力、方法和工具。

合作是指企业部门之间合作的能力，以及整个企业与其供应商和顾客合作的能力。最后一个维度与将知识与员工能力作为应对动荡的和市场变化的所有行动的一个基础的需要相关。

E.Overby 等（2005）提出了一个分析企业敏捷性的研究框架，根据感知能力和反应能力两个维度，这个框架提出了一个包含四个象限的模型，敏捷性企业位于右上角的象限（象限Ⅰ），因为他们拥有很强的感应能力和反应能力。感应能力弱而反应能力强的企业位于左下角的象限（象限Ⅳ）。具有很强的感应能力或者是反应能力，但是不是两种能力同时具备的企业分别被置于右下角的象限（象限Ⅱ）和左上角的象限（象限Ⅲ），该模型分析了支持企业敏捷性的潜在能力。他们进而揭示了信息技术和数字期权（Digital Options）对于敏捷性的驱动作用。他们认为信息技术即可以直接对组织敏捷性发生作用，也可以通过数字期权间接地对组织敏捷性发生作用。

自"敏捷性"的概念引入国内，众多国内学者在敏捷企业的组织特征、模型与设计研究方面提出了自己的分析框架，汪应洛教授等（1995）提出精益—敏捷—柔性生产系统（LAF）的理论，全面吸收了精益生产、敏捷制造和柔性生产的精髓，包含了全面质量管理、准时生产、企业重组、并行工程等现代生产管理经验，并将这些技术、经验和相关资源集成起来的管理环境和生产实体的总称；张洁、李培根（2000）提出了矩形网状结构组织运行模型，认为敏捷企业组织的基本单元是项目组，动态的项目组和静态的职能部门组成了矩形网状结构组织。项目组具有动态性、完整性、有序性、并行性、独立性、简单性的特征。根据产品与项目组的关系，项目组可分三种，即一对一、一对多、多对一，分别适合于复杂性不同的产品，他们认为，敏捷企业具有组织结构扁平化、组织规模小型化、组织格局分权化、组织性质柔性化、组织形式网络化的特征。网络化组织结构包括企业内部的"内网络型结构"和企业与其外部环境中其他企业之间形成的"外网络型结构"。这使得敏捷企业与传统企业不同，企业活动将越来越不受时间和空间的限制，"与其说企业是一个存在于某一地理位置，由人、厂房、设备、资金等构成的实体，不如说它是一个由各种要素和机能组成的系统"。企业作为一个系统，它通过现代信息网，能够比较容易地使自己系统中的某些要素与其他企业系统中的某些要素组合起来，构成新的机能，形成新的生产力。杨楠则从协同的角度，提出了敏捷企业合作环境下的企业注册代理模型，即企业（企业注册代理层企业三层合作结构模型以及从概念合作、详细合作到执行合作的三层合作过程模型）。王意冈等（1998）则从系统论、自组织理论的角度，认为敏捷企业不是一般意义上的人机技术系统，而是变结构、自适应系统、开放系统、自组织系统。王意冈等（1998）基于系统论、自组织理论的分析，提出了敏捷企业"螺旋式推进设计模式"，认为敏捷企业的设计必将广泛应用系统工程方法及协同学、自组织理论等系统科学的思想、方法。"螺旋式推进设计模式"的核心思想是通过企业业务过程的多次的螺旋式的推进，实现优化重组和再造、调整企业组织结构和组织单元的耦合方式、提高企业的敏捷性、运行效率、获得敏捷竞争力的设计目标，并给出了螺旋式推进敏捷企业组织设计流程。陈红菊等（2002）以专著的形式对灵捷虚拟组织（即敏捷型组织）的渊源与特征、形式等进行了系统的阐述。周和荣和李海婴（2004）对敏捷性企业的知识管理及协同机理等进行了研究。

国内学者蒋新松认为，敏捷制造企业是 21 世纪企业的主要模式。宋加生、蒋工亮等研究了敏捷制造企业的组织特性和技术要求，认为虚拟企业是实现敏捷化的重要手段。熊斌、钱碧波将生命系统理论引入敏捷制造企业的研究之中，提出了由有机体层、群体层、组织层三层内部组织结构，与社区层、社会层和超国家系统层三层组成的外部组织结构构成的敏捷制造系统的生命系统框架。[①]

# 第四节 组织敏捷性的衡量指标及实证研究

### 一、组织敏捷性的衡量指标

现有文献中提出了很多种不同的敏捷性衡量方法。Kidd（1994）指出敏捷性有五种绩效衡量指标：变革成本、变革时间、变革的稳定性、变革的范围、变革的频率。这些绩效衡量指标可以应用于几乎所有的公司要素，他们需要针对动荡的商业环境来调整。Ren 等（2000）基于纵向过程分析法（Analytical Hierarchical Process，AHP）对敏捷性进行了衡量。这种方法使用了配对比较工具（A Pairwise Comparison Technique）来评价敏捷性能力。为了得出敏捷性的总体评分，这种方法综合了能力的所有可能的配对，并对之进行比较。有些学者（Tsourveloudis 和 Valavanis，2002；Yusuf 和 Adeleye，2002；van Hoek 等，2001）

---

① 转引自周和荣. 敏捷企业理论研究综述 [J]. 中国科技论坛，2007（9）：67-144.

使用了一个整合的敏捷性指标。这种敏捷性指标被定为敏捷性能力密集程度的联合（Combination of Agile Capabilities Intensity Levels）。学者们还提出了敏捷性的权重指标，对每种敏捷性能力的密集度加权。Arteta 和 Giachetti（2004）使用复杂性来作为对这个概念的一种替代性衡量方法（Surrogate Measure）。其他学者（Lin 等，2006；Tsourveloudis 和 Valavanis，2002）认为，因为敏捷性的测量指标和定义是不精确和模糊的，语言表述和模糊逻辑（Fuzzy Logic）是与敏捷性度量更为贴切的一种方法。

为了衡量敏捷性，Ren 等（2000）将两个理论框架联合成为一个四层面的层级模型（Four-level Hierarchical Model）。其主要对象"敏捷性"被置于最高层级。这个主要目标被划分成 Goldman（1995）所提出的四个主要的维度，这四个维度分别是充实客户、合作、掌控变革和不确定性、利用人员的影响。模型的第三个层级包括 10 个决策领域，第四个层级包括 32 个属性特征。这十个决策领域以及相关的敏捷性特征取自于 Yusuf 等（1999）提出的框架。在这种方法中，每个层级都是由配对比较排序来评价的。这些配对数据被转换成相关的权重，敏捷性的最终分数就可以由此计算出来。

Tsourveloudis 和 Valavanis（2002）指出，敏捷性量表（the Agility Metrics）很难建立，因为敏捷性概念的多维性和模糊性（Multidimentionality and Fuzziness）。为了解决这个问题，他们提出了基于知识的模糊逻辑框架（Fuzzy Logic Knowledge-based Framework），这个框架涵盖了敏捷制造的四个基础：生产、市场、人员和信息。他们为每一种主要的结构定义了具体的参数和量表。生产基础是关于厂房、流程、设备、布局和物资处理，可以以其对生产系统变更反应所需的时间和成本等来度量。市场基础主要是指企业的外部市场环境，包括顾客服务和市场反馈。他们提议以企业辨别机会的能力和传递并丰富产品和服务的能力来衡量这个设施。人员基础可以通过对人力资源的培训和激励程度来衡量。信息基础是指组织内外部的信息流，可以通过对相关兴趣领域的信息的捕捉、管理和共享能力来度量。

Arteta 和 Giachetti（2004）提出了另一种视角，他们认为敏捷性的主要维度就是企业对变化做出回应的能力。他们提出这个对敏捷性的通常的描述产生了一个对"变化"优先定义的问题。根据笔者的观点，这是大多数已经提出的量表都是向后看而不能预测的（Backwards looking and cannot predict），企业如何对变化做出回应的原因所在。最后，Arteta 和 Giachetti（2004）建议使用一种复杂性的替代性衡量方法（A Surrogate Measure of Complexity）。根据一些学者（Dove,

2001）所说，在转变过程中，组织的复杂性需要减少以应付转变。系统的复杂性阻碍了企业通过重构产品、流程或者组织结构来对变化快速做出反应的能力。因为低复杂性系统更容易变革而且也更具敏捷性，系统的复杂性可以用于衡量敏捷性。Arteta 和 Giachetti（2004）认为复杂性和敏捷性可以通过对业务流程的复杂性的度量而连接在一起。此外，从现有系统状态到目标状态变革的容易程度可以得到评价。

Lin 等（2006）为大规模定制产品制造发展了一个基于逻辑的敏捷性模糊指标（A Fuzzy Logic-based Agility Index for Mass Customization Product Manufacturing）。学者们认为大规模定制是一个联合了大规模生产和定制化产品的生产模型。然而，这个指标值得进一步思考，因为制造或者生产敏捷性和组织敏捷性都得到了讨论。Lin 等（2006）提出了三种主要的敏捷性能力：组织管理敏捷性、产品设计敏捷性和产品制造敏捷性。针对这些综合能力的每一种能力，文章提出了三级具体指标。

在敏捷性评价研究方面，篡振法（2003）等提出了基于 CTRS 的 17 项子指标的评价体系，借用模糊集合论中隶属函数的思想，构造了函数评价模型。张青山等（2003）则在 Amos 的 CIPEM（通信联通性、跨组织参与性、生产灵活性、管理相关性和雇员使能性）基础上，提出了在决策与管理、研究与开发、生产与服务三个层面，从技术水平、组织结构、员工素质三个方面，建立了由 36 个子指标构成的评价体系。上述评价体系代表了国内两种不同视角的评价方法。

## 二、敏捷性的实证研究

现有关于敏捷性的文献多关注于对敏捷性和敏捷性框架的理论描述。然而，根据这些框架和量表所做的实证调查研究却非常少。例如，Tsourveloudis 和 Valavanis（2002）以及 Lin 等（2006）所提出的敏捷性的具体的量化指标都没有进行过实证研究。Yusuf 和 Adeleye（2002）提出的关于并行工程和敏捷制造的配对分析也没有在研究中注意到敏捷性能力评价量表的发展和描述。在这个研究中，敏捷性通过几种方法来衡量：低成本、质量、速度、可靠性（Dependability）、产品多样性（Product Variety）、产量柔性（Volume Flexibility）、新技术产品的领先性（Leadership）。Yusuf 和 Adeleye（2002）的研究中发现，敏捷性公司与并行工程的公司相比，其竞争能力与绩效评价之间更加显著相关。敏捷性能力如上市速度（Speed to Market）和可靠性（Dependability）与所有的绩效评价指标显著相关（销售收入、市场份额、产出比、顾客忠诚度）。研究发现敏捷性公司比并行工程的公司在所有的绩效评价方面均表现更好。

Ren 等（2000）探索了敏捷性特征如何影响企业的竞争基础（Competitive Bases）。竞争基础被定义为企业生产系统为了满足市场需要而必须拥有的维度。在这个研究中，主要研究了如下竞争基础：成本、质量、速度、柔性、创新和前瞻性（Proactivity）。Ren 等（2003）发现速度、前瞻性、柔性等竞争基础对企业总体竞争力具有最大的影响。此研究表明，敏捷性属性和竞争维度之间的如下几对关系具有巨大价值：①与客户的战略性关系和速度之间；②产品生命周期内的质量与成本之间；③具有附加值的产品与质量之间；④第一时间的正确决策与创新之间；⑤企业整体性与柔性之间；⑥快速伙伴关系形成与前瞻性之间。在所有这些结果中，与顾客的战略性关系具有最高的贡献权重（0.9902）。

Zain 等（2005）调查研究了技术采纳与接受是否对组织敏捷性具有正向的影响。此研究中提出的这个技术接受模型假设对待新的信息技术（IT）系统的态度会通过实际的 IT 或系统使用来影响组织的敏捷性。对新 IT 系统的态度是感知有用性和熟练使用的一种功能。其结果支撑了这个假设，感知的有用性和熟练地使用 IT 会通过实际的 IT 使用和对技术的态度来影响组织的敏捷性。这个研究揭示了在六种外部变量（用户参与、工作、系统特征、用户经验、高管支持、民主特征）之中，只有两种（工作和系统特征）对敏捷性具有显著的影响。

Oosterhout 等（2006）以荷兰企业为样本，进行了企业敏捷性的跨行业研究，他们提出了一个框架，用来测量企业当前的敏捷性水平与企业敏捷性所需水平之间的差距。其研究结果表明，当今企业的缺乏敏捷性，不能够对不可预见的大的变化做出快速的反应。同时，他们还对敏捷性的驱动力进行了研究，通过分析，他们发现尽管敏捷性的通用驱动因素是存在的，但各个行业的主要驱动因素之间仍存在着很大的区别。

Lin 等（2006）针对大规模定制产品制造开发出了一个基于逻辑的敏捷性模糊指标。学者们认为，大规模定制是一个联合了大规模生产和定制化产品的生产模型。这个指标的重要价值在于其同时涉及了制造敏捷性和组织敏捷性。与此同时，Lin 等还提出了三种主要的敏捷性能力：组织管理敏捷性、产品设计敏捷性和产品制造敏捷性。针对每一种能力，他们提出了一个具体的三级指标体系。与并行工程公司相比，其竞争能力与绩效评价之间更加显著相关。敏捷性能力如上市速度和可靠性与所有的绩效评价指标（销售收入、市场份额、产出比、顾客忠诚度）显著相关。敏捷性公司比并行工程公司在所有的绩效评价方面均有更好的表现。

综合以上国内外对组织敏捷性的相关研究，正如 Sherehiy 等（2007）所说，关于组织敏捷性的定义，目前学术界还没有达成共识。而且敏捷性与适应性、柔性等术语之间在概念、界定、要素和特点还存在一定的混淆与模糊。这三个术语代表了组织能够根据变化做出调整的思想的演进。目前，这种思想演化的最新发展阶段是以敏捷性企业为代表的，它包含了在适应性和柔性组织以及制造方面发展出来的研究框架中的所有概念和提法。大量关于敏捷性的文献是关于具体战略、技术、制造以及管理实践的。也有大量而且多样化的战略、技术和制造以及（或者）管理操作被描述成敏捷性企业的一部分。只有一部分的研究阐述了概念化并且形成了敏捷性企业概念的整合观。一些 AM 框架虽然也尝试着去展示出一种更为整合和整体化的模型，但其仍旧展示了一个更为关注于企业生产和技术方面的观点。此外，更多的敏捷性相关的文献关注于敏捷性的理论性描述和敏捷性框架。只有很少的文献对敏捷性的测量量表和框架进行了实证研究，对于敏捷性的具体作用机理方面，现有的实证研究还十分匮乏，因此，可以作为企业敏捷性领域未来发展的重要方向。

我们可以看到，组织根据环境变化而调整的能力这种思想主要是以"适应性"、"柔性"和"敏捷性"这三个术语为代表的，它们反映了组织环境适应思想的不断演进。目前，这种思想演化的最新发展阶段就是组织敏捷性，它包含了在适应性和柔性组织以及制造领域发展出来的研究框架中的所有概念和提法。截至目前，根据组织敏捷性的构念，系统 IT 敏捷性、组织敏捷性、业务流程与企业绩效之间关系、从动态能力观和流程基础观整合的视角来研究组织敏捷性形成机理方面的研究（尤其是实证研究）目前尚未发现，我们认为此类研究可以作为本领域理论深入研究的一个切入点。

国内关于敏捷企业理论的多数研究是在张申生翻译发表《敏捷企业》之后进行的，主要集中在敏捷企业概念、敏捷性评价、组织结构与设计等方面。随着敏捷性理论在国内研究的不断深入，国家自然科学基金委员会近年来资助了 15 项与敏捷性相关的研究，其中主要是以敏捷制造（4 项）、敏捷供应链（3 项）和敏捷开发与设计（2 项），其余的还包括"敏捷组织'自适应'引擎：组织鲁棒性与适应性研究"、"跨组织流程的敏捷性分析与重构方法研究"、"基于有效敏捷的运作管理机理、方法及应用研究"、"面向中小型软件企业的敏捷过程模型和支撑平台的研究"、"企业敏捷化动态约束模型及国际比较研究"、"网络化制造环境下敏捷企业的知识管理研究"等。我国 863/CIMS 主题计划也支持开展了敏捷企业组织形态、管理模式及技术方法，企业集成方法和使能技术，企业重组、协同工作原理和方法，动态联盟的伙伴机制与利益机制等方面的研究，特别是在敏捷制造理论、敏捷供需链理论、敏捷虚拟企业（虚拟企业）理论等方面的研究成为管理理论的一大研究热点。

# 第四章 基于云的企业管理模式

## 第一节 云计算在企业中的应用

云计算始于技术的发展,它带来的经济优势引起了传统 IT 产业的注意,并且它具有很多与终端消费者使用行为相关的特性,这使得云计算的快速发展成为主流的商业应用。作为近几年获得快速发展的信息计算技术,云计算极大地改变了信息技术的使用和服务模式,对信息产业、制造业和服务业的发展、转型、创新具有重要的影响。云计算在企业实践中的快速发展催生了一个崭新的跨学科研究领域,为企业管理研究既提供了机遇又提出了新的挑战。云计算的发展将进一步影响企业的商业模式,促进企业深化改革和创新。云计算因其独特性给企业管理理论和实践带来诸多机遇和挑战,如云计算的群体采纳、技术扩散特点、战略应用,以及企业如何利用云计算进行自身的运营和战略服务等。因此如何有效提供、管理和应用云计算已经成为目前亟待解决的理论和实践问题。

### 一、云计算的内涵及其特征

#### (一) 云计算的内涵

自 2006 年亚马逊首次推出"弹性计算云"之后,云计算备受关注。云计算是将大量的计算资源(包括存储能力、计算能力等)集中起来组成资源池进行统一管理，并产生协同效应，实现大规模、低成本的超级计算模式。用户无须拥有具有很高计算能力和存储容量的基础设施，也无须掌握其背后信息处理的具体方式，通过互联网即可从"云端"获取所需服务，并实现随需而变，动态扩展。

**（二）云计算的主要特征**

1. 技术特征

作为一种基于互联网的 IT 服务模式，云计算可以以虚拟化的方式动态配置计算资源，并提供按需服务的模式，云用户只需提供请求，云服务商就可以根据请求提供相应的服务，然后根据账单计费。具体来说，云计算的主要技术特征有以下几点：

（1）面向服务：云计算为用户提供云服务，云服务能够通过网络进行传递，这些服务具有组件化、可插化、组合化和松耦合的特点。使用标准化的框架，云服务的管理生命周期能够被大大简化。云用户如需云服务，可以自行在云平台上操作，无须每次都与云提供商进行沟通（Marston 等，2011）。

（2）资源池：服务虚拟化促进了大容量服务客户池的共享资源，并降低了服务费用。[①] 它支持多租赁环境，并且允许低成本运营基础设施的集中管理。云计算可以弹性配置和释放资源以满足不同用户对运算资源的差异化需求（陈康和郑纬民，2009）。

（3）配置动态性：云计算可以将计算任务动态分配给云中的不同资源，也可以同时服务不同的用户（Ghormley，2012），云配置能够被部署在一个集中的组织或者被分布在需要有一定程度协作的不同位置，在一组具备协同工作能力的云的基础上产生灵活性。

（4）技术兼容：用户可以通过任意形式的网络接入设备享用云计算服务（Yang 和 Tate，2012），如手机、电脑、平板等客户端都可以接入使用云计算的服务。

2. 管理特征

基于云的服务提供了很多使供应商和服务客户受益的新操作和新的管理特征。这些新的特征具有可操作性和经济性。

（1）低的运营成本：维护服务供应的总成本因多个客户在云中使用虚拟化技术共享相同的资源而降低。

---

[①] William Y. Chang Hosame Abu-Amara Jessica Sanford. 转型中的企业云服务 [M]. 朱爱红，李连，李瑛，鹿珂珂，刘华玉，郭天杰，译. 北京：国防工业出版社，2012（1）：33.

（2）低的入口门槛：由于服务是组件化的，服务组件的获取、安装和供应能够大大降低其初始资本的投资。

（3）可扩展性：云客户能够使用高水平的管理工具扩展他们的服务。这将促使其运行速度更快，并可使用更简单的技能就能为他们的市场创建新的供应。由于资源能够在全世界各地随时随地添加，这就保障了资产更贴近终端用户。云用户能够更快地提供更好的可扩展性来满足他们的用户的需求。

（4）可靠性：对于需要更好的连续操作和灾难恢复的任务的关键应用，云用户能够通过从多个冗余站点提供服务以增强其可靠性。

（5）安全性：由于集中的数据和加强安全措施的资源，云服务提供了更好的、更全面的安全保护。然而，这一产业需要一个通用的解决方案来管理对某些敏感数据的失控。

3. 商业模式特征

从用户和客户的角度来看，云服务提供了很多新的应用，如无处不在的设备和与位置无关的网络接入。因而，用户在任何位置或使用任何设备时都可以接入一个云应用。这些云技术和商业模式的重要属性细节如下：

（1）使用支付模型：通过"使用支付"模型，服务消费者可以在开始时支付少量费用，然后逐渐增加费用。随着计算资源剧烈增长的趋势，企业要把从固定的、室内的到外包的云供应商的IT成本编入预算。这允许消费者在预订费的基础上依据性能支付费用。消费者不再需要针对峰值负载设计他们的资源，云用户可以把责任转移给他们的服务提供商。

（2）设备独立：使用虚拟化技术可使面对用户的设备和他们支持的框架从服务抽象层分离出来。这样的设计提高了应用的可移植性，允许不同的供应商产品在同一设备上执行。在设备异常时，如自然灾难或者没能量的情况下，也能提高其可靠性。

（3）位置独立：云服务是建立在虚拟网络上的，因此服务用户能够从世界上的任意位置接入他们购买的基础设施、平台开发环境、软件或者硬件。

## 二、云计算的服务层次

### （一）基础设施即服务

基础设施即服务（Infrastructure as a Service，IaaS）构成了云的底层。指的是如CPU、磁盘空间、服务器、软件、数据中心空间或网络设计等计算机基础设施作为一个完全外包的服务交付客户，它是Web主机管理和虚拟专用服务器产

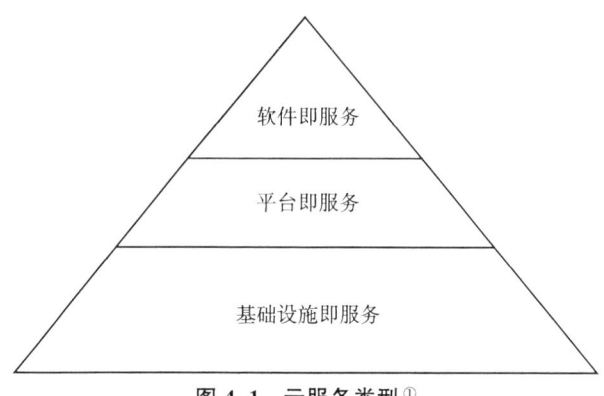

图 4-1 云服务类型[1]

品的演变，企业客户通常按照所消耗或占用的资源量支付费用。基础设施服务的例子包括 IBM BlueHouse、VMWare、Amazon EC2、Microsoft Azure Platform、SunParaScale Cloud Storage 等。当需要时，基础设施服务通过确保数据中心的计算能力解决适当配备的数据中心问题。此外，这一层通常采用虚拟化技术，因此能够实现更有效的资源利用，达到成本的节约。[2]

IaaS，有时也被称为 HaaS，是另外一种供应模型，其中一个组织外包那些用于支持运营的设备，包括存储、硬件、服务器和网络组件。供应商拥有这些设备，并负责安放、运行和维护。客户端通常会根据使用量支付费用。IaaS 的特征和组件包括效用计算服务和计费模式、管理任务的自动化、动态扩展、桌面虚拟化、基于策略的服务和互联网链接。

IaaS 允许企业在没有任何基本建设费用的前提下，向上或向下扩展他们的 IT 容量，允许数据在数小时内安全地备份和恢复，并且允许自由、高度熟练的 IT 员工从事诸如开发与规划的增值任务，而不是不停地查找错误和安装补丁。因此，企业可以大大提高其市场价值，并建立一条履行比以往更具战略意义的合作角色的路径。[3]

IaaS 被一个基于虚拟化 IT 环境的新的业务概念激活。从根本上讲，IaaS 按

---

[1] William Y. Chang Hosame Abu-Amara Jessica Sanford. 转型中的企业云服务 [M]. 朱爱红，李连，李瑛，鹿珂珂，刘华玉，郭天杰，译. 北京：国防工业出版社，2012（1）：93.

[2] Black N. What is SaaS? Understanding the Concepts of Cloud Computing Feb 2009 [EB/OL]. http://blog.firmex.com/what-is-saas-concepts-cloud-computing.

[3] O'Day P. IaaS.: Web 2.0 Allows User to by pass ITD Epartment, Bill St.Arnaud Blogspot [EB/OL]（2007-10）http://billstarnaud.blogspot.com/2007-10-01archive.html.

需提供 IT 资源（处理能力、存储、数据中心空间、服务、灵活性等），使 IT 将这些服务记账为可变的固定成本。对 IaaS 的兴趣可以归因于由 IT 驱动的商业模式的显著增长，如电子商务、Web2.0/3.0 和 SaaS 等。这些商业模型激发了对 IaaS 的需求，并进一步实现技术的发展，包括虚拟化、效用计算和数据中心自动化。这些能力可以使许多企业的服务产品和业务效率变得更好。

（二）平台即服务

平台即服务（Platform as a Service，PaaS）提供用于应用软件开发、测试、执行的工具或平台，用户可以在统一的平台上开发、运行各自的应用程序。PaaS 应用程序也被称作是按需的、基于 Web 的或 SaaS 的解决方案。通常包括提供一个软件开发平台以及支持网络应用建设和传送完整生命周期的必要设施，它也利用了分布式开发团队采用不同来源的多元化支持工具工作于相同工程项目的这一优势。在 PaaS 层，应用基础设施以一组服务的形式出现，这些服务包括中间件即服务、信息即服务、集成即服务、链接即服务等。这些服务用于支持应用程序。这些应用程序可能运行在云里，也可能运行在企业数据中心里。为了实现云内部所需的可扩展性，这里提供的不同服务往往是虚拟化的。这部分云产品的例子包括 IBM WebSphere Application Server 虚拟镜像、AWS、Boomi 以及 Google App Engine 等。通过按需提供应用程序基础设施，平台服务能保证配置客户的应用程序以满足用户的需求。①

PaaS 也提供了速度更快、更具有成本效益的应用开发和交付模式，PaaS 通过互联网提供所有运行应用所需要的基础设施，像电和水那样相同的方式进行交付。用户只需"插入"就能获得需要，不用担心背后的复杂性。PaaS 基于计量或订阅模式，因此用户只需支付他们所使用的部分费用。利用 PaaS 之后，独立软件开发商和企业 IT 部门可以专注于创新，而不是复杂的基础设施。在简单地保持平时业务运营的同时，企业可以更改大部分预算，来创造那些提供真正商业价值的、新的、创新的应用。

企业应该综合考虑现有的系统环境、所有的技能、企业提供的应用程序类型、企业提供的服务支付标准以及相关的成本等各种因素来选择平台。一般来说，有四种类型的平台：②

（1）社会应用平台：像 Facebook 平台提供 API，使第三方能够编写所有用户

---

① What is PaaS？[EB/OL]. http://www.salesforce.com/paas/.
② Types of PaaSSolutions [EB/OL]. http://www.Salesforce.com/pass/pass-solution/.

可用的新的应用功能。

（2）Web应用平台：例如，Google的Web应用平台为开发人员提供API（Application Programming Interface，应用程序编程接口）和功能来构建Web应用程序，这些Web应用程序可以促进Mapping、日历、电子表格、YouTube和其他服务的应用。

（3）业务应用平台：例如，Fore.com的业务应用平台提供特别是针对交易业务应用的应用程序基础设施，如数据库、集成、工作流和用户界面服务。

（4）原始计算平台：例如，AWS的原始计算平台将存储、处理器和带宽提供给客户，开发人员可以上传自己的传统软件堆栈并且在亚马逊的基础设施上运行他们的应用。

### （三）软件即服务

软件即服务（Software as a Service，SaaS），这个层次的服务提供应用软件和应用系统服务，用户可以订购甚至免费使用服务。SaaS允许服务供应商将软件应用程序作为服务按需地授权给他们的客户。供应商可以在自己的服务器里管理这些应用程序或上传应用程序到客户设备。这些按需的功能通过一个服务等级管理流程直接由服务供应商或者第三方供应商管理。[①]

与基础设施即服务（IaaS）和平台即服务（PaaS）相比，SaaS具有更成熟的云应用商业模式和技术。主要体现在以下两个方面：首先，可以从参数和宏创建新的应用。这项技术的有效性允许其他厂商能够快速构建SaaS应用程序或在一个共同的应用平台上建立一个支撑框架。今天许多SaaS产品允许在一个基础功能集内广泛的定制。这包括客户关系管理和企业资源规划（ERP）的供应商应用程序、电子邮件、Web会议、数字内容创作、仪表板和应用交换（Application Exchanges）。SaaS供应商通常可以提供比以前更紧密、更满足市场需求的产品。其次，SaaS实现了软件的民主化，使中小企业能够获得之前仅用于大型企业领域的功能。例如，许多分析软件工具已经作为SaaS应用被发布，并以每个月订购的方式提供。

SaaS帮助企业提高现有客户端—服务器应用的效率，使互联网上的服务更为有效。无论SaaS是关注B2B应用程序还是B2C应用程序，它都扩大了现有Web应用的范围。为了使用SaaS，企业必须意识到多客户环境中交付SaaS的复杂性。

---

① Black N. What is SaaS? Understanding the Concepts of Cloud Computing [EB/OL] (2009-02). http://blog.firmex.com/what-is-saas-concepts-cloud-computing.

由于企业继续采用外包模式自动化关键业务流程，SaaS 对许多不同类型的服务供应商和独立软件开发商越来越有吸引力。在这种模式下，软件功能可以由一个特定的行业、工作环境或其他标准下的客户或用户很容易地启用或禁用。通过这个单个源的方法，服务供应商降低了内部运营成本并帮助客户降低了总成本，缩短了实施时间并获得了更多的用户肯定。

### 三、云计算的服务模式

根据云计算服务的对象和服务的提供者不同，云计算可以划分成四种服务模式，它们是公有云、私有云、混合云、社区云。

#### （一）公有云

公有云是指面向所有个人和企业用户的云服务，用户可以共享基础设施、开发平台和应用终端。公有云是对普通公众提供开放的服务，并且销售这些服务的组织可拥有或者经营它。在公有云中，服务通过 Web 应用或 Web 服务在互联网上交付。所有资源都是以自我服务为基础，且通常动态地供应。服务的计费基于站点外供应商的利用。与现有的 SOA 和 Web 服务一起，企业可以集成公有云作为其企业 IT 构架的扩展。

虽然大多数的服务供应商提供他们的软件产品放置到公共云中，并因此获得了许多吸引力，但还是有一些供应商选择提供一个系统开发环境，或选择将其基础设施作为服务使用。从横向虚拟机、垂直的编程模型到水平的资源分配，都存在各种各样的模型。每个模型面对的挑战都是如何促进大规模的采用，使用户可以轻松、简单地使用它们。

公有云是由第三方（如供应商或服务提供商）提供的云服务。它们存在于公司的防火墙之外，并完全由云服务提供商托管和管理。在这三种类型的（公有云、私有云、混合云）云服务中，公有云可能是迄今为止在产品方面最知名、最成熟的。公有云的例子是亚马逊弹性云计算基础设施，它提供承载 Amazon Machine Image 的公共云基础设施，从而向用户提供功能。[1] 可获得性和可承受负载能力是使公共云普及的两个关键特征。更具体地说，公有云尝试给客户提供简单易用的 IT 元素。无论是软件、应用基础设施或物理基础设施，云提供商者承担了安装、管理、供应和维护的责任，客户只需为使用的资源支付费用，所以排除

---

[1] Amrhein D., Quint S. Cloud Computing for the Enterprise. Part 1: Capturing the Cloud, IBM Dever Works. [EB/OL] (2009-04). http://www.ibm.com/deverloperworks/websphere/techjournal/0904-amrhein/.

了为使用资源付费的现象。

不过,公有云的确因"约定优于配置"方式造成了一定程度的不便。我们通常将适应最常见用例的想法交付公有云服务。相比于客户直接控制资源的情况,配置选项通常是一个较小的子集。由于用户对基础设施无法控制,因此在使用公有云时,用户需要仔细安排那些要求严格遵守的流程。要了解一个企业如何能够利用公有云计算解决方案,我们需要考虑两个重要观点:①企业消费公有云提供的应用程序,这些应用程序可能是为处理员工工资数据而设计的应用程序,或一个客户关系管理系统。通过使用这种方式交付的软件,企业可以消除在私人数据中心安装和维护应用程序的负担。由于大多数云提供商按照消费者进行收费,另外一个好处是节约授权费用相关成本。②企业利用基于云的托管解决方案将应用程序提供给客户。由于云供应商负责提供基础设施资源,满足用户对应用程序的要求,公司摆脱了对生产系统的维护和维持。因为公有云可随时被与网络连接的任何计算机访问,通过公有云交付解决方案,这个模型还增加了企业服务的普遍性。

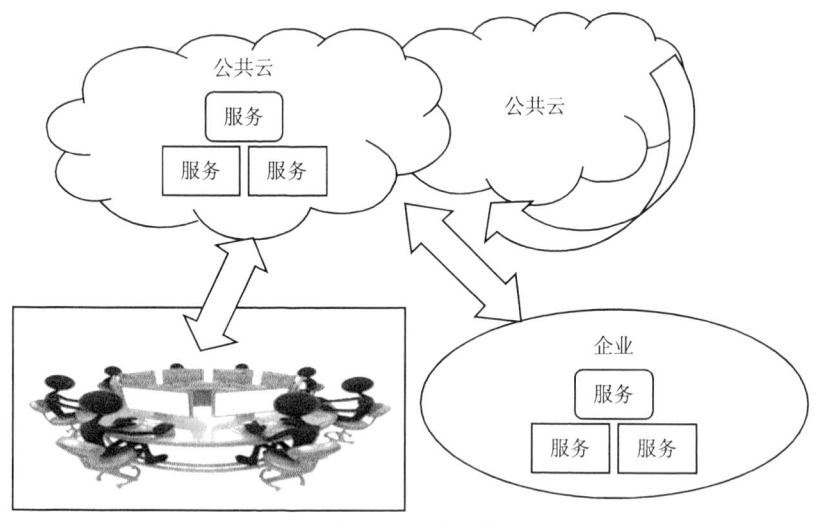

图 4-2 公有云[①]

无论发生什么情况,对企业而言共同的主题是商业的底线价值。公有云可以帮助企业降低拥有软件和数据中心基础设施组件的相关成本。公有云的使用可以

---

[①] William Y. Chang Hosame Abu-Amara Jessica Sanford. 转型中的企业云服务 [M]. 朱爱红,李连,李瑛,鹿珂珂,刘华玉,郭天杰,译. 北京:国防工业出版社,2012(1):47.

传递价值，通过使企业快速响应其服务需求变化，服务能延伸到新的市场，宝贵的人力资源可以集中用来实现业务创新，而非简单地交付支持业务的技术基础设施。

从应用提供商的角度来看，通过利用云提供的服务，这一组工具使用户接触、洽谈、合作和创新。这些工具还帮助组织实施有关利用公有云产品的解决方案，使其具有对云价值的追求。最后，流行的云服务定价结构是"按照使用支付"，为了实现这一目标，必须能够跟踪和报告云资源的使用，这些报告应能提供有关云的使用统计资料，从而支持企业退款。对于每位用户，应该可以查看有关虚拟机使用和 CPU、内存和 IP 使用率的信息，或将这些信息下载到电子表格中。

### （二）私有云

私有云是面对某个特定企业或组织的云服务，相关服务既可以由企业提供，也可以由第三方供应服务提供。云的类型通常依据物理资源和数据存储的位置而进行分类，私有云是在企业内部提供的云服务，它存在于企业的"防火墙"内，所有组成云的计算资源和服务都由该"防火墙"保护。

私有云能够具有公有云所能带来的大多数好处，有一个除外：企业负责建立和维护云。私有云解决方案提供了许多公有云也能提供的好处，如成本降低、业务灵活和创新增强。两者的主要区别是：企业保持着对私有云的全面控制和责任；此外，各种资源组成的云的细粒度控制，使公司得到了所有可用的配置选项。出于对安全和监管的考虑，当正在做的工作类型对公有云而言是不切实际时，私有云是理想的类型。

尽管私有云并未解除企业购置和维护计算资源的责任，但仍然有很多理由支持企业选择私有云解决方案：

（1）安全和法规约束：相比公有云服务，私有云通常需要对数据如何存储和在哪存储提供更严格的控制和监督。

（2）无法在公有云中实现的功能：如果一个企业可能需要特定的供应商技术，或可能需要使用公有云并不能完成的可用性保证。

（3）将私有云作为财产：如果一个企业对现有的数据中心进行了大量投资，优化利用这些资源要比公有云服务支付更少费用，会更有意义。即使没有这些投资的企业也会看到内部部署解决方案的价格优势，因为外部部署解决方案的灵活性可能会造成溢价。

许多企业实施私有云是因为它能够提供一些云计算的好处，并且不需要处理如安全、合作管理、可用性和可靠性等方面的问题。对于一些企业，私有云是进入外部云的垫脚石，尤其是金融服务和国防应用。在这里，未来的数据中心将会看起来像内部云的样子。然而，这些企业必须购买、构建和管理这些云，因此企业并不能从云的经济模式中获利。

当在企业内处理私有云时，企业需要考虑计算机的物理位置、网络联通水平以及渐增的电能成本和质量。如图4-3所示：一个企业在其私人网络中建立了私有云，并通过公有云使服务客户和雇员可用。由于服务接口通过一个基于Web的门户网站，这一行动在公有云和私有云之间是透明的。

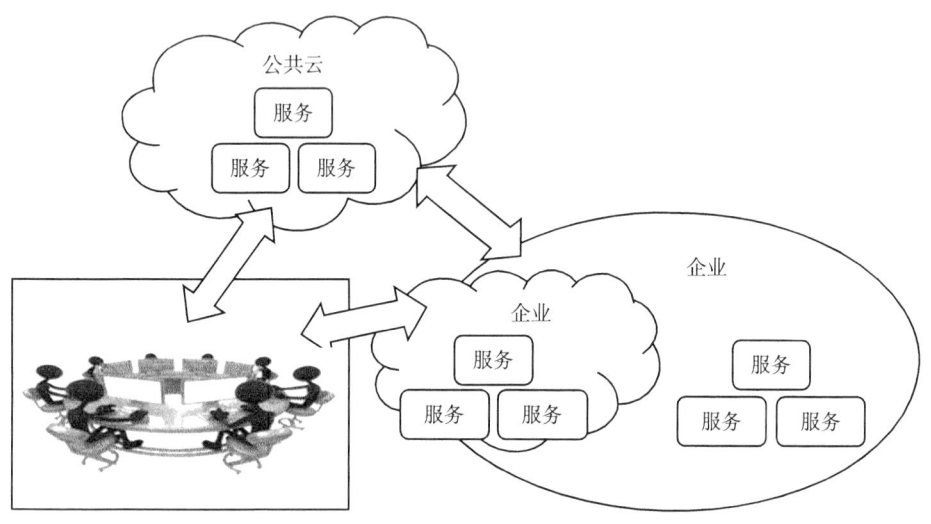

图 4-3　私有云①

### （三）混合云

混合云是指一种综合上述两种模式的云服务模式，往往出现在单一服务模式不能满足用户需求的情况下。它是公共云和私有云的一种组合，由两个或更多种类的云组成，可以是私有云、社区云或公共云。混合云通常由企业创建，其管理责任由企业和公共云供应商共同承担。混合云服务利用了公共和私有两个空间中的服务。② 这些虽然成为混合云的一部分，但仍保持为独立的个体，并被一个使服务相互操作的一致性接口约束着。它们之间的关联既可以是链接的，也可以面

---

① William Y. Chang Hosame Abu-Amara Jessica Sanford. 转型中的企业云服务 [M]. 朱爱红，李连，李瑛，鹿珂珂，刘华玉，郭天杰，译. 北京：国防工业出版社，2012（1）：49.
② Amrhein D., Quint S. Cloud Computing for the Enterprise. Part 1: Capturing the Cloud, IBM Dever Works. [EB/OL]（2009-04）. http://www.ibm.com/deverloperworks/websphere/techjournal/0904-amrhein/.

向一个特定时间周期内的任务。

当不同应用程序和关联数据不能存储于单个云中时，这种结构是非常有用的。无论是为了完成一个大的业务流程的不同步骤还是利用收集的特征来实现卓越的业务应用，这些云都通过云聚和商（Cloud Aqqreqators）或云中间商（Cloud Brokers）的协调集成起来。基于面向服务的关联，这些中间商集成数据、应用程序、用户身份、安全和其他管理功能，包括负载平衡和服务质量管理。

一种混合云的复杂方案可以由多个执行不同业务功能的内部或外部供应商组成。使用云技术，新服务功能可以被轻松地放入既定的服务构架内。资源的类型可以是逻辑服务，或需要物理服务器、路由器、存储器、防火墙、垃圾邮件过滤器或其他硬件的虚拟化环境。

当企业需要雇用公有云和私有云两者为自己提供服务时，混合云是合适的解决方案。从这个意义上说，企业可以勾勒出服务的目标和需求，并在适当时从公有云或私有云中获得他们。一个构建良好的混合云服务可以服务于那些安全的、任务关键的流程（如支付和接收客户账单），以及那些对业务次重要的流程（如员工工资单处理流程）。

这种类型的架构形式的主要缺点是很难有效地创建、管理和治理这样一个解决方案。不同来源的服务必须像来自一个地方那样供应，并且私人和公共组件之间的相互作用使混合云的实现变得更加复杂。由于它在云计算中是一个相互较新的架构概念，关于这一样式的最佳实践和工具将继续不断涌现。在很多细节不为人知之前，客户可能一般不愿采用这种模式。

私有云不应与混合云混为一谈，混合云同时使用外部（处于供应商的控制下）功能和内部（在企业的控制下）功能以满足应用系统的需要，私有云让企业选择和控制这两种类型资源的使用。图4-4描绘了企业的私有和两个企业用户和雇员提供服务的公有云之间的关系。这也表明，两个公有云之间通过企业虚拟专用网进行的数据交换，都是用基于Web的服务接口。

### （四）社区云

社区云又称团体云，是面向某个特定的团体的云服务，相关团体通常有相同的需求、任务或利益，而相关服务则既可由团体中的某家企业提供也可由某几家企业联合提供，当然也可以由第三方提供。

社区云是由一些组织共享，以便支持特定的团体目标或共享的共同利益。例如，一个标准论坛帮助成员收集相关任务要求、政策和一致性考虑方面的意见，以便制定一组新的服务规范。一个社区云可以封装多个本地和远程资源，但看来

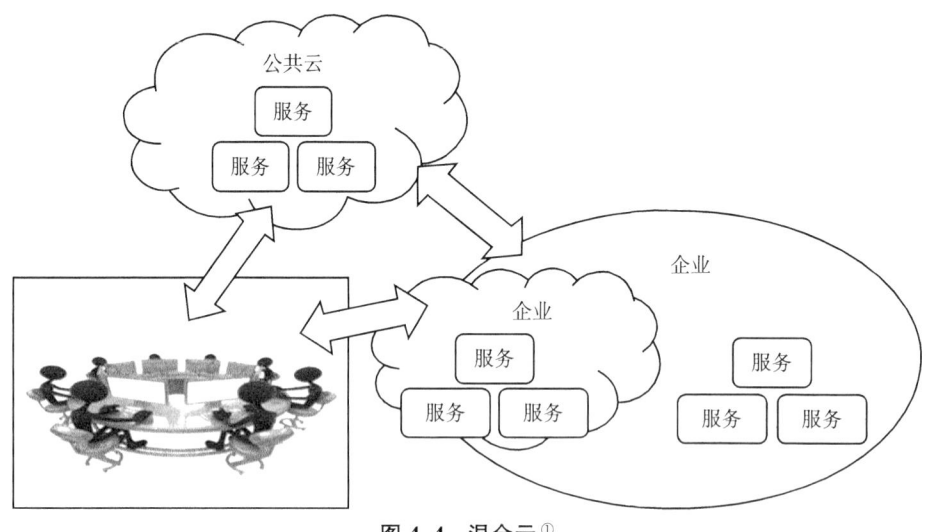

图 4-4 混合云[1]

好像是一个单一的同类服务环境,并桥接利用这些可用资源的能力。这种类型的云,可由组织本身或第三方供应商管理。

一个社区云可能的集成方案由应用程序决定。这是因为一个社区云的目的是促进社区成员之间的协作并能联合开发的力量。合作的便利是可以合并那些通过 Web 浏览器可获取的完整服务独立应用程序。社区成员访问被发布为服务的云功能。它可能是发布到云、数据库或综合消息总线的许多内部部署的业务功能的集合。

图 4-5 描绘了一个社区云,云应用运行在公共云中,并与通过两家企业提供的一些合作应用进行交互。这种新兴的内部部署云应用混合模型代表了一类新的分布式商业关系。例如,价值链网络不再受数量有限的参与者的限制。任何潜在的商机贡献者现在都可以更容易、更有效地参与进来。然而,各种问题(如跨组织的边界和防火墙)是社区云中面临的主要挑战。

## 四、云计算应用的潜在风险

在探讨云计算商业价值的同时,学者们也对云计算的应用风险进行了客观的分析,发现云计算主要有以下四方面的应用风险。

---

[1] William Y. Chang Hosame Abu-Amara Jessica Sanford. 转型中的企业云服务 [M]. 朱爱红,李连,李瑛,鹿珂珂,刘华玉,郭天杰,译. 北京:国防工业出版社,2012(1):50.

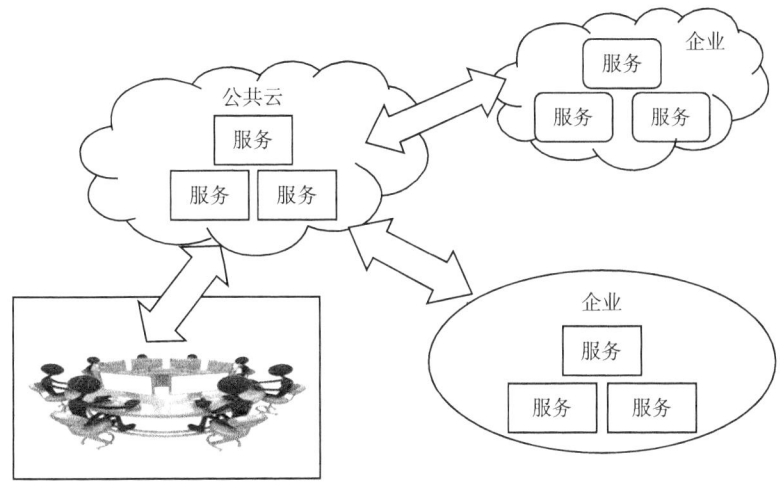

图 4-5 社区云[①]

## （一）服务质量问题

由于用户并不掌握云资源，因此无法控制云计算的服务质量，即使遇到服务质量问题，也难以采取干预措施（Aleem 和 Sprott，2013）。

## （二）隐私安全问题

隐私安全问题主要是由云计算物质资源对于用户而言的虚拟化特性所引发的，用户的信息数据存储在云计算提供商那里，因此可能发生数据隐患安全问题（Yau 等，2012；Qaisar 和 Khawaja，2012）。

## （三）标准化问题

如果不同的云计算提供商之间不能实现数据和流程标准化，那么，用户就很可能被某个供应商或者云平台"绑架"，进而丧失技术应用灵活性和战略主动性（Ghormley，2012；Meijer，2012）。

## （四）盲目跟随问题

如果对云计算缺乏了解，且对适合采用云计算的业务缺乏充分的了解，便盲目跟随潮流使用云计算，那么就很可能难以收到预期的效果（Aleem 和 Sprott，2013）。

---

[①] William Y. Chang Hosame Abu-Amara Jessica Sanford. 转型中的企业云服务 [M]. 朱爱红，李连，李瑛，鹿珂珂，刘华玉，郭天杰，译. 北京：国防工业出版社，2012（1）：48.

## 五、国内云计算应用现状

了解云计算本身的概念固然重要，但推广云计算的应用更为重要。但迄今为止，云计算的推广应用还处于初步阶段。尽管如此，等发展到一定阶段，云计算的推广应用定会加速前进，因为它不仅会使各类活动降低成本、提高效率，还会变革活动模式和创新活动的意义。云计算这种最新的信息技术及其应用具有特定的战略意义。它有利于发展中国家充分发挥后发优势，缩短与发达国家的差距。尽管云计算的核心技术目前掌控在发达国家几家大的跨国公司手里，如苹果、谷歌、IBM 等，但云计算的潜力与威力在于经济和社会发展过程中的应用。

从目前我国云计算发展态势来看，可以说是政府与企业齐头并进。无论是中央政府还是地方政府都纷纷出台相关云计算产业发展规划，抑或出资建立云计算产业基地。而企业也纷纷抓紧发展、引进、学习云计算，向云计算模式转型。例如，阿里巴巴公司成立专注于云计算领域的"阿里云"子公司；百度投入 47 亿元建云计算中心，未来将向更多硬件厂商开放云服务；360 安全中心推出"云查杀"服务；浪潮于 2011 年发布了采用一体化交付、即插即用的浪潮 Smart Cloud 云海集装箱数据中心，并于 2012 年发布适合于公共云数据中心大规模部署的第二代浪潮 Smartrack 高密度机柜集成服务器，与中国首款云数据中心操作系统——浪潮云海 OS 形成云数据中心软硬一体化解决方案；中国电信公司还推出个人移动增值服务项目"e 云"，并有华为、中兴、联想等知名企业相继介入。种种迹象都表明，我国云计算领域的投资正在高速增长，云计算的发展也正在逐步转入务实应用阶段，并已经开始进行规模化部署实施。[①]

目前，云计算已经列入长城电脑的"十二五"发展战略中，在云计算业务方面，长城电脑已制定了国内领先的具备自主可控的云计算系统发展战略，并将云计算列入公司的"十二五"发展战略。长城电脑将着手研究云计算技术和应用，探索未来的长城云计算市场的方向和定位，采用自主开发、合作、并购等方式，获取具有自主知识产权的核心技术。

2012 年以来，长城电脑在云计算上下足了功夫。长城电脑为进一步扩大国内市场份额，推动其在国际市场的影响力和号召力，发出公告募集 18 亿元资金用于投资、收购多项资产（包括电脑、显示器、云计算等软硬件）。同时长城电

---

① 刘雁.应用云技术搭建中小企业信息化平台[J].邮电设计技术，2011（10）：34-38.

脑充分借助 EMC 先进存储技术和云解决方案，以及超强的渠道分销能力，与国内外技术领先的 IT 结成同盟，并根据自己在存储技术、云服务技术等方面的能力，结合自身在国内大型国有企业、高校、政府等行业用户的资源优势，集中力量，共同开拓发展中国的云计算服务市场。除此之外，长城电脑拟投资 1.1 亿元建设具有自主知识产权的可控云计算 BOX 系统。

中国电信 2012 年云计算相关产品集中采购项目中标结果正式公布，中兴通讯成功中标服务器虚拟化软件、云桌面系统部分标包。本次招标中，中兴通讯凭借在云计算领域的技术积累和丰富的云计算工程实施经验，作为国内厂家成功中标中国电信云平台系统，一举打破了云平台领域国外厂家垄断的局面。在中兴通讯的理解中，云计算应该是基于云计算技术的技术架构框架及商业应用模型，云计算发展的核心包括云计算技术、整体网络组成架构及关键要点、以云应用为主的商业模型创新。其中，云操作系统是核心突破点之一，它也成为中兴通讯云计算蓝图中的核心。

云计算技术的出现使得老牌 IT 企业在云服务行业中寻找到新的发展商机，这些企业利用自身雄厚的信息技术基础将自身打造为大型云服务提供商。它们在行业领域内为其他云计算企业的发展走出了一条拥有光明前景的道路，对其他云计算企业定位有很强的参考价值。

然而，我国企业在管理中运用云计算及其服务还是很初步的，随着关注云计算的企业日益增多，我国企业急切希望解决以往管理信息化中出现的数据混乱、信息孤岛、信息基础设施分散和利用率低等问题。据调查，云计算在我国企业管理中应用的范围，主要包括财务、客户关系管理、企业资源计划、人力资源管理等方面的业务应用。此外，还包括应用程序的开发、测试、部署等平台，设计、研发、工程等方面的高性能计算，商务职能及其分析和应用，Web 的应用程序与服务等。

随着云计算时代继 PC 时代、互联网时代之后的迅速来临，企业的 CEO 与 CIO（首席信息官）必须与时俱进，瞄准未来，从智慧、资源、模式三个方面对云计算加深认识并切实把握，采取有效措施，把云计算平台和云应用服务建好用好，以完善企业原有的信息技术（IT）架构，促进企业业务与企业管理的协同发展。

在企业管理中应用云计算要从企业的实际需要和管理水平出发。如大型企业，尤其是企业集团，可整合内部的 IT 基础设施资源，迅速演变为私有云，根据云计算的部署依靠信誉好的云服务供应商，把部分业务与管理逐步托管和纳入公有云。又如对 IT 依赖程度高的金融、物流等行业，现代企业对云计算应尽早部署，要抢在云潮流的前头。至于管理要求相对不高的餐饮、零售等传统企业，不宜赶时髦，而应实实在在地改进 IT 的应用，以迎接迅速来临的云计算时代。①

在企业管理中应用云计算，要关注和解决两个重要问题。一是云安全问题，无论是公有云、私有云还是混合云、社区云，都有云安全问题，这需要企业在政府的支持下从制度和技术上加以解决，使安全有保障；二是云计算的法律法规问题，这更需要依靠政府逐步加以完善，任何标准、规范、政策、法规，都需要在实践基础上逐步确立，不可能是现成的。

当前，我国云计算产业规模尚不够大，但发展较快。据了解，2012 年云计算产业的产值达 2750 亿元人民币。我国在云计算发展方面的准备度也比较低，据商业软件联盟对全球 24 个国家云计算的排名，中国仅居第 21 位。IDC 认为，2013 年的中国云计算服务市场将进一步发展，云计算开始成为主流的业务模式之一，并与大数据、移动、社会化等概念不断融合。同时，企业级云平台的建设体现出进一步整合和深化的趋势，用户开始关心建设和应用云计算的技术细节。IDC 预测 2013 年中国云计算服务市场将达到 18.3 亿美元的规模，同比增长 52.2%。

总的来说，尽管我国企业管理实践对云计算的需求不可低估，但目前我国云计算的供应比较有限，我国云计算的准备度在国际上也不算高，因此，在企业管理中运用云计算更具挑战性。无论就云计算本身的成熟度、云计算的外部支持环境，还是就云计算实施的过程来说，时时处处充满风险，但任何风险都是可以防范和排除的。在向云计算进军的过程中，一定要把各种风险减少到最低限度。在以往的企业管理信息化过程中，有些企业曾处于"不上 ERP 是等死，上 ERP 是早死"的尴尬处境，而今在云计算的条件下，企业不用云计算和服务，迟早会落伍而被淘汰，应用云计算和服务则能与时俱进，实现企业管理现代化。当然，这需要通过政府、企业和社会的共同努力来营造良好的云计算环境。

---

① 乌家培，云计算与企业管理 [J]. 中国信息界，2012 (11)：5-6.

## 第二节 云管理在企业中的应用

### 一、云计算对企业管理的影响

云计算的核心理念是服务，这是新型的计算机服务模式，用户通过简单的界面即可得到需要的计算资源和信息服务；云计算又是新型的商业服务模式，用户通过它像水、电、天然气等公用事业那样，能支持多种行业通过相关领域应用云计算技术而获得显著效益。云计算不是凭空产生的，它是在整合虚拟化数据中心技术、互联网技术、信息终端技术的基础上发展起来的。这些技术使用户能够按需调用信息服务资源而无须关注计算资源的配置、调度与演化，使用户能通过互联网获取云计算的全部服务，还能使用户在云计算的环境下通过简单操作，便捷、高效地共享多源信息服务。云计算环境下的多源信息服务，是以用户为导向，以服务为纽带，以服务内容为基础，以服务策略为保障，有多种不同的模式，服务环境是全开放的，其应用面向众多领域，如制造、商务、物流、金融、医疗、教育、政府、管理等。这种多源信息服务系统是向用户提供便捷云计算服务的交互工具，是保证云计算环境切实有效运行的可靠载体。

IT领域的大量研究表明，云计算的发展对人类科学技术的影响是巨大的。在云计算的推动和影响下产生了一批新的企业发展思路。目前主流供应商忽略了个人用户、创业团队和中小企业的需求，因其高端的定位、高昂的造价、复杂的功能、连续的后续投入等门槛而使中小企业难以应用。然而，云计算的产生却满足了他们本来不为主流供应商重视却又实际存在的需求。因此，云计算从本质上来说是一场革命。[①] 云计算会给企业管理带来一系列变化。

首先，云计算能够推动数据管理的变化。在以往的管理过程中，企业依靠内部建立数据库、数据仓库和编制数据规划等。云计算使企业海量数据的采集、传输、存储、获取、共享、分析、利用等过程发生了变化，有利于数据资源的集中和复用。企业可以从公有云和私有云的云端取得所需的管理数据，为管理决策服务。

---

① 袁望冬.发展战略性新兴产业的几点思考[J].现代经济信息，2010（23）：373-374.

其次，云计算能够实现营销管理的改变。云计算出现后，企业的营销管理不限于基于互联网的客户关系管理的营销系统。企业可依靠云计算提供的服务实现精确化和个性化的营销，随时根据企业业务与市场动向的变化，扩大或缩小原有的营销规模，及时发现和进入新市场，甚至主动退出原市场。

再次，云计算能够影响组织结构。随着工业时代向信息时代的演进，企业管理的组织结构正从垂直型组织向扁平型组织变化，云计算出现后，组织结构和风格又有了新的变化，或是出现动态的自组织结构，如海尔集团推行的自主经营体，或是产生新的网络组织云企业。云计算为支持这种新组织提供了必要的基础设施。

最后，云计算还能促进企业创新。以往企业主要依靠内部力量来创新，有时还把此误解为企业自主创新。云计算帮助企业实现开放式创新，由外到内，从企业外部发现各种创意，利用社会群体的力量为本企业提供创新服务，这不仅适用于管理创新，如商业模式的创新，也适用于其他的制度创新和技术创新。

## 二、云管理模式的概念

云计算的普及和应用，推动了新的管理模式的产生即云管理模式。云管理是借助云计算技术和其他相关技术，通过集中式管理系统建立起来的完善的数据体系和信息共享机制。它是应用社交化网络、移动互联网、云计算等新兴技术所带来的创新管理模式。云管理改变了中国企业的管理模式，借助于应用社交网络、移动互联、云计算等新兴技术，打造出了建立在云凭条之上的现代企业的管理模式。它可以打破传统的组织局限，突破时空和资源局限，借助于云的海量计算，扩展新的计算分析模式，接入新的应用模式，按照客户需求进行服务或提供产品。[①]

云管理平台的搭建，既可以帮助政府和公共事业单位构建公共服务云，实现绿色办公，又可以帮助各个行业打造全新的运营管理模式、加快企业信息化步伐、提升行业自主创新效率、增强企业竞争力。

因此，无论是大企业对数据安全的要求，还是小企业对稳定的弹性课扩展性云平台的需求，都需要云管理平台来帮助企业进行信息化升级。云管理的普及使得云计算产业生态链的发展成为社会进步的必然趋势。

---

① 徐秀梅. 浅议我国云管理模式的现状及问题 [J]. 财经界，2014 (8)：102-103.

## 三、连云港港口集团云管理模式的实施

### (一)"云管理计划"的实施背景

作为中国中西部乃至中亚诸国最便捷、经济的进出海口岸,连云港港口集团依托码头装卸、现代物流、港口建设、临港工业、综合服务五大板块的协调发展,加速由货物吞吐港向发展带动港、要素聚集港、产业支撑港、绿色和谐港的转变,港口吞吐量连续多年保持17%的平均增长,集装箱位列江苏港口第一、大陆港口第九、世界港口第23位,基本实现了航道深水化、码头专业化、集疏网络化、园区特色化、装备现代化、应用信息化。

随着信息化建设的发展,目前,集团针对企业客户服务信息化建设,采用云管理模式在企业组织结构、经营方式、部门职能设置、主要业务流程处理、企业生产方式、客户服务,特别是满足客户需求方面做出创新性变革。

作为高能耗、低环保的港口行业,如何顺应港口基础设施深水化、大型化,港口运营管理智能化、网络化,港口发展模式绿色化、生态化等趋势,从根本上提高港口的资源利用效益、解决港口节能减排的难题,已经摆上了重要的日程。连云港港口集团认为,利用信息技术来优化港口生产资源配置、工艺流程的创新、加强与两翼港口的信息分享,无疑是提高效率、创造效益和节能减排的便捷途径和必然选择。

"客户至上"的理念已深入企业文化理念之中,但是如何通过信息化、网络化的技术优势更好地为集体多样化的客户服务引发了集团管理层的思考。以往的企业信息化成果都是为了解决集团自身的管理难题,极少考虑与集团生产业务相联系的客户的需求。连云港港口集团经过20年的信息化建设,具备了信息化、网络化的硬件和软件环境,这就为下一步从客户角度建设信息化项目提供了坚固的基石。

基于以上背景,连云港港口集团的核心管理模式变革为"一站式"业务与服务平台的云管理模式。第一,集团面向所有客户建立了一套完整的、与集团信息系统相对接的客户网上平台系统,使得与集团开展业务的客户通过互联网业务平台的方式了解集团的业务办理流程,并能够通过该平台与集团完成日常用业务的办理。第二,客户还能够通过平台了解业务费用信息、业务量信息及它们的变化趋势、电子支付等一系列的电子化业务流程。第三,集体平台可以为连云港港口集团相关行政单位及部门提供业务办理接口,与其实现业务数据的共享。通过云平台的联结,连云港港口集团最终为客户、相关行政单位、两翼港区提供了一个

基于互联网的、安全的、能够共享信息的业务流程化网上虚拟业务办理大厅。同时，集团的整体管理以这个云管理平台为基础，通过挖掘日常运营数据，为集团的决策提供有效的建议。①

**（二）云管理模式的具体实施**

1. 基于物联网的港口自动化生产

该云管理模式采用以融合 RFID 的无线传感器网络为基础，以港口云平台为核心的物联网构架方案来实现港口物流管控，并研发其核心产品，包括适合物流的物联网检测、定位、跟踪和管理，融合了 RFID 的无线传感器网络核心产品——WSID 标签、WSID 节点、WSID 基站产品和系统集成产品。项目在 WSID 核心技术的基础上，结合传统 RFID 技术、卫星定位技术、地理信息系统、移动通信技术、800M 多媒体集群等信息技术，建设涵盖港口仓储、作业、运输等港口物流智能管控平台及连云港等相关示范工程，在港口物流云平台的总技术框架下，实现连云港物流智能管控中央管控子系统、多媒体调度动态监控子系统、码头现场作业子系统、车货追踪子系统、内陆"无水港"区港联动子系统、港口物流"一站式"申报与服务子系统等港口物流物联网建设目标，并最终通过该平台在港口物流行业内形成示范引领作用，带动国家物联网技术装备进步和物流事业的发展。

2. 海铁联运信息化深化

传统的海铁联运对于货主而言：运输过程不透明，物流服务质量不高；对于运输方而言，信息不对称，运力资源难以达到最优化配置，成本难以降低；对于第三方而言，信息准确性、及时性不强，难以提供更好的查验及服务。

连云港港口集体的云管理模式，在新的体系下着重建立四大体系：海铁联运物联网感知体系、铁水联运物联网信息运输体系、海铁联运物联网智能应用体系和海铁联运物联网支撑体系。该体系以现代物联网技术为基础，实现了集装箱铁水联运全程的联网联控，显著加强了铁路与水路集装箱运输的信息共享效率与质量，提高了集装箱的信息共享效率与质量和集装箱在铁路、水路运输中的业务协同水平与服务效能，并建立集装箱铁水联运物联网应用技术标准体系及运行机制，从而基本建成我国集装箱铁水联运物联网应用体系，推动了铁水联运物联网技术应用的产业化发展。②

---

①② 中国管理模式杰出奖理事会. 云管理时代：解码中国管理模式 [M]. 北京：机械工业出版社，2014.

3. 陆桥云物流

连云港港口集团建设形成以大陆国际物流公共信息平台为中心的港口物流信息体系，建设完善十大专业信息系统，即码头企业应用系统，港口集疏运系统，物流企业应用系统，商流交易系统，金融、保险、身份认证等公共服务系统，金港湾物流园区公用信息服务系统，区域性配送系统，综合门户系统，口岸通关服务系统和 EDI 支持系统。如图 4-6 所示。

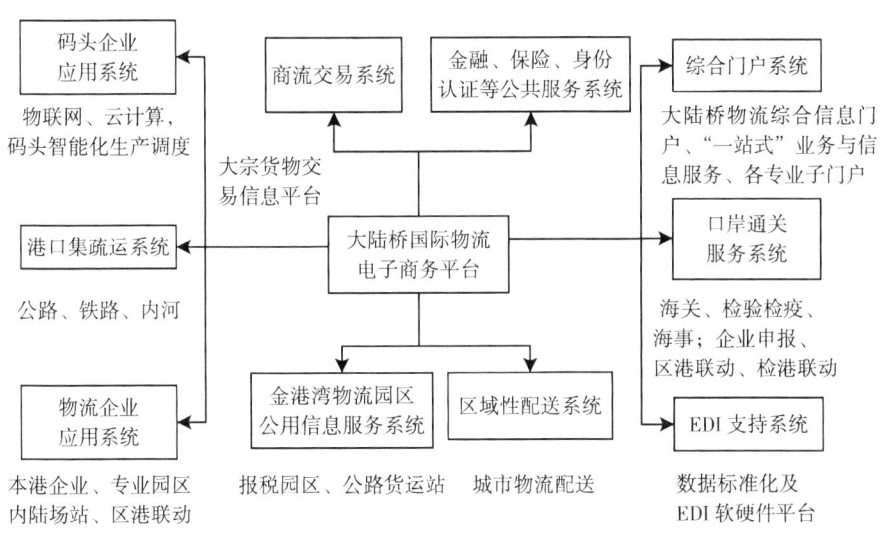

图 4-6　陆桥云物流总体框架①

4. 港口云数据中心

连云港港口集团在现有港口数据中心的基础上，结合物联网采集的数据信息，借助 3G、港口内部网络等，建设"港口云"云计算平台。整个港口物流智能管控平台都构建在"港口云"之上，通过云平台实现数据处理、管理和决策，并对外提供软件开发应用和软件服务等，所有的业务应用都只需在"瘦客户端"实现，降低了对云客户端设备的要求。"港口云"平台在实现通过传感器等获取信息的同时，可以进一步挖掘物联网"后端"的应用开发，实现业务的深度互联、跨域协作，以及各种物联网设备的自动控制等。同时，通过"港口云"平台的建设，连云港港口集团实现了港口软硬件配置的集中统一规划，减少了重复投资。

---

① 中国管理模式杰出奖理事会.云管理时代：解码中国管理模式［M］.北京：机械工业出版社，2014.

集团的云门户和智慧港口体系可以理解为企业内部的云管理。大陆桥可以理解为面向客户的国际物流行业的生产业务和物流管理的云管理,而这个数据中心是一个载体,将整个港口的信息数据汇总到港口数据中心,实现港口数据集成和云计算高效运行,如图4-7所示。

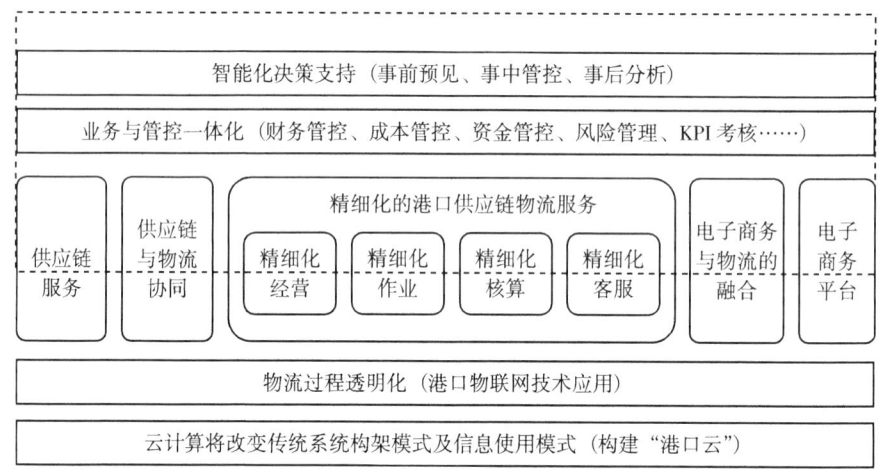

图4-7 云数据中心总体框架[①]

**5. 云之家**

连云港港口集团新版员工门户(云之家)涉及企业文化、员工办公和服务、移动应用、知识学习、业务应用等多个应用场景,可以归纳为六个中心、两个子平台。子平台包括一个起重要支撑作用的社交平台,以及云门户平台,如图4-8所示。

在社交方面,集体抓取了一些具体场景来体现以人为本的管理理念。第一个场景是工作任务在线处理。涉及相关工作的所有员工可以在第一时间知晓各自的工作进度和实时工作动态,还包括一些异常情况的单独回复和最新状态的同步更新。第二个场景是安全生产。监督员可以在平台发表安全口号,宣布上岗等,真正做到"让安全不再是一种口号",形成安全意识从公司基层员工做起,人人皆有责的安全氛围。第三个场景是信息发布。云平台可以支持集团内部热门话题的建立和员工建议的推送,管理员与信息部能够对员工建议给予及时回复和指引,发布试用通知,平台可以将相同话题进行归类,便于总结及改进。第四个场景是

---

① 中国管理模式杰出奖理事会. 云管理时代:解码中国管理模式 [M]. 北京:机械工业出版社,2014.

图 4-8　云之家总体框架①

作风建设。平台可以将集团荣誉在线上与员工分享，建立话题让员工参与其中，一同见证集团的荣誉。集团精神文明和作风建设活动可以及时通知员工参与，引导员工思想，活动动态可以及时宣传，给上下级信息的扁平展示。第五个场景是成绩展示。云平台可以树立标杆工作成绩展示，对员工自身和团队业绩进行肯定，同时给其他团队树立奋斗目标，员工之间微博互动，构建企业社交环境。第六个场景是集团文化建设。关注集团公益事业，员工参与其中，团队也可以分享参与，从而影响更多的团队积极参与。第七个场景是学习场景。员工读书服务和社交平台做了很好的互动。第八个场景是服务指引。高效办公。新入职员工报到能够在平台的微博进行互动，同事之间可通过快速回复互动，彼此熟悉。云平台还包括人员指引，不同职能专家一目了然，帮助新同事快速进入状态，老同事的问题也可以得到迅速解决。新同事还可以一键关注服务专家，及时了解最新信息和动态。

云之家的第二部分是知识学习中心，也可称为"云学堂"，在平台里集团员工都可以进入寻找相关课程、补充知识、自助学习。为此，集团提供了将近4000多个知识点，课程也非常多，员工可以选择自己感兴趣的课程自助学习，还可以对课程进行计划安排，同时系统还可以进行计划安排，学习进步的员工也可以在学习平台上展示。

云之家的第三部分是集团文档中心，这个平台为各个部门提供了网上存放部门文档功能，既可以授权到最后的文档，也可以授权文件夹，或者部门都可以进行授权，也是一个云应用。

云之家的第四个应用是连云港书吧，为员工提供读书服务，所有数据以集团通过采购云服务的形式集成在上面，在这个平台上有1800多本杂志，将近9000册图书。

---

① 中国管理模式杰出奖理事会.云管理时代：解码中国管理模式［M］.北京：机械工业出版社，2014.

云之家这四个方面的应用是目前内部云管理的具体尝试,从目前来看在企业文化的构建方面,港口这样的企业层级很多,基层员工和决策层的对话、分享机制是很难得的,在社交平台上可以分享,可以提出特定的见解和建议。

### (三) 连云港港口集团云管理价值分析

1. 云管理的战略作用

现在物流业具有资金密集、技术密集、人才密集等多重特点,由于行业本身对采集、跟踪、交换等信息有着特殊需求,传统的操作方式已难以为继。云管理已成为物流行业必需的支撑手段。

港口物流产业虽然规模大,但集约化水平总体比较低。通过实施云管理,对港口产生了以下八大成效:重组优化流程、增强管理效能;提高生产效率、降低运营成本;授权经营管理、商务风险预控;业务财务一体化、做实集成管控;深层数据透明、支撑高层决策;做优客服质量、提升港口形象;确立总体架构、奠定融合基础;加快物流信息集聚、促进港口向着高效率、高效益、智能化、物流化、低碳化战略转型。

2. 云管理的实施效果

近年来,云管理为连云港港口集团带来了实实在在的经济效益,年均创效8000余万元。特别是船舶在港停时年均降低6%,相当于为港口增加了6%的软能力,相关年经济综合效益4000万元。此外,由于精细化调度带来的拖轮和引航作业增效降耗效益约300万元。此外,还有劳动生产率提升以及其他相关效益约3000万元等,如表4-1所示。

表 4-1[①]  云管理的实施效果

| 序号 | 事项 | 子项目 | "两化"融合的作用 | 增效或节能量 | 效益 |
| --- | --- | --- | --- | --- | --- |
| 1 | 船舶、火车作业 | 船舶在港停时 | 增加了港口"软"能力 | 6% | 1000万元 |
|  |  | 拖轮万吨油耗 | 降低了每万吨油耗 | 282 吨 | 200万元 |
|  |  | 接送引航人员单次耗时 | 降低单次耗时 | 196 吨 | 157万元 |
|  |  | 火车在港停时每万吨油耗 | 降低停时和油耗 | 435 吨 | 305万元 |
|  |  | 口岸船舶联检 | 降低待检时间 | 3230 吨 | 2245万元 |
| 2 | 人力资源成本 | 劳动生产率 | 提高了劳动生产率 | 100% | 2500万元 |

---

① 中国管理模式杰出奖理事会. 云管理时代:解码中国管理模式 [M]. 北京:机械工业出版社,2014 (6):104.

续表

| 序号 | 事项 | 子项目 | "两化"融合的作用 | 增效或节能量 | 效益 |
|---|---|---|---|---|---|
| 3 | 设备管理与物料管理 | 物料采购 | 实现了集中采购 | 1.5% | 400万元 |
| | | 港口综合能耗 | 降低了综合能耗 | 4%,2590吨标煤 | 800万元 |
| 4 | 口岸电子数据交换 | EDI服务 | 增效 | | 1000万元 |
| 合计 | | | | | 8500万元 |

（1）作业效率提高。

云管理实施期间：船舶停时每年平均降低6%（如图4-9所示），按照2011年相关数据计算，为港口增创利润1000万元；减少待时约4880小时，引航员作业时长由2007年的2.62小时下降到2011年的1.77小时，船舶减排燃油约2930吨，创造经济效益2050万元，如图4-10所示。

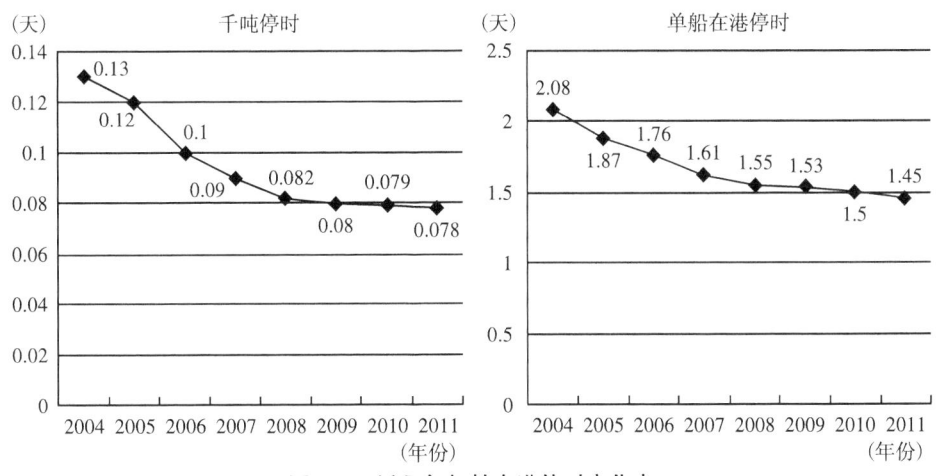

图4-9　近几年船舶在港停时变化表

2011年火车自主作业28850万吨，年均产生效益235万元，每年折算节约燃油416吨，直接经济效益约290万元；每年折算节约拖轮用时4630小时，引航功率800万马力，平均每千马力小时耗油0.08吨，节约燃油296吨，直接经济效益约207万元，如图4-11所示。

（2）港口生产节约人力资源成本。

2004年以来，港口吞吐量净增长3.5倍（如图4-12所示），而从业人员规模基本保持稳定，劳动生产率大幅度提高。按5%计算，年节省劳动力成本约2500万元。

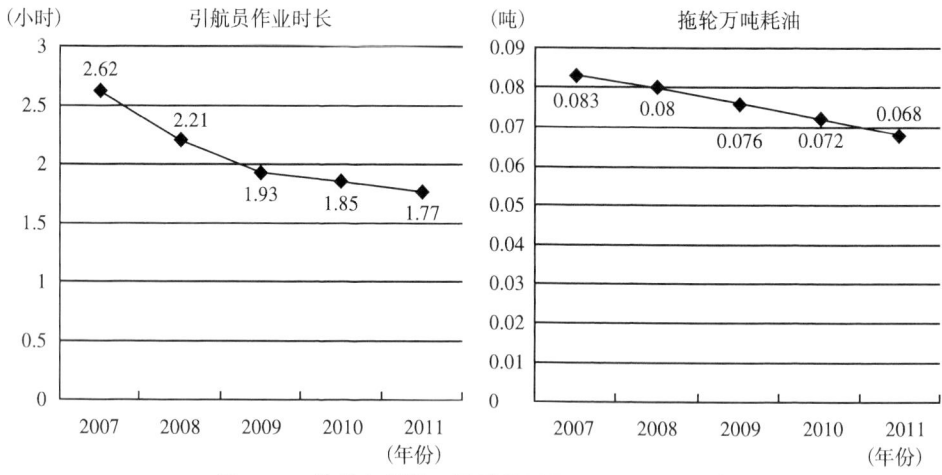

**图 4-10　拖带船舶情况及引航员作业时长变化表**[①]

资料来源：中国管理模式杰出奖理事会.云管理时代：解码中国管理模式 [M].北京：机械工业出版社，2014.

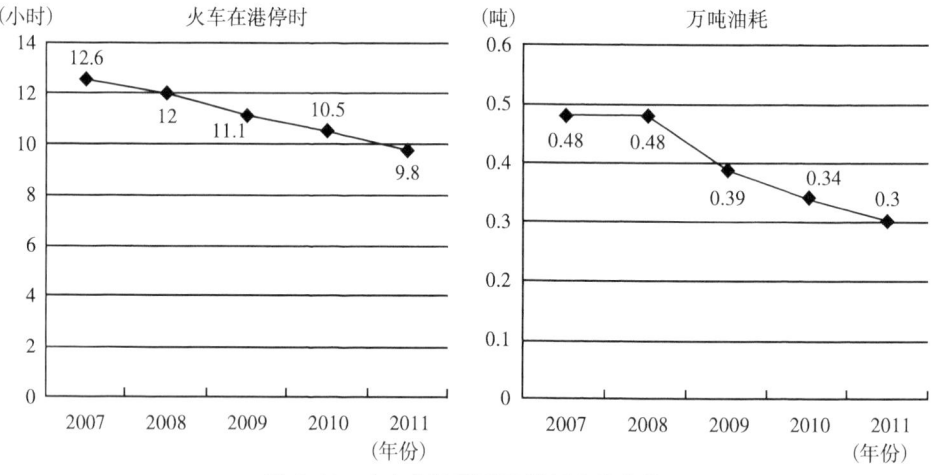

**图 4-11　火车在港停时及能耗变化表**[②]

（3）设备能耗及物料管理效益。

2010 年全综合单耗比上年同期下降了 4 个百分点，同比节约了 2590 吨标煤（如图 4-13 所示），约合人民币 850 万元，此外，库存率的提高减少了库存资金占用约 400 万元。

---

[①②] 中国管理模式杰出奖理事会.云管理时代：解码中国管理模式 [M].北京：机械工业出版社，2014.

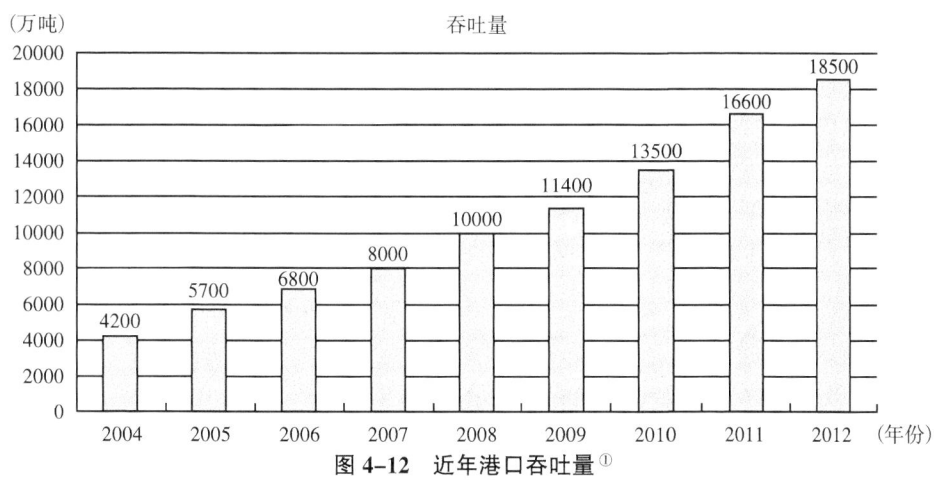

图 4-12　近年港口吞吐量①

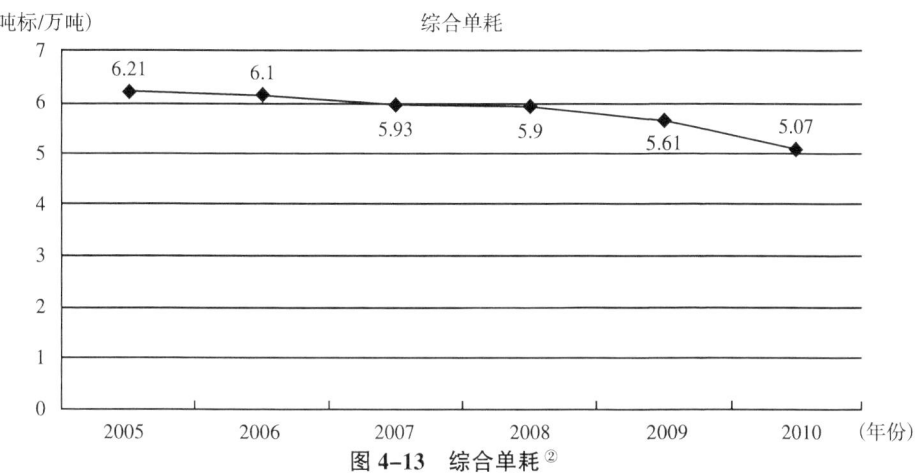

图 4-13　综合单耗②

## 第三节　基于云技术的电子商务发展模式解析

随着信息技术的迅猛发展，信息的交换与传递模式发生了深刻的变革。信息借助互联网虚拟媒介突破了物理障碍，以前所未有的速度在世界各地自由流通，

---

①② 中国管理模式杰出奖理事会.云管理时代：解码中国管理模式［M］.北京：机械工业出版社，2014.

真正实现了人与人之间的"零距离"。随着大数据时代的到来,海量信息的高效存储和处理便成了亟待解决的问题。

云计算(Cloud Computing)是一种基于互联网的超级计算模式,以其大规模、低成本、高效率的信息处理特征备受瞩目。在 Gartner "2011 年十大战略技术"评选中,云计算高居榜首。电子商务作为目前互联网发展的重要领域以其全新的商业模式整合着传统产业,并改变着人们的行为与生活方式。在电子商务的发展过程中,云计算高效便捷的计算能力及其"按需分配,即需即用"的理念和服务必将对电子商务的发展产生深刻影响。

## 一、电子商务企业中云计算功能分析

作为 IT 产业的新兴技术,云计算在电子商务中的应用为电商企业发展带来了强大的增值功能:

### (一)降低 IT 成本

企业可以租用云计算供应商的 IT 基础设施,或者直接购买所需的 IT 资源。由于信息技术设施(无论软件及硬件)更新换代快,使用寿命短,因此,对于一般电商企业尤其是中小企业,信息技术基础设施的投资、维护和更新会成为企业发展的沉重负担。云计算使企业避免购置和管理信息技术软硬件的高昂支出,使数据中心的运营维护成本大大降低,从而释放企业在信息技术领域占用的资源。特别是当企业发生重大战略转变时,高额的前期 IT 投入会成为企业巨大的沉淀成本,增加了企业财务风险,可能造成企业经济价值的损失。总之,云计算降低了电商企业 IT 资源的使用门槛,减轻了企业成本负担。

### (二)提升资源利用效率

对电子商务企业而言,为了维持网站正常运转,企业必须进行硬件投资,而一些一次性业务或者突发事件的出现,会导致 Web 应用的负载在短期内激增,为应对这些不可预测的变化,企业准备大量的资源进行扩充,导致这些资源大部分情况下处于闲置状态,利用效率非常低下。统计发现,多数 IT 企业数据中心服务器的资源利用率低于 15%,有的甚至不到 5%。云计算将大量的资源集中起来构成一个大规模的资源池,根据不同用户的不同需求合理分配资源,并实现动态调整,可使资源的利用效率达到 80% 甚至更高。云计算改变了原有资源分散、低效的应用模式,实现了资源的集中、高效利用。

### (三)实现基于大数据的商业智能决策

电子商务企业用户众多,每天都在产生大量各式各样结构化和半结构化的数据，对这些海量数据进行深度挖掘分析，能够帮助企业做出更加正确和科学的决策。决策以数据为支撑，使管理更科学性和准确性，保证电子商务后台高效、稳健的运转（吴卫华，2011）。电商企业利用云计算对消费者行为数据进行深入分析归整，能精准掌握消费者心理和行为，从而催生"精准营销"这种全新的营销模式，使供应商生产适销对路的产品，不断提升用户满意度。同时，云计算能够实现企业间的合作共赢。电商企业之间在技术层面通过云平台实现无缝对接，实现企业决策优化的同时，能够形成更加科学的共赢竞合关系，优化整个商业生态系统，使电子商务产业链实现合作共赢的良性循环。

### （四）融合电子商务运作与电子外包

云计算运营商将传统的信息技术软硬件等集中在云端，根据用户的需求提供服务，满足用户的个性需求；云计算使用者从繁杂的技术层面问题中解放出来，从云计算运营商那里获得所需服务，使电子外包成为可能（王丹萍，2011）。电子外包重新整合了IT产业的资源，将信息技术基础设施集成管理，避免了云计算使用者基础设施的投入和浪费。同时，外包使企业能够引进和利用云计算巨头的先进技术和能力，专注于自身业务发展，提升企业核心价值。云计算为电商企业注入新的活力，促进资源的优化配置。

### （五）推动电商模式创新

云计算使电子外包成为可能，使技术不再成为企业核心竞争力的支撑，而成为公共的廉价资源。云计算运营商将会利用高效便捷的超级计算能力不断为电商企业提供丰富多彩的服务和产品，促使企业不断开阔思路，探索更多新的商业模式。未来，电商企业的竞争将不再是技术层面的竞争，而是运营模式、品牌文化、自主知识产权等核心资源和可持续发展能力的竞争。云计算突破了电商企业发展的技术"瓶颈"，将推动传统产业领域新一轮的资源重组和价值再造，并与企业核心竞争力实现完美对接，推动电商模式的创新。

## 二、国内外典型电子商务企业的云计算应用模式分析

### （一）亚马逊的"弹性云"模式

亚马逊是美国最大的电子商务公司，也是最早实现云计算商业化的公司。它是IaaS模式的先行者，也是迄今为止全球最大的云服务供应商。

20世纪末期，亚马逊成立。它是最早开展网络电子商务的公司之一。创立之初的亚马逊只从事网络书籍的销售业务，但现在已经扩展到了一系列衍生产品，包括DVD、音乐光盘、软件、电视游戏等。在漫长的企业发展历程中，亚

马逊始终坚持稳健的经营理念，无论是在 20 世纪 90 年代的经济高速腾飞期，还是在 2000 年的"网络泡沫"时期，都一如既往地保持盈利的增长。2002 年的第四季度，亚马逊的纯利润约有 500 万美元。2004 年则成长到 3 亿多美元。亚马逊的掌门人贝佐斯当时敏锐觉察到互联网网络的潜力和巨大应用前景。因此，他开始力推网上书店。当实体的大型书店只能提供 20 万本书时，亚马逊网上书店已经能够提供超过 20 万本的选择给读者。书是一种流通比较滞缓的产品，某些书适销于某些地方，而不是适合全体的人们看。内容有地域性，那么就会出现某个地域为主卖区，大量的同种书堆积，而其他地域这种书则比较少，虽然销售量不大，但供货却不畅，从而导致书籍的滞销与脱销。网购却有效地避免了这种情况，使所有的地域都是旺销区，都可以获利。

亚马逊云计算的应用源于其内部驱动。为应对销售高峰期（如圣诞前后）快速增长的网络流量，亚马逊采购了规模庞大的服务器。在大部分时间，这些服务器大多处于闲置状态。为避免资源浪费，亚马逊尝试把资源以服务的方式提供给其他电商企业。一方面，亚马逊能有效利用闲置资源；另一方面，其他电商企业也能利用亚马逊的基础设施，避免在非核心领域中投入大量资源。亚马逊推出了一系列 Web 服务方式的云计算产品，统称为亚马逊网络服务（Amazon Web Services，AWS）。用户可以通过 AWS 平台以低成本获得计算能力、存储能力和网络通信能力等信息服务，按照实际使用付费，因而从繁杂的数据中心管理运营工作中解放出来。亚马逊的云基础设施服务称为"弹性计算云"（Elastic Compute Cloud，ECC），表现在客制化服务、精准营销、智能化物流供应链系统等方面。

1. 客制化服务

"弹性计算云"致力于为用户提供网络应用所需的大规模、可伸缩的计算运行环境。"弹性云"最大的优势在于用户选择资源的灵活性和动态可调整性，从申请服务开始至服务结束均可按自身实际需求自由定制，并按照使用量付费，减少不必要的开支。亚马逊"弹性云"真正实现了针对用户不同需求的客制化服务（张亚勤等，2013）。以《纽约时报》为例，《纽约时报》拟将由不同的图片组成的约 1100 万篇文章全部制成 PDF 格式置于网上供公众浏览，这是一个非常典型的超大规模数据存储和处理任务。借助亚马逊的"弹性云"服务，《纽约时报》迅速完成了此任务，所有图片处理工作耗时不到一天，仅花费了 240 美元（不包括网络流量费）。

2. 精准营销

亚马逊不仅为其他 IT 企业提供云计算服务，还被认为是世界上做"推荐"做得最好的公司，这与其卓越的大数据处理能力是分不开的。云计算的超级计算能力使其能有效地分析挖掘消费者信息，精准把握用户的偏好和行为，从而进行科学的市场分析和定位，实现精准营销。许多用户发现，即使在亚马逊随意浏览，不买任何东西，亚马逊也能推荐出非常符合消费者需求的产品。这是因为用户在注册亚马逊之后，无论是浏览产品还是购买产品，甚至停留在每个产品上的时间都会被记录在亚马逊的数据库中。亚马逊利用其强大的数据处理技术对用户数据进行深度挖掘，充分掌握消费者消费心理、购物习惯等，从而进行精准营销。

3. 智能化物流供应链系统

亚马逊强大的云技术实现了其物流和供应链系统质的飞跃。与其他由订单带动供应链运行的电商企业不同，亚马逊的供应链系统借助云技术的支撑，能主动预测某种产品的单位时间需求和预计订单数量，从而积极准确地调整供货、验货和发货时间，在保证充足库存的同时将成本降至最低。从不断提升用户体验的理念出发，亚马逊在物流配送体系方面投入巨资，为用户打造准确、快捷、低廉的物流配送服务。亚马逊不仅能够在第一时间为顾客送货上门，甚至能够做到"定时送货与退换货"。顾客收到产品 30 天内，还可以将完好无损的产品退回，亚马逊会在最短的时间内提供上门退换货服务。亚马逊强大的 IT 系统以及物流和供应链系统使其售后服务十分细致、周到。

亚马逊以云技术为支撑，不断完善其云服务"电子外包"体系、精准营销体系、物流和供应链体系、客户关系体系以及其开放的第三方交易平台，打造了提供完美用户体验的电商生态圈。而其生态圈强大的生命力不仅是因为它是一家电商企业，而且还是一家技术企业、数据企业。

（二）阿里巴巴的"平台、金融、数据"模式

阿里巴巴是中国电子商务中采用云计算服务的先驱，阿里云是阿里巴巴旗下专注于为其淘宝、天猫、支付宝、阿里金融等电子商务平台提供基础核心技术的子公司，支撑其大数据处理和计算服务。阿里巴巴的未来战略侧重三方面：平台、金融和数据。三大战略相互促进，相互支持，构成了完善的电子商务生态链，如图 4-14 所示。

阿里巴巴将云计算定义为"Business Cloud"（商业云），这些电子商务云计算中心，将与阿里巴巴的杭州总部数据中心一起协同工作，希望打造出一个规模能够匹敌 Google 服务器集群的"商业云"体系。"电子商务云计算中心"与其他厂商云计算中心最大的区别在于：亚马逊仅仅是出租云的计算、存储和网络服务，而阿里巴巴"云战略"还提供适合国内用户的各种电子商务服务，定制化和对中

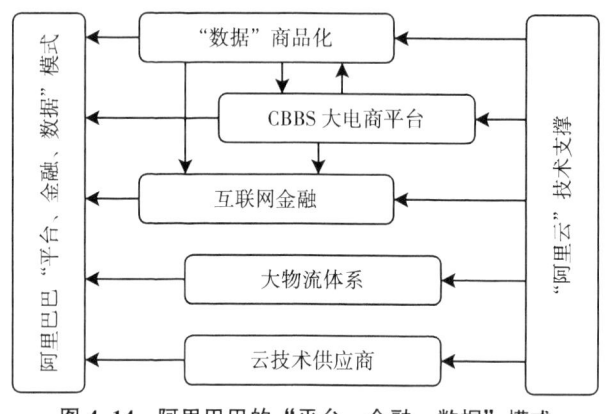

图 4-14　阿里巴巴的"平台、金融、数据"模式

国电子商务市场的了解将是阿里巴巴云计算电子商务平台最大的优势。传统的云计算模式就像开发商集中采购一批资源搭建一座房子,再转租给客户收取租金。而阿里巴巴的模式却非常不同。阿里巴巴的"云战略",除了传统的转租,还给来租房做生意的客户提供增值服务,做装修、打广告、提供计算、存储、营销和管理等服务,帮助这些客户开展电商业务。而阿里巴巴仅仅向企业收取运营电子商务最基础服务的费用,就像是租客付的"水、电、煤气费"。

不难看出,结合电子商务的定制化服务将是未来电子商务行业的盈利趋势。阿里巴巴正是看到这一点,将定制化服务放置到"商业云"中,其中包括阿里巴巴各个平台上的商品信息、信誉体系、支付工具、IM(即时通信)用户资源,再通过调用来挖掘和提炼,其商业价值是无法预估的。对国内从事电子商务的企业来说,阿里巴巴的云计算将给它们带来最为直接和明显的变化。企业能够快速搭建自己想要的各种应用平台,这种平台更加有针对性地提供基于电子商务模式的服务平台,企业需要的各类应用服务都可以信手拈来,同时不用再为服务器资源而烦恼。阿里巴巴把握的是中小型电子商务企业的云商务需求,以客户价值为依托,整合了网络运营商、电子商务企业、硬件设备供应商、解决方案供应商的优势。与亚马逊的云平台理念一样,阿里巴巴也是打造这样可以创造客户价值的云电子商务平台。而基于这个传递价值于各个合作伙伴间的模型,阿里巴巴更进一步提出了云电子商务的解决方案。这个方案和亚马逊相比更具有本地化和定制化的特点。以基础云平台层、基础云服务层、企业应用云层为基础,从下至上帮助电子商务企业依托阿里巴巴的云平台,摆脱资金匮乏,破解云计算模式应用于电子商务的困惑。快速整合采购、生产、销售、售后以及供应商的管理。其中有很多传统零售企业已经采用了阿里巴巴的云服务来达成电子商务更合理、更高效发展的目的，比如畅捷通、克莉丝汀等。

阿里巴巴云计算电子商务平台最早是在 2008 年 12 月提出的。阿里巴巴在全国各地选址并筹建了多个"电子商务云计算中心"，2009 年初首个云计算中心在江苏南京建成，首期投资额达上亿元人民币，随后还需要源源不断的投资。截至 2012 年，阿里云已经涵盖了弹性云计算、云引擎、数据存储与计算、安全服务等四大云服务板块。并且建立了云市场，整合了网站云、网店系统（电商云）、ERP（电商云）、数据分析、游戏云和渲染服务等。

在"平台"方面，阿里巴巴致力于整合淘宝、一淘、天猫、聚划算、阿里国际业务和阿里小企业业务等，打造 CBBS 模式的网上市场平台，即整合 C2C 平台淘宝、B2B 平台阿里巴巴、B2C 平台天猫商城等，为电商提供直接面向消费者的平台。2012 年 7 月 10 日，天猫联合阿里云和万网推出聚石塔平台，致力于为其平台业务提供 IT 基础设施和数据云服务，并通过精准的数据分析和高效的信息集成为商家提供商业价值。

阿里巴巴凭借云计算技术提供的大数据处理能力，能够高效地完成对海量数据的收集、存储、分析和处理。淘宝网中信息检索功能、店铺智能排名、用户个性推荐等都得益于云计算大数据分析的结果（陈云海、黄兰秋，2013）。阿里云技术能够快速准确地分析识别用户行为，并根据用户不同的需求等进行海量智能检索和过滤，高效率反馈用户需求的信息和产品，最大限度地满足用户需求。此外，云计算的快速弹性处理能力也为其平台应对突发情况提供了强有力的技术保证。2013 年 11 月 11 日，天猫实现了 350 亿元的交易额。在这背后，云计算为海量数据低成本、快速存储和计算提供强大支撑，使阿里巴巴有效应对激增的访问量、订单和用户浏览的需求。

阿里"金融"的战略愿景是用互联网思维和工具实现社会未来诚信体系的重建。在社会信用缺失的情况下，小微贷款的信用风险是银行等金融机构面临的难题。而阿里巴巴平台通过积累大量关于用户的交易、支付等信息和行为数据，利用云计算技术对这些数据进行深度挖掘和处理，能对用户进行更为准确和实时的信用评价，使贷款风险得以控制和分散，从而解决了小微贷款的难题，是对金融产业的一大创新。而透视阿里巴巴的金融业务，其核心是数据业务，云计算技术是其金融平台最基础的技术支撑。

阿里巴巴的"数据"战略是分享和挖掘其所积累数据的价值。截至目前，阿里巴巴进行了一系列投资和并购，包括新浪微博、高德地图、墨迹天气、陌陌、美团、虾米等，囊括了人们线上线下方方面面的数据。阿里巴巴希望通过投资并购以及自身数据的积累，实现这些分散的"小数据"的集成，从而构建一个庞大的大数据中心。阿里巴巴通过云计算技术深度挖掘大数据中心潜在的商业价值，有效盘活数据运营市场。

此外，阿里巴巴一直致力于大物流体系的构建。2013年5月28日，阿里巴巴投资菜鸟网络，整合"三通一达"和顺丰快递；2013年12月9日，阿里巴巴又宣布与海尔集团实施战略合作，联手打造家电和大件商品的物流配送、安装服务等体系。阿里物流主要进行"两条线"战略：第一条线是"天网"，致力于搭建阿里物流网络，对仓储物流服务进行数据化管理，利用云计算技术建立开放共享的数据应用平台，为物流行业提供高效智能的服务，包括物流宝服务等；第二条线是"地网"，即阿里巴巴集团成立的中国智能物流骨干网（CSN），打造遍布全国开放式、社会化的物流基础设施。阿里物流希望通过"货不动数据动"的方式解决物流行业现存的散乱差现象和"过度流动"的情况，这是阿里巴巴基于云技术的又一大创新。

### （三）苏宁云商的模式

1. "一体两翼"

苏宁云商是中国首屈一指的家电连锁业的"航母"。苏宁将云商模式定义为：店商+电商+零售服务商模式，即实施"一体两翼"的"互联网路线图"。所谓"一体"，即以互联网零售为主体，"两翼"即进行配套组织架构的调整。O2O（Online to Offline）线上线下融合模式和实体店面与电商两大开放平台，进一步进行资源整合，实现流通领域新一轮的价值再造，同时，两大平台突破原有的家电行业，进行全品类经营。苏宁战略转型意图走出一条以云计算技术为基础，线上线下多渠道融合，服务全产业和全客群的发展道路，如图4-15所示。

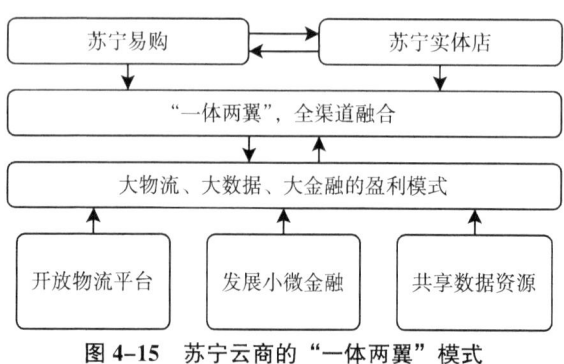

图4-15 苏宁云商的"一体两翼"模式

2013年6月8日，苏宁开始线上、线下同价，正式试水O2O模式，全面进行双线融合，具体包括同价、支付、物流等方面，例如，实体店展示线上销售的产品，苏宁易购为实体店开展的促销活动提供相关渠道；线上看好的产品在实体店现场体验并付款购买，消除线上、线下浏览和购买的隔阂；线上、线下共享物流体系，顾客在线上购买的产品可以就近进行仓库配送，或到线下实体店自提，并且转变对线上、线下两条渠道的定位，不再以实体店为主，而是实现线上、线下相同地位，互为促进，互为补充。苏宁线下连锁店不再是单纯的实体卖场，而是集合销售、产品体验、售后服务、物流、供应链节点等多重功能的综合体系，为线上经营提供强力的实体支撑。"一体两翼"的核心在于零售跨越线上、线下的鸿沟，回归零售的本质：整合产品供应链，为顾客提供完美的用户体验，并逐步引导消费者在O2O时代新的购物习惯的形成。

2. 大物流、大数据、大金融的盈利模式

在战略转型之后，苏宁运用云计算技术对其资源数据进行深度挖掘分析，突破原有零售业单纯依靠进销差价的盈利模式，以建立开放平台在全社会共享的方式下将其能力和资源市场化、社会化。

物流是近年来苏宁工作部署的重中之重。2014年2月，苏宁成立了以"体验为王"为纲领的独立物流子公司，并着力打造其"物流云"项目，拟在全国建成60个物流基地和12个自动化仓库。同时，苏宁投入巨资致力于物流生态园的第四方物流建设，与第三方物流的不同之处在于其不仅注重物流实践操作，更注重物流规划、咨询以及物流信息系统等服务，并向其商户和上游供应商开放，打造"体验一流，服务专业，配送高效"的苏宁物流品牌。

与此同时，苏宁致力于提高其大数据处理能力，为其物流服务和金融服务提供数据支撑，并将其"数据"进行市场化运作，实现全社会共享。金融服务也是苏宁的一大盈利点，2009年苏宁推出在线支付工具易付宝，2012年，易付宝获得了第三方支付牌照，并成立了小额贷款公司，开发供应链融资、消费信贷等金融产品。目前，苏宁还在积极筹建商业银行。除此之外，苏宁还提供产品定制包销、品牌社会化推广等增值服务。

苏宁致力于打造以大物流、大数据、大金融为主的新的盈利模式，建立全资源的核心竞争能力体系，实现零售产业链的优化，更好地满足消费者的需求，并在此过程中实现物流、资金流和信息流的高效整合，形成可持续的商业发展模式，深化流通领域新的变革。

## (四) 评价分析

### 1. 亚马逊"弹性云"模式评析

目前,亚马逊在云计算领域的市场份额仍然遥遥领先,率先涉足云计算领域的亚马逊集聚了众多国际企业客户,运营初期大手笔投资创造的规模经济使其在拓展业务规模的同时,能不断降低服务价格。先入为主的云计算市场优势使亚马逊在云计算领域占据了无可匹敌的市场地位。

亚马逊云技术的强劲发展直接为企业运营提供了坚强的技术支撑。它是世界上做"推荐"做得最好的公司,其大数据能力能够实现对目标消费群体的精准定位,以及对消费需求的精准预测和挖掘,亚马逊"精准营销"系统的销售转化率高达60%。传统的广告运作体现为"创意驱动"模式,力图以别出心裁的创意和内涵打动顾客,而"精准营销"所体现的"技术驱动"模式真正实现了广告由媒体价值向消费者价值的转变,践行了"以消费者为中心"的价值理念。

亚马逊大数据处理能力为其物流及供应链系统带来技术优势。亚马逊的供应链系统不仅能够实现信息共享,快速反应,高效运作,而且能不断为企业降低运营成本,提升利润空间,提升用户体验。

近年来,云计算市场增长迅猛,各互联网巨头都表现出对云计算的极大热情,IBM在私有云领域,微软在PaaS领域,Salesforce在SaaS领域等都取得了明显发展。而亚马逊的云服务也并非完美无缺,有很多用户反映其云计算成本仍然较高,甚至超过自身数据库成本;另外,在提供更大容量、更快速和更廉价的网络传输上,亚马逊仍然需要长足进步。如今,云计算正处于起步阶段,面对"多种云"的激烈竞争,亚马逊保持其先发优势,面临着更大的机遇和挑战。

### 2. 阿里巴巴"数据、金融、平台"模式评析

阿里巴巴专业打造平台型电商,信息流是其平台的核心价值,也是其"数据"战略和"金融"战略的基础。阿里巴巴"数据"战略发挥了云计算数据分析处理的技术优势,并使其平台中积累的数据得到了充分利用与挖掘。同时,通过阿里巴巴一系列并购布局可以看出,阿里巴巴的"数据"战略不仅仅在于实现其平台数据的有效利用,更在于打造一个涵盖人们生活方方面面的大数据共享平台,通过云技术使数据成为具有交换和流通价值的商品,这是阿里巴巴依托云技术的一大商业模式创新。

令人担忧的是阿里巴巴数据的真实性和准确性问题。由于阿里巴巴平台的入驻门槛很低,其平台上的商家鱼龙混杂,甚至有的商家为了提高自身诚信度,利用虚假交易等手段刷高诚信指数,这是网络真实性的困境,也是阿里巴巴所面临

的难题之一。

阿里巴巴的"金融"战略是基于云技术与自身优势资源实现商业模式创新。金融体系中，需求方的信息是核心，是评估风险和进行金融资源配置的基础。电商企业进军传统金融领域，通过云技术对需求方的信息进行分析挖掘，以满足金融交易的信息基础。由此，阿里巴巴的金融战略不仅实现自身平台中积累的数据资源以及资金资源的有效利用，而且开辟了一个新的"蓝海"市场。然而，基于云技术的金融战略对云计算的安全性要求极高，其中可能潜藏的技术风险非常巨大，未来金融战略的实施仍然需要进一步规划。

3. 苏宁云商模式评析

作为传统的零售企业，苏宁向云商模式的转型能真正实现物流、资金流和信息流的高效整合，充分发挥云计算优势与其传统零售业核心能力的协同作用。苏宁具有开辟电子商务渠道的天然优势：上千亿元的采购平台、强大的供应链体系、长期积累的品牌优势以及与供应商的讨价议价能力等。与单纯电商企业不同，苏宁遍布全国的 1600 多家实体门店资源也是其不可替代的优势，作为零售界的资深企业，苏宁具有丰富的零售服务经验，其实体连锁店在售后服务、物流配送、现场体验等方面填补了线上经营的空白，线上、线下的全渠道融合、协同发展构筑了苏宁的特色资源。

然而，苏宁的战略转型仍然任重道远。毫无电商经验的苏宁在发展电商业务时挑战诸多。在竞争激烈的电商领域，苏宁信息技术、前端互联网技术落后，网站管理生涩粗糙，用户投诉情况突出，网络营销手段也较为单调枯燥，在众多经验丰富的成熟电商面前，苏宁线上业务发展尤显吃力。同时，我国电商企业产品同质化竞争以及消费者价格敏感特质使电商企业间的价格大战异常惨烈。在此严峻的竞争环境中，苏宁的大部分产品仍然不具价格优势。如何提升产品特性，增强线上用户消费黏性，使企业拥有更多独特的竞争资源是苏宁目前面临的重大挑战。

苏宁电商运营能力的不足，使其线上、线下全渠道融合、优势互补的特色资源开发不到位。而苏宁试水 O2O 线上、线下同价之后，给实体店经营带来了巨大压力，利润空间受到挤压，线上、线下的利益矛盾使其企业内部出现双线互博的现象。协调两者间的利益冲突，重新定位其不同的角色和使命，促使其相互促进，协调发展是苏宁"一体两翼"模式发展的重点。

基于对云技术和零售业的深刻认识，苏宁确立了"云商模式"的战略目标。然而，转战初期成本过高，转型绩效仍不明朗。同时，苏宁目前物流体系、金融体系、大数据能力、互联网运营能力等众多领域同时大规模发展完善，转型压力沉重。未来阶段，完善架构改革、加强技术开发、提升用户体验仍然是苏宁深化转型，进行战略调整亟待解决的问题。

### 三、电子商务企业云计算的应用建议

商业模式就其最基本的意义而言，是指做生意的方法，是一个公司赖以生存的模式——一种能够为企业带来收益的模式。公司在整个价值链中的地位是由商业模式决定的，并且商业模式帮助公司盈利。商务企业在实施电子商务时，必须考虑商业模式。电子商务模式有着自己非常独特的特点：需要不断地创新，不能维持现状。利润因为守旧的电子商务模式而蒸发。电子商务模式构建的先决条件是识别企业价值链中的各个要素。企业的价值链要素主要包括采购、物流、生产、销售等。企业在构建电子商务模式时，需要衡量这些要素，研究哪一个或哪几个对企业利润取得和价值创造的影响最为重要。然后，就应该针对这些环节来进行相对应的部署。亚马逊和阿里巴巴都是抓住了电子商务的最核心部分——整合价值链大做文章，而取得了突飞猛进的发展。而如何整合价值链这个难题恰恰是云计算可以帮助优化和解决的。随着技术的日新月异，云计算的出现已经成为更好地整合价值链的先进工具。

云计算结合电子商务模式的转变可以具体体现为：

（1）应用模式的转变，企业将 CRM、ERP 等应用放在云上，人工服务放在云下。

（2）消费模式的转变，企业消费的硬件产品和软件产品由单机许可模式向 SaaS 模式过渡；客户消费的模式由传统网上支付方式向移动支付方式过渡。

（3）外包模式的转变，外包不单只适用于 IT 行业，还可以应用于电子商务行业。适用于电子商务行业的外包可以涵盖人才外包、基础架构外包等。在 SaaS 基础上已经产生出了这些外包形式。电子商务完全可以利用这些外包形式来实现自己业务的转型。这已经成为云计算电子商务模式的一种具体体现。

云技术大规模、低成本的超级计算模式在电子商务中的应用为电子商务开辟了新的发展道路，将其带入大发展、大变革、大调整的新时期，而其实践之道路任重道远，仍存在着许多问题需要进一步研究和探索。基于对云技术在亚马逊、阿里巴巴和苏宁云商三家典型电商企业中应用模式的分析，我们认为：云技术是未来电子商务发展的必备武器。其强劲的技术支撑和企业的优势资源相结合，将会推动电商产业实现新的价值创造，甚至产生颠覆传统的商业模式变革。亚马逊

的精准营销、阿里巴巴的"数据"和"金融"战略都是电商企业基于云技术的重大创新服务。苏宁云商则对传统零售企业利用云技术实现战略转型开辟了一条新路径。

云技术为电商企业摆脱单一的价格战,创新电商模式提供了技术支撑。新电商模式的形成亟须电商企业不断修炼内功,在其关键资源领域精耕细作,形成自身的专业性优势。大型电商企业在利用云技术发展自身核心竞争力的同时,可以将其自有云平台向公共云方向转变,为其他电商企业提供云技术服务;中小电商企业应积极利用大型电商企业的云技术资源,解决自身技术难题,并专注于自身核心价值的开发,形成独特的、有价值的关键资源,促进整个电商产业朝着有序竞争、合作共赢的方向发展。

## 第四节 云制造模式探析

### 一、云制造模式的内涵

我国是当今世界上拥有制造资源最丰富的国家。但是资源有效使用率不容乐观,资源的使用方式造成了极大的浪费,不利于我国制造业的可持续发展。为了提高制造企业的竞争能力,一场以制造业信息化为特征的制造业变革正在积极、持续地展开。制造业信息化是一项复杂的、战略性的系统工程,旨在提高企业的敏捷性、柔性及稳健性,以增强企业的市场竞争能力,为企业实现跨越式发展做出重要贡献。当然在制造业信息化的过程中也不可避免地出现了一些问题。针对现有制造业信息化发展过程中存在的问题,结合现有先进制造模式和技术[1]以及云计算、[2]物联网、[3]虚拟化、面向服务技术等新技术,一些学者提出了云制造的概念。

云制造融合了现有制造业信息化、云计算、物联网、语义 Web、高性能计算等技术,通过对现有网络化制造与服务技术进行延伸和变革,将各类制造资源和

---

[1] 赵磊,胡小梅,俞涛. 先进制造技术研究综述 [J]. 装备制造技术,2011 (11):75-80.
[2] 陈康,郑纬民. 云计算:系统实例与研究现状 [J]. 软件学报,2009,20 (5):1337-1348.
[3] 宁焕生,张瑜,刘芳丽等. 中国物联网信息服务系统研究 [J]. 电子学报,2006,34 (12):2514-2517.

制造能力虚拟化、服务化，并进行集中的智能化管理和经营，实现智能化、多方共赢、普适化和高效的共享和协同，通过网络为产品全生命周期（包括制造初期，如论证、设计、加工、销售等；制造中期，如使用、管理、维护等；制造末期，如拆解、报废、回收等）提供可随时获取的、按需使用的、安全可靠的、优质廉价的服务。

云制造是随着现代化工业和信息产业的不断发展应运而生的新名词，其是在"制造即服务"理念的基础上，借鉴了云计算思想发展起来的一个新概念。云制造是先进的信息技术、制造技术以及新兴物联网技术等交叉融合的产品，是制造即服务理念的体现。采取包括云计算在内的当代信息技术前沿理念，支持制造业在广泛的网络资源环境下，为产品提供高附加值、低成本和全球化制造的服务。虽然云制造已成为现代制造业的发展趋势，但其内涵仍在不断发展之中。目前尚缺乏一种规范、标准的定义。

对于云制造还没有完全统一的定义，许多专家都提出了不同的定义：

工程院院士李伯虎教授（2010）认为：云制造是一种面向服务的高效、低耗、基于知识的网络化的新制造模式，融合现在信息化制造技术、云技术、物联网等技术，把各类制造之间和制造能力集虚拟化、服务化并且进行统一的集中的智能化管理，从而通过网络和一个云制造平台中间件，将制造全生命周期的前期、中期、后期提供给用户，提供随时获取按需使用的优质廉价的服务。

中国航天科技集团公司总工程师杨海成教授（2010）认为："云制造是先进的信息技术，制造技术以及新兴物联网技术等交叉融合的产品，是'制造即服务'理念的体现。"

北京航空航天大学王田苗教授（2010）认为："云制造可以分为由低到高两个层次实现：低层次是提供相对功能明确、价格低廉的产品、设备的制造平台；高层次是根据顾客的设计或加工需求，整合制造资源，帮助客户完成相关产品的设计、加工、制造和配送，提供一整套加工制造的服务平台。"

国家科技部周平处长认为云制造的核心是在低碳经济发展大趋势下盘活社会制造资源的存量，优化配置。云制造服务对象更多的是一些高端加工能力不足的中小企业。在中国制造业这样的大环境下，在他们尚不具备高端加工条件时，如何为这些总体数量达到90%的中小企业提供服务，将他们的制造水平提升上来，这是云制造的精髓。[①]

---

[①] 崔荣会，李艾艾. 云制造落地 [J]. 中国制造业信息化，2010，39（3）：18-21.

李春泉等（2011）在深入研究云制造特征以及内涵的基础上提出了比较全面细致的云制造的概念："云制造是一种面向服务的基于网络制造新模式，依托云计算理论及框架，在网络化制造技术和方法的基础上，以按需服务为核心，以资源虚拟化及多粒度、多尺度的访问控制为手段，以资源共享及任务协同为目标，以分布、异构、多自治域的资源或资源聚合为云节点，以网络为媒介，以透明、简捷、灵活的方式构建开放、动态的协同工作支持环境、提供通用、标准和规范的制造服务。"

云制造是一种以规范化和通用化的行业标准为基础，以互联网和物联网为支撑环境，以满足顾客个性化产品需求和提高加盟制造商利润为目标，具有智能化、绿色化、低消耗、高可靠性、高可伸缩性的先进制造模式。云制造技术将现有网络化制造和服务技术同云计算、云安全、高性能计算、物联网等技术融合，实现各类制造资源（制造硬设备、计算系统、软件、模型、数据、知识等）统一、集中和智能化管理和经营，为制造全生命周期过程提供可随时获取的、按需使用的、安全可靠的、优质廉价的各类制造活动服务。

## 二、云制造的运行原理及体系结构

### （一）云制造的运行原理

云制造的运行包括一个核心支持（知识）、两个过程（接入、接出）和三种用户（制造资源提供者、制造云运营者、制造资源使用者）。云制造的运行原理如图4-16所示。[①]

由图4-16可知，云制造系统中的用户角色主要有三种，即制造资源提供者、制造云运营者、制造资源使用者。制造资源提供者通过对产品全生命周期过程中的制造资源和制造能力进行感知、虚拟化接入，以服务的形式提供给第三方运营平台（制造云运营者）；制造云运营者主要实现对云服务的高效管理和运营等，可根据资源使用者的应用请求，动态、灵活地为资源使用者提供服务；制造资源使用者能够在制造云运营平台的支持下，动态按需地使用各类应用服务（接出），并能实现多主体的协同交互。在制造云运行过程中，知识起着核心支撑作用，知识不仅能够为制造资源和制造能力的虚拟化接入和服务化封装提供支持，还能为实现基于云服务的高效管理和智能查找等功能提供支持。

图4-16中的制造云是云制造系统架构的核心，是大量的制造云服务按照一

---

① 李伯虎，张霖，柴旭东. 云制造概论[J]. 中兴通讯技术，2010，8（4）：5-8.

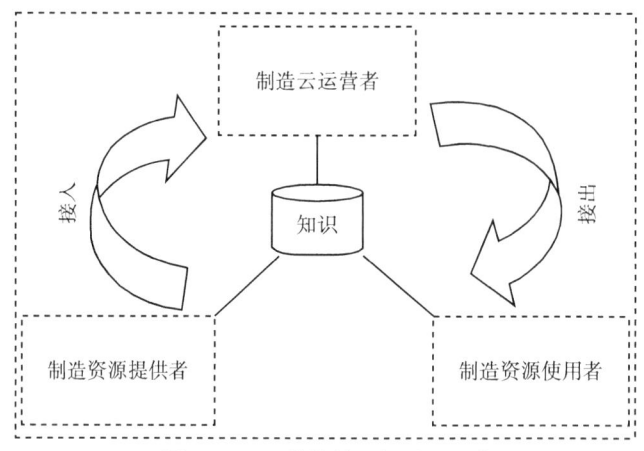

图 4-16　云计算的运行原理图①

定规则聚合后所形成的动态云服务中心并能能透明地为用户提供产品全生命周期应用服务,是云制造区别于传统网络化制造的关键之一。传统网络化制造也是通过虚拟化封装技术将物理分散的资源封装成服务,然后按照一定顺序组合起来共同完成一个复杂任务,但没有将这些服务聚合起来进行有效的运营管理。制造云的形成过程如下:首先是云服务形成过程,也就是资源的虚拟化、服务化过程,通过采用物联网、虚拟化等技术,首先对分散的资源进行感知,然后将资源虚拟接入制造云平台,从而形成虚拟资源并聚集在一个能按需使用资源的虚拟资源池中,最终通过对虚拟资源进行服务化封装、发布及注册,形成云服务。云服务的形成过程即是云制造资源和能力服务化的过程。这一过程可称为制造资源的"接入"。最后通过将异构的资源整合到统一的基础架构中并实现标准化,为资源使用从独占方式转变为完全共享服务方式提供了平台支持,实现了以服务为导向的运行架构,提供了对云服务的自动部署、配置、高效管理等功能,从而为用户提供透明的、开放的、按需使用的云服务,即形成了制造云。云服务能够聚集形成制造云。制造云是云服务的主要载体,面向制造全生命周期应用提供各种服务,这一过程称为"接出"。在整个云制造体系的运转过程中,知识起到了核心支撑的作用。知识能够在制造资源和制造能力的接入过程中,为智能化嵌入和虚拟化封装提供支持;在制造云管理过程中,为云服务的智能查找等功能提供支持;在制造全生命周期应用中,为云服务的智能协作提供支持。由此可见,云制造体系

---

① 张霖,罗永亮,陶飞,任磊,郭华.制造云构建关键技术研究[J].计算机集成制造系统,2010(11):2510-2520.

能够实现基于知识的制造全生命周期集成，提供了一种面向服务的、高效低耗和基于知识的网络化智能制造新模式。

**（二）云制造的体系结构**

云制造体系结构共分为五层，分别为：物理资源层、虚拟化层、核心中间件层、应用层、用户层，如图 4-17 所示。①

1. 物理资源层

物理资源层是云制造的最底层，提供产品制造全生命周期过程中所涉及的各类资源，包括制造资源、制造能力等，并进行了详细的分类，从而为不同资源所采取的不同虚拟化技术提供基础。物理资源层包含了完全自治的自治域资源以及通过有偿租赁获得的租赁域资源，租赁域资源用于弥补自有资源在资源类型、制造能力等方面的不足。

2. 虚拟化层

通过采用相关虚拟化技术，将分散的各类资源虚拟接入制造云平台，形成虚拟资源并聚集在虚拟资源池中，从而隐藏底层资源的复杂性和动态性，为制造云平台实现面向服务的资源高效共享与协同提供支持。云制造虚拟化层包括资源描述、虚拟资源镜像封装、虚拟资源部署配置、虚拟资源封装、虚拟资源部署、访问控制配置、虚拟资源激活与释放等过程。

3. 核心中间件层

该层是制造云平台的核心服务层，主要分为三个部分：首先通过对虚拟资源进行服务化封装、发布等操作，形成云服务；其次针对不同类型的云服务选择相应的部署方式，并实现对云服务的智能、高效的管理，如智能匹配、动态组合、容错管理等；最后为用户按需地使用产品制造全生命周期服务提供支持，如调度管理、变更管理、计费管理等。该层主要包括资源管理、系统管理、任务管理、安全管理、服务管理五大功能中间件，涉及资源部署、资源镜像管理、弹性配置管理、多租户管理、尺度管理、粒度管理、服务质量管理、计费管理、可靠性管理等环节。

4. 应用层

该层面对制造业的相关领域和行业，提供产品制造全生命周期的各类服务应用，提供主要服务的有制造资源即服务（Manufacturing Resource as a Service,

---

① 李春泉，尚玉玲，胡春杨. 云制造的体系结构及其关键技术研究［J］. 组合机床与自动化加工技术. 2011（7）：105-107.

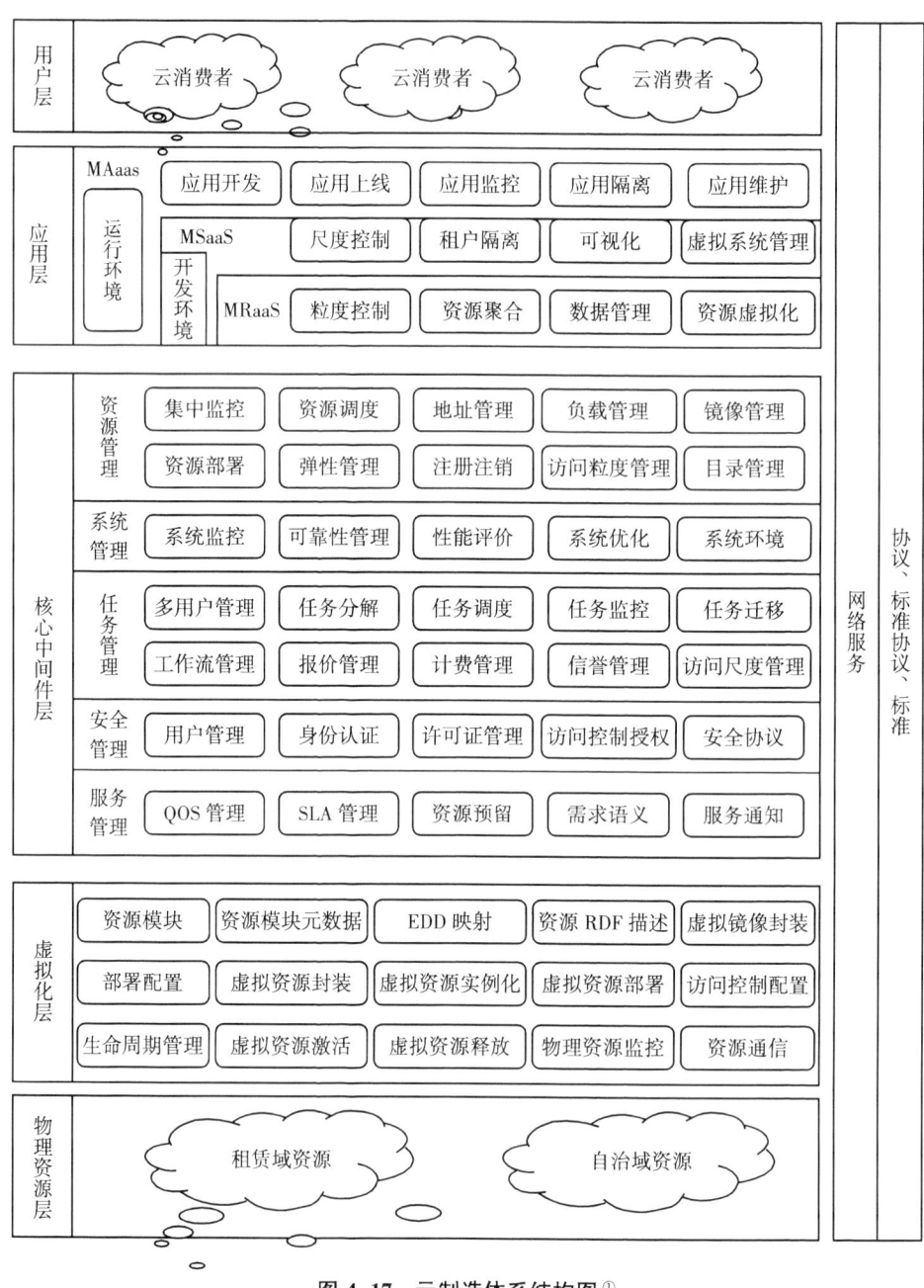

图 4-17 云制造体系结构图[1]

---

[1] 李春泉,尚玉玲,胡春杨.云制造的体系结构及其关键技术研究[J].组合机床与自动化加工技术.2011(7):105-107.

MRaaS)、制造场景即服务（Manufacturing Scene as a Service，MSaaS)、制造应用即服务（Manufacturing Application as a Service，MAaaS) 三种应用层次。用户可以通过不同的终端与制造云进行交互，并能支持多主体任务的高效协同。

5. 用户层

云制造中的用户层为用户提供的统一的和安全的用户界面，使用户可以在不同地点，不同的客户端环境下，以一致的配置条件和访问权限访问云制造系统提供的各种服务。

## 三、云制造的特征及关键技术

### （一）云制造的特征

云制造区别于其他制造模式的核心特征主要有以下几点：

1. 面向服务和需求的制造

云制造充分体现了制造即服务的思想，一改产品制造长期以来面向设备、面向资源、面向订单、面向生产等的传统形态，利用云制造服务平台，按照云请求方的不同需求，并且快速组织云提供方按需生产、调度、租赁、使用，实现了真正面向服务、面向需求。

2. 不确定性制造

云制造中，云服务对制造需求的满足不存在唯一的最佳解，而是到目前为止用现有技术和方法能得到的满意解或非劣解，这即是云制造的不确定性制造能力，包括云制造任务的描述、任务与云服务的映射匹配、云服务选取与绑定、云服务组合选取、制造结果评价等环节中的不确定性。

3. 用户参与的制造

云制造致力于构建一个制造企业、客户、中间方等可以充分沟通的公用制造环境。在云制造模式下，用户参与度不仅限于传统的用户需求提出和用户评价，而是渗透到制造全生命周期的每一个环节。

4. 透明和集成的制造

云制造把所有制造资源、能力、知识等尽可能高度抽象和虚拟化为用户可见和容易调用的"电源接线板"，即制造云服务，而其他东西对用户透明。用户在使用云服务开展各类制造活动时，这些服务的调用是透明的，即所有制造实现操作细节可以向用户"隐藏"起来，使用户将云制造系统看成是一个完全无缝的集成系统。

**5. 支持按需使用和付费的制造**

云制造是一种需求驱动、按需付费的面向服务的制造新模式。云制造模式下的用户通过采用一种需求驱动、用户主导、按需付费的方式，来利用制造云服务中心的云服务。用户根据自身的需要调用或组合调用已有的云服务并支付相应的费用，不需要过多关注制造资源服务提供者的自身信息，用户和制造资源提供者是一种即用即组合、即用即付、用完即解散的关系。

**6. 支持多用户的制造**

云制造不仅体现"分散资源集中使用"的思想，还能够有效实现"集中资源分散服务"的思想，进而为分布在不同地理位置的多用户提供服务调用、资源租赁等。

**（二）云制造的关键技术**

云制造的关键技术主要包括以下五个方面：

（1）云制造系统体系架构、运行模式、相关标准及规范，主要包括：①云制造形成的充要条件、稳定条件及演化机理；②云制造体系结构；③云制造的组织及运行模式；④云制造的相关标准、协议及规范。

（2）制造资源和制造能力的云端化技术：通过虚拟资源封装组件的服务化方法，形成云端资源网络服务。

（3）制造云服务的综合管理技术，主要包括：①访问控制技术是云制造的核心特征之一，也是按需服务的重要支撑技术，涉及共享资源的粒度管理、多资源的尺度管理等；②多租户技术可以保证云资源需求者获得定制化的云服务，涉及租户认证及许可、客户化配置等。

（4）云制造业务管理模式与技术：是云制造运行的主体，涉及资源管理、任务管理、服务管理等方面。

（5）云制造安全与可信制造技术：是云制造系统稳定、安全、有效运行的保障，涉及CSP、CSC、CRP三种角色及云制造系统的可靠性等方面。

## 四、云制造的研究现状及未来展望

**（一）云制造的研究进展**

国外没有云制造这个专业术语，但国外学者在相关领域的研究一直在进行，类似研究被纳入网络化制造（Internet-based Manufacturing）、全球制造（Global Manufacturing）、电子化制造（E-manufacturing）和面向服务的制造（SOM）、众包（C-Sourcing）、协作网络（Collaborative Network）等研究领域。云制造概念提

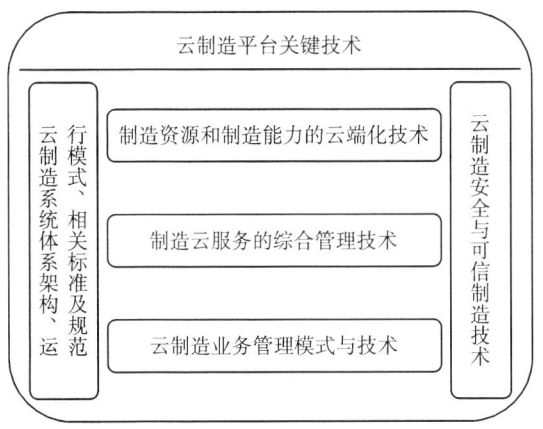

**图 4-18　云制造研究的关键技术**[①]

出后，在国内信息科学领域理论界和实践界掀起了热潮，李伯虎的文章被评为 2011 年中国百篇最具影响的国内学术论文，《计算机集成制造系统》期刊在 2012 年特设专刊讨论云制造。信息科学领域的学者们对云制造的构造、关键技术、支撑技术、资源服务管理和优化配置、协同设计平台等问题进行了研究。相比之下，社会科学领域对云制造方面的研究很少，吴畅（2011）对东莞制造网运用云制造服务进行了战略分析；宋振晖、王芬婷（2012）基于平衡计分卡方法分析了云制造服务价值网络的战略风险管理；马国强（2012）探讨了云制造理论对协同制造模式发展趋势的影响；罗建强、赵艳萍（2013）对云制造服务模式下的延迟策略实施进行了分析。可见，社会科学领域对云制造领域的研究尚处于起步阶段。战德臣等（2011）以集团企业为研究对象，提出了云企业和云制造服务概念，给出了包含云制造虚拟化管理器、服务软件支撑平台、服务构建平台和服务标准规范集组成的云制造服务平台。张霖等（2011）从理念和应用模式等角度，详细阐述了云制造、敏捷制造和网络化制造等模式之间的联系与区别，明确了云制造的内涵和特点。陶飞等（2011）设计了制造云服务管理系统功能结构，对云服务组合中的关键问题进行了研究。马翠霞等（2011）对云制造环境下的用户界面特征进行了分析，提出了普适人机交互技术的研究框架。李春泉等（2011）对比分析了云制造与制造网格的相异性，提出了五层云制造体系结构，并对云制造多粒度访问控制技术进行了研究。

---

[①] 李伯虎，张霖，柴旭东. 云制造概论［J］. 中兴通讯技术，2010，8（4）：5-8.

## (二) 云制造未来展望

云制造作为一种新兴的制造模式,为制造业信息化提供了一种崭新的理念和模式,其发展空间和未来的应用领域是非常广泛的,云制造研究需要政府、产业界、学术界等多方的联合和努力。云制造的应用将是一个长期的阶段性渐进过程,而不是一蹴而就的工程,云制造需要制造企业具有良好的信息化集成与工程集成。云制造的未来发展仍面临着很多关键技术的挑战。除了云计算、物联网、语义 Web、高性能计算、嵌入式系统等技术的综合集成、基于知识的制造资源云端化、制造云管理引擎、云制造应用协同等技术仍然是未来面临的重要技术问题,因此,云制造的发展需要多方面的协同努力,进而促进制造业的可持续化、信息化的发展。

# 第五章 组织敏捷性对企业绩效的影响机理

## 第一节 相关理论基础

### 一、动态能力

#### (一) 动态能力理论的研究理路

随着外部环境动态性特征的日益明显,动态能力理论逐渐获得了学术界乃至企业界的关注,动态能力理论主要是在继承和发展资源基础观(RBV)的基础上发展起来的。资源基础观认为企业是由一系列的资源束所组成的集合,企业竞争优势源自于其所拥有的资源,尤其是异质性资源。当且仅当企业拥有超级资源时,企业可以获得持续性的超额回报,这些资源受到某种隔离机制的保护,可以防止资源在企业所在产业的竞争对手中扩散。Wernerfect(1984)提出了企业内部资源对企业获得并维持竞争优势的重要意义。他认为企业内部的组织能力、资源和知识的积累是解释竞争优势的关键。Barney(1991)认为可持续竞争优势的源泉应具有价值性、稀缺性、不完全模仿性、不可替代性,从而引发了理论界对竞争优势与可持续竞争优势的区别的重视。Perteraf(1993)也提出了类似的观点,即可持续竞争优势应该包括四个条件:资源异质性;不完全移动性;竞争的事前限制;竞争的事后限制。在资源基础理论发展过程中,Barney 和 Perteraf 代表着两种不同的观点。以 Barney 为代表的学派遵循战略管理的传统，从企业的层面展开研究；而以 Perteraf 为代表的学派，则更强调从市场的层面进行研究，即把企业放到市场中来分析企业行为。

从本质上分析，RBV 侧重于战略选择（Strategic Choice），要求公司的管理团队以识别、发展和部署关键资源（如专利、产权、技术或特定关系）为重任，从而最大限度地获得回报（Barney，1991；Wernerfelt，1984）。但是，许多学者（如 Mosakowski 和 McKelvey，1997；Priem 和 Butler，2001）指出了 RBV 在描述资源对企业竞争优势的作用机理方面的局限性。资源基础观论述了资源通过战略决定企业竞争优势，并分析了这些决定可持续竞争优势的资源的特征集，但却没有深入分析资源是如何决定竞争优势的，这样就形成了一个"过程黑箱"。该理论将生成可持续竞争优势的所有因素都归纳到一个包罗万象的资源概念，这使得资源的概念无限地扩大，而将这些因素的差异性特征过滤掉了，正是学术研究中的这种简化和抽象，导致了"过程黑箱"。此外，在动态复杂的环境下，资源基础论在解释企业可持续竞争优势方面遭遇了尴尬，IBM、德州仪器和飞利浦等企业在遵循资源观战略而积累起许多有价值的资源后，并不能确保拥有持续的竞争优势（Teece 等，1997），而某些企业在缺乏许多有价值资源的条件下，却能在快速变化的市场环境中获得竞争优势。此外，学者认为核心能力也是企业的一种重要的资源，它是可持续竞争优势的来源。但是核心能力本身却存在悖论，它自身的特征决定了其强烈的惯性，惯性所具有的路径依赖特征，产生了巴顿（Leonard Barton D.，1992）所说的核心刚性。核心刚性使企业很难在动态复杂的环境中做出重大的变革，从而造成企业难以保持动态战略适应。在动态复杂竞争的环境中，无论是企业的特殊能力（Selznick，1957）或者是核心能力（Prahalad & Gary Hamel，1990）都很难保证企业获得持续的竞争优势。

企业资源基础理论和企业能力理论假设所有市场上的稀缺资源、能力都能构成该企业竞争优势的基础，并假设如果企业具有的这种资源、能力不被其他企业仿制，那么就会具有可持续竞争优势。但这种观点在动态复杂环境下已失去了可信服的基础。因为稀缺资源、能力并不都可以创造市场价值。一个给定企业的内在资源、能力有可能并不是企业的战略性优势。一个企业拥有不能被仿制和难以替代特征的各种能力并不意味着这些能力在生产任何一种特殊产品或服务时都是有效的。邹国庆（2003）认为，任何企业的"异质性"面对变化的环境时，都很难保持其价值。任何资源、能力的价值都可能随着时间的推移而衰竭，或其价值被瞬间的结构性创新所削减。可见，持续性竞争优势所具有的不确定性，决定了竞争是一个内在的动态过程。参与市场竞争的所有企业无时不在寻求能够获得竞争优势的途径，这取决于对跟进模仿行为设置以延长自身竞争能力为目的壁垒及市场的不确定性，它还取决于对如何进行更新投资以创造新的竞争优势的理解，也在于其能否具有不断适应竞争环境变化和追逐新的竞争优势的能力。这种能力远非是非外即内的二分法决定论所表明的外部主导或是内部决定的，而是企业在和外部环境融合互动的过程中，所建立的具有柔性的动态能力。这种能力的基础不是没有时间特征的均衡论，而是建立在演化经济学所揭示的创新、变革、非均衡模式之上。全球化的竞争、需求水平的波动、顾客需求的变化速度、顾客需求多元化及不确定性、经济周期的影响、竞争强度、市场饱和度、信息增长速率、技术渐变与突变等都呈现了无法预见的特征。因此，企业培育在变化迅速、递增的、不连续、非线性的特殊市场环境下，对变革能及时迅速做出反应的能力、快速灵活地适应的能力、有效协调内外部变化的动态能力，即为了与变化的环境保持一致而更新能力的能力，才是实现创造并保持竞争优势的源泉。

为了弥补 RBV 的不足之处，很多学者将研究视角转向了动态能力理论。早期与动态能力类似的概念有劳伦斯（P.R.Lawrence）和洛施（J.W.Lorsch）在 1967 年提出的"整合能力"（Integrative Capabilities）概念。1993 年，阿密特（R.Amit）和休梅克（P.J.H.Schoemaker）认为"能力是配置资源的才能，通常采用与组织的流程相结合的方式来实现一个意愿的结果"，"这种能力可以被视为企业内部所产生的一种'中间产品'（Intermediate Goods），以此来提高资源的生产效率或者提供战略柔性（Strategic Flexibility）"，该能力概念实际已经包含了动态能力。更明确地将资源配置能力（即动态能力）和一般职能能力进行区分的是科格特（B.Kogut）和赞德（U.Zander），他们所界定的组合能力（Combinative Capabilities）概念与后来提斯（D.J.Teece）等所界定的动态能力有异曲同工之妙。无独有偶，赫德森（R.Herderson）和科伯恩（I.Cockburn）将组织能力区分为"成分能力"（Component Competence）和"建构能力"（Architectural Competence）两种类型，前者指局部的能力知识，是日常解决问题的基本能力，如资源、知识与技术诀窍等；后者指利用成分能力的能力或者依据现实需求开发新的成分能力。此外，斯彭德（J.C.Spender）提出的"集体知识"（Collective Knowledge）以及纳尔逊（R.Nelson）提出的"组织架构"（Organizational Architecture）等概念也与动态能力具有或多或少的相似之处。

在上述这些早期概念的铺垫之后，Teece 等 1997 年发表在《战略管理杂志》

上的论文是动态能力理论发展的重要里程碑。Teece 等（1997）将动态能力定义为"企业整合、建立并重构内外部能力以适应快速变化的环境的能力"。它反映了企业在既定路径和市场位置约束下，获取新竞争优势的一种综合能力。动态能力观将资源基础观拓展到了能力演化的领域。动态能力的增强主要因为企业能够获取、整合并配置资源（Eisenhardt 和 Martin，2000）并且重构内外部的能力来适应快速变化的环境（Teece 等，1997）。通过在循序路径依赖（Sequence Path Dependence）的学习基础之上形成能力，企业可以在其他模仿者面前保持领先并且持续地获得超额回报（Dierickx 和 Cool，1989；Teece 等，1997）。动态能力理论将研究的重点放在了企业用以积累影响学习与研究进程的概率和方向的机制上（Markides 和 Williamson，1994）。该理论秉承了熊彼特的创造性毁灭的思想，认为企业只有通过其动态能力的不断创新，才能获得可持续竞争优势。动态能力理论源于标准能力理论，因此在特征上有许多与核心能力相似之处，但动态能力是一种开拓性的能力，它将焦点放在创新的开拓性动力上，强调以开拓性动力克服能力中的惯性。在不确定的环境中，动态能力崇尚建立开拓性学习能力。开拓性学习是为了在长时间内向企业提供新的战略观念而进行的侧重于变革的学习，它显示了对路径的较少依赖。相对于强调企业能力内部化积累的标准能力论，动态能力论则通过其开放性而获得灵活性，从而减少了能力中的刚性。

自从 Teece 等初步提出动态能力理论框架以后，众多学者致力于该理论的进一步丰富和拓展，取得了一系列成果。其中的很多成果都对流程问题进行了关注。艾森哈特（K.M.Eisenhardt）和马丁（J.A.Martin）依据战略管理中对能力定义的一贯传统，从组织惯例（Routines）和流程的角度给动态能力下了一个更加规范化的定义。他们认为"动态能力是企业利用资源的流程——尤其是获取、整合、重置和释放资源的流程——应对或者创造市场变革。因此，动态能力也就是随着市场涌现、碰撞、分裂、演化和消亡的企业用以获取新的资源配置的组织或者战略性惯例"。佐罗（M.Zollo）和温特（S.G.Winter）则对动态能力存在的环境条件做了进一步的拓展，认为即使在相对静态环境下企业依然需要动态能力。他们对于动态能力的界定是：通过组织学习获得的一个相对稳定的集体行为模式，用以产生和调整企业内部的业务流程以获得更高的生产效率。从组织惯例、组织学习和知识管理等视角，众多学者对动态能力的层级结构、发展过程及其背后隐藏的学习机制进行了广泛深入的研究。佐罗和温特丰富和发展了科利斯（D. J. Collis）1994 年提出的能力层级结构理论，认为从下而上存在业务流程、动态能力和学习机制三层能力，上层的能力对下层的能力施加作用，决定了下层能力演化的频度和方向。佐特（C.Zott）认为，动态能力植根于企业组织学习的流程之中，该流程可以分为变革、选择和保持三个基本阶段。而佐罗和温特则认为该流程可以划分为四个阶段：变革阶段——在内外刺激条件下组织内的个人或者团体产生了一系列新的设想；选择阶段——企业内部对这些创新设想进行评估；复制阶段——经过优化的备选方案在企业内进行复制和传播，以充分评估其可行性；维持阶段——新方案在组织内实施直到下一个变革出现。Teece 等提出企业的动态能力（即基于当前的资源位置和历史路径所形成的特有的基于流程的能力）是企业竞争优势的来源。梅切尔（J.T.Macher）和莫厄里（D.C.Mowery）从学习的三个角度（经验积累、知识表述、知识编码）研究了企业的 R&D 组织管理流程以及信息技术的应用对于提升企业的流程创新绩效的作用，结果发现：研发团队构成的多样性、研发人员与生产人员交流的密集度和信息技术分布的广泛性都有利于提升组织学习和解决问题的成效。

### （二）动态能力的内涵及其形成因素

1. 动态能力的内涵

虽然许多学者都接受了动态能力这个概念，但是对动态能力的内涵的解释却存在一定的差异。归纳起来有以下几种：

第一，动态能力是整合、建立和再配置内外部资源和能力的能力。Teece 等（1997）认为在全球市场上的胜利者是这样一类企业：具有有效协调、配置内外部资源的能力，并显示出及时、快速与灵活的产品创新能力的企业。为了识别作为优势源泉的企业特殊能力的范围，解释竞争和资源的结合是怎样被利用、发展和保护的，Teece 提出了"动态能力"理论来强调开发那些企业现有的和外部存在的能够应付不断变化环境的企业特殊能力。Teece 将动态能力定义为企业整合、建立和再配置内外部能力以适应快速变化环境的能力。动态能力是在动态环境下，挖掘竞争优势新来源的一种逐渐显现出来和潜在的综合理论。Teece 认为"动态"指的是与环境变化保持一致而更新企业的能力，"能力"强调的是整合和配置内部和外部资源的能力，以此来使企业适应环境变化的需要。因此，动态能力是企业整合、建立和再配置内外部能力以适应环境快速变化的能力、是更新企业能力的能力。

第二，动态能力是可以确认的明确流程或者常规惯例。Kathleen（1998）认为动态能力是可以确认的明确的常规惯例或者流程。动态能力包括：整合资源的动态能力、[①]重在重新配置资源的动态能力[②]及获取和让渡资源有关的动态能力。[③] Zott（2003）认为在一段时期内每个企业都通过模仿或试验来改变、选择和保持一个独特的资源配置，动态能力是一系列指导企业资源建构发展的常规程序，是融入指导企业资源重构、演进和运营常规中的日常组织程序。

第三，动态能力是一种产生多样化业务的知识特性。Subba 和 Narasimha（2001）借鉴生物学的基本原理，即免疫系统具有一种识别多种抗原多样性并在需要时产生相应抗体的能力，从而使人体有能力应对生物环境，提出动态能力是产生多样化的业务的知识特性。知识的有用性来源于头脑的抽象能力，抽象能力帮助人们融会贯通，也就是知识具有跨越时空转移的特性。这样，产生多样化的能力和知识是一致的，动态能力帮助企业具有先动优势，并及时适应动态环境。动态能力是指企业保持或者改变其作为竞争优势基础的能力。董俊武等（2004）认为，能力可以被作为企业知识的集合，能够改变能力的能力的背后是技术知识。企业改变能力的过程就是企业追寻新知识的过程。改变能力的结果是企业建立了一套新的知识结构。

2. 动态能力的特征

不同的环境下动态能力的特征不同。Kathleen 等（2000）学者认为在一般动态市场中动态能力的特征是复杂的，有效的动态能力依赖于现存的知识，可以促进流程的可预见性；在高速变化的市场中动态能力的特征是简单的，简单的常规惯例使经理们广泛关注重要的问题，而不是将自己锁定在具体行为或过去的经验的运用之中，有利于迅速地做出决策以适应环境。学习机制和获得经验的速度引导动态能力的进化。Kathleen 的这种观点隐含了一个命题，即动态能力在不同的环境特征下其作用特征不同。这一命题到目前为止还没有任何实证研究成果的支持（李兴旺，2004）。企业动态能力作为能力理论的最新发展，是在核心能力理论基础上提出的，因此动态能力在一定程度上具有与核心能力类似的特征。但动态能力作为一种改变企业能力的能力，本身仍具有独特的特性。

首先，动态能力具有顾客价值性。动态能力具有生命力的基本条件就是能够为顾客创造超额价值，这种价值性具体体现在具有动态能力的企业能够持续地根据市场环境的变动推出更多更新的产品来满足顾客需求的变化，甚至通过全新的

---

[①] 如产品开发常规惯例、战略决策形成。
[②] 包括复制、转卖常规惯例，被经理们用来复制、转变和重新组合资源。
[③] 如知识创新常规惯例，从外部获取常规惯例。

产品来引导顾客的需求，最大限度地满足顾客对产品核心利益的追求，以此获得更高的顾客忠诚度和更大的市场份额，确立竞争优势，并使这一优势能够长期保持。比如，索尼公司的彩色显像管一直以色彩艳丽闻名业界，关键在于其独家拥有的单枪三束电子枪技术。但索尼公司并未简单地固守这一优势，而是积极开发新型电视技术，并宣布放弃其全球领先的显像管技术，停止生产显像管电视，全部转产新型平板电视，这一做法使索尼紧跟技术发展的潮流，再一次彰显了索尼技术领先的企业形象。

其次，动态能力具有难以模仿性。动态能力是在企业长期发展战略的指导下的资源和能力的积累形成的，在形成过程中产生了一种"隔离机制"的企业保护机制，保证能力难以被竞争者仿制。这些"隔离机制"包括对某些战略性资源以产权的形式用法律加以保护，能力认知的模糊性使模仿者难以识别，时间以及经济性的劣势使模仿者难以仿制等。此外，动态能力是缄默性的知识，具有分布广泛、系统嵌入性和路径依赖性的特点，与特定的企业环境息息相关，不易被模仿、占有和转移。动态能力与企业经营者的经营理念、企业文化、企业的人力资源密切相关，这些都是竞争者无法模仿的。

最后，动态能力具有开拓创新性。企业动态能力是一种开拓性的能力，强调以开拓性动力克服能力中的惯性，它更加关注企业的动态效率，而将静止效率放在次要的地位。开拓性动力通过促进创新和创造新的规则与能力为企业的竞争优势提供了长期基础（Christensen，1995）。在动态环境中，动态能力崇尚建立开拓性学习能力，目的在于长时间内向企业提供新的战略观念而进行的侧重于变革的学习。从本质上分析，动态能力表现出一种动态的非均衡状态。在一个变化无常的超竞争环境中，能力持续不断地被培养、开发、运用、维护和扬弃，这正是动态能力本质之所在——通过不断的创新而获得一连串短暂的竞争优势，从而从整体上体现出企业的可持续竞争优势。动态能力具有开拓性创新的特征，这是动态能力与核心能力最本质的区别。核心能力强调能力的延展性，有助于企业实现范围经济，更关注再生性的创新，使企业的能力和资源在有限的边界和较短的时间内重新产生或得到增值性开发。再生性创新对企业处在稳定的竞争环境中短时间保持已有的竞争优势，具有重要的指导作用。动态能力关注的是开拓性的创新，强调以开拓性创新克服能力中的刚性。开拓性创新通过促进创新和创造新的规则与能力为企业的竞争优势提供长期基础（Christensen，1995）。建立在开拓性创新基础上的企业动态能力呈现出开放性的特征。开放性的特征使企业积极吸收外部知识，在企业内部与外部的资源与能力之间建立了交流的桥梁（Foss 和 Eriksen，

1995),使企业能力与外部环境实现互动,大大减小了能力的刚性作用。

3. 动态能力形成的影响因素

第一,企业动态能力存在于企业的组织和管理程序中,其形成是由企业的资产地位和发展路径决定的。Teece 等学者认为,企业内外部能力包括组织技能、资源和职能(Functional)能力,动态能力置于其管理和组织流程之中,这种流程的形成是由其(特殊)资产情况和其可利用途径决定的。动态能力框架包括组织的和管理的流程、企业专属资产地位和发展路径。动态能力框架具体包括:①组织的和管理的流程。组织和管理流程有三个角色,即内外部协调或整合、学习、企业资产结构再造。②企业专属资产地位。企业战略情况是由其特定资产决定的。直观的资产种类主要有:技术资产、辅助资产、[①] 财务资产、声誉资产、结构性资产、市场资产等。③发展路径。包括路径依赖[②] 和技术机会。[③] 但是,Teece 等学者对此并没有进一步的论证。中国台湾的张志坚和张旭男、张道钊以及韩国的 Sunkyung Kwon 等一些学者据此进行了实证研究。

第二,动态能力的形成主要是由组织设计和人力资源管理决定的。Subba (2001) 认为动态能力的形成主要由两个因素决定的:一个因素是组织设计,建立有中层经理领导的自组织,可以促进企业业务多样化的动态能力;另一个因素是人力资源管理。Subba(2001)从人员挑选重视知识的宽度和深度、职位描述概念的丰富化、以培训来扩充员工现有知识的宽度和深度、奖励成功惩罚失败会不利于探索性学习四个方面论述了对动态能力形成产生作用。

第三,企业动态能力主要体现在企业的技术活动和管理活动中。企业的 R&D 活动被认为具有先决意义上的开拓性,甚至被认为是企业中唯一承担着开拓性职能的活动。然而在实践中,R&D 活动由于受生产性因素的影响而呈现出再生性特征。动态能力要求 R&D 活动避免承担更多的再生性职能,而表现出更多的开拓性。对于究竟是集权式 R&D 活动或者是分权式 R&D 活动,谁最能体现出企业的开拓性这个问题,并没有一个固定的答案。集权式 R&D 活动由于其对长期战略目标的侧重,而被一些学者(如 Christensen)认为在开拓性努力方面发挥了更大的作用。分权式 R&D 活动由于其关注特定过程或产品的创新活动而被认为其在再生性和增值性上发挥了更大的作用。但集权式 R&D 活动,则可能由

---

[①] 技术创新所需的生产和分销新产品和服务的特定资产的使用。
[②] 企业的出路是其目前位置和将来路径的函数,它目前的位置一般是由其经历的路径形成的。
[③] 企业行为特定领域的执行部分是由其技术机会决定的,这是人们广泛认同的。

于其太强调战略目标的一致性、忽略一些意料之外的创新，而使企业落后于竞争对手。与此相反，分权式 R&D 活动则可能由于其多样性的特点而获得出人意料的竞争优势。

第四，组织与管理者的因素也决定着企业的动态能力。一个开放的、灵活的双向学习型组织，比一个传统的层级式组织更能够适应多变的环境。为了摆脱标准能力的禁锢，动态能力论对"借用"企业外部能力进行了研究。企业将自身的能力与外部可利用的能力结合在一起的能力，是动态能力的重要组成部分，于是能力的范围便扩展到企业与企业之间的关系上来了。企业可以运用虚拟组织、战略联盟等组织形式构建企业外部网络，从而利用外部资源与能力超越自身能力的路径依赖性，使企业在发展中摆脱过去的阴影。隐藏在动态能力理论后面的战略态势，使企业在不确定的环境中扮演了领先者的角色。在这"冒险"的过程中，积极的一线人员、中间管理层和高层管理者，对企业动态能力的形成起着积极的推动作用。其中，具有开拓性才能的企业家是最重要的因素。

第五，知识形成的动态过程也是企业动态能力的演变过程。知识形成包括五个阶段（知识获得、传递、共享、发挥和更新阶段），企业动态能力在知识形成的前三个阶段中将已经积累的知识储存在组织惯例中，形成企业现有的能力。与此同时，企业在知识发挥中也在进行不断更新，并将新的知识逐渐转化成新的组织惯例，发展成新的组织能力。企业改变能力的过程就是企业追寻新知识的过程。并且结合组织知识的演变过程，提出了动态能力的产生、演变过程，包括：变异（环境刺激）→内部选择（改进现有惯例，或者建立新惯例）→传播（在企业内部推广新的或改进后的惯例）→保持环境刺激（重复运用，转化为缄默知识）。

4. 动态能力与敏捷性之间的关系

前文已经指出：敏捷性本身是一种能力，一种在变化频繁且难以预测的外部环境中，组织能够进行自我调整、快速有效地响应外部变动，以求得持续生存和发展的能力。高阳、王铁骊（2008）曾指出敏捷能力是动态能力在复杂环境下的具体形态。这是因为：首先，市场变动是动态能力与敏捷能力存在的共同前提。Teece 等（1997）将动态能力喻为"能力发展的弹道"，是过程（企业组织和管理过程）、定位（企业现有的资源）和路径（能够制约企业行为的信念和惯例）共同作用的结果。关注环境变化，及时进行自我调整亦是一个企业必然的生存原则。然而市场处于不断的演进中，变革的程度和模式亦如此。动态能力的内涵将随着市场发展而发展。这意味着市场变动趋势推动着动态能力的发展，决定了其组织过程、组织定位以及其运行路径的变革方向。同样作为一种企业能力，敏捷性则被认为是在变革难以预测的环境中，能够及时提供满足消费者需求的产品的能力。因此，变化是决定敏捷性突现和内涵的关键因素。当商业环境处于相对稳定状态，变动趋势易于预测和掌握时，敏捷性则未能进入企业管理者所关注的视野中。然而，当外部环境变化呈现多样性且难以预测时，将提升敏捷性的重要性和必要性，从而使敏捷性成为企业获取竞争优势的保证。关注环境变化并及时进行自我调整成为企业的生存原则。作为企业用以获得和保持竞争优势的能力，动态能力的内涵将随着所处商业环境的变化而发展，市场变动趋势推动着动态能力的发展。在敏捷能力研究文献中，敏捷能力被认为是在变革难以预测的环境中，能够及时提供满足消费者需求产品的能力，具体体现在感觉变化、理解变化、响应变化、利用变化和创造变化的过程中。因此，市场变动是决定敏捷能力存在的关键因素。当商业环境处于相对稳定状态、变动趋势易于预测和掌握时，敏捷能力的需要难以存在；而当外部环境变化呈现多样性且难以预测时，敏捷能力成为企业组织在高度动态的市场环境中求得生存与发展的新要求，其存在和发展成为必然。所以，市场变动是动态能力和敏捷能力存在的共同前提，其变动程度直接决定了动态能力的表现形态与敏捷能力的存在意义。

其次，获取竞争优势是动态能力和敏捷能力的共同目标。动态能力是管理者依据市场变动，改变资源需要，配置和整合已有资源以产生新价值的组织能力和战略规范模式，目的在于提高企业获取竞争优势的有效性。敏捷能力作为在变革不断且不可预测的环境中保障企业持续发展的能力，目的在于通过比竞争者更有效的途径来提高产品生产的速度性、柔性、创新性，以减少变革对产品生产成本、质量、有效性及其组织模式、创新领导能力的影响，从而获取相对竞争优势。所以，获得竞争优势是动态能力和敏捷能力的共同目标。

最后，资源整合与持续学习是动态能力和敏捷能力实现的共同保障。在相关的研究文献中，提出了实现动态能力的四个主要途径：①感知环境，能够帮助企业了解变化，识别市场需要和洞察市场机会；②组织学习，有利于形成新思维模式，产生新知识和提高创新能力；③融合资源，有利于通过发展资源之间协作而实施新组织结构；④联盟运行，有助于分配资源，协调任务和协同活动。对敏捷能力的实现强调了四个关键环节：①敏捷战略的构建，有利于企业提高新产品研究、生产与营销速度，及时满足市场变动需要；②组织内部过程的调整，能够帮助企业整合现有资源；③加强与外部企业的合作，有助于企业通过与合作者共享资源来保证敏捷能力的实现；④重视人力资源，有助于保证组织内部个体学习与组织整体学习的协同。可见，这两种能力的实现均依赖于组织内外资源的整合和持续学习，这是两种能力得以实现的共同保障。

由此，高阳、王铁骊（2008）的研究结论指出：敏捷能力是动态能力在高度变化环境中的具体形态，是其内涵演进的必然。一方面，敏捷能力研究应该归属于动态能力研究的一个具体分支，能够适用于动态能力的理论和方法同样适应于敏捷能力的研究；另一方面，敏捷能力作为动态能力在高度动态市场环境中的具体形态，从一定程度上能够增强动态能力的可操作性和可测量性。因为，尽管面对当前复杂的市场环境，动态能力具有重要性，但对于动态能力的实证研究和经验数据支持都还十分有限，动态能力理论的可操作性和可量度性都存在一定的不足之处，也有很多学者指出了动态能力理论中所存在的"套套逻辑"（Total Logic）。而敏捷能力作为一种特定时期的动态能力，其研究的经验数据可以用来支撑动态能力的测量性和可运行性分析，从而实现动态能力在复杂环境中的透明化和具体化。

王铁骊（2007）的研究指出，动态能力是一种综合能力，是企业组织自其存在之日起就具备的能力，其内涵随着企业面临的市场环境变化而演化。而敏捷性则是企业能力在高度动态的市场环境中获取生存与持续发展的具体体现。所以，动态能力具有抽象性和普遍性的特点，而敏捷性则是具体明确的运行能力。即动态能力属于企业能力的宏观概念层，是企业能力的综合体。而敏捷性则属于企业能力的微观概念层，是企业能力的具体表现形式。总之，敏捷性是动态能力在高度变化的环境中的核心内容，是其内涵演进的必然趋势。因此，敏捷性的研究应该归属于企业动态能力研究的一个具体分支，能够适用于动态能力的理论和方法同样适应于敏捷性。

焦豪（2011）认为动态能力包括机会识别能力、整合重构能力、技术柔性能力和组织柔性能力四个维度。其中，机会识别能力又称为环境洞察能力，是指企业感知和把握外界环境动态变化，以市场需求为导向，敏锐地识别外部机会的能力。整合重构能力可进一步细分为整合能力和重构能力。整合能力是指企业对内外部资源的整理、协调和聚合以及相关活动协调配置的能力；重构能力是一种创新能力，是企业基于适应动态复杂环境需要而对企业资源及能力进行重新构造，甚至对企业原有运营惯例进行变革，实现企业运营方式、制造模式或商业模式等变革创新的能力。技术柔性能力是指企业现有技术是否具备提升产品或服务的增加值，提高顾客对企业产品及服务的满意度的能力。组织柔性能力是指企业面对动态、复杂的外部环境时，保持自身灵活性以快速应对环境变化的能力。然而，组织敏捷性与组织柔性能力意义相近，界限并不明显，因此，我们认为组织敏捷性和组织柔性在本书中是同一个意思，即为动态能力的维度之一。综上所述，组织敏捷性即为动态能力的一种表现形式。

## 二、流程基础观

### （一）业务流程的内涵

企业或组织中的流程，常常划分为以下三种基本类型：

管理流程——对系统运作进行管制、协调的流程。典型的管理过程例如公司治理、战略管理。

运作流程——构成核心业务和创造基本价值的流程。典型的运作过程例如采购、制造、市场营销、销售。

支持流程——支撑管理流程和运作流程的流程。例如：会计、招募、技术支持。

在企业或组织运营、管理的领域，上述流程也经常被笼统地称为业务流程，但20世纪90年代初期以来，"业务流程"（Business Process）被赋予了更为明确并得到广泛采纳的含义，典型的解释是：业务流程开始于客户需求，终止于客户需求的满足，为客户创造价值。设计良好的业务流程，具有更高的效力（增加客户价值）和效益（降低企业成本）。这种新业务流程理念的形成，伴随着对传统企业组织理念与模式的一次彻底反思。在新的业务流程理念基础上，进一步形成了"以流程为中心"的理念，以此打破传统组织常见的部门隔阂、"职能筒仓"（Functional Silo）、僵化迟钝等弊端。

在现代管理学或组织经营管理领域，业务流程是指为特定的对象（客户）创造价值的过程；更具体地说，就是达成这一目标的一系列相互关联、有组织的活动或任务。这一特定含义的确立，源自20世纪90年代从美国兴起的业务流程再造（BPR）。BPR理论于1990年首先由美国著名企业管理大师——原麻省理工学院教授迈克尔·哈默提出，20世纪90年代早期，美国企业为寻回它们在上一个10年间丢掉的竞争力，广泛开展了称为"再造工程"（Reengineering）的企业改造活动，这一趋势后来蔓延到了全世界。美国的一些大公司，如IBM、柯达、通用汽车、福特、XEROX和AT&T等纷纷推行BPR，试图利用它发展壮大自己。实践证明，这些大企业实施BPR以后，取得了巨大成功，企业界把它视为获得竞争优势的重要战略，看成一场新的管理革命。与一般意义上的企业重组、改造相比，"再造工程"有一系列特定的内涵，它围绕着一个基本的焦点，即业务流程。因此，"业务流程再造"自然成为这场影响广泛而深远的运动的标志性概念。在这个背景下，"业务流程"这一概念被明确地界定和广泛地接受，以业务流程为中心已经取代了"职能分工",成为管理的首要原则。而围绕着流程所建立的组织,具有更高的敏捷性、效率和效益,同时也自然地呈现出扁平化、网络化的特征。业务流程这个概念成为 20 世纪 90 年代以后管理理论与实践中最重要的核心概念。人们对"业务流程"这个一般性的词组赋予了更明确的含义,使它演变成为一个特定的概念。在可见的资料中,也使用"业务过程"一词表达上述概念,但从趋势上看,使用"业务流程"已成主流。虽然二者都可能被用来对应于英语文献中的"Business Process"(es),但在中文中,它们的含义仍是有区别的。"业务过程"的意义更一般化,学术讨论中使用较多,"业务流程"的意义更具体,更倾向于指称具体的活动与任务的流程,使用上更大众化。作为规范和独立的管理理论科学体系的一部分,业务流程的概念是以 EPSRC 革新制造活动的重要组成部分的姿态出现的。同时,它在技术前沿透视组织的年终报告中以主题词的形式出现(OST,1995)。国内外学者或组织从不同的角度对业务流程的概念进行了探讨,对业务流程的概念有不同的看法,表 5-1 列出了文献中出现的对企业流程的定义。

表 5-1 企业流程的定义

| 作者或者机构 | 定义 |
| --- | --- |
| Hammer(1990) | 企业流程是把一个或多个输入转化为对顾客有价值的输出活动 |
| Davenport 和 Short(1990) | 企业流程是一系列逻辑相关的、产生特定企业输出的活动 |
| Kaplan 和 Murdock(1991) | 企业流程是一系列相互关联的活动、决策、信息流和物流的集合 |
| Daveport(1993) | 业务流程是一系列结构化的、可度量的活动,设计它的目标是为特定客户或市场产生规定的输出 |
| Hammer 和 Champy(1993) | 一种活动的集合,具有一种或多种输入和确定的输出,这些输出对客户产生价值 |
| Johansson 等(1993) | 企业流程是一系列把输入转化为输出的相关联的活动的集合,它增加输入的价值,并创造出对接受者更为有效的输出 |
| Barrett(1994) | 企业流程是一些运营步骤和管理控制系统的结合,这两方面联合起来产出产品或服务 |
| Miller(1994) | 理解组织业务如何开展的一种方式 |
| Rummler 和 Brache(1995) | 业务流程是为产生产品或服务而设计的一系列步骤。多数的流程……跨越职能,贯穿组织机构图上矩形之间的空白。一些流程的结果是由组织外的客户所接受的产品或服务,称为主要流程;另一些流程的产出不为外部客户所见,但是有效管理所必需的,称为支持流程 |
| Hammer(1996) | 企业流程是一系列完整的端对端的活动,联合起来为顾客创造价值 |
| Johansson 等(1999) | 互相连接的活动集合,它们将输入转换为输出。理想情况下,在流程中发生的转换将为输入增加价值,并形成对接受者更有效用的输出,无论接受者处于上游还是下游 |
| ISO9000 | 业务流程是一组将输入转化为输出的相互关联或相互作用的活动 |

续表

| 作者或者机构 | 定义 |
|---|---|
| Butler Group | 业务流程是为了实现一个既定的目标的一系列任务或者活动，他们可以由其内部或者外部的人，或者系统顺序地或者并行地加以完成 |
| 在 IMI 研究报告 | 一系列将组织运作和顾客需求连接起来的活动 |

对于企业业务流程的定义，至今尚未形成统一的认识。Davenport 和 Short 将流程定义为"为特定顾客或市场提供特定产品或服务而实施的一系列精心设计的活动"。他们认为，流程强调的是工作任务如何在组织中得以完成。相应地，流程有两个重要特征：一是面向顾客，包括组织外部的和组织内部的顾客；二是跨越职能部门、分支机构或子单位的既有边界。根据上述思想，他们把业务流程定义为"以达成特殊业务成果目标的一系列有逻辑相关性的任务"。Daveport 的定义强烈地暗示一个组织中应如何运作，与聚焦于产品形成鲜明对比。这样的流程是跨越时空的、规定的作业活动序列，具有起点和终点，并清楚地定义了输入和输出：行动的结构。采用这种流程途径意味着采纳客户的观点。流程就是组织内为其客户产生价值所必需的活动构成。它的定义包含了流程之所以为流程的基本特征。这些特征取决于对流程的业务逻辑（工作如何做），而非采用产品的视角（做什么）。按照 Davenport 的流程定义，我们可以得出，一个流程必须具有界定清晰的边界、输入和输出，由小的部分——活动组成，它们在时空中是有序的，还必须有一个流程结果的接收者——客户，同时在流程中发生的转换必须为客户增加价值。Hammer 与 Champy（1993）的定义可以看作 Davenport 定义的子集，Hammer 与 Champy 有更强的面向转换的观点，对结构化部分——流程边界和时空上的活动顺序强调较少。Rummler 与 Brache（1995）使用的定义清晰地围绕着组织的外部客户这个焦点。以上定义区分了两种类型的流程：主要的和支持的流程，区分的依据是流程有直接参与客户价值的创造还是仅与组织内部活动有关。由此可见，Rummler 与 Brache 的定义承接了 Porter 的价值链（Value Chain）模型，这个模型同样建立在主要和次要活动的区分之上。按照 Rummler 与 Brache 的意见，成功的基于流程的组织有一项典型特征，即在面向客户的主要流程上的主要价值流中，次要活动的分离。穿越组织机构图上的空白这一特征，意味着这些流程牢牢地嵌入在某些组织结构形式中，流程可以跨越职能，其范围可以覆盖多个业务单位。Johansson 等（1999）的定义同样强调了活动之间的连接性，以及在流程中所发生的转换。但是，它们的定义还将价值链的上游部分也包括在可能的流程输出接收者内。

不同的定义强调了不同的要点，但周敏（2008）认为，学者们对业务流程的定义基本上包括了六个要素：输入资源、活动、活动的相互作用（即结构）、输出结果、顾客、价值。

1993年，迈克尔·哈默与咨询专家詹姆斯·钱皮合著并出版了《企业重构——经营管理革命的宣言书》。此书一问世，连续8周被美国《时代》杂志评为全美最畅销书，几十万册很快就告罄，位列美国当年商业类畅销书榜首。在该书中，作者阐述了BPR的基本概念：对企业的业务流程作根本性的重新思考和彻底翻新，以便使企业在成本、质量、服务、速度等表征企业业绩的重大特征上获得根本性的改善，并强调通过充分利用信息技术使企业业绩取得巨大提高。根据这项研究，我们可以看出：成本质量、服务和速度是业务流程绩效的重要体现，企业成本和服务可以视为是企业生产效率。由此我们得出结论，市场响应速度和生产效率代表着业务流程的有效性。

**（二）业务流程与组织敏捷性**

1. 业务流程再造与组织敏捷性的关系

据有关资料统计，目前在很多家欧美大型企业中，有很多正在推行业务流程再造计划，有的企业表示正在积极考虑。常盛（2001）认为，业务流程再造从产生之初就与应变柔性有着必然的联系，应变柔性不可能建立在传统的职能式企业的基础上，获得应变柔性的前提就是摒弃原有经营规则，对业务流程进行彻底的、显著的再造。同时，再造的目的是获取持续的竞争优势，如何保持再造所创造的优势则必须依靠企业柔性应变能力的作用。因此，组织应变模式从传统模式转化为柔性模式正是这个物竞天择、适者生存的达尔文式社会的产物，而要使企业经营模式从传统转变为柔性，彻底的、激烈的再造是不可避免的，业务流程再造成为构建柔性应变模式以及柔性应变模式确立以后运作支持的必需。本书在相关概念辨析部分中已经分析了柔性与敏捷性之间的关联性。所以，组织敏捷性与业务流程之间存在着紧密的联系。

刘飚（2003）对业务流程再造与敏捷制造进行了比较。他认为顾客需求的个性化和多样化以及厂商竞争的日趋激烈，使得基于低成本和高质量的竞争战略并不一定就能获得竞争优势，而敏捷制造将成为制造企业取得竞争优势的基石。敏捷的含义是有活力的、对多变的市场需求响应灵敏度高、实现顾客需求的反应时间短、有效地满足顾客需求。敏捷制造是组织获得敏捷性的一种制造方式，敏捷制造的目标是建立一种对顾客需求做出敏捷反应、市场竞争力强的制造组织和活动。敏捷制造是一种每一个公司都能开发自己的产品和实施自己的经营战略的组织结构，包括有创新精神的管理组织、有知识且被适当授权的员工、采用柔性技术和网络技术等先进的制造技术。业务流程再造能够改进敏捷制造模式的生产流程和业务流程等，进而提升组织敏捷性。

2. 业务流程管理与敏捷性 RRS 特征的联系

敏捷性的三个特征就是可重用性、可重构性和可扩展性（RRS），任宏波（2009）认为业务流程管理与敏捷性的 RRS 特征之间联系紧密。

第一，在可重用性方面，业务流程管理平台的可重用性体现在业务功能和流程两个层面。首先，业务流程的实质是各种业务功能按照不同的业务逻辑串行或并行执行的序列，同样的业务功能由于执行顺序的差别会形成不同的流程。在业务流程管理平台下，业务流程被细化分解到各种业务功能。根据业务功能的相似性，完成同样工作的业务功能被合并为服务。对于不同业务逻辑，流程可以实现业务功能级别的重用。其次，重用性也体现在流程层面，由于业务流程的复杂性，流程内部具有一定层次结构，流程可以包含子流程。对服务的重用为流程内部对各层次的子流程的重用提供了良好的基石。

第二，在可重构性方面，业务流程管理的循环中的流程是不断优化的，这就涉及流程内部结构的调整，但是这种调整必须是在流程内部的松散耦合的前提下进行的，即某一元素的改动不会影响到流程的其他元素。业务流程管理平台对流程可重构性的支持表现在两个方面。在业务模块层面，由于服务接口的标准化，模块和外界的交互通过暴露的接口来完成。服务间可以根据流程的功能目标进行组合。在流程层面，在业务模块的接口标准化的基础上，流程同样具有定义标准的接口，实现了流程间的松散耦合。有了这两个层面的保障，流程的局部变化就不会影响到流程结构。

第三，在可扩展性方面，业务流程管理平台下的可扩展性体现在两个方面。首先，体现在流程库和规则库的内容的扩展，通过业务流程管理的生命周期循环，针对新的需求，可以进行描述并建模，并在流程库和规则库中针对相应的知识进行更新，然后再反映到流程的执行上。其次，在业务模块层，作为 SOA 的优势，服务具有松散耦合性和互操作性，所以可以根据需要来添加新的业务模块，以扩展企业的业务功能。而且这种模块的增加不仅体现在企业内部，在跨企业边界的敏捷供需链中，企业既可以暴露自己的服务供其他企业使用，也可以调用其他企业提供的标准服务，从而使企业可以参与到敏捷虚拟企业的动态联盟之中。

3. 业务流程与企业绩效之间的关系

Gautam Ray 等（2004）曾指出，越来越多的实证研究文献支撑了资源基础观的主要观点。然而，这些文献大多都是检验了公司特定的资源对企业整体绩效的影响。而在一些情况下，将业务流程的有效性（Effectiveness of Business Processes）作为一个因变量（Dependent Variable）可能会好于将企业整体绩效作为因变量。

许多学者都承认资源本身并不能成为竞争优势的来源，即资源只有在被用于"做事"（例如，如果资源通过业务流程而被开发）时才能够成为竞争优势的来源。Stalk、Evans和Shulman（1992）指出"公司战略的基石不是产品和市场而是业务流程"。波特（1991）认为"资源本身并不具有价值，但是它们是有价值的，因为他们使企业可以从事一些活动，业务流程是竞争优势的来源"。Gautam Ray等（2004）认为，尽管资源可以保持企业在一段时间内创造竞争优势的潜力，这种潜力只在业务流程中使用时才能够实现。因为只有通过业务流程，企业的资源和能力才会体现在市场中，从而使其价值得以认可。

企业的流程基础观重视IT的价值，关注于使能者（如IT）和业务流程之间的互动，试图解释IT流程在企业内部如何产生以及在何处产生（Markus和Soh，1993；Soh和Markus，1995；Barua等，1995；Mooney，1996）。这种观点将使能者视为企业卓越表现的必要而非充分条件。Soh和Markus（1995）认为，为了让IT使能者对企业绩效产生影响，企业必须实现三个活动的互动：①IT转换过程使IT投入变成IT资产。②IT应用过程使IT资产能够产生影响。③竞争过程使IT影响转换成组织绩效。这些过程都受到诸多技术、组织和环境因素的调节。Barua等（1995）提出，如果IT首先影响经营层面的变量（如制造企业的能量利用和存货周转），那么这些中介变量将会影响更高层面的变量（如企业生产率和利润率）。从本质上分析，流程基础观将业务流程视为IT投入与企业绩效之间的中介变量。

通过在我们的研究设计中整合动态能力观和流程基础观这两种理论视角，我们认为如果企业想要在市场中获胜，他们就必须同时做到及时地对今天快速变化的环境做出回应并且拥有弹性的业务流程。此外，他们还必须具备有效的协调和配置企业内外部竞争力（Competence）的管理能力（Capability）以实现这些目标（Teece等，1997）。

## 第二节 理论框架与模型

Eisenhardt 和 Martin（2000）以及 Teece 等（1997）提出的动态能力观可以帮助企业在动态的环境下通过将资源转换成价值创造能力来制定竞争战略。根据动态能力观，学者们（Amit 和 Zott，2001；Choudhury 和 Xia，1999；Holström，2001；Kambil 等，1999；Nambisan，2002；Venkatraman 和 Henderson，1998）认为组织敏捷性就是一种最重要的动态能力，这种能力使企业可以适应快速变化的经营环境。例如，Ferrier 等（1999）提出企业可以通过有效整合和发展其内外部的复杂资源和能力来提高自身的竞争力。Sambamurthy 等（2003）进一步提出通过发展组织敏捷性资源，企业可以更好地表现其更为复杂的技能（more complex repertoires），进而提高其竞争优势。

尽管最近在动态能力和组织敏捷性领域有了新的研究，但是有两个重要的问题仍然有待解决。第一，帮助企业重塑和重构组织敏捷性的关键因素尚未发现；第二，研究认为，组织敏捷性（作为一种动态能力）可以影响企业绩效，但是这种影响的要素及其形成机理在理论界尚未给出系统解释，仍旧存在着"黑箱效应"。

在信息系统管理领域，学者们一致认为在当前快速变化的技术环境中，企业如果想保持敏捷性就必须利用好 IT 的变革，这种持续性的业务流程再造需要柔性技术的支持（Magretta，1998）。流程基础观（Markus 和 Soh，1993；Soh 和 Markus，1995；Barua 等，1995；Mooney 等，1996）将业务流程视为 IT 使能者（IT Enablers）和企业绩效之间的中间变量。那么，敏捷性与企业绩效之间的联系是直接的还是间接的？业务流程是否可以成为组织敏捷性与绩效之间的中介变量？这些问题也有待于理论的解释与验证。

可见，现有关于敏捷性理论研究的局限性在于没有系统的研究组织敏捷性的形成与作用机理。为了研究组织敏捷性对企业绩效的影响，我们有必要整合战略管理和信息系统领域的理论，将 IT 敏捷性、组织敏捷性、业务流程与企业绩效纳入统一的理论框架之中，实证分析四者之间的作用机理、影响路径和关系模式等理论问题。为此，我们在研究中引入了 IT 敏捷性这个构念，并且检验它如何成为组织敏捷性的重要前因变量。同时，研究验证了组织敏捷性与企业绩效关系之间的中介变量，从而进一步打开这个过程"黑箱"。为了调查组织敏捷性如何影响企业绩效，研究框架中整合了流程基础观的理论思想并假设组织敏捷性与企业绩效之间的联系是以业务流程为中介的。

## 一、技术敏捷性的前因作用：技术敏捷性和组织敏捷性

### （一）IT 与组织敏捷性之间的联系

常盛（2001）提出，在流程型企业中，信息技术已成为不可缺少的组成部分，信息技术成为决定企业是否拥有柔性应变能力的关键。

（1）信息技术推动流程操作的发展，使新的流程思维成为现实。信息技术可以帮助人们设计创新型的业务流程，如果没有 IT 的帮助，这些流程是不可能实现的。

（2）信息技术工具使得 BPR 项目管理更为便捷。在 BPR 项目中应用信息技术有助于分析旧流程、定义新流程，它一般通过流程导向型的应用软件包来实现。根据 Gartner Group 在 1995 年的调查，这类工具软件市场正以每年 40% 的速度急剧发展着。

张鹤达（2008）认为，IT 能力具有动态性的特征，它是在企业信息化建设过程中对 IT 资源和互补性资源的有效结合以确保企业内部运营协调性以及适应外部环境变化的综合素质。IT 能力的动态性体现为两个方面，一是支持企业基本职能活动的"动态性"；二是应对环境变化的"动态性"。业务流程贯穿于企业基本职能的活动，业务流程的顺畅是企业内部活动协调性的表现，表现为 IT 资源与互补性资源的协同。IT 对业务流程的支持是一个动态的过程，信息化建设的过程中二者相辅相成，IT 可能随着业务流程的需要相应地进行灵活调整或者业务流程随着 IT 应用而相应地合理变化，以满足对企业职能活动的支持，因此它表现出一种动态性。很多研究只是从支持企业基本职能活动的角度来考察 IT 能力，这种研究方式具有一定的局限性。因为企业是处在不断的发展变化之中的，它与其所处的环境关系紧密，企业与环境之间不断进行信息和能量的交换，环境的变化导致企业组织系统对环境做出反应，形成一个开放性、自组织的复杂性系统。单纯从"支持企业基本运营"视角来研究，IT 能力可能只在某一时间段给企业带来绩效，当企业进一步发展时就显得无能为力了，而且如果不重视应对环境变化的"动态性"IT 能力，已经形成的能力也可能逐渐丧失。从企业适应外部环境变化的角度来说，一个企业不同阶段采取不同的竞争战略是必然的，有时甚至是几种竞争战略的混合使用，导致企业的信息系统在企业竞争和经营管理中发挥的作用可能发生变化，企业能够根据自身特点和需要，灵活地构想和辨识适于企业未来

发展的 IT，迅速学习并应用以适应企业发展变化的需要，这体现为 IT 能力应对环境变化的"动态性"能力。在此基础上企业可以根据不断变化的环境，在战略决策的过程中充分考虑到 IT 对目前和未来业务的支持和影响作用，具有企业战略和 IT 应用二者目标的一致性的循环反复的动态能力，在提高企业绩效的基础上深化 IT 能力的培育，进而推动下一个良性发展的循环，这样企业在如此往复循环的过程中获得持续的发展。

信息技术的发展和广泛应用使企业的经营模式和环境发生了巨大的变革。这种变革的一种趋势是市场的变动加快，以至于"企业无法以相应的速度调整自己、无法以相应的速度适应商务环境的变化"（Rick Dove，1993）。企业要想适应这种变化，就必须深入了解并充分运用信息技术，对企业流程实施再造，改变传统的经营理念和经营模式，以提高企业适应快速变化市场能力，在激烈的竞争中立于不败之地。因此，可以毫不夸张地说，在如今快速变化的市场环境中，一个企业的敏捷化程度直接决定着这个企业的存亡。

**（二）IT 对组织敏捷性的影响**

麻省理工斯隆管理学院通过对 1000 多家企业的调查研究，总结出了敏捷企业的九项特征：①清晰的业务模型；②业务执行的数字化基础；③企业远景规划和建设相应能力的领导力；④精细运作的 IT 监管；⑤IT 项目组合管理；⑥成熟和模块化的企业架构；⑦更多地利用 IT 智慧增强企业运营和业务创新；⑧为企业敏捷性需要而裁减 IT 基础设施的服务能力；⑨良好的 IT 风险管理。通过这项研究我们发现，其中有六项特征均与 IT 有关。由此可见，IT 与组织敏捷性之间的关系是非常紧密的。

周和荣和李海婴（2004）的研究也分析了 IT 对组织敏捷性的影响。他们认为企业组织的敏捷性是指企业的整个组织能够迅速地调整自己的战略、结构、功能、运作方式等，主动地适应快速变化市场的能力，包括企业驾驭市场变化的能力，高的开拓、创新能力，从而使企业在快速变化的商务环境中能赢得战略优势。影响企业组织敏捷性的因素包括诸多方面，如企业的组织制度、结构、决策和运行方式、创新能力等。显然，健全的组织制度、扁平的组织结构、迅捷的决策和运行方式、强的创新能力等是一个企业具有和保持敏捷性的关键要素。但是要具有和保持这些关键要素，不仅必须以现代化信息技术为基础，而且它们自身的结构、功能也受到信息技术发展水平的制约。因此，信息技术成为影响企业组织敏捷性的基础性、关键性要素。

提高企业组织敏捷性是企业应对市场快速变化的必然要求，其实现路径是多方面的，如通过外包、虚拟企业、动态联盟等方式都可以实现，不同路径的作用机理也有所差异。周和荣和李海婴（2004）揭示了信息技术通过降低企业内、外部的交易成本，缩短运作时间；提高人的认识理性，抑制机会主义，降低交易成本和时间；促进企业组织结构、决策方式的变革，学习方式的变革，从而提高企业组织的敏捷性的作用机理。

组织敏捷性是指企业探测市场中创新的机遇并快速地通过获得（Acquiring）、聚集（Assembling）和重构（Reassembling）必要的资源（如资产、知识和关系）来抓住这些机遇。Sambamurthy等（2003）进一步将组织敏捷性细化为三个内部相互关联的组织能力：客户敏捷性、合作伙伴敏捷性和运营敏捷性。Overby等（2006）将组织敏捷性定义为企业感受环境变化并对其做出恰当反应的能力。根据这个定义，组织敏捷性从本质上说是动态的，与动态能力这个概念有许多共通之处。其结果是，组织敏捷性可以基本被视为是动态能力的一个特定子集，它主要侧重于业务流程相关的因素，感知环境变化并对之做出恰当的反应。根据动态能力理论的观点，我们认为组织敏捷性是企业可以利用和创造可持续竞争优势的一种动态能力。Sambamurthy等（2003）认为，形成全部三个维度敏捷性的企业在更多的竞争性活动中处于有利地位，最终形成企业的竞争优势。已经有研究表明（Eisenhardt和Sull，2001），在动荡的产业和市场中，组织敏捷性可以帮助企业寻求竞争优势。

本书所检验的一个重要关系就是技术敏捷性如何影响组织敏捷性。在动态环境中，技术创新不断涌现，企业有压力保持足够的敏捷性以适应环境变化并重组必要的资源以响应和利用这些变化。我们认为，组织敏捷性也取决于企业如何对技术变化做出反应。例如，当一种新版本的客户关系管理软件（CRM）上市时，用户企业必须能够快速地重新组建IT专家小组，更新整个企业的软件。如果不能及时跟进软件的形势，企业响应客户的能力将缺乏竞争力。同时，在供应链管理（SCM）和企业资源计划（ERP）软件方面的快速响应也会明显地影响组织的合作伙伴敏捷性和运营敏捷性。因此，我们将技术敏捷性作为其他三种组织敏捷性的前因变量。

### （三）IT对组织敏捷性的作用机理

周和荣和李海樱（2004）对信息技术提高企业组织敏捷性的作用机理进行了理论性的分析。他们认为信息技术通过五个方面提高企业组织敏捷性：①信息技术通过降低企业内部组织成本，缩短内部流程时间，从而提高企业组织的敏捷性。②信息技术通过降低企业外部的交易成本，缩短对环境的反映时间，从而提高企业组织的敏捷性。③信息技术通过抑制机会主义的作用，促使伙伴企业间共享资产专用性高的资产，从而降低交易成本，提高企业组织的敏捷性。④信息技术通过促进企业组织结构、决策方式的变革，从而提高企业组织的敏捷性。⑤信息技术通过改进组织、个人的学习方式，提高学习效率，从而提高企业组织的敏捷性。

吴红玲（2007）的研究则分析了制造企业的 IT 接受和组织敏捷性之间的关系。结果显示 IT 接受与企业成为敏捷竞争者的能力之间存在正相关关系。研究中发现很多制造企业已经开始投资 IT，并且增加计算机应用不同方面的投资。

**（四）IT 敏捷性对组织敏捷性的作用方式**

任宏波（2009）认为，从企业的战略层面上来讲，企业敏捷性的提升必须实现 IT 与企业战略的对齐（Aligment）。IT 是为企业运营服务的，业务流程作为企业经验的总结和提升，是业务运营的核心，将信息技术的使用和业务流程进行整合，使其促进流程的进行，提高业务流程链条上的各环节的效率。一个规范的流程标准可以供整个企业进行参照，从而协调各部门的目标，使各个部门的目标均满足企业的整体目标，从而保证企业战略的成功实施。

尽管关于组织敏捷性在提高绩效方面发挥着重要作用的研究很多，但是对于信息技术（IT）在塑造敏捷性方面被研究得还很不充分（Mathiassen 和 Pries-Heje，2006）。关于 IT 在形成业务敏捷性方面的使能作用的研究文献还十分有限。Overby 等（2006）提出 IT 对企业敏捷性既有直接影响又有间接影响。直接影响是一个企业的 IT 能力有助于企业敏捷性的感知和反应方面。间接影响是指 IT 通过为企业提供数字期权（Digital Options）而对敏捷性产生的支撑作用，这种数字期权的形式是数字化流程和知识系统。Overby 等认为非直接影响可能更加明显，因为流程基础观认为 IT 有助于业务流程的效率，进而导致了企业绩效的提高（Baura 等，1995）。利用对 1600 家企业的 IT 主管和业务主管的调查数据，Tallon（2008）发现管理性 IT 能力和技术性 IT 能力都对业务流程敏捷性具有正面的影响，而且这种影响是受到环境的动态性的调节的。Oosterhout 等（2005）认为 IT 同时可以成为企业敏捷性的使能者和抑制者。他们对荷兰四个行业的调研表明 IT 系统的刚性是敏捷性的主要障碍，而一个具有敏捷性和适应性的 IT 结构则是一个使能者。

一个具有敏捷性和适应性的 IT 系统意味着它可以感知技术变化并及时地做出反应。总体而言，这种变化来自于环境，因为大多数企业都是 IT 的使用者。例如，当一个企业提供了一个新的安全补丁时，企业必须认识到其紧迫性并尽快安装补丁。另一个例子是当一种客户关系管理（CRM）系统的新版本问世时，用户企业必须能够尽快重组 IT 专业团队来更新整个企业的软件。如果这些工作不能及时开展，那么企业对客户的反应能力就会大打折扣。同时，对供应链管理（SCM）软件和企业资源计划（ERP）软件的反应速度可以显著影响组织敏捷性中的合作伙伴敏捷性和运营敏捷性。考虑到技术创新的不断涌现，足够敏捷的感知变化并重组必要资源对之做出反应来利用这些变化的企业将位于更有竞争力的地位。因此，本书提出的框架强调了技术敏捷性对组织敏捷性的前因作用。

值得一提的是，技术敏捷性是指感知变化并对之做出恰当反应的能力，这并不意味着一定会采取行动。一个企业可以感知到新技术，但是如果立即采纳这种技术不能满足企业的目标，那么他有权不采取行动。他可以选择以后再采纳这种新技术，这就是数字期权（Sambamurthy 等，2003）的概念。一个很好的例子就是当 2007 年 Windows Vista 刚刚面世时，很多企业没有匆忙地将其电脑操作系统升级到 Vista 系统。主要的原因就是包括等待产品的成熟完善、对产品的看法、观望的态度和财务约束。

## 二、业务流程的中介作用：动态能力观与流程基础观

### （一）IT 敏捷性对企业绩效的影响以业务流程为中介

Markus（1995）认为流程是把人、物料、能源、设备和程序组织起来形成工作活动或行为，从而产生某一具体的结果。从系统分析的视角来看待企业流程，它是"一系列由输入、处理、输出过程组成的有序逻辑集合体"。张鹤达（2008）认为，在管理理论中，业务流程是指组织机构和成员遵循管理原则，运用管理信息、技术和方法来实现企业目标的活动过程，体现了企业实现其价值的能力。业务流程是企业内部经营管理体系中最核心的部分，任何一个企业活动实际上都是依赖流程进行的，业务流程又是人、财、物、信息等各种资源整合后的具体体现。

贯穿组织各个部门和层次之间的业务流程可以为组织创造价值，因此，关注流程的效率和效益已经成为学术界和实业界达成共识的一个重要概念。Penrose（1959）认为能力更多地与流程有关，并且会以一种流量的形式体现在活动之中。Stalk 等（1992）指出企业战略的基石不是传统观点所认为的产品和市场，而是业务流程和将其转化为创造更高的客户价值的能力。因此，从战略意义角度来理解，能力是一系列业务流程的整合，而其所直接对应的就是价值流，即一系列从开始到结束连续的一组活动，通过组织活动为企业实现增值价值。价值流是业务流程的内在体现，所有的价值流又组成价值链体系。能力的实质是广义的业务流程，是在整个价值链系统上包含了支持价值活动等基础活动体系的资源运营过

程，业务流程又是人、财、物、信息等各种资源整合后的具体体现，能力是比较抽象的概念，只有通过业务流程，才能被具体化，业务流程是能力的基石。

Tricer 的研究发现 IT 使用是企业测度中的重要内容，IT 只有被使用才能对组织的绩效产生影响，因此 IT 使用是 IT 投资与组织绩效间的重要干扰变量，不考虑 IT 使用是不可能在 IT 投资和组织绩效间得出清晰的理论路径的。Willcocks（1999）指出只有把 IT 支出用在恰当的流程上，其价值才有可能最大化。Markus 等（1993，1995）认为并没有必要去测度企业转换有效性的高低，转换有效性更重要的意义在于如何把 IT 资产、影响企业能力的因素和组织绩效之间更好地进行匹配。进一步研究认为把 IT 转换的有效性分为 IT 转换、IT 使用和竞争性三个过程，更加具体地解释了 IT 投资与组织绩效之间的关系。Barua 等（1995）认为 IT 投资和绩效之间关系随着二者之间距离（因果关系）的扩大而减弱，IT 对企业绩效的影响是通过中间的业务流程来调节的。因此，张嵩（2007）认为 IT 对企业绩效的影响不宜直接衡量，但是可以通过检验若干中间变量的间接效应得以体现，IT 通过业务流程实现对企业绩效的影响。IT 能力更多的是通过影响组织资源间接地对企业绩效产生作用。企业绩效受多种因素影响，企业层面的因变量难以捕捉这一较大范围，因此应当引入一些中间层面的变量来对 IT 能力与企业绩效之间关系加以解释。张鹤达（2008）认为，企业业务流程是一系列相互关联的工作或活动，它们组合在一起为顾客创造价值。作为各部门不同人员活动的组合，流程使企业在运营的过程中实现了价值的增长。业务流程是企业内部经营管理体系中最核心的部分，任何一个企业活动实际上都是依赖流程进行的，IT 对企业整体绩效的影响也是通过业务流程实现的。

### （二）动态能力对企业绩效的影响以业务流程为中介

动态能力框架的根源是基于资源基础观（RBV）。RBV 认为企业之间的差异构成了企业的异质性，这种异质性使企业可以比其竞争对手获得更多的可持续竞争优势。这种观点认为当且仅当企业拥有超级资源而且这种资源受到某种隔离机制的保护可以避免其在行业竞争对手之间扩散时，企业才可以获得超额收益。从本质上来看，RBV 强调的是战略性选择，企业管理团队的重要使命就是要识别、开发和利用诸如专利、产权、技术或者特定关系等关键资源，以使其收益最大化（Barney，1991；Wernerfelt，1984）。许多学者（如 Mosakowski 和 McKelvey，1997；Priem 和 Butler，2001）已经指出 RBV 研究在描述资源对企业竞争优势贡献机制方面的不足之处。

动态能力观将 RBV 拓展到了演化能力领域。Teece 等（1997）将动态能力观定义为"企业整合、构建和重构内外部能力以适应快速变化的环境的能力"。Eisenhardt 和 Martin（2000）认为，动态能力会因为企业获得、整合和利用资源的能力而得到增强，进而重构企业内外部能力来适应快速变化的环境。通过形成基于循序路径依赖的能力，企业可以保持对其模仿者的领先并持续获得超额收益（Dierickx 和 Cool，1989；Teece 等，1997）。

动态能力对企业影响的冲击并不是直接的。比如，Zahra 等（2006）指出，动态能力是持续竞争优势的必要不充分条件。他们将普通能力（Ordinary Capabilities）命名为子能力（Substantive Capabilities），认为只有当两个企业拥有同样的子能力时，拥有超级动态能力的企业才更可能会迎接随时出现的挑战。Ray 等（2004）认为单独检验企业的资源和能力与其总体绩效之间的关系将会误导结论，业务流程应该作为因变量（Disaggregated Dependent Variable），因为：①企业活动能力的异质性创造了竞争优势；②利益相关者对经济利润的占用与更有效的业务流程是联系在一起的；③业务流程是竞争优势的来源。这一点与组织流程基础观是一致的，流程基础观认为业务使能者（Business Enablers）是优异绩效的必要不充分条件。为了对诸如企业生产率和利润率等高层次的变量产生影响，业务使能者必须首先影响操作层面的中介变量，例如生产能力利用系数（Capacity Utilization）和存货周转率（Inventory Turnover）等。其实，流程基础观将业务流程视作是业务使能者和企业绩效之间的调节变量（Markus 和 Soh，1993；Soh 和 Markus，1995；Barua 等，1995；Mooney 等，1996）。

通过整合动态能力观和流程基础观，我们提出企业有效调节和利用内外部放入能力来及时响应快速变化的环境的这种动态能力（即组织敏捷性）在达到其获得竞争优势和优越绩效这个目标之前必须首先影响业务流程这个中介变量。其结果是，我们认为组织敏捷性和企业绩效之间的关系是受到上市速度、产品质量和生产效率等业务流程的调节的。

### 三、理论模型

#### （一）敏捷性企业的概念性模型

敏捷性企业可以满足客户在成本、功能、时间、稳定性等方面的需求，从而获得竞争优势。敏捷性企业的形成需要内生和外生两方面的因素，外生因素称之为敏捷性的驱动因素，这种驱动因素源自于商业环境中竞争的不断变化，这些变化既包括技术和社会等宏观因素，也包括客户要求、竞争标准和市场等中观、微观因素。内生因素即是企业内生的敏捷性能力（反应力、柔性、竞争力、速度），其对敏捷性企业的形成也至关重要。而敏捷性的使能者（人员和IT基础、变革和不确定性的掌控能力、合作伙伴关系）则是敏捷性能力形成的根本保证，如图5-1所示。

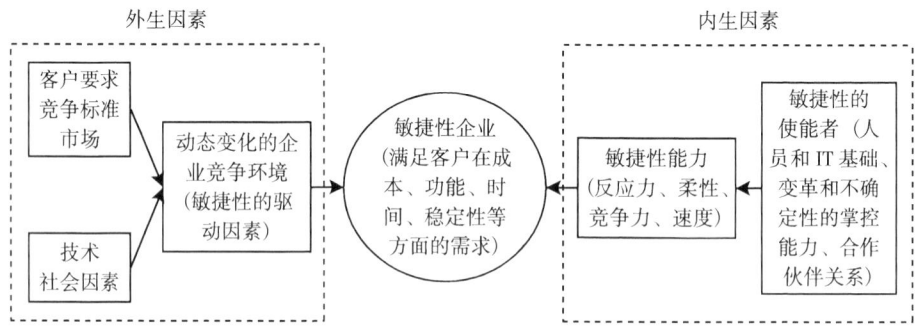

图 5-1 敏捷性企业的概念性模型

**（二）组织敏捷性的形成机理分析模型**

在研究敏捷性企业概念的基础之上，我们可以进一步探索组织敏捷性的形成机理。在动态环境中，技术创新不断涌现，企业必须保持足够的敏捷性以适应环境变化，同时还要重组必要的资源以响应和利用这些变化。因此，我们引入IT敏捷性这个构念，分析它与组织敏捷性之间的关系和作用机理，而且我们还将研究在IT敏捷性对组织敏捷性影响的过程中，环境的动态性发挥着一定的调节作用，如图5-2所示。

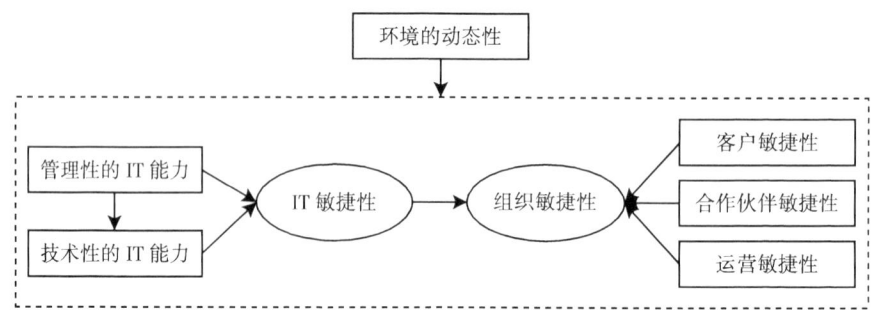

图 5-2 组织敏捷性的形成机理模型

**（三）组织敏捷性影响企业绩效的过程解析模型**

为了进一步打开组织敏捷性对企业绩效影响过程的"黑箱"，探索组织敏捷性对企业绩效的作用机理，我们可以整合动态能力观和流程基础观这两种理论视角，分析并验证业务流程在组织敏捷性对企业绩效作用过程中的中介作用。企业的流程基础观重视 IT 的价值，关注于 IT 使能者和业务流程之间的互动，试图解释 IT 流程在企业内部如何产生以及在何处产生。这种观点将使能者视为其企业卓越表现的必要不充分条件。从本质上分析，流程基础观将业务流程视为 IT 投入与企业绩效之间的中介变量。基于此，我们的研究假设将业务流程作为组织敏捷性与企业绩效之间的中介变量。通过整合动态能力观和流程基础观，我们认为，企业有效协调和利用内外部的能力以及时适应环境快速变化的动态能力在影响企业的绩效之前必须首先影响业务流程（如市场响应速度、产品质量、生产效率等）这个中间变量，如图 5-3 所示。

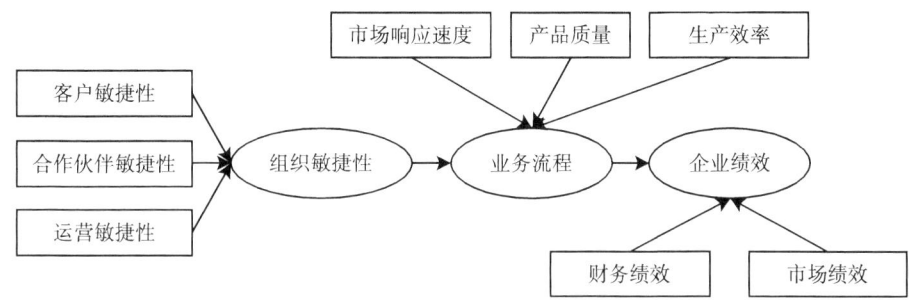

图 5-3　组织敏捷性对企业绩效的作用机理模型

### （四）组织敏捷性对企业绩效的作用机理模型

为了研究 IT 敏捷性、组织敏捷性（包括客户敏捷性、合作伙伴敏捷性和运营敏捷性）、业务流程（市场响应速度、产品质量和生产效率）[1]与企业绩效（财务绩效和市场绩效）[2]之间的关系，通过对现有理论的总结和分析，本书提出了一个模型，这个模型将动态能力观和流程基础观衔接在一起，认为 IT 敏捷性是

---

[1] 迈克尔·哈默认为，业务流程是把一个或多个输入转化为对顾客有价值的输出的活动。基于这种定义方法，我们认为业务流程可以分解为三个主要的对顾客产生价值方面，那就是反映产品数量水平的生产效率、反映产品质量水平的产品质量和反映产品上市时间水平的市场响应速度三个指标。

[2] 企业经营的各项活动与策略，主要的目标在于提升组织经营的绩效。组织绩效大体可分为财务绩效和非财务绩效。财务绩效指在财务报表上可以显示的绩效，包括资产报酬率、获利率、运营成本、投资报酬率等；非财务绩效指组织难以从财务性指标中看出来，或需要较长时期才能显示的绩效表现，包括市场占有率、销售成长率及新产品成功率、市场的拓展能力、研究开发成果、产品开发速度等。多数学者建议以多重衡量指标作企业绩效的衡量（Venkatraman 和 Ramanujam, 1986; Lumpkin 和 Dess, 1996），因为单一绩效衡量构面或单一衡量指标可能误导推论（Lumpkin 和 Dess, 1996）。很多学者（如中国台湾学者连世铭，2001）认为，衡量企业经营绩效的变量有财务性指标和非财务性指标两种，就财务性指标而言，主要有纯益率、营业净利率、资产报酬率（ROA）、股东权益报酬率（ROE）、资本报酬率（ROC）与营业收入成长率；就非财务性绩效指标而言，主要就组织稳定性、员工的流动性、员工的满足程度及员工的工作绩效、市场占有率等方面来探讨。本书赞同综合组织绩效衡量的方法，在非财务性绩效指标方面，考虑到汽车行业的特征和数据收集的可行性问题，我们选取了市场绩效这个指标。

组织敏捷性的一个重要的前因变量,并且这些敏捷性将通过业务流程这个中介变量来影响企业的财务绩效和市场绩效,如图5-4所示。

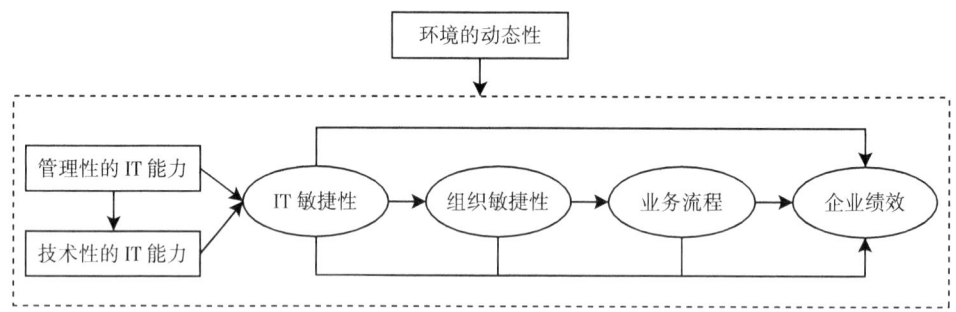

图5-4 TOPP模型:IT敏捷性、组织敏捷性、业务流程与企业绩效关系的作用机理和影响路径模型

通过对现有理论的总结和分析,我们提出了本课题研究的主体理论框架模型,这个概念模型将动态能力观和流程基础观衔接在一起,认为技术敏捷性是组织敏捷性的一个重要的前因变量,并且这些敏捷性将通过业务流程这个中介变量来影响企业的财务绩效和市场绩效,如图5-5所示。

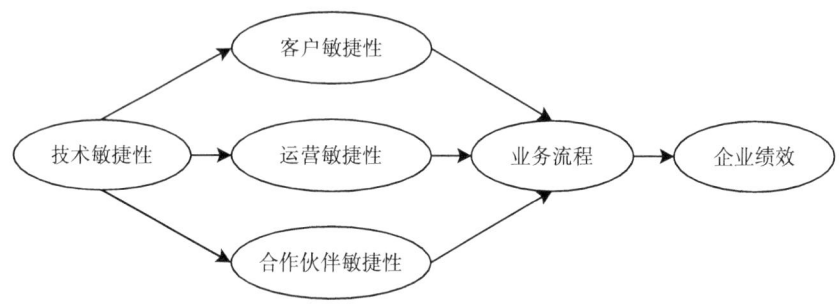

图5-5 本课题研究提出的理论框架

本书的理论框架整合了战略管理和信息系统领域的理论,将IT敏捷性、组织敏捷性、业务流程与企业绩效纳入统一的理论框架之中,实证分析四者之间的作用机理、影响路径和关系模式等理论问题。研究中引入了IT敏捷性这个构念,并且检验它如何成为组织敏捷性的重要前因变量。同时,研究还将验证组织敏捷性与企业绩效关系之间的中介变量,从而进一步打开这个"过程黑箱"。为了调查组织敏捷性如何影响企业绩效,研究框架中整合了流程基础观的理论思想并假设组织敏捷性与企业绩效之间的联系是以业务流程为中介的。

## 第三节 研究假设与实证检验

### 一、研究假设

信息技术的发展和广泛应用使企业的经营模式和环境发生了巨大的变革。这种变革的一种趋势使市场的变动加快,以至于"企业无法以相应的速度调整自己、无法以相应的速度适应商务环境的变化"(Rick Dove,1996)。企业要想适应这种变化,就必须深入了解并充分运用信息技术,对企业流程实施再造,改变传统的经营理念和经营模式,以提高企业适应快速变化市场的能力,在激烈的竞争中立于不败之地。基于此,周和荣、李海婴(2004)提出:影响企业组织敏捷性的因素是多方面的,如企业的组织制度、结构、决策和运行方式、创新能力等。显然,健全的组织制度、扁平的组织结构、迅捷的决策和运行方式、较强的创新能力等是一个企业具有和保持敏捷性的关键要素。但是,要具有和保持这些关键要素,不仅必须以现代化信息技术为基础,而且它们自身的结构、功能也受到信息技术发展水平的制约,因此,信息技术成为影响企业组织敏捷性的基础性、关键性要素。

现有关于检验 IT 对组织影响的文献,多侧重于对技术本身的应用(Weill,1992;Lucas,1993;Soh 和 Markus 1995;Sambamurthy 等,2003;Overby 等,2006)。当 IT 已经越来越变成一种商品时,其创造企业竞争优势的能力就消失了(Carr,2003)。在这种环境下,企业如何管理 IT 并且不断地对变化做出响应决定了其适应环境变化的能力并最终决定了其维持竞争优势的能力。由此,我们得出理论,信息技术敏捷性(而不是技术本身)才是组织敏捷性这一构念的关键前因。对技术革新快速响应的能力使得企业可以形成客户敏捷性、合作伙伴敏捷性和运营敏捷性。支持这几种敏捷性的结构可能是各自不同的。客户订购流程所使用的功能不同于用在知识管理方面的功能;供应链管理经常需要与合作伙伴联合制订计划,这时用的又是另一种功能。为了实现信息技术敏捷性,IT 设施也必须是敏捷的。这种敏捷性需要 IT 供应商不断改变和更新其产品。当企业快速对其所处竞争环境中的变化做出反应时,他们在对客户、合作伙伴和运营方面做出反应的灵活性能力很大程度上取决于其获得和应用 IT 的能力。因此,我们提出了如下假设：

H1：技术敏捷性对企业的组织敏捷性（客户敏捷性、合作伙伴敏捷性和运营敏捷性）具有正向的影响。

动态能力观主要研究企业如何拥有独具特色的战略流程和组织流程（如产品开发），通过操控资源来形成新的价值创造战略。在建立独特价值创造战略的基础时，资源是必要的投入，它使企业可以对特定市场和客户以独特的方式做出回应，从而使公司获得竞争优势（Eisenhardt 和 Martin，2000）。因此，我们认为，对业务流程（诸如企业对市场响应的速度、产品质量和生产效率）的成功管理是企业长期可持续发展的根本。

如前所述，动态能力框架关注于组织适应、整合和重构技能的能力的影响，对企业环境变化做出反应的资源和能力会影响企业绩效（Teece 等，1997）。Sambamurthy 等（2003）将组织敏捷性视为关键的动态能力，并进一步界定了组织敏捷性的三个维度。Teece 等（1997）将这些流程视为动态能力分析框架的基础性单元。一方面，动态能力框架界定了组织敏捷性与企业绩效的关系，提出了组织敏捷性将带来卓越的企业绩效；另一方面，流程基础观提出任何组织的使能者必须首先影响业务流程，然后再影响企业绩效。

通过整合动态能力观和流程基础观，我们提出企业有效调节和利用内外部能力来及时响应快速变化的环境的这种动态能力在达到其获得竞争优势和优越绩效这个目标之前必须首先影响业务流程这个中介变量。其结果是，我们认为组织敏捷性和企业绩效之间关系是受到上市速度、产品质量和生产效率等业务流程的调节的。根据这一观点，我们提出组织敏捷性与企业绩效之间的关系必然以业务流程为中介，这一理论基础形成了假设2和假设3（表5-2对所有假设以及在模型中所检验的具体关系进行了详细阐述）：

H2：组织敏捷性（客户敏捷性、合作伙伴敏捷性和运营敏捷性）对业务流程（如企业的市场响应速度、产品质量和生产效率）具有正向的影响。

H3：由组织敏捷性所推动的业务流程（如市场响应速度、产品质量和生产效率）对组织绩效（财务绩效和市场绩效）具有正面的影响。

表 5-2 研究假设（小结）

| 假设 | 可检验假设 |
| --- | --- |
| 假设1：技术敏捷性对企业的组织敏捷性具有正向的影响 | H1tc：技术敏捷性对企业的客户敏捷性具有正向的影响<br>H1tp：技术敏捷性对企业的合作伙伴敏捷性具有正向的影响<br>H1to：技术敏捷性对企业的运营敏捷性具有正向的影响 |

续表

| 假设 | 可检验假设 |
|---|---|
| 假设2：组织敏捷性对业务流程具有正向的影响 | H2cs：客户敏捷性对以市场响应速度来度量的业务流程具有正面影响<br>H2cq：客户敏捷性对以产品质量来度量的业务流程具有正面影响<br>H2ce：客户敏捷性对以生产效率来度量的业务流程具有正面影响<br>H2ps：合作伙伴敏捷性对以市场响应速度来度量的业务流程具有正面影响<br>H2pq：合作伙伴敏捷性对以产品质量来度量的业务流程具有正面影响<br>H2pe：合作伙伴敏捷性对以生产效率来度量的业务流程具有正面影响<br>H2os：运营敏捷性对以市场响应速度来度量的业务流程具有正面影响<br>H2oq：运营敏捷性对以产品质量来度量的业务流程具有正面影响<br>H2oe：运营敏捷性对以生产效率来度量的业务流程具有正面影响 |
| 假设3：业务流程对组织绩效具有正面的影响 | H3sm：市场响应速度对企业市场绩效具有正面影响<br>H3sf：市场响应速度对企业财务绩效具有正面影响<br>H3qm：产品质量对企业市场绩效具有正面影响<br>H3qf：产品质量对企业财务绩效具有正面影响<br>H3pm：生产效率对企业市场绩效具有正面影响<br>H3pf：生产效率对企业财务绩效具有正面影响 |

## 二、调查问卷的编制与效度检验

研究采用调查的方法收集了巴西汽车制造业一定样本群体的基础数据。研究的分析单位是针对业务工厂层面的。目前，尚没有公开发表或出版的可以检验所有我们研究中全部四种组织敏捷性构念的完整数据。由于缺乏现成的数据，通过调查来收集数据的方法便成为本书中发展构念的最好方法。时下，学者们普遍认同调查方法是理解组织行为的一种有效的方法，但同时也指出了这种方法存在的不足之处，诸如：①信息偏倚（Informant Bias）和内容效度（Content Validity）；②无应答偏倚（Non-response Bias）；③共同方法变异（Common Method Variance——CMV）；④同源偏差（Same Source Bias）。在研究中有可能出现偏差的地方，我们采取了极其谨慎的方法来使这类问题出现的可能性最小化。

到工厂实地考察等定性分析工作以及详尽的文献回顾工作对我们发展自己的调查问卷是非常有帮助的。因而，定性数据是通过二手资料来源收集的。主要是在工厂参观期间，通过观察尤其是通过对巴西的四家主要汽车制造商（通用电气、大众、福特、戴姆勒·克莱斯勒）及其现场供应商（On Site Suppliers）中的经理和执行人员进行深度的半结构性访谈（In-depth Semi-structured Interviews）（Kotabe等，2007）。在确定问卷的最终版本之前，我们对初级版本进行了广泛的预测试（Pre-tested）。此外，来自汽车制造业的一名产业专家、来自São Paulo大学的一名学者和在两家OEM厂商的信息技术部工作的两名经理帮助我们对主要的构念和量表进行了完善。

我们在调查中执行了分类测验（Sorting Test）。需要特别指出的是，我们请汽车制造业的九个专家对问卷中的每一个问题选项与模型中的潜在变量进行关联。每个潜在变量都通过使用现有文献中已经达成一致的定义在问卷分类测验中进行了详细的描述，在分类测验的最后，我们请每个专家确认这些潜在变量是否在现有量表的基础上用完整并一致的方法进行了度量。九个专家将每个问题与潜在变量进行关联，这个过程使我们可以确认各个潜在变量都以一致并且完整的方式用问卷中的各个问题进行了度量。

问卷先被翻译成葡萄牙语然后再翻译回英语，这样我们可以检查出可能会误导和难以解释的问题选项。遵照 Dillman（1978）的建议，整个问卷保持尽量简短以提高反馈率。通过采用与以往的研究（Stump 和 Heide，1996）类似的策略，我们试图尽量减少潜在的追溯偏见（Retrospective Biases），这些追溯偏见无法完整解释我们调查的目标。通过文献回顾、对学者、专家、实践者的访谈以及分类测验来进行的这些分析、比较和三角测量（Triangulation），保证了我们的构念和与之相关的量表的内容效度（Malhotra 等，2006）并且使得信息偏倚最小化。

我们的调研使用多项选择的方法（Multi-item Measures）来表示所有的变量，除了企业年龄和企业规模之外（本研究中我们的控制变量），我们采用了五点量表来对这些多项选择变量进行度量（1=非常不同意；2=一定程度上不同意；3=无所谓；4=一定程度上同意；5=非常同意），其中有些选项是从类似研究中修改而得的（例如，Lanctot & Swan，2000；Worren，2001；Worren 等，2002）。因为在有些情况下完全使用既有的量表是非常困难的。所以，我们在对巴西汽车工业的专家和执行人员进行半结构式访谈等实地调查工作中获得的信息基础之上，发展并完善了一些新的核心构念。

无应答偏倚（Non-response Bias）是通过使用 Armstrong 和 Overton（1977）提出的程序来进行评估的。为了查明调查工具自身的无应答偏倚，我们执行了 T 检验来比较早期回应者（Early Responses）和晚期回应者（Late Responses）。回收的前 70% 的问卷被定义为早期回应者，而其余的 30% 被视为晚期回应者并因此被视作最终没有回应调查的代表企业。我们对所有变量执行 T 检验，以比较早期和晚期的回应。我们发现在任何变量中，早期和晚期回应者之间没有明显的差异，这表明无应答偏倚在我们的调查工具中似乎并不存在。

尽管 Malhotra 等（2006）的最新研究已经表明，相对于其他学科而言，信息系统研究中的共同方法变异（CMV）并不是一个严重的问题，但我们还是采取了一些步骤来使 CMV 最小化。首先，问卷准备过程中考虑到了 CMV 的主要成因例如共同评价者效应（Common Rater Effects）、选项特征效应（Item Characteristic Effect）、选项背景效应（Item Context Effect）和测量背景效应（Measurement Context Effect）（Podsakoff 和 Organ，1986；Podsakoff 等，2003）。这样我们就避免了社会期许性效应（Social Desirability Effects）（Ghoshal 和 Moran，1996），这种效应是共同评价者效应中的重要组成部分（Podsakoff 等，2003），而且，在这个过程中，我们在问卷简介部分解释了：①我们的调查是一个定量的研究，不会对任何个人或机构做出判断；②我们不会将反馈问卷与任何关于回答者身份或者回答者所在的单位相联系；③我们的数据将严格保密，遵守科学研究的职业道德。我们还通过对大量在巴西汽车制造业工作人员进行了问卷的预测试，避免了选项的模糊性（Peterson，2000），它是选项特征效应的重要组成部分（Podsakoff 等，2003）。我们的预测试的确发挥了作用，因为他们提供了提高选项清晰性的建议。此外，我们将问卷中一些选项的编码进行了调换，其中还在通篇问卷中插入了一些与某些构念相关的半开放式的问题，以使回答者不会陷入李克特量表或者是语义差态度表（Semantic Differential Scales）的模式误区。

收集好数据之后，我们使用了哈曼的单因子检验（Harman's One-factor Test）来表达我们对 CMV 的关注。在我们的分析中，既没有出现因子分析中的单因子，也没有出现一个代表独立变量协方差的通用因子，同时也没有出现标准变数（Criterion Variables），以此确认了我们的研究受到 CMV 的干扰很小（Podsakoff 和 Organ，1986）。除此之外，我们研究中所应用的选项都是从大型量表问卷中抽出的一个部分，这表明："回答者不可能猜出本研究的目的，从而使他们的回答能够保持前后一致性。"（Mohr 和 Spekman，1994）因此，我们没有探测到任何 CMV 问题存在。

我们还制定了具体的策略来减少由于使用单一回答者所引起的不正确的回答：首先，被调查者会被问及与其当前生产方法相关的问题。以往的研究表明，被访者的回忆在经历较短的时期内是稳定的（Huber，1985）。其次，如前所述，我们使用实地调查的方式（Field Studies），与工厂实地参观相结合并且做了文献回顾以确认回答者的一致性（Consistency）和可靠性（Reliability）。最后，我们将受访者的回答与我们可获得的档案数据和公共数据（例如：公司的简介和商业出版物上面的文章）进行了比较。所有这些比较和程序，使我们确信被访者是准确可靠的信息来源。因此，从可靠性角度出发，我们没有必要从原始数据库中剔除问卷。

## 三、样本选择与数据收集

我们从巴西的汽车制造业收集数据。汽车制造业的环境对于动态能力应用是非常理想的,因为其顾客品位、合理成本需要以及多方面合作伙伴关系的快速变化。巴西是唯一一个来自美国、欧洲和日本的所有全球化的轿车制造商都拥有运营制造设施,而且为国内和出口市场同时制造汽车的国家,面临来自国外的日益激烈的竞争,巴西的制造商和供应商已经执行了弹性的技术以策略性地提高他们的组织敏捷性,适应客户、合作伙伴和运营的快速变化。蓬勃发展的科技基础设施为企业探索创造竞争优势的技术方式提供了充裕的机会(Kotabe 等,2007)。

我们通过 ANFAVEA(巴西汽车制造协会)和 SINDIPECAS(巴西汽车供应商协会)的名单列表获得了汽车制造商和供应商的样本。此外,我们与巴西的杂志《汽车新闻》对这两个协会名单列表进行了交叉检查(Cross-checked),这个杂志每年出版一期对巴西汽车制造业企业及其执行官的介绍。在结合了这些数据的来源并删除重复的条目以后,我们将问卷邮寄给巴西汽车制造业的 493 家制造业务单位(包括组装商和供应商)。我们将问卷邮给那些在工厂或分公司层面的高管。出于我们控制变量的考虑,我们收集了企业年龄、规模和地理范围等信息。所有这些回答者均为该企业的高层管理者(例如:工厂经理、制造总监、采购经理等),而且负责日常的关键性战略性决策的制定。我们共计回收了 136 份有效问卷,反馈率为 27%。

## 四、数据分析与处理

### (一)构念的测量

基于收集的数据,我们创造了相关的三层面变量:组织敏捷性、业务流程和企业绩效。我们的第一个层面——组织敏捷性构念包括技术敏捷性(TA)、客户敏捷性(CA)、合作伙伴敏捷性(PA)、运营敏捷性(OA)。我们的第二层面——业务流程构念包括市场响应速度(SM)、产品质量(QU)和生产效率(EF)。最后,我们的第三层面——绩效构念是关于企业经营业绩的,它包括市场绩效(MF)和财务绩效(FF)。

我们进行了验证性因子分析(CFA)并且评估了构念的信度(Reliability)。测量的特征值(Properties)在表 5-3 中列出。对于所有的构念,综合信度测量的 Cronbach's α 值均远大于 0.7,按照 Straub(1989)的建议是可接受的。每个构念的聚合效度和区分效度(Convergent and Discriminant Validity)通过其 AVE 来验证，这个值大于其与其他构念之间的相关系数（Gefen，Straub and Boudreau，2000）。

表 5-3 测量模型：荷载（Loadings）和信度（Reliability）

| 构念 | 指标[a] | 荷载 | 综合信度 | AVE |
|---|---|---|---|---|
| 敏捷性变量 | | | | |
| 技术敏捷性（TA） | S3Q10 | 0.55 | 0.83 | 0.57 |
| | S3Q22 | 0.60 | | |
| | S3Q23 | 0.91 | | |
| | S3Q24 | 0.87 | | |
| 客户敏捷性（CA） | S5Q16 | 0.66 | 0.83 | 0.50 |
| | S5Q19 | 0.75 | | |
| | S5Q20 | 0.74 | | |
| | S5Q22 | 0.69 | | |
| | S5Q24 | 0.67 | | |
| 合作伙伴敏捷性（PA） | S4Q26 | 0.83 | 0.87 | 0.70 |
| | S4Q27 | 0.89 | | |
| | S4Q28 | 0.79 | | |
| 运营敏捷性（OA） | S4Q3 | 0.85 | 0.85 | 0.54 |
| | S4Q4 | 0.79 | | |
| | S4Q5 | 0.44 | | |
| | S4Q6 | 0.65 | | |
| | S4Q10 | 0.85 | | |
| 业务流程变量 | | | | |
| 市场响应速度（SM） | S6Q4 | 0.78 | 0.92 | 0.71 |
| | S6Q5 | 0.89 | | |
| | S6Q6 | 0.86 | | |
| | S6Q7 | 0.85 | | |
| | S6Q8 | 0.82 | | |
| 产品质量（PQ） | S6Q16 | 0.71 | 0.88 | 0.65 |
| | S6Q17 | 0.83 | | |
| | S6Q18 | 0.75 | | |
| | S6Q31 | 0.92 | | |
| 生产效率（PE） | S6Q33 | 0.76 | 0.85 | 0.59 |
| | S6Q34 | 0.84 | | |
| | S6Q35 | 0.78 | | |
| | S6Q38 | 0.67 | | |

续表

| 构念 | 指标[a] | 荷载 | 综合信度 | AVE |
|---|---|---|---|---|
| 绩效变量 | | | | |
| 市场绩效(MP) | S6Q21 | 0.63 | 0.88 | 0.534 |
| | S6Q22 | 0.66 | | |
| | S6Q24 | 0.68 | | |
| | S6Q25 | 0.81 | | |
| | S6Q30 | 0.81 | | |
| 财务绩效(FP) | S6Q23 | 0.89 | 0.93 | 0.77 |
| | S6Q26 | 0.89 | | |
| | S6Q26 | 0.87 | | |
| | S6Q28 | 0.86 | | |

我们在数据库中检查了所有问题选项（Item）的偏度和峰度，以评估数据的正态分布。按照以往文献建议的标准（Oliveira 和 Roth，2006；Howell，2003），所有的选项表明偏度值介于+2 和-2 之间，偏度值低于标准差值的 2 倍。结果表明，假设正态性所必需的条件满足了。

（二）假设检验

我们选择偏最小二乘法（Partial Least Squares，PLS）来作为本书的最恰当的估计方法。PLS 是一种结构方程模型的技术工具。这种方法对样本容量和残差分布的要求最小（Chin，1998）。

对于这些假设，PLS 没有提供针对路径系数（Path Coefficients）显著性的统计检验。然而，Bootstrap 方法可以用于建立一个分布，通过反复分析不同的子样本数据来确定路径系数显著性的统计值。我们使用这种方法来计算路径系数并检验它们的显著性。每个构念测量值的载荷可以解释为主成分因子分析中的载荷。路径可以解释为回归分析中标准化的 beta 权重。PLS 分析和 Bootstrap 检验的结果如表 5-4 所示。

表 5-4 偏最小二乘法（PLS）估计和假设检验结果

| Hypothesis | Path | Estimate | T-ratio | α |
|---|---|---|---|---|
| $H1_{tc}$ | TA -> CA | 0.45 | 6.22 | <0.01 |
| $H1_{tp}$ | TA -> PA | 0.53 | 6.37 | <0.01 |
| $H1_{to}$ | TA -> OA | 0.19 | 1.97 | <0.05 |
| $H2_{cs}$ | CA -> SM | 0.11 | 1.07 | ns |
| $H2_{cq}$ | CA -> PQ | 0.19 | 2.28 | <0.05 |

续表

| Hypothesis | Path | Estimate | T-ratio | α |
|---|---|---|---|---|
| $H2_{ce}$ | CA-> PE | −0.20 | 1.18 | ns |
| $H2_{ps}$ | PA-> SM | 0.02 | 0.20 | ns |
| $H2_{pq}$ | PA-> PQ | −0.13 | 1.24 | ns |
| $H2_{pe}$ | PA-> PE | 0.01 | 0.05 | ns |
| $H2_{os}$ | OA-> SM | 0.32 | 2.63 | <0.01 |
| $H2_{oq}$ | OA-> PQ | 0.32 | 3.18 | <0.01 |
| $H2_{oe}$ | OA-> PE | −0.03 | 0.17 | ns |
| $H3_{sm}$ | SM -> MP | 0.17 | 2.52 | <0.01 |
| $H3_{sf}$ | SM-> FP | 0.17 | 1.55 | <0.10 |
| $H3_{qm}$ | PQ -> MP | 0.63 | 10.74 | <0.01 |
| $H3_{qf}$ | PQ-> FP | 0.57 | 7.47 | <0.01 |
| $H3_{pm}$ | PE -> MP | −0.01 | 0.11 | ns |
| $H3_{pf}$ | PE-> FP | −0.20 | 1.62 | <0.10 |
| Nodes | | | | $R^2$ |
| CA | | | | 0.21 |
| PA | | | | 0.28 |
| OA | | | | 0.04 |
| SM | | | | 0.15 |
| PQ | | | | 0.15 |
| PE | | | | 0.04 |
| MP | | | | 0.56 |
| FP | | | | 0.42 |

在从技术敏捷性到组织敏捷性的第一层面路径中（假设 1），从技术敏捷性到客户敏捷性和合作伙伴敏捷性的路径是显著的，达到了 1% 的水平，而其到运营敏捷性的路径显著性则达到了 5% 的水平。这个结论有力地支持了假设 1，说明技术敏捷性对组织敏捷性具有正面的影响。技术敏捷性对合作伙伴敏捷性的影响最大，其路径系数为 0.53，其次是客户敏捷性（0.45）和操作敏捷性（0.19）。

我们的第二层面的路径出现了分化，假设 2 是组织敏捷性影响业务流程。对于客户敏捷性而言，它到产品质量的路径显著性达到了 5% 的水平，其路径载荷为 0.19，而它到市场响应速度和生产效率的路径则不太显著。对于合作伙伴的敏捷性而言，没有任何一个到业务流程路径的测量值是显著的。对于运营敏捷性而言，它到市场响应速度和产品质量的路径显著性达到 1%，路径载荷分别为 0.32 和 0.17，而其到生产效率的路径则不显著。

我们的第三层面路径从业务流程到企业绩效（假设 3）得到了强烈支持。三个业务流程中间变量中的两个（市场响应速度和产品质量）均对市场绩效的路径具有正向的并且显著的影响（同时达到1%水平，路径载荷分别为0.17和0.63）。所有的三个业务流程变量均对财务绩效具有正向的并且显著的影响（市场响应速度达到0.10水平，其路径载荷为0.17，产品质量达到1%水平，其路径载荷为0.57）。总体而言，鉴于这些结果，假设3得到了支持。

总体而言，我们的结论支持了我们的理论框架，说明了技术敏捷性是组织敏捷性的一个重要的前因变量，并且组织敏捷性通过业务流程这一中介变量来影响企业的绩效。

## 五、研究发现、启示与局限性

通过整合动态能力观和流程基础观，本书将战略管理和IT领域的研究链接在一起。将IT对组织的影响研究从特定的流程基础观拓展到了更广泛的领域，我们发展并检验了一个涵盖两个层面输入变量的理论模型：第一层的技术敏捷性和第二层的组织敏捷性的其他维度（客户、合作伙伴和运营）。换言之，我们提出了技术敏捷性影响组织敏捷性，进而影响业务流程这一中介变量，并最终影响企业绩效。

关于IT对组织影响的传统研究关注于技术本身。而本书则调查了企业对技术变化反应的能力以及这种能力对组织的影响。对于技术敏捷性是组织敏捷性的前因变量这一假设，我们的结论对其提供了有力的支持。这对学者和管理者而言都是一个重要的发现。它强调了技术敏捷性对其他很有价值的组织敏捷性的显著贡献。对于研究者来说，我们的模型对于现有的关于组织敏捷性的知识体系有所贡献。对于管理者来说，它表明为了使企业更具敏捷性，他们需要首先拥有一定技术敏捷性。

由于我们的研究发现表明，技术敏捷性对合作伙伴和客户敏捷性的影响要强于其对运营敏捷性的影响。这就暗示着企业关注于技术将会对合作伙伴和客户等外部关系而不是内部运营具有战略性意义。进一步来说，这些发现表明不是IT本身而是对IT的战略性运用为组织创造了价值。对这个研究结论应用的一点警示就是我们的样本数据仅涉及汽车产业，在这个产业中企业与客户和合作伙伴之间的关系是至高无上的。然而，在当今的全球化商务环境的竞争背景之下，就多边合作伙伴关系和满足客户这一点而言，多数企业都处于类似的环境之中。

本书中第二层面的影响，检验的是组织敏捷性与业务流程之间的关系，这一点得到了部分的支持。在传统的三个维度中（客户、合作伙伴和运营）只有两个

（客户和运营）对业务流程中的某些部分如市场响应速度、产品质量、生产效率等具有显著的影响。对于客户敏捷性，它到产品质量的路径得到了显著的统计结果。这一发现强调了敏捷性在满足客户质量预期方面的作用。然而，直观地看，它对于业务流程中的市场响应速度和生产效率没有重大影响。对于运营敏捷性，它到市场响应速度和产品质量的路径得到了显著的统计结果，而且路径系数也是一样。它对生产效率的影响不够显著，这一点在某种程度上不符合直觉判断。一种可能的解释就是运营敏捷性是在必要时重构业务流程的能力，因为变革是有代价的而且有时可能会制造混乱，所以出现了这个结果。有趣的是，我们发现对于合作伙伴敏捷性，没有任何一条通往业务流程的路径的测量结果是显著的。考虑到单个业务流程的量表都是主要在企业内部的，所以我们看到这个结果也就不足为奇了。对管理者的启示就是，他们应当对其客户需求保持高度的敏感并相应地设计企业的产品。此外，重构生产线以使企业能够快速将产品投放到市场对企业而言也是非常重要的。

最后，业务流程中的两个要素（市场响应速度和产品质量）对市场绩效和财务绩效都具有正面的显著的影响。产品质量对市场绩效和财务绩效的影响尤其显著。这一发现强调了产品质量在汽车制造业中的重要性。日本轿车生产商的成功，尤其是本田在美国的成功，很大程度上归结于他们的品质声誉。此外，相对于财务绩效而言，市场绩效更大程度地受到业务流程的影响，这一发现暗示我们提高业务流程可以提高市场份额，但是不能直接影响公司的盈利水平。美国汽车制造商与其日本竞争对手之间的长期斗争印证了我们的研究结论。我们研究中另一点比较有趣的发现就是生产效率对于绩效没有任何影响。这一点可能说明汽车制造业对生产效率可能过分地关注了。为了提高生产效率，企业需要进行变革，而这些变革是有成本的。这些成本有时过高，企业可能会陷入因过分关注于变革而导致变革失败这样一种具有讽刺意味的境地（Amit 和 Schoemaker，1993）。

尽管取得了显著的结果，本书仍有许多局限性需要说明。首先，本书受到使用主观量表的横断面研究设计（Cross-sectional Research Designs）所固有的一般局限性的影响。其次，因为研究结果是从特定产业中得出的，数据是从新兴经济（巴西）经营的全球化的产业（汽车制造业）中收集的，这一结论对于同样属于新兴经济的中国具有很好的借鉴意义，但是，我们必须在做结论和总结其对本书围之外的启示时格外小心。最后，本书所涉及的绝大多数的企业都是私有的，并且没有公布单独的、具体的、客观的业务单位层面的业绩数据。其结果是，我们的研究需要通过问卷来收集主观的绩效数据。尽管在可能的情况下，我们在比较主观绩效方法和公众企业的客观绩效方法时格外小心，但有些偏差可能仍然是存在的。

研究结果表明：①技术敏捷性是组织敏捷性（客户敏捷性、合作伙伴敏捷性、运营敏捷性）的一个重要的前因变量；②组织敏捷性部分地影响业务流程（市场响应速度、产品质量和生产效率）；③业务流程整体上影响企业的市场绩效和财务绩效。数据分析结果有力支持了技术敏捷性是组织敏捷性的前因变量这一假设。这个结论拓展了关于组织敏捷性研究的知识体系，它表明为了提高敏捷性，企业首先需要拥有技术敏捷性。

## 六、研究总结及展望

### （一）研究总结

企业如何应对日益动态化、复杂化的经营环境是产业界和学术领域长期以来一直关注的命题。自20世纪90年代以来，敏捷性成为企业应对动态、复杂环境的最新思想和方法。随着经济全球化、网络经济与知识经济的快速发展，顾客需求日益多样化和个性化，产品生命周期缩短、顾客对产品和服务的期望提高，大量企业正面临着任意批量订单生产、全球生产网络、大规模定制等诸多挑战，因此，注重提高敏捷性以应对动态复杂化的经营环境显得尤为重要。2008年美国爆发的金融危机对全球经济的影响加剧了环境的动态复杂性，在当前的危机环境中，正处在转型提升关键时期的中国制造业如何提高敏捷性以应对环境的剧变成为迫在眉睫的重要课题。国外对组织敏捷性的最新研究已不仅限于敏捷制造领域，而是正在尝试从理论角度将其发展成适用于各种组织的可操作化构念，从而对敏捷性进行全方位的研究。

国内外关于敏捷性的研究主要集中在组织敏捷性基本内涵、组织敏捷性的分析框架、敏捷性的评价体系、敏捷供应链、敏捷企业的组织特征和模型设计等方面。目前，关于敏捷性的文献大都侧重于敏捷制造，很少从整合分析的视角对组织敏捷性进行研究。此外，关于敏捷性的文献多关注于敏捷性的理论性描述和敏捷性框架，很少对量表和框架进行实证研究，而对于敏捷性的具体作用机理方面，现有的实证研究还十分匮乏。现有关于敏捷性理论研究的局限性在于没有系统地研究组织敏捷性的形成与作用机理。而本书则弥补了这方面的缺陷，可以为本领域的深入研究奠定基础。此外，组织敏捷性与当前备受关注的大规模定制、模块化和网络状产业链、业务外包、虚拟企业（动态联盟）、敏捷供需链、敏捷制造、网络企业、网络制造等理论紧密相连，敏捷企业理论是这些理论的重要基点和核心。敏捷性是实现大规模定制的重要前提之一，大规模定制企业要以多样化、个性化的产品来满足客户的需求，因此企业运营必须具备敏捷性。模块化是提高企业敏捷性的重要路径之一，模块化使企业具有可重构、可重用、范围可变（RRS）特性，RRS 特征则有助于企业敏捷性的提高。网络状产业链对成员企业的敏捷性提出了更高的要求，同时，网络状产业链所形成的模块化分工也有利于产业链成员企业敏捷性的提高。因此，对组织敏捷性的深入研究有利于推动其他相关领域的深入研究。

本书的理论基础是战略管理领域的动态能力观和信息管理领域的流程基础观。研究试图整合战略管理和信息系统领域的理论，将 IT 敏捷性、组织敏捷性、业务流程与企业绩效纳入统一的理论框架之中，实证分析四者之间的作用机理、影响路径和关系模式等理论问题。研究认为技术敏捷性是组织敏捷性的重要前因变量，而业务流程则是组织敏捷性与企业绩效关系之间的中介变量，环境在组织敏捷性形成与运作的整个过程中发挥着调节变量的作用。

现有文献认为 IT 对组织影响在于 IT 本身，相比之下，本书调查了组织如何对外部技术变化做出反应以及这些反应如何对组织产生影响。为了测量组织对技术变革反应的能力，我们引入了技术敏捷性来作为组织敏捷性的一个新维度。为了测量技术敏捷性对企业绩效的影响，我们整合了动态能力观和流程基础观，并提出了一个完整的影响关系链条：IT 敏捷性→组织敏捷性→业务流程→企业绩效。我们采用 PLS 方法，在巴西汽车制造业的背景之下检验了这个关系链条。我们的研究结果表明：①技术敏捷性是组织敏捷性（客户、合作伙伴、运营）的一个重要的前因变量；②组织敏捷性部分的影响业务流程（市场响应速度、产品质量和生产效率）；③业务流程整体上影响企业的市场绩效和财务绩效。

本书对战略管理和信息系统领域的理论贡献主要有三个方面：首先，引入了组织敏捷性的一个新维度——技术敏捷性，并且检验了技术敏捷性如何成为其他三种组织敏捷性的重要前因变量，通过引入技术敏捷性，我们的理论框架将技术敏捷性作为组织敏捷性影响业务流程并最终影响企业绩效的起点。这样，技术敏捷性可以被视为一种创造企业动态能力并在动态竞争环境中获得持续竞争优势的一种重要资源。通过研究这个组织敏捷性的新维度，我们的研究提供了未来关于信息技术如何影响组织方面研究的一个新方向。其次，找到了组织敏捷性与企业绩效关系之间的中介变量，从而为进一步打开这个"过程黑箱"做出贡献。最后，很多学者都建议对于动态能力观和流程基础观的研究进一步建立规范性的框架并对之加以实证检验，我们的研究在这方面又向前迈进了一步。

本书的另一个重要的理论贡献就是，我们解答了一些研究者的研究倡议，他们建议对于动态能力观（Teece 等，1997）和流程基础观（Soh 和 Markus，1995；Mooney 等，1996）的研究应该进一步建立规范性的框架（A Normative Framework）并对之加以实证检验。我们的理论框架开创了一个新的理论视角，我们认为技术敏捷性以及组织敏捷性的其他维度对企业绩效的影响要以中间变量业务流程为中介。我们的理论框架侧重于技术敏捷性在塑造提高企业绩效的动态能力时所发挥的战略性作用。在我们的框架中，技术的战略性作用与以往研究 IT 价值时的理念有所不同，他们关注于基础设施和 IT 资源的重构（Weill 等，2002；Lucas，1993；Sambamurthy 等，2003；Overby 等，2006）。而我们的研究框架关注于企业对 IT 变革反应的能力，对组织敏捷性的影响及其最终通过业务流程对企业绩效的影响。

本书也提供了重要的管理启示：首先，企业在创造客户、合作伙伴和运营敏捷性之前必须先拥有技术敏捷性。其次，对技术的战略性聚焦应当引起重视。在竞争环境中，这种聚焦应当放在外部与客户的关系和对合作伙伴的培训。再次，质量第一，高质量将会同时带来市场绩效和财务绩效。最后，我们发现组织敏捷性与生产效率之间存在着弱相关，这表明企业不应过度地变革导向，因为这些变革成本可能很高并且可能会制造混乱。这样，未来的研究者应当基于环境扫描（Environmental Scans）来更明确地帮助企业去辨别投资回报率较高的变革。

（二）研究展望

组织根据环境变化而调整的能力，这种思想的演进主要是以适应性、柔性和敏捷性这三个术语为代表的。目前，这种思想演化的最新发展阶段就是组织敏捷性，它包含了在适应性和柔性组织以及制造领域发展出来的研究框架中的所有概念和提法。目前，多数敏捷性相关的文献都关注于敏捷性的理论描述和敏捷性分析框架。只有很少的研究学者对敏捷性量表和框架进行了实证调查研究。对于敏捷性的具体作用机理方面，现有研究还十分匮乏。因此，敏捷性研究领域还有待于进一步的深入，而针对组织敏捷性作用机理的研究和规范的实证研究可能成为该领域未来发展的一个方向。

为了拓展我们研究结论的应用，未来的研究可能会将我们的研究框架拓展到其他的国家和其他的产业。其他学者也可以研究我们模型中备选的可操作性构念。更具体而言，未来的研究可以努力将其他潜在的相关构念纳入组织敏捷性的研究之中，例如，创业导向（Entrepreneurial Orientation）、企业国别、政府奖励的作用以及劳动法规等，对组织敏捷性转换为企业绩效的过程的研究也需要更多的努力。

## 第四节 案例研究——华晨金杯公司

以华晨金杯汽车有限公司（以下简称华晨金杯公司）SAP系统应用为案例研究对象，探讨技术敏捷性与组织敏捷性、业务流程和企业绩效间的关系，进一步研究组织敏捷性的形成机理。采用与国际接轨的、规范性的案例研究方法，通过对华晨金杯公司SAP系统的案例研究，探讨组织敏捷性的形成机理模型是否适用于国内企业。技术敏捷性主要在三方面提高了企业绩效：第一，技术敏捷性对组织敏捷性具有正向影响；第二，组织敏捷性对业务流程具有正向影响；第三，由组织敏捷性推动的业务流程对组织绩效具有正向影响。为回答华晨金杯2004年引入SAP系统至今是否提高了组织敏捷性、是否进而推动了业务流程的正向发展以及是否进一步提高了组织绩效的问题，本课题组员三次前往华晨金杯公司总部，通过实地调研取证等方式，进行了深入研究。

### 一、华晨金杯公司技术敏捷性的演进

#### （一）华晨金杯公司简介

华晨金杯公司的前身是沈阳金杯客车制造有限公司，于2003年1月正式更名，是华晨中国汽车控股有限公司的重点生产企业。沈阳金杯客车制造有限公司是由华晨中国汽车控股有限公司与沈阳金杯汽车股份有限公司投资组建的合资企业，成立于1991年7月22日。公司注册资本44416万美元，投资总额57098万美元。华晨公司持有公司总股本的51%，金杯公司持有49%。华晨金杯公司拥有两个整车品牌、三大整车产品。这两个整车品牌即华晨金杯公司的"中华"和"金杯"系列；三大整车产品包括拥有自主品牌的中华轿车、国内同类车型中市场占有率接近60%的金杯海狮轻型客车、引进丰田高端技术生产的金杯阁瑞斯多功能商务车。近年来，华晨金杯公司依靠强化企业管理，转换内部经营机制；加强技术改造，提高生产能力水平，从而使企业实力迅速壮大。

1995年，公司通过由中国机械工业质量体系认证中心实施的ISO9000标准质量体系认证，成为中国大型汽车制造企业中第一家通过认证的企业。1999年，公司又通过了质量体系的认证复评，2002年6月，公司顺利通过了ISO9001标准质量体系认证；2000版的质量管理体系转版的认证，拿到了通向国际市场的

质量通行证。华晨金杯公司相继被评为"全国先进技术企业"、"辽宁省十大高销售额外商投资企业"、"辽宁省效益十佳外商投资企业",公司的质量管理小组被授予"全国质量小组活动优秀企业"称号。

### (二) SAP 系统简介

SAP 系统起源于"Systems Application, Products in DATA Processing",是目前世界排名第一的 ERP (Enterprise-wide Resource Planning) 软件。它代表最先进的管理思想、最优秀的软件设计。SAP 系统是具有强大功能的解决方案平台,支持财务会计、销售、采购、业务伙伴、银行业务、物料和库存管理、生产管理、成本核算等业务流程。世界 500 强中有超过 80% 的公司使用 SAP。随着 SAP Business One 的改进和推广,SAP 系统得到了越来越多企业的关注和认可。

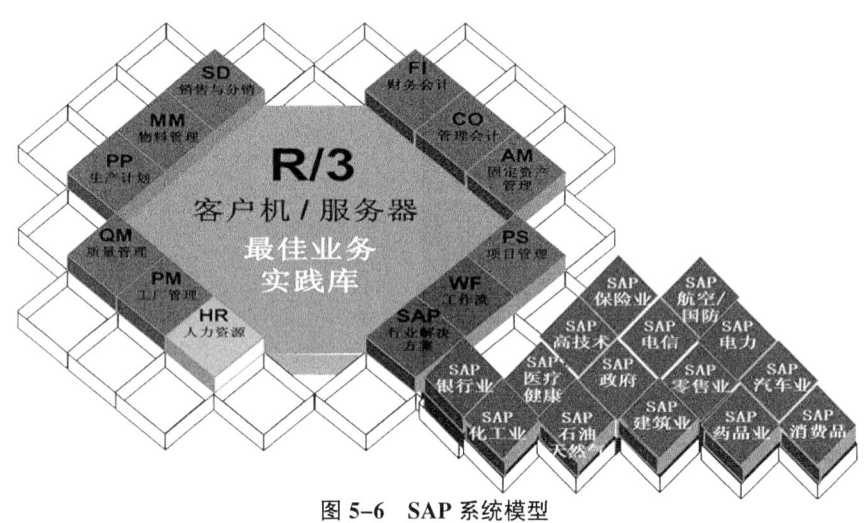

图 5-6　SAP 系统模型

SAP 公司从 20 世纪 80 年代起与中国国营企业合作,它秉持将国际先进管理知识同中国实际相结合的宗旨,充分满足了中国企业追求管理变革的要求。SAP 以信息技术为核心,不断推出适应企业管理需求和符合企业行业特点的商务解决方案,并会同合作伙伴帮助中国企业进行管理改革,增强其竞争力。

### (三) SAP 系统在华晨金杯公司的最初应用

近年来,汽车业的竞争加剧,中国加入世贸组织后,跨国公司长驱直入,与国内汽车企业形成了激烈竞争。中国汽车业要做大做强、实现可持续发展,需要解决包括如何在汽车行业竞争中进行流程优化;如何与上下游合作伙伴进行协同从而降低整体成本;如何针对汽车行业的客户需求对系统构架进行设计,最大化地发挥企业的核心竞争力等一系列问题。

一直以来，华晨金杯公司把"在5~10年内将公司建设成具有国际竞争力的现代化企业"作为企业未来发展的战略目标。从访谈中我们得知，公司高层领导强调要实现业务流程的标准化和规范化，提高管理效率的目标。为实现上述目标，华晨金杯公司采取了一系列的举措，其中SAP系统实施就是举措之一。

**(四) SAP系统在华晨金杯公司的发展**

2004年6月，华晨金杯公司将SAP系统成功运用于企业中，它在财务、生产、物流、销售各部分的全面顺利上线，标志着华晨金杯公司在信息化管理道路上的重大突破。2006年，华晨金杯公司进行了SAP SCM（供应链管理）、SAP CRM（客户关系管理）系统的建设，全面提高了企业整体供应链体系的协作能力和对市场与客户变化的反应能力。至今，华晨金杯公司的SAP系统经过了近10年的不断延伸整合，覆盖了公司的财务、成本、生产、销售及物料管理等关键业务，企业信息化管理进入成熟阶段。

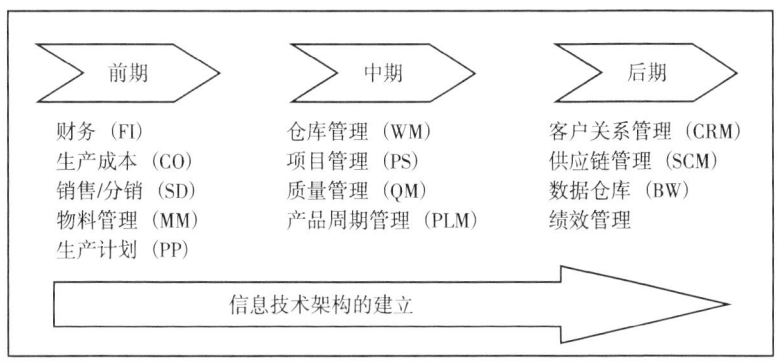

图 5-7　华晨金杯公司信息化架构图

## 二、IT敏捷性对华晨金杯公司组织敏捷性的影响

学者们认为，当IT已逐渐成为可交易商品时，利用IT技术本身创造企业竞争优势的能力便消失了。在这种环境下，企业如何战略性地运用IT系统并对变化做出响应决定了其适应环境和维持竞争优势的能力。因此，技术敏捷性才是组织敏捷性的关键前因。对技术革新快速响应的能力使企业形成了客户敏捷性、合作伙伴敏捷性和运营敏捷性。支持这几种敏捷性的结构可能各不相同，它们对客户、合作伙伴和运营的反应灵活性很大程度上取决于其获得和应用IT的能力。我们将基于华晨金杯公司SAP系统从以下三方面进行案例分析。

## (一) 技术敏捷性对组织敏捷性具有正向影响

通过对企业进行调研我们发现,技术敏捷性对组织敏捷性(客户敏捷性、合作伙伴敏捷性和运营敏捷性)具有正向影响。

表 5-5 SAP 系统的功能模块构成

| | |
|---|---|
| 生产计划(PP) | 基础数据维护;产品配置;生产计划物料需求计划;生产过程管理和控制;生产成本核算 |
| 财务管理(FI) | 总账;应收账;应付账;财务报表;固定资产管理 |
| 物流管理(MM) | 主数据维护;采购信息管理;采购合同、订单管理;库存/一般库存控制;收发转货管理;库存报表;盘点管理;发票检验;仓库管理(WM) |
| 销售(SD) | 销售流程控制;销售计划;销售报价管理;销售订单管理;发货控制/运输管理;发票管理;客户信息管理;销售信息系统;客户信用管理;定价管理 |
| 管理会计(CO) | 基础数据;成本中心会计;内部订单;产品成本核算;产品获利分析;预算管理 |
| 设备管理(FM) | 基础数据;设备台账管理;设备维修管理 |
| 项目管理(PS) | 项目计划;项目过程管理;项目财务管理 |
| 人力资源(HR) | 组织结构管理;人员信息管理;招聘和培训;薪酬福利管理 |

1. 技术敏捷性对客户敏捷性的正向影响

华晨金杯公司从 2006 年开始建设 SAP CRM 系统,随着系统的不断完善,汽车销售部门脱离了人工管理客户资料的低效性和易错性。销售部门授权的操作人员将客户的信息资源实时传到 CRM 客户数据库中,对客户需求、客户分类、购买数量等信息的管理更易实现。根据财务数据,从 2006 年到 2008 年,华晨金杯公司的年业务招待费占管理费用的比重从 18.9%下降为 16.7%和 17.2%。据销售部门人员透露,CRM 系统使企业发展潜在客户更有目的性,这大大提高了业务招待费的使用效果。CRM 系统有助于形成市场导向的敏捷、协调的营销流程,便于营销部门横向信息沟通,降低市场协调成本和交易费用,显著提升客户敏捷性。

2. 技术敏捷性对运营敏捷性的正向影响

目前,华晨金杯公司正在实现 EDI、JIT 系统与 SCM 系统的整合一体化。SCM 采购物流体系是一种以看板管理为基础的拉动式准时化物料供给体系,以主生产计划为依据,按零部件组织生产,将多变的生产任务在零部件一级加以统一,将作业计划的计划时段根据需要精确到周、日乃至小时,在实施外部产品多样化的同时消除内部多样化。

企业内部的活动以并行工程(Concurrent Engineering)为指导,将生产计划制定过程中的客户需求获取、订单评审、排程和决策活动同时进行，提高工作效率，使库存周转率提高30%，延期交货减少50%，采购提前期缩短30%，对运营敏捷性具有显著正向影响。

3. 技术敏捷性对合作伙伴敏捷性的正向影响

华晨金杯公司的三个部门（物流部、供应商部、供应商管理部）共同操作SAP SCM的系统界面，使供应链上各个零部件供应商的供货能够协调产品装配，降低由于零部件不到位导致的供货延误或库存成本上升的情况。通过供应商与组织协同、供应商之间协同等方式，使物流服务能力及时满足市场需求，提高合作伙伴的响应速度，从而提高组织合作伙伴敏捷性。

**(二) 组织敏捷性对业务流程具有正向影响**

通过对企业进行调研我们发现，组织敏捷性（客户敏捷性、合作伙伴敏捷性和运营敏捷性）对业务流程（如企业的市场响应速度、产品质量）具有正向影响。

1. 客户敏捷性对业务流程的正向影响

SAP CRM的核心是创新企业管理理念，使企业实现了销售和服务观念的转变，从"以产品为中心"转向"以客户为中心"，从"以产品宣传为目的"转向"以向客户提供整体解决方案为目的"。培养企业人员树立"以客户为中心"的理念，使华晨金杯公司在汽车市场中更以市场为导向，更具竞争力。

CRM信息网络平台和呼叫中心配合地高效运行，可以处理大量的客户咨询和投诉，建立公司的重点客户群，及时反馈客户的建议和满意度；通过不同维度的深入剖析，获得不同形式的"销售漏斗"，并提供针对性的客户关怀，在提高客户忠诚度的同时提高企业业绩。此外，这还将促进组织检查自身工作和监控各个环节，发现并弥补空白区，及时调整战略方案，优化业务流程。

2. 合作伙伴敏捷性对业务流程的正向影响

华晨金杯公司的物流部门、供应商部门、供应商管理部门共同操作SAP SCM的系统界面。合作伙伴关系强调供应商和制造商之间的信息互动，除了对质量、价格、物流能力的要求之外，重视供应商的发展潜力和发展战略，有利于供应链组织的长期发展。调查中发现，供应商部门通过SAP SCM系统以平衡计分卡模型对供应商的产品质量、产品价格、交货情况、财务状况、市场影响度、技术开发能力六个目标（分解为19项具体目标，其中六项为定性目标，其余为定量目标）进行考核，根据综合评分确定长期发展合作关系的供应商。严格的评价考核系统使企业的市场响应速度及产品质量等得以保证。

### 3. 运营敏捷性对业务流程的正向影响

华晨金杯公司生产的每一辆产成品汽车均有与 SAP 系统相匹配的编号，通过系统界面可以搜索到汽车所在的库位。SAP 采用"先进先出法"的连续存货系统，精准记录每一个产品，严格管理销售产品，避免提货人员违反规定就近提货，提高了产品品质。除此之外，售后配件等也可在 SAP 中查找，库存量及金额都可看到，能迅速满足客户的需求，这对业务流程中的市场响应速度和产品质量都具有重要影响。

### （三）组织敏捷性所推动的业务流程对组织绩效具有正向影响

通过对企业进行调研我们发现，由组织敏捷性所推动的业务流程（如市场响应速度、产品质量）对组织绩效（财务绩效和市场绩效）具有正向影响。

#### 1. 业务流程对财务绩效的正向影响

在 SAP 系统推动业务流程的过程中，SCM 系统对供应商的选择和协调，确保了供货的速度和材料的质量，最终实现提高成本利润率和净利润率的目标，对财务绩效具有正向影响。

调查数据表明，金杯汽车公司 2004 年 12 月 31 日的净利润增长率为 -422.3610%，而 2007 年 12 月 31 日的净利润增长率为 27.8753%，2008 年 3 月 31 日的净利润增长率甚至达到 519.1037%，比上期变化了 491.2284%。

在对生产部门人员的采访中，我们得知，由于供应商所供应原材料质量的提高，汽车制造在焊接和冲压过程中的废品损失率降低了 3% 左右，企业的年生产成本降低近 160 万元。生产过程采用生产拉动式供应材料，使生产部门和物流部门配合紧密，减少了材料供应延误生产而造成的机会成本。

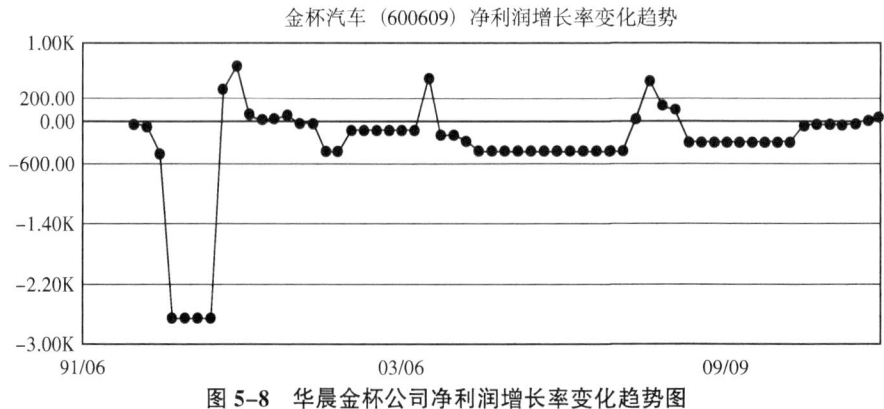

图 5-8  华晨金杯公司净利润增长率变化趋势图

## 2. 业务流程对市场绩效的正向影响

表 5-6　2006~2012 年国内汽车市场占有率

单位：辆

| 品牌销量＼年度 | 2006 年 | 2007 年 | 2008 年 | 2009 年 | 2010 年 | 2011 年 | 2012 年 |
| --- | --- | --- | --- | --- | --- | --- | --- |
| 海狮 | 50974 | 61684 | 56218 | 61003 | 68945 | 80199 | 81439 |
| 全顺 | 23029 | 26545 | 26604 | 33593 | 52155 | 58694 | 57416 |
| 依维柯 | 16308 | 22840 | 23599 | 24287 | 31004 | 37304 | 38069 |
| 风景 | 13234 | 12579 | 10775 | 14530 | 22632 | 19999 | 15245 |
| 得利卡 | 7555 | 5659 | 4855 | 3292 | 3277 | 4145 | 4418 |
| 小金龙 | 6175 | 4676 | 4006 | 6650 | 8448 | 8231 | 7580 |
| 大金龙 |  |  |  | 2510 | 4318 | 4312 | 5505 |
| 九龙商务车 |  |  | 429 | 958 | 4406 | 4875 | 3581 |
| 伊思坦纳 | 4027 | 3136 | 2801 | 3181 | 2655 | 1802 | 1234 |
| 威麟 H5/H3 |  |  |  |  |  | 117 | 467 |
| V80 |  |  |  |  |  | 765 | 5036 |
| 星锐 |  |  |  |  |  | 1106 | 2105 |
| 凌特 |  |  |  |  |  | 183 | 815 |
| 中顺 | 9043 | 17561 | 11499 | 3218 |  |  |  |
| 合计 | 130345 | 154680 | 140786 | 153222 | 197840 | 221732 | 222910 |
| 海狮占有率 | 39.1% | 39.9% | 39.9% | 39.8% | 34.8% | 36.2% | 36.5% |

表 5-7　1998~2005 年华晨金杯公司市场占有率

| 年份 | 1998 | 1999 | 2000 | 2001 | 2002 | 2003 | 2004 | 2005 |
| --- | --- | --- | --- | --- | --- | --- | --- | --- |
| 销量 | 30018 | 42527 | 60000 | 54000 | 49690 | 57350 | 52348 | 49470 |
| 市场占有率 | 16.66% | 23.43% | 28.45% | 27.12% | 27.35% | 32.73% | 33.67% | 34.28% |

从 2004 年应用 SAP 系统前到系统的不断发展完善，华晨金杯公司市场占有率有了大幅度的飞跃，一度从最初的低于 20% 上升到了 34.28%。根据华晨金杯公司销售部门的调研结果，自从应用 SAP 系统，客户满意度有着大幅度提升，25.45% 的经销商反映在同类汽车企业中，华晨金杯公司的提货速度和零配件的供应速度更快，23.67% 的客户认为华晨金杯公司能迅速感知客户对车身设计和性能的需求，这显示了对市场绩效的推动作用。

# 第六章　云制造模式对组织敏捷性与绩效的影响机理

## 第一节　云制造模式对组织敏捷性的影响

### 一、基于 CTRS 指标评价体系的云制造对组织敏捷性影响分析

国外学者对敏捷性的评价提出了几种评价模式，其中，Rick Dove（1996）提出的 TCRS 评价指标体系是其中较为经典的指标体系之一，该体系包含四个评价指标：时间（Time）、成本（Cost）、鲁棒性（Robustness）、适应范围（Scope of Change）。其中，时间是指企业所在的外部市场环境发生变化时，企业动态调整战略、资源、运营方式等以应对外界变化所耗费的时间多少；成本是指企业调整战略、资源、运营方式等以应对环境变化所需支出的费用高低；鲁棒性也称为健壮性或稳定性，是指企业受到外界环境干扰或面临突发危机状况时，能够继续维持正常平稳发展的水平；适应范围是指企业面临市场环境的变化所能适应范围的大小，也就是企业实现自我调节的适应能力。简单地说，可以将 TCRS 评价体系理解为企业应对市场环境的变化所需耗费的时间和成本以及企业维持正常稳定运行的能力和其所能适应范围的大小。该评价指标体系的特点就是简单而且容易定性分析和定量分析。下面，我们将基于 TCRS 评价指标体系来分析云制造对集团企业组织敏捷性的影响机理。

## （一）时间指标

大型企业集团各下属企业通过云制造服务平台，利用云计算技术、虚拟化技术、物联网技术等先进互联网技术，以统一的标准将其所拥有的设计能力、加工能力、管理能力等实体资源及其相关的制造资源进行虚拟化、整合、聚集，形成一个庞大的制造资源云池（虚拟资源的存储中心）。云制造服务平台类似于一个虚拟企业，承担着集团企业的管理职能。集团企业可以通过云制造服务平台对虚拟化的资源和能力进行统一配置和管理。

根据云制造提供者和用户之间的关系，可以将"云"分为三大类，分别是公共云、私有云和混合云。制造业集团企业不仅下属企业众多，而且在地理位置上往往分布较为分散，因此，制造业集团企业在构建企业内部私有云时，就需要充分考虑下属企业的差异化需求，然后通过私有云平台对公司的制造资源和信息资源进行虚拟整合、统一封装，发布到云服务平台上，将企业集团内部的制造资源和制造能力进行优化配置、集中调配，这样可以将下属企业分散的资源进行集中统一管理、智能调配，提升资源的使用效率。云制造服务平台根据用户的订单需求来部署制造流程和信息管理，可以对实际的生产过程和虚拟资源池实施有效的匹配，将企业中具有高度用途的资源以制造服务的形式按照用户实际需求提供给他们。总之，集团企业通过"私有云"可以将客户的订单需求输入到企业的云制造平台，在平台中系统会智能识别和匹配用户的订单需求，调度相应的制造资源和能力来进行生产，同时生产结果通过云制造服务平台传递给需求方。因此，云制造能提升集团下属企业运作的协同性，缩短产品的生产周期及供应期，大大提升组织的敏捷性。

下面我们将从云制造服务平台的四个层级来详细阐述云制造在时间维度上对集团企业组织敏捷性的作用机理：

1. 物理资源层

物理资源层主要是将一系列物理层级资源通过物联网技术、嵌入式云终端技术等有效地连接到信息网络中，实现物理资源的全面协同和互联，其中这些物理层级资源主要包括软件和硬件制造资源和制造能力，例如，新产品研发设计、制造加工设备、销售服务、物流承载力、人员管理等制造资源和能力。由于集团下属企业的设计、生产、加工、物流、销售等业务流程各方面资源和能力相对比较分散，不利于集团下属企业制造资源和能力的共享利用，严重影响集团企业的生产效率和生产质量。例如，在很多情况下制造企业集团的下属公司地理位置分散，优势制造资源和能力不能实现充分协同，使得集团对下属企业各类信息不能进行统一有效的管理，从而导致集团内部信息沟通交流的滞后性。因此，云制造可实现对共享平台中集团企业各种类型的制造资源进行充分利用，并通过建立物理资源层可保证关联企业间信息传递的及时性以及信息交换的准确性，有利于提升管理层对集团内部信息与资源整体把握的能力，为管理层进行有效决策缩短搜集企业信息的时间，从而提升集团参与市场竞争的能力。

2. 虚拟资源层

虚拟资源层主要是通过一系列虚拟化技术和云制造定义工具将物理资源层中的制造资源和能力进行集中分类，按照不同类别将物理制造资源与虚拟制造资源达成一一对应关系嵌入到云制造服务平台，将制造资源和制造能力的相关信息通过虚拟技术转化为可动态调配的数据信息。云制造服务平台可以对制造资源和能力进行智能优化配置。由于制造资源和制造能力不仅种类和形式比较多，而且受内外部环境变化的影响而缺乏系统内在的稳定性，因此，企业通过虚拟资源层对制造资源和能力进行集中虚拟化封装，既可以对云制造服务平台中的物理资源进行灵活调动，又可以按照用户需求进行数据信息的配置，大大提升了集团企业使用资源和能力的灵活性。总之，制造集团企业可以根据订单需求动态快捷地调度企业资源，能够有效节省资源分配所耗费的时间。

3. 核心服务层

核心服务层的主要任务是对云制造服务平台中经过信息参数化处理的数据资源进行统一调配和管理。核心服务层需要将经过高度抽象化的制造资源和能力按照一定的标准进行重新定义并加以描述，目的是为了使集团实现内部资源和能力管理的标准化、规范化、智能化，使集团通过云制造平台对下属企业资源和能力进行更方便、快捷、智能的调配和使用，提升集团企业之间运作的协同性，提高集团整体的运作效率。可见，核心层是云制造服务平台运作的核心和关键。核心层对集团企业的制造资源与能力智能化整合与管理，有利于促进企业更加快捷地进行资源匹配，提高资源获取的时效性，从而提升组织敏捷性。

4. 应用层

应用层旨在为一些特定的制造领域提供不同的通用管理接口和专业应用接口。集团下属企业在云制造应用层不仅可以通过应用接口及时获取所需的资源和信息，而且可以减少企业对IT等基础设施的重复投入、维护、管理及相关IT人员的雇用，促使集团下属企业集中精力进行专业化生产。应用层有利于实现集团下属企业只需要一个接入口，就可以实现对资源和信息的获取，真正实现"即插即用"。这样制造集团下属企业就可以通过云制造服务平台按照实际需求获取集团内部的资源和服务，不仅可以减少资源的浪费和闲置，而且还可以提高集团整体的生产效率。此外，集团企业可以更加快捷地通过云制造应用层的界面服务直接对平台进行在线访问，及时了解下属企业运用云制造平台中的各类资源和服务的详细情况，企业能够根据下属企业的详细订单情况与资源需求进行市场定位，动态把握市场需求，以市场需求为引领来快捷准确地组织生产过程，有效缩短企业对外部市场机遇的反应时间。

综上所述，云制造服务平台能够有效缩短集团企业对外部市场机遇反应的时间，能够快速响应用户需求，减少集团内部寻求资源所耗费的时间，可以动态快捷地调配企业资源，从而提升组织敏捷性。

（二）成本指标

于戈斯和哈里斯基（2012）认为现代高科技、互联网、共同业务标准推行规范化、自动化、高度集成的业务流程是企业业务费用下降的原因，这种改变很难，需要企业在业务流程自动化与集中化方面有所创新。面向企业集团的云制造最首要、最核心的思想就是通过虚拟化技术等将零散的资源聚集起来，集中封装到云制造服务平台，进行统一整合、优化，避免资源的重复使用、闲置和浪费，有效地提高资源的利用效率，从而使企业集团资源的使用达到高效、低耗的目的。

云制造服务平台实际上是一个大型的制造服务网络，充分体现了云制造集中协同的思想，将制造全生命周期的各类资源和服务以及合作伙伴信息按照一定的标准进行归类整理，对制造过程的全部信息进行有效的协同管理。集团企业可以将研发机构、高校、政府组织机构以及企业供应链的上下游合作伙伴等关系及企业生产过程的制造资源、计算资源、制造能力等汇集在云制造服务平台上，便于集团与下属企业及合作各方在平台上进行沟通交流，有效降低参与生产项目的各合作伙伴的交易成本。据统计数据得出，大多数制造企业数据中心的资源利用率不高，一般为15%或更低，甚至存在少于5%的情况。在云制造服务平台的服务系统中，很多企业共享一个大的虚拟资源池，这个虚拟资源池最大的特点是可以实时动态调整大小，通过该机制对资源实施动态分配和优化配置，从而使制造服务平台的资源利用率超过80%，要远远高于制造业资源在传统模式下的利用率，有效减少资源冗余、浪费、闲置所消耗的制造成本。一方面，集团企业在云制造模式下通过内部私有云平台可以智能调度企业资源，有效降低IT资源、基础设施、技术人员等的重复投入，降低集团的运营成本；另一方面，集团企业可以通过云平台将集团内部资源统一汇集，提高对集团内部资源的利用率，降低对外交易成本，同时也可以利用云平台将企业的内部资源发布到平台中，提供给其他制造企业使用和消费，从而进一步提升资源利用率，增加集团企业收入，提高业务的灵活性，降低运营成本。此外，云制造服务平台运用远程视频监测技术、物联网技术、全球定位技术等对生产制造和服务过程进行全程实时动态监控，特别是在生产过程中的采购成本、生产成本、运营成本等的监控，便于及时发现集团企业制造全生命周期中存在的资源消耗过大、成本严重过高等问题，最大限度地减少资源的浪费。

如图6-1所示，云制造平台中的虚拟资源层能够对虚拟资源进行统一封装、精度管理、优化成本，保证制造产品的高附加值和低成本。为了使企业能够实现较低的采购成本及合理的定价，制造集团企业不仅可以在云制造服务平台上实现对制造材料的质量和价格实施全程监控，保证企业的用料质量和降低成本，而且也可以根据用户的订单需求来组织和构建企业的生产运营过程，按需合理定价，从而保证产品的竞争优势。此外，集团企业在虚拟资源层可以对其人力、物力、财力等资源智能调度，有效提高生产效率，降低产品运营成本。总之，集团企业通过对制造资源的虚拟化对其进行智能管理、整合优化、实时监控，充分利用集团企业资源，避免IT资源的重复投入、闲置和浪费，有效提高企业资源的使用效率和运营效率，从而实现降低成本的目的。

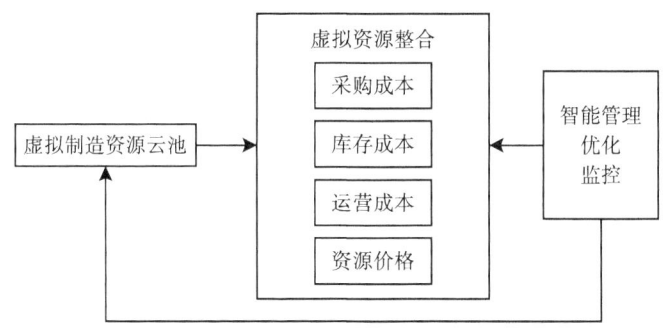

图6-1 成本维度分析框架

**（三）鲁棒性指标**

近年来，随着环境的日益动态复杂，很多采用传统金字塔形组织结构模式的大型集团受到了致命性的打击。因为这种看似稳固的结构将决策权集中在高层管理者手中，因此集团企业无法及时而有效地做出决策。因此，为了提高组织的鲁棒性，很多公司（如思科公司）采用了能够提高企业自治能力的组织管理模式，这种模式是一种基于组织的网络状组织结构，由一个中心协调单位来负责总体的策略和目标，为其他业务提供管理、财务及系统上的支持。随着企业规模的不断扩大，企业将不断地开创新的业务单元而不是扩大原有的业务单元，同时随着新业务的增加，企业设立新的协调部门来为新的业务单元提供支持。这种新型的网络状结构避免了企业变大过程中出现的呆板问题，使组织趋于灵活性，从而提高了组织整体的稳健程度。这种组织结构的改进是通过经济和技术的不断融合来实现的，网络组织中业务运营性单元的支持是通过远程交流和计算机技术的融合来实现的，而"云计算"就是这种技术和服务融合的典型例子。云制造能有效提升集团鲁棒性，具体体现在以下几个方面：

首先，云制造提升集团运营稳定性。制造集团企业通过打造企业的私有云平台，使企业分布在世界各地的各相关部门都可以将信息数据输入到制造云中实现同步共享，通过建立公有云平台可以使企业与物料和零件供应商之间的沟通更加便捷顺畅，企业可以随时了解他们的库存情况和市场动向，这样就有利于制造企业及时调整组装和备料方案，促使企业根据实际需求快速调整制造资源的种类数量。另外，云制造平台中的制造业务规模能够实现敏捷调整，原因在于平台会优先分配已有预约的资源，暂时封锁没有预约的资源，降低虚拟资源分配的复杂性，从而提升稳定性。云制造用户只要在有网络的环境下就可以获取制造终端的服务，通过调配和运用虚拟资源便可进行系统业务运作和完成制造过程，并且即使在制造过程中的某一点发生故障也不会影响到整个制造过程，平台在运行中会利用一系列容错技术手段将某一点上的故障直接转接到另外一些制造资源上，以确保制造过程顺利运行，从而使在云制造平台下的生产制造风险大大降低，提高了制造企业的运营稳定性，保证企业的业务流程不会因为某个故障而影响整个生产制造过程。

其次，云制造提高产品质量稳定性。因为云制造平台的所有制造资源在进行虚拟封装之前都精准地规定了质量评价标准和服务评价标准，以便云制造服务平台中的各方用户可以量化的判别制造资源的质量和服务质量。一般情况下可以把物理资源划分为两类：制造资源和制造能力。制造资源又包括软件资源和硬件资源，例如软件资源可以用操作界面的简易度、系统的运营效率等指标进行衡量；硬件资源可以用加工能力、设计能力、产品精确度等指标来衡量。集团企业可以通过在云制造服务平台中对制造资源和能力的指标评价体系的应用，确保制造产成品在设计、加工生产、质量检测等环节能有一个标准化的管理，从而有利于提高产品质量的稳定性。

最后，云制造提升组织系统稳定性。集团企业通过云制造服务平台对集团下属企业虚拟化资源进行统一管理、运作调配，将复杂繁多的任务进行合理化分工，科学地分解给集团下各个分厂，集中进行智能化管理。各厂之间通过相互协作，充分发挥各自的资源和能力优势，实现优势互补、能力互补，这样才能够发挥各厂的余力，避免出现有的工厂负担过重，而有的工厂没有订单的情况。在云制造服务平台的作用下，企业集团各分厂之间协同合作，使整个集团的内在系统趋于稳定。

总之，云制造服务平台的高度灵活性源于云制造服务模式融合了众多先进的信息化技术，包括云计算技术、虚拟化技术等先进制造技术，有利于促使企业集团组织的虚拟化发展，提升了集团运营稳定性、产品质量稳定性、组织系统稳定性。此外，云制造促进企业的组织变革，以便更好地与云制造服务平台结合，这种组织变革提升了组织的鲁棒性。如图6-2所示，外部环境的动态复杂性和信息化的快速发展，对企业集团的稳定性提出了挑战，驱动了组织结构的变革。同时，环境的动态复杂性和信息技术的快速发展也推动了云制造模式的出现，云制造融合了各种先进的云技术，为企业组织结构的变革提供了支撑，进而提高了企业集团的鲁棒性。

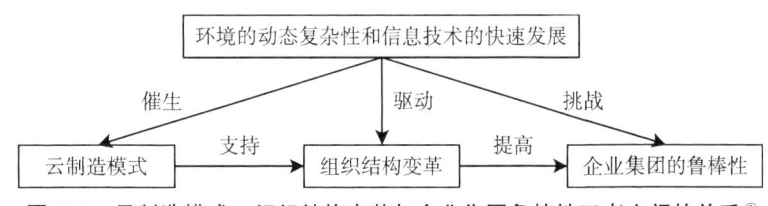

图 6-2　云制造模式、组织结构变革与企业集团鲁棒性三者之间的关系①

### （四）适应范围指标

于戈斯和哈里斯基（2012）认为云计算的出现使得企业的运营流程更加流畅、灵活，取代以前自始至终都在一条预定轨迹上运行的流程（生产线流程），现在的业务流程都是以一种循环、迭代并不断调整自身以适应环境变化的模式来运行的。环境的变化往往源于顾客需求的变化，而云制造模式的一个典型特征就是用户参与的制造，是响应时代的发展趋势。在云制造模式下，用户参与程度不再局限于传统的客户需求提出和客户评价，而是使客户的需求渗透到产品制造全生命周期的每一个环节。用户既是云服务的消费者，也是云服务的提供者或开发者。云制造模式是一种面向服务和需求的制造模式。当市场需求发生变化时，用

---

① 霍春辉，刘建基.云制造模式对集团企业的组织敏捷性影响机理探析 [J].辽宁大学学报（哲学社会科学版），2014（4）：88-95.

户根据自己对产品的偏好发布订单需求，通过云制造模式的方式，参与到整个产品的制造生命周期中，为产品的设计、生产、加工、维修等产品的制造过程融入了用户的意见和观点。用户参与的云制造模式使企业集团可以根据顾客的需求逐步调整设计思路、改善生产技术和工艺等，努力朝着顾客需求的方向改进和完善。面向服务和需求的云制造促使企业集团不断自我调整，无形之中提升了企业集团自我调整能力以及对环境的适应能力。

在传统的制造模式下，企业用户仅限于提出自己的需求，并做出相应的评价。而云制造模式与之不同的是它强调的是用户参与的制造过程，用户将会参与到集团企业制造过程的整个生命周期中。云制造模式本身就是一种面向客户需求和服务的制造模式。如图 6-3 所示，当外部市场需求发生动态变化时，客户可以按照自己的个性化需求输入到云端，在云制造的虚拟资源层，系统会对需求订单进行智能识别，对制造资源进行重新组合，调整原有产品，尽量满足客户需求，这一过程也就是客户参与生产的过程。在云制造服务平台中，所有用户都可以自发地参与到平台中来，为企业的采购、研发、生产运维各个方面提供创造性的思想和有价值的意见，因为顾客在充当产品使用者角色的同时，更应该通过全程参与来了解和满足他们的定制需求，才能提升竞争力。客户参与生产制造会不断地使制造企业按照客户的定制化需求按需生产，不断调整产品生产设计和加工技艺、生产流程，不断改进产品和服务质量，促使制造企业在整个生产制造过程中的各个环节都向客户需求靠拢，大大提高了制造企业的自我完善能力，提升对环境的适应能力。

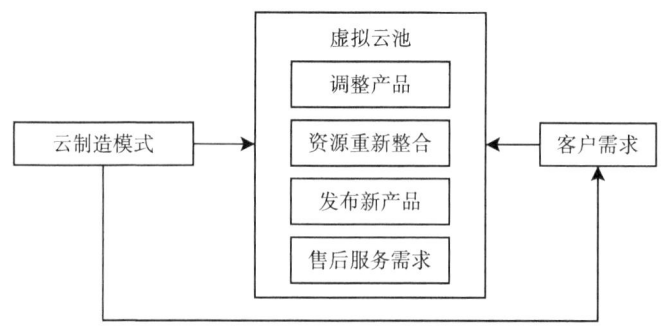

图 6-3 适应性指标分析框架

总之，通过 CTRS 指标评价体系对云制造模式对集团企业组织敏捷性影响机理的分析中可以看出，云制造模式为提升制造业企业集团组织敏捷性提供了重要的技术手段和制造模式,在缩短时间、节约成本、提高鲁棒性、增强适应性方面发挥了重要作用,有利于制造集团企业在动态复杂的市场环境中提升集团组织敏捷性,有效增强自身竞争优势以适应动态复杂的外部环境,实现集团企业的可持续发展。

## 二、云制造应用对组织敏捷性的影响分析

Sambamurthy 等(2003)基于动态能力视角提出了组织敏捷性的一个分析框架,认为组织敏捷性是由合作伙伴敏捷性、客户敏捷性和运营敏捷性这三个重要维度构成。其中,合作伙伴敏捷性是指通过合作伙伴关系、战略联盟、合资企业等方式实现企业间信息和资源的共享,挖掘企业创新能力和塑造企业竞争力的能力;客户敏捷性是指企业通过与客户的合作关系来挖掘市场潜在机会的能力,也是与客户共同创造企业竞争机会的能力;运营敏捷性是指组织运营流程能否帮助企业快捷地获取新的市场机遇和为企业带来经济价值的能力。下面我们将基于TOPP 模型的云制造应用对组织敏捷性三个维度的影响进行系统分析。

### (一)对合作伙伴敏捷性的影响

1. 加强资源共享与协同

云制造平台主要可以分为:共有云、私有云和混合云三种形式。下面主要从企业公有云和私有云的角度来分析云制造平台对合作伙伴敏捷性的影响。

公有云平台指对那些分散且处于闲置状态的制造资源集合在一起,为外部不同制造企业之间分享信息和资源能力提供便利和支持的一种共享平台。公有云平台负责对共享平台上的资源进行智能调度管理,对于在平台上的合作伙伴关系会由平台进行数据处理,并输入到虚拟资源层,实现合作伙伴间的资源共享与协同。

私有云平台指将具有协同合作意图的企业资源和能力聚集、封装后形成的共享服务网络。私有云平台相对公有云平台来说,其开放性仅仅局限于内部合作。虚拟云中包括不同合作伙伴、不同层级和内容的制造资源,这些资源并不是一成不变的,而是随着家族企业的差异需求动态变化,或者当集团企业合作关系发生动态变化时,资源和能力需求也将随之发生改变。当一种合作关系不存在时,平台管理系统将采取措施对公共资源平台中的资源进行清除,为下一次企业间的合作准备所需资源,因此,为了更顺利实现协同企业间的资源共享,云制造服务平台会为企业进一步提供相应集成服务。

## 2. 提升供应链敏捷性

合作伙伴敏捷性是企业通过结成联盟、上下游供应商联合、合资企业等形式来共同利用资源和能力,实现规模优势,降低成本,提升组织的快速反应能力,提高企业竞争优势。云制造会给集团企业带来敏捷简明的供应链系统,使企业制造资源和外部市场需求都集聚在云制造中心,通过自动匹配高效率地完成整个制造流程。

云制造平台中供应链的运行结构如图 6-4 所示,具有不同需求的用户只需将订单要求传递到云平台,云制造平台就会对用户的订单要求进行智能分解,再通过调度云资源来匹配用户需求,然后会将相应的制造流程分解给各个合作伙伴,最终将相应的制造信息再次反映到云平台,实现一次闭环操作,这样上下游合作伙伴就会获得准确的信息,形成一个真正的敏捷供应链。供应链成员信息被统一汇集到云制造服务协调中心,对包括资金流、信息流、物流等进行处理,这样合作伙伴各方信息都可以在信息协调中心聚集,整合优化后的信息又会被协调中心反馈给供应链中的各个合作伙伴,例如,协调中心会对整个物流运行过程进行整体协调调配,使企业供应链在云制造模式下可以实现从设计、生产加工、销售服务到物流配送全过程以最快捷的方式低成本运行。在云制造模式下,制造企业

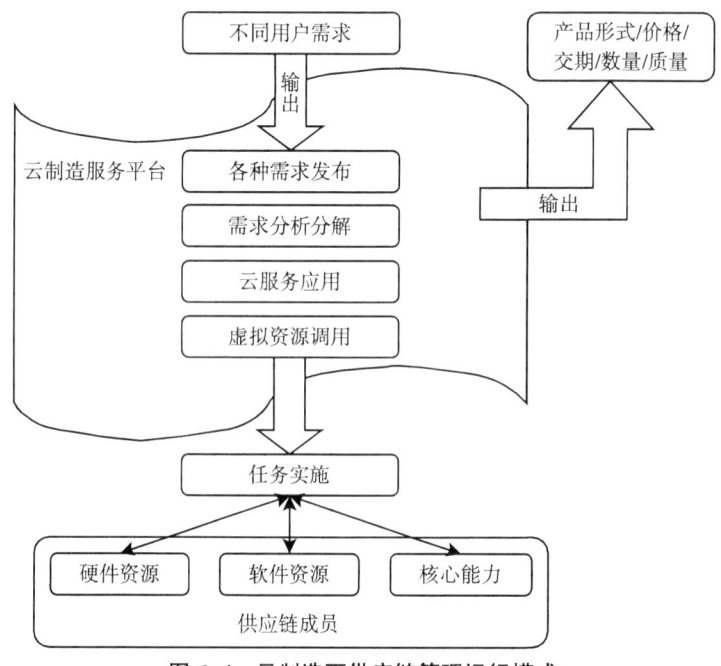

图 6-4 云制造下供应链管理运行模式

受到外界因素的影响将会降到最低水平。企业人员不必将精力都放在供应链中合作伙伴关系的协调和信息的搜集上,而是可以把更多的精力放在制造资源的分配、制造流程的改善以及制造能力的合作上,这在很大程度上提高了合作伙伴的敏捷性。

3. 促成合作伙伴联盟网络的建立

云制造模式的协同思想主要表现:云制造可以将具有不同核心制造能力的企业集聚形成合作伙伴协同关系,也就是通过建立云制造合作伙伴动态联盟网络联合各方优势和核心能力,将整体制造能力发挥到最大,充分发挥制造集团企业各个合作伙伴的战略关联能力,这样做的优势在于它可以弥补企业制造能力和制造资源的不足,提升企业的综合竞争实力,也可以动态、灵活地建立合作伙伴关系联盟,快速捕捉新的市场机遇,提升企业的组织敏捷性和技术敏捷性。另外,这种做法也可以同合作伙伴企业共担风险和费用,这种动态联盟关系可以使合作伙伴更加便捷地沟通信息,提高组织灵活性,在一定程度上也能有效缓解合作伙伴的竞争关系,加强组织协作。

## (二) 对客户敏捷性的影响

在很多情况下,集团企业从外部采购制造资源用来满足客户的定制化需求将不利于资源的维护和扩展,同时也会造成制造资源的严重浪费,不利于企业应对外部市场环境的变化,也延长了企业对环境变化的反应时间。在传统制造模式下,企业的重点完全放在生产、设备、订单等方面,忽略了制造服务。云制造模式下,通过在虚拟资源层界面对用户的需求进行资源重组和按需调配,及时调整加工工艺和设备,使制造企业形成了制造即服务的生产理念,能够真正根据用户需求组织生产,这种变化对制造企业的转型升级,提高企业对资源的使用效率起到至关重要的作用。下面从以下几个角度进行具体分析:

1. 促成面向客户需求的敏捷价值链的建立

云制造模式之所以能够提升客户需求敏捷性,很重要的一点在于它能够智能分析客户需求以及内外部环境的变化,例如,如何实现内外部制造资源和能力优势与客户需求完美匹配、如何快速提供差异化的产品和服务以满足不同客户的需求、如何实现规模化协同制造以满足社会的规模化需求等都是云制造所关注的重点。在传统制造模式下,制造企业凸显的一系列问题促使他们更加注重敏捷组织的构建,更加注重先进制造模式的应用。云制造作为先进制造模式的一种,通过利用云计算、物联网、虚拟化等先进技术能够将上下游企业、集团内部企业之间通过一种共享网络平台的方式构建企业间的虚拟化网络,集中核心竞争优势,优先获得有利的市场机遇，快速捕捉市场和占领市场。现代制造集团企业提升竞争力的关键是在制造全生命周期中能够按需生产、按需服务，而不再仅仅局限于生产效率的提高，既能切实满足客户的需求，又能减少资源的浪费，也就是说集团企业在云制造模式下实施模块化管理。当客户需求和市场环境发生变化时，企业就会启动相应的业务单元和模块来满足客户的定制化需求，例如在起重机生产过程中，当客户希望对起重机增加一项功能时，云制造平台就会针对增加的这一特殊功能组织研发设计、生产流程和生产计划等，因此，制造企业要像搭积木一样启用不同的业务单元按需生产适合客户的设备。云制造模式之所以能够对客户需求实现敏捷响应，关键在于企业各方面力量能够在虚拟化网络界面自由支持下组合生产，形成面向客户需求的敏捷价值链。

2. 快速智能识别市场机遇

随着市场环境不确定性的逐渐增加，企业间的竞争日益激烈。在传统制造模式下，一方面，集团企业在动荡的市场环境中对市场需求难以进行准确的把握和预测，往往容易导致企业产品的生产制造或提供的相关的制造服务与市场需求的脱节；另一方面，市场环境信息掌握滞后不利于企业快速发现市场机遇，从而影响企业的可持续发展。在云制造模式下，制造企业通过建立一种按需分配制造资源和能力的方式来满足变化市场动态需求。云制造模式的运行方式是通过在云制造平台构建满足客户定制化需求的模型，在云制造服务平台上对应中间件的支持下，企业可以从云制造服务中心智能地搜索与企业制造需求相对应的制造资源和能力，通过对动态制造环境的智能匹配，快速发现市场机遇，提高企业的应变能力。此外，云制造服务端的客户关系管理系统是在统一通信技术的基础上，以满足客户需求为目的而建立起来的智能识别系统。一方面，云制造客户关系管理系统能够将分散在不同地区的客户和相关业务实行一体化管理，能够对售前、售中、售后的制造产品和客户进行统一监控，对企业客户进行有效的一体化管理，从而实现动态掌握市场需求变化和发现潜在的发展机遇；另一方面，客户关系管理系统通过对客户需求数据和报表的智能分析能够使企业及时挖掘企业市场机遇，为企业进行更为快速并准确的决策提供了技术支持和信息支持。

3. 提升客户参与度

在云制造模式下，客户能够参与到企业产品的整个制造过程中。云制造服务平台本身是一个具有高度开放性质的服务性平台，为用户参与企业产品制造提供了一个沟通与交流的平台。上下游供应链中的用户都可以通过这个开放式平台进行沟通，提出自己对产品生产制造的需求及产品某种特性的特殊要求，使企业与客户之间信息流的流通更加方便快捷,在提升客户产品制造参与度的基础上,减少了企业与客户之间的信息隔阂,进一步提高了企业产品的市场需求。客户不仅能够对终端制造产品有一个更为全面的认识,还能够通过产品的整个制造和转移过程对产品有较为深入的认识。对于某些特殊客户来说,云制造可以使客户参与到企业产品的设计和开发过程中来,使客户对产品的感知和认识不再局限于最终产品,而是能对整个制造和转移过程有直观了解,甚至为企业产品的研发设计提供创意,从而促进企业产品不断创新。在云制造人机交互平台中,客户可以利用平台服务中心提供自己的设计理念和创新思路,为企业提供服务化和个性化支持。对于制造企业而言,客户的全程参与也使企业能够从中直接获取用户的需求信息,按照用户对产品的特殊需求按需组织制造生产,整合和匹配企业所拥有的制造资源和能力。实质上,按需生产就是制造企业将企业的制造能力和资源嵌入网络环境,将生产的侧重点放在客户的需求上,通过云制造这样一个网络平台,提升客户参与度,及时了解客户需求,从而组织产品的生产制造。因此,云制造提升客户参与度的同时也提高了客户敏捷性。

(三) 对运营敏捷性的影响

1. 提高业务流程敏捷性

业务敏捷性是指企业的业务流程能够经济、高效和快速地响应内外部环境变化的能力。随着环境的快速变化,企业的快速可持续发展对业务流程敏捷性提出了更高的要求。云制造是一种先进的制造模式,对提高企业的业务流程敏捷性发挥了重要作用。

云制造模式可以促使用户随时随地敏捷高效地增加或缩减企业的制造资源和能力,使企业也能随之敏捷调整其业务规模,动态掌握市场需求,以快速应对内外部环境的变化。云制造服务平台最核心的部分是面向知识的运用。在产品制造过程中,企业可以通过利用云制造服务平台对与产品制造相关的知识进行挖掘,从而有利于推动产品制造的协同管理。云制造通过对制造资源和能力的协同管理,可以提升制造资源和能力的利用率和使用效率。管理咨询公司麦肯锡的调查结果显示,企业提升组织敏捷性,使企业的业务流程更加顺畅,能够降低企业各方面的风险,使企业业务收入获得持续增长。云制造服务平台中的私有云应用服务能够使企业各方面的资源和知识在更加广阔的区域内实现自由交易。企业不仅能够在云制造平台上公布所需要的资源和能力,还可以发布相应的供应信息,实现供求信息的自由流通,相关制造企业之间可以实现在设计、研发、生产、销售、维修等业务的协作以及制造业的产业聚集。云制造服务平台参与角色构成方式分为三种,分别是资源提供方、资源需求方、平台营运方。三方的协作形成了一个良好合作的网络生态系统。大部分中小企业选择与外部合作伙伴协同制造的方式来共同研发和生产某种产品,特别是在新产品的研发过程中生产加工工艺研发方面的协作更为常见。这些制造企业在与合作伙伴协作过程中始终坚持一个原则,就是将产品的加工制作全过程都和基本的核心工艺相结合,充分利用各个企业的核心优势和能力。为此,云制造服务平台会对企业业务流程的各个方面实行全面协同管理,对企业实施生产制造的各工序进行跟踪监控。云制造服务平台能够将数据中心与企业业务信息系统形成对应关系,使企业在业务流程上的协作更加紧密,确保企业的制造流程能够与内外部资源在协作的基础上实现生产任务的快速完成。

2. 提高资源配置效率

在传统制造模式下,传统的 Web 提供商或者企业专有数据中心整合规划企业制造资源的方式主要分为三种:第一种方式是只考虑短期的负载来分配资源,该种方式产生的资源浪费相对最少,只有在负载期低谷时才会产生比较大的资源浪费,但是在不对企业业务未来发展进行预测的情况下分配资源,就会导致一段时间后因为资源不足而影响业务系统的运行,或者不久就需要再次扩充容量,同时给管理也带来了复杂性;第二种方式是传统制造模式下采用最多的方式,这种方式考虑了负载长期的增长趋势,具有一定的预见性,考虑长期需求而储备所需资源,但是这样会造成短期内的资源浪费;第三种方式是为了应对不可预测的突发事件而准备大量的资源,从而导致绝大多数情况下资源都处于闲置状态。

综上所述,在传统制造模式下,传统的数据中心无论是应用哪一种资源整合分配方式,都无法有效地兼顾业务的可用性和资源的高效利用。而在云制造模式下,服务资源提供方通过对制造资源和能力的集聚,形成一个能够对资源动态实时合理分配的共享资源池,这个制造力强大的虚拟资源池能够促使动态资源调度机制的形成,从而使企业能够按照云端需求者的需求提供服务。此外,云制造在参与制造服务过程中,可以及时、快捷地调整所需要的制造资源种类和数量,可以多方位、多粒度地按照客户需求对共享的制造资源进行控制和访问,使组织能够及时根据外部市场需求的变化快速调整所需的资源,以提高整个组织协作过程的反应速度和实时能力。

## 第二节　理论框架与模型

### 一、云计算时代的企业业务流程敏捷性

#### （一）业务流程管理的概念与功能

1. 业务流程管理的概念

Forrester 将业务流程管理（BPM）的概念定义为：以流程为核心的一整套管理体系，从流程的层面切入，密切关注流程是否增值，并对流程的全生命周期进行有效管理。BMP 的目标是消除存在于企业用户与客户之间的信息壁垒，用图形来模拟用户的想法，并自动地把这些想法转化为可执行的业务流程，它能解决现存的集成问题，实现新型自动化，从而消除企业目标和执行之间的差距。

2. 业务流程管理的功能

（1）建模：通过图形来模拟用户的想法，对业务过程及其基本元素进行定义。

（2）执行：将定义好的流程模型进行部署，在 BPM 系统中自动执行，从而减少人工的干预，提高准确性，缩短流程周期。

（3）管理：能够可视化地对流程的执行情况进行实时的监控与追踪，对流程执行中的例外进行处理，记录到日志文件中。

（4）优化：根据指标对流程的执行情况进行统计分析。根据统计分析的结果，对流程进行改造，以优化流程的执行。

这四项功能构成了 BPM 的生命周期，周期内的各项功能不断循环，对企业的流程进行持续的改进，从而提高企业的敏捷性。[1]

#### （二）云时代的企业业务流程敏捷性

成功使用 BMP 尤其是在中小企业规模的组织的成功使用关键因素之一是保持组织的灵活性。选择一个好的刚性水平过程是关键的。业务流程管理极大地提高了企业的敏捷性，而云计算可以优化业务流程管理的功能。云计算可以自动地建模，使用虚拟图像，多平台可以快速地运行。单元测试可以和多个云机并行使

---

[1] 任宏波，刘红军，白旭. 基于业务流程管理框架的企业敏捷性研究［J］. 中国管理信息化，2008（21）：64-68.

用，这可以缩减成本，在云平台上，厂家可以实时地与客户、供应商、制造商进行沟通，透明度大大提高，这可以让团队成员做出有远见的决策，关注到有利的方向，可以及时地想到即将面临的磨难以及识别出最好的项目资产。此外，在云管理平台上，敏捷的管理工具可以在几分钟之内进行部署，大大优化了流程的执行。[①]

对目前存在的以云为基础的业务流程再造，我们可以说，现在纯粹的基于云的业务流程再造仍然只是一个梦想。在 BMP 应用阶段，一旦选择可靠的业务流程管理系统，我们必须坚持传统厂商中现有的产品认可的业务流程管理系统（BMPS）。云领域内的业务流程管理系统已经开始，最明显的参与者是业务流程管理系统的供应商，他们尝试将其现有的产品转移到云中，并提供 SaaS 的模式。云功能的业务流程管理系统最主要的优点包括普遍认同的 SaaS 的好处和其他一些特定的 BMP 环境。

也许使用云技术更便捷的方式是使用业务流程管理系统进行与我们业务相关的云服务。我们可以利用这样的服务，诸如 E-mail、消息、文件管理、网络服务、外部软件组件、现存的部署在云环境的 EIS，并将其与本地托管的业务流程管理系统集成在一起。

今天许多 BMP 供应商在 Gartner 的象限，例如 IBM、Signavio、Intalio、Pega，做出相当大努力为协作流程设计来开发服务器端环境。然而大多数供应商允许在当地私有服务器上进行安装，这让他们更接近"私有云"的概念。公共云服务往往依赖于开源技术。在这个意义上，最受欢迎的是作为开源项目被开发的 Oryx 可视化编辑器，这个编辑器是为一些像 Signavioand Alfresco 的供应商量身定制的。然而 Oryx 是一个可视化的建模工具，为了完全成熟的 PCE，[②] 我们需要一些更高级的特征，例如嵌入流程建模的文件工具，确保为参与者反馈和更广泛的合作提供协作。

将 PCE 转换到云环境之中有潜在的优势：

- 云可以有效地共享实时协作。
- 云能够更容易地使得 PCE 从任何环境和操作系统中获得，它不需要任何的本地安装专用工具。

---

[①] Nazir A., Raana A., Khan M. F. Cloud Computing Ensembles Agile Development Methodologies for Successful Project Development [J]. International Journal of Modern Education and Computer Science (IJMECS), 2013, 5 (11): 28.

[②] PCE (PC Engine) 是由 Hudson 与 NEC 两家日本公司联手开发的游戏机，1987 年由 NEC 推出。PC Engine 是第一部可选配 CD 模组的家用游戏机。

- 集中存储允许适当的版本，追踪变化和历史。

就像其他技术和服务，慢慢地从本地为基础的软件迁移到云服务中，业务流程管理系统也是在向云转换的进程中。然而，这个转换进程需要很多年。其中一个主要的原因是云互联。一旦使用多个基于本地的软件解决方案，这需要从不同的云环境中消耗很多服务，然后将它们集成在一起，解决方案就很简单了。你只要确保你的每一个云连接器正常工作。一旦你想将这些流程组件转移到云中，那么情况就变得更加复杂。只要你从相同的流程引擎在当地的云中消费服务，那么你就是非常安全的，因为他们都是在"统一的"云环境中。当你从不同的云提供商那里消费服务，那么问题就产生了。不同云环境中的互用性还没有很好地建立起来，事实上大多数 SaaS 云提供者是竞争对手，然而云环境的互用性并不是他们的业务目标。关于在采用 BPM 过程中提高其灵活性存在着许多悬而未决的问题，采用云技术可以帮助我们大大简化这门学科的技术视角。然而，在云环境中现有的 BPM 技术成熟度低，对一些我们称之为云 BPM 的发展仍然有许多工作要做。[1]

## 二、云计算的业务敏捷性与经济效益

### （一）云计算的业务敏捷性

业务敏捷性是指业务能够经济高效地快速适应商业环境变化的能力。敏捷性可带来的好处包括获得更快的收入增长、更多且更持久的成本降低以及更有效的风险和声誉威胁管理。

云计算可帮助企业实现 IT 敏捷性，主要是因为它有以下优势：不需要硬件和软件；快速部署；失败率大大降低；可定制化的环境，轻松结合其他项目。企业可以通过将敏捷开发方法与云计算结合达到更好的效果。云计算的云服务可以帮助敏捷开发团队与其他的云服务将研发，测试，产品环境完美地聚合在一起。在没有应用云时，团队被限定在一个实在的物理服务器上，而应用云以后，多个服务器可以使并行活动成为可能。这可以帮助敏捷开发团队提高效率和效益。而且团队可以按需生产，这可以帮助团队创新，并且因为拥有众多的虚拟机器，交付的速度大大提高。

回馈是敏捷的关键，缩短整体的反馈循环，云可以通过以下方式获得快速响

---

[1] Kolar J., Pitner T.. Agile BPM in the Age of Cloud Technologies [J]. Scalable Computing: Practice and Experience, 2013, 13 (4).

应：①自动化发展：云可以在任何时候把可利用的分布式和方面的源代码提供给研发者；②自动构建：使用虚拟图像，多平台可以快速地运行；单元测试可以和多个云机并行使用，这可以缩减成本；③自动化生产部署：云可以在最短的时间给生产环境最直接的生产方式，有时通过按钮控制来进行快速的部署。这种快速而频繁的部署可以使项目迅速地转向正确的方向。云可以加强敏捷开发，从而有助于企业提升敏捷性。①

（二）云计算的经济效益

随着业务敏捷性成为主要的业务推动因素，IT 等式的另一半将是成本。虚拟化作为云计算的基础，可为 IT 节省成本已众所周知。节省的资金可以转而流向能够加快业务发展的 IT 创新，比如云计算。

今天，通过公有云即可获得廉价的自助式按需计算功能，这为内部 IT 部门带来了新的竞争。公有云提供商可为 IT 提供"按使用情况付费"的模式，并发行预付费卡以便用户使用计算和存储资源。云计算行业的费率卡具有很大的吸引力，凭借相对 IT 部门当前提供 IT 服务所用的成本更低的成本推动其努力提高服务质量并改善服务级别协议（SLA）。从某种意义上讲，公有云为 IT 部门敲响了警钟。现在，它们必须考虑能节省不同类型成本的各种云计算模式：公有云、私有云和混合云。在云计算时代来临之初，对于 IT 部门而言是改变其自身对 IT 的理解和衡量标准的绝佳时机。这种改变姗姗来迟，因为目前有许多 IT 部门并不了解用于特定应用或业务部门使用的 IT 成本。这些成本被由整个企业分摊的"公司税"承担。云计算时代要求 IT 部门在了解精确的成本、分配模式、准确的计费等方面必须变得更加知情且负责任。这在满是异构小环境的技术环境中根本无法实现。

对大多数企业而言，混合云是最经济的模式。根据 VMware 和 EMC 的近期研究，部署混合云可使通常的 IT 总支出降低大约 20% 到 30%。混合云通过虚拟化和整合、优化的工作负载转移、优化的调配和更高效的应用程序开发及维护，可以降低 IT 支出。

就在不久前，对于是在内部网还是在外联网上部署应用，IT 决策者必须在这二者之间做出选择，然后大多数应用只是在 Internet 上运行。在未来三年内，私

---

① Nazir A., Raana A., Khan M. F. Cloud Computing Ensembles Agile Development Methodologies for Successful Project Development [J]. International Journal of Modern Education and Computer Science (IJMECS), 2013, 5 (11): 28.

有云和公有云之间的区别将逐渐消失，这两者结合后将形成可能仅称为"云"的混合云，并通过发挥这两者的最大效用的方式起到互补的作用。但对这两者的需求仍将保持，因为数据中心内的旧式环境仍涉及大量投资。这些投资不会弃之不用。使它们更好地运行将是一个理想的方案，而在其他公司的数据中心内运行可能更经济高效，但如果这一切真正能够实现，那么到目前为止每家公司都会将 IT 外包出去。

各公司为什么继续保留其数据中心都有各自的原因（安全性、合规性、运营控制等）。所以，我们需要保留这些特征并将云计算的好处带给数据中心，否则我们就会失去可推动更高敏捷性的大部分机遇。这就是我们之所以强调私有云的原因。但为何就此止步不前呢？对更多资源的需求始终存在。请考虑一下因为季节或特殊事件而引起的需求高峰，或者因为收购而导致需求先上升再下降。还有一种可能情况，即公司根本不了解需求将如何变化，所以需要确保有足够的容量来应对不可预测的情况。所以，当拥有可以整合到企业级 IT 战略中的大量公有云选择时，就没有道理满足于拥有数据中心而止步不前。这就是为什么混合云是一个如此有价值的解决方案的原因。混合云的关键是跨公有云和私有云实现框架和基础架构的标准化，其中包括：一个通用平台、通用管理、通用安全保护。

标准化使应用和数据可跨不同的云计算模式移植和访问。混合云兼具业务和成本优势，显然，它将成为未来的部署模式。

## 三、云制造影响组织敏捷性与绩效的 CAP 模型

### （一）CAP 模型的构造机理

在本书中引入了技术敏捷性的概念，所谓技术敏捷性就是企业对技术变革快速响应的能力。在动态环境中，技术创新不断涌现，企业必须保持足够的敏捷性以适应环境变化并重组必要的资源以响应和利用这些技术变化。组织敏捷性的实现是基于持续性的业务流程再造，而这种流程再造需要柔性技术的支持，因此，从理论角度分析，技术敏捷性是组织敏捷性的重要前因变量。即企业如何对技术变化做出反应将决定组织敏捷性。Sambamurthy 等（2003）认为，组织敏捷性是指企业探测市场中创新的机遇并快速地通过获得、聚集和重构必要的资源（例如资产、知识和关系）以把握机遇，他们将组织敏捷性细化为客户敏捷性、合作伙伴敏捷性和运营敏捷性，认为形成这三种敏捷性的企业在竞争中将处于有利地位，从而形成企业的竞争优势。Eisenhardt 等（2001）的研究表明，在动态环境

中，组织敏捷性可帮助企业获得竞争优势。本书提出了云制造模式对组织敏捷性和绩效的作用机理（CAP）模型，如图6-5所示。

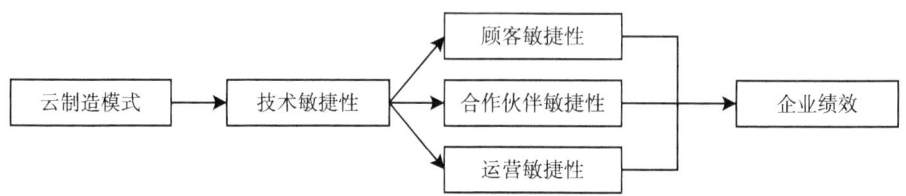

图6-5　云制造模式对组织敏捷性和绩效的作用机理（CAP）模型

如图6-5所示，云制造模式通过提升企业技术敏捷性，进而影响企业顾客敏捷性、运营敏捷性及合作伙伴敏捷性，从而对企业组织敏捷性具有一定的提升作用，最终作用于企业的绩效，从而推动企业的发展。

**（二）CAP模型构造机理的阐释**

1. 云制造模式对技术敏捷性的影响机理

目前很多学者对信息技术尤其是IT技术在企业管理层面做了诸多研究，也有学者证实了信息技术对组织敏捷性的正向影响，但是这里所说的信息技术只是停留在技术的层面对其进行研究的，所谓技术敏捷性则是指企业对技术的战略性应用采纳以及对新技术的接受程度、对信息技术的战略管理等方面来影响一个组织对外界变化的响应速度。云制造模式作为当前制造领域的最前沿的一种IT技术，它与技术敏捷性的关系如何还有待我们进一步分析研究。技术敏捷性的维度框架一般包括技术接受、技术应用和技术管理三个维度。下面我们就从以下这三个方面来对云制造模式与技术敏捷性的关系进行定性分析。

（1）云制造推动技术管理。

最新研究数据显示，企业在技术研发、IT技术的运营维护、IT技术的应用购买等方面的支出仅占企业总成本支出的6%。但是现实企业中大部分企业都将这部分支出的七到八成用在数据系统的维护上，而不是新系统的开发和设计更新上。这种情况下企业不可能吸收到最新技术以应对外界变化，云制造模式实质上是云计算等前沿IT技术在制造业的应用，云制造模式下引入了第三方运营方来管理信息系统，这样对系统的维护都由第三方完成，为企业带来专业化和规模化优势。另外企业对信息技术成本也变得动态可变，原因在于云制造模式本身是一种弹性极高的应用服务技术，云制造平台中所有的资源都是随企业需求动态变化的，因此企业的信息技术成本也并不是一成不变的，根据当时的资源成本按使用量来支付。如今企业在市场状况高不可预测的状况下，也在积极地寻找将技术运营成本部分转嫁到外部供应商的方法，企业中构建的云制造数据中心就是可以降低企业信息技术运维费用的方式。另外，云制造模式下，企业通过虚拟云层聚集各类资源，其中也包括了对企业而言至关重要的信息技术资源，在云制造服务平台中企业可以获取最新技术动态信息，更可以通过虚拟合作伙伴来利用最新技术方法和手段，使企业的信息技术更新速度更快。

因此，云制造本身作为最新信息技术，在运营过程中对信息技术的管理更加便捷、灵活，第三方的运维管理以及云制造平台所带来的以上信息技术优势使制造企业在云制造应用方面具有高度吸收的特性，通过聚合分散在各地的制造资源和能力对其进行集中协同的管理模式，说明云制造模式本身具有很高的技术管理水平。

（2）云制造具备技术接受和采纳度。

企业对一种IT技术的采纳和接受度很大程度上取决于这种技术对企业是否有较大用处、这种技术的应用是否易于推广和使用两个方面，下面我们从有用性和易用性来分析云制造模式本身的技术接受和采纳度。

第一，云制造具备技术有用性。云制造模式可以在云端通过智能调度虚拟资源和规模化、专业化管理的运营模式来按需服务，整合优化制造资源和能力，在技术上真正提升制造企业对内对外应变力。下面对云制造模式中几种典型应用系统的有用性进行具体说明：

制造资源的语义匹配技术：云制造平台首先将所有企业内外部制造资源和能力的抽象特征进行分解，通过一些信息语言和数据算法对资源进行详细描述以便企业用户可以对资源和能力自动选择匹配，简化制造企业业务流程和制造资源的最佳使用状态。

优势制造资源优先匹配技术：通过该技术，云制造平台可以对制造资源进行分析计算，以量化的方式对制造资源和能力进行排序，当企业对某项资源有需求时系统会自动调度优势制造资源以供生产，保证企业产品生产的高质量和稳定性。

云制造容错技术：所谓容错技术就是指企业在生产流程过程中一个点的故障可以转到其他制造资源，不会影响整个制造流程，也不会因为一个流程的失误影响全局生产，对企业资源可以进行有效的容错管理来增加制造企业的安全性。

第二，云制造具备技术易用性。云制造模式作为敏捷技术的很重要的一个原因就在于它拥有简单的操作系统和服务网络界面，所有的企业内部用户都可以在企业内部的私有云平台通过简单的触控就可以获得需要的信息和资源，也可以通过公有云平台经过简单的搜索操作找到其他制造企业的信息，大大增加了用户的使用效率。另外，企业的数据中心由第三方运营方实施管理，企业不需要将大量精力放在信息系统运维和更新方面，减少了企业的操作时间，因此，云制造模式本身具有很高的技术易用性。

云制造模式下企业关键技术的应用远不止这些，本书对此通过一些典型技术和优势来对技术的有用性和易用性进行分析，由上述分析可以看出，云制造模式是一种有用性很强的 IT 技术应用，同时它的简易操作特征使云制造模式这种敏捷技术本身具有技术敏捷性，也就是说云制造模式是技术敏捷性的一种体现。

2. 技术敏捷性对组织敏捷性的影响机制

在研究敏捷性企业概念的基础之上，我们已经结合实证研究和案例研究探讨了组织敏捷性的形成机理。在动态环境中，技术创新不断涌现，企业必须保持足够的敏捷性以应对外部环境的快速变化，同时还要随时能够重组必要的资源以响应和利用这些变化。因此，我们结合 IT 敏捷性这个构念，分析它与组织敏捷性之间的关系和作用机理。影响企业组织敏捷性的因素包括诸多方面，例如，企业的制度、结构、决策方式、创新能力等。显然，健全的组织制度、扁平的组织结构、迅捷的决策和运行方式、强大的创新能力等是一个企业具有和保持敏捷性的关键要素，但是，要具有和保持这些关键要素，不仅必须以现代化信息技术为基础，而且它们自身的结构、功能也受到信息技术发展水平的制约，因此，信息技术俨然成为影响企业组织敏捷性的关键性要素。

通过对技术敏捷性和组织敏捷性的实证研究和案例分析，得出一个重要结论：技术敏捷性在一定程度上能够提升企业组织敏捷性。随着外部环境的动态变化，技术创新不断涌现，企业有压力保证组织具备足够的敏捷性以适应环境变化并重组必要的资源以响应和利用这些变化。笔者认为，组织敏捷性也取决于企业如何对技术变化做出反应。企业通过提高技术敏捷性来作用于组织敏捷性的三个变量（合作伙伴敏捷性、顾客敏捷性、运营敏捷性），进而提升企业快速重组资源以适应环境变化的能力。

3. 组织敏捷性对企业绩效的作用机理

笔者基于整合动态能力观和流程基础观这两种理论视角的基础上，分析并验证了业务流程在组织敏捷性对企业绩效作用过程中的中介作用。笔者的研究假设将业务流程作为组织敏捷性与企业绩效之间的中介变量。通过对巴西汽车制造业企业的实证研究和华晨金杯公司的案例分析，认为企业有效协调和利用内外部的能力以及适应环境快速变化的动态能力在影响企业的绩效之前必须首先影响业务流程（如上市速度、生产质量、生产效率等）这个中间变量。研究表明，组织敏捷性（客户敏捷性、合作伙伴敏捷性和运营敏捷性）对业务流程（如企业的市场响应速度、产品质量和生产效率）具有正向的影响，从而由组织敏捷性所推动的业务流程（如市场响应速度、产品质量和生产效率）对组织绩效（财务绩效和市场绩效）产生正面的影响。

## 第三节　单案例研究——沈鼓集团

通过对沈鼓集团高层领导及云制造项目组成员进行多次访问和实地调研，笔者所在的调研小组结合具体的访问情况和调研情况，将收集到的有关沈鼓集团云制造项目的内部资料进行了整理，并深入探究沈鼓集团的云制造模式及其对组织敏捷性和绩效的影响机理。

### 一、沈鼓集团云制造服务平台的演进

#### （一）沈鼓集团简介

沈阳鼓风机集团股份有限公司（以下简称沈鼓集团）是中国重大技术装备行业的支柱型、战略型领军企业，现有员工7000多人，担负着为大型乙烯、大型炼油、大型煤化工、大型电力、大型冶金等关系国计民生的重大工程项目提供国产装备的任务，其生存与发展直接关系到我国的国家经济安全。沈鼓集团经过多年的积累已经形成了国际一流的核心技术和制造能力。集团现已具备年产100万吨大型乙烯装置、千万吨炼油装置、5.2万空分、60万吨PTA、100万吨甲醇、大型长输管线压缩机、125吨大推力往复压缩机，以及100万千瓦核电火电用泵、国防海军装备用泵等重大技术装备配套能力。在相关领域，沈鼓不能生产的核心装备，就只能依赖进口。因此，在我国石化、核电等装备制造业的国际竞争中，沈鼓集团以重大技术装备国产化为依托，持之以恒进行核心技术创新，不断打破国外技术垄断，填补了国家空白，赢得了"国家砝码"的美誉。此外，沈鼓集团综合实力及员工的整体素质不断提升，先后获得"全国先进基层党组织"、"全国文明单位"、"全国五一劳动奖状"、"第三届中国工业大奖"等荣誉。

#### （二）云制造服务平台的引进

1. 云制造平台引进的背景

沈鼓集团作为东北老工业基地的大型制造企业，已经初步具备了云制造服务平台建设的设备和技术要求。当前制造企业的内外部环境变化的不可预测性以及

市场需求的变化速度的加快，就迫切要求沈鼓集团提升满足客户动态性和实时性需求的能力和提升集团快速应对动态复杂环境的能力。在沈鼓集团过去生产制造过程中，集团内部存在制造资源利用不合理、资源配置效率和利用率低、面对大量差异化订单需求反应速度较慢、技术更新较慢、信息流通和运用效率不高等一系列问题。沈鼓集团信息总监马绍奎（2012）指出，沈鼓集团下属企业通风公司，由于地理位置的关系，自己构建了相关的应用系统，但并不统一，应用相对落后，包括 CAX[①]、产品数据管理（Product Data Management，PDM）、企业资源计划（Enterprise Resource Planning，ERP）等信息化应用软件的管理没有纳入沈鼓集团的统一管理当中。沈鼓集团其他下属企业也存在着类似的问题，导致集团信息化建设投入重复，造成集团内部资源的浪费以及管理的不协调。因此，沈鼓集团迫切需要一种新的发展模式来推动集团的转型升级。对沈鼓集团来说，最有效的方式就是通过采用先进的制造技术实现制造资源的整合优化和下属企业的协同合作。

随着网络通信技术和科学技术的快速发展，制造业企业越来越注重现代信息技术在产品生产过程中配置资源、提高研发能力、协同管理等方面的重要作用。多年来，沈鼓集团始终注重工业化与信息化的融合，将信息化建设视为沈鼓集团战略部署的重要组成部分，以增强集团快速适应外部环境的能力。沈鼓集团现代信息技术部署包含了工程信息化的企业应用系统、可视化计划资源管理系统、物料库存等系统的建设，以期信息化建设走在我国甚至世界装备制造企业发展的前列。云制造模式为沈鼓集团实现工业化和信息化融合及推动集团快速发展提供了契机。

云计算作为云制造的基础技术对推动制造业的转型升级起到至关重要的作用。云制造是一种以云计算思想为基础，利用网络化制造服务平台，结合云计算、物联网等先进制造技术，按照用户的实际需求安排和组织网上的制造资源和能力，为用户提供各种制造服务的网络化制造先进模式。为了推进沈阳市云制造平台建设计划，沈阳市出台了《沈阳云制造平台建设规划》计划方案，在充分考虑当地制造环境和评估各企业的信息化建设水平的基础上，初步确定将沈鼓集团作为云制造平台建设的一期建设基地，首先在沈阳市经济开发区厂区中心机房构建云计算平台，平台建设后会按照沈鼓集团的建设方式和步骤来完成云制造平台建设的全面扩展，试图构建一个集约化的云制造服务平台。

---

① CAX 是计算机辅助设计（Computer Aided Design，CAD）、计算机辅助工程（Computer Aided Engineering，CAE）、计算机辅助制造（Computer Aided Manufacture，CAM）、计算机辅助工艺计划（Computer Aided Process Planning，CAPP）、产品数据管理（Product Data Management，PDM）的统称。

2. 云制造平台引进的重要意义

（1）促进企业生产方式的转变。

沈鼓集团云制造服务平台不仅能够使集团及下属企业实现资源共享，而且还能优化企业生产流程和缩短产品生产周期。集团与下属企业之间也可以通过信息共享加强沟通与交流，提高企业产品研发和创新能力，便于集团内部的经营和管理，提升资源利用率和促进低碳、环保、高效生产；云制造平台的引入整合了集团企业软件资源和硬件资源，由平台对集团及下属企业资源进行统一管理调配，使生产制造业务流程和运营都有一个统一的标准，有利于实现集团对下属企业的规范化管理，也同时提高了下属企业的信息化水平；沈鼓集团的云制造平台将互联网技术、物联网、虚拟技术等应用到平台中，形成真正的服务化制造模式，从而保证企业能够在动态复杂的环境下实现企业的转型升级和可持续发展。云制造在沈鼓集团的应用不仅为集团的发展提供了一个良好的机会，而且对整个沈阳制造业发展和信息化建设都起到了举足轻重的作用。随着沈鼓集团云制造平台的建设，也会将云制造模式向中小企业开放，为中小企业提供在线软件租赁服务和制造方案问题解决服务，实现集团由传统的生产型企业向生产服务性企业转变，不仅延伸到沈阳周边地区，而且要覆盖全省乃至全国，这将为辽宁省制造业的发展及东北老工业基地的建设打下建设的基础，为东北制造业走上新型工业化道路做出贡献。

（2）为云制造模式提供经验。

目前，沈鼓集团云制造项目建设已经取得了初步成效。沈鼓集团通过云制造平台已经汇集了大量制造资源、软硬件资源和制造能力，在产品研发设计、信息交流、业务流程智能化等方面已经融入了云制造模式。这种先进的制造模式在国内成功运用的案例相对较少，沈鼓集团是云制造模式应用的先行者，它的成功将为大型企业部署应用"私有云"制造和我国构建为大中小型企业服务的"公有云"平台提供前所未有的宝贵经验。对于大型制造企业而言，云制造为制造企业实现转型升级带来了重要的发展机遇；对于中小制造企业而言，也可以融入"共有云"制造平台中，与大型制造企业或其他中小型企业实现无缝对接，增加与其他企业的交易机会，提高企业的资源利用率，这也正是云制造模式的灵魂所在。企业可以根据自己的需求灵活部署，减少运营成本和前期投资。沈鼓集团云制造项目建设将会推动沈阳地区和东北老工业基地制造业的发展和升级。

（3）促进云制造的实践应用。

目前，国内掀起了研究云制造理论的热潮，但是国内对云制造的应用和实践尚处于起步阶段，应用云制造的地区或企业相对较少。沈鼓集团一直注重企业的信息化建设，筹划云制造项目建设已经多年。经过 30 多年的信息化建设，沈鼓集团不仅信息技术实力强，而且是我国大型装备制造业，具有众多的下属企业，因此，沈鼓集团具备建设云制造项目得天独厚的优势和进一步加强信息化建设的需求。目前，云计算思想主要是指对 IT 技术、软件资源、信息资源的整合，将此思想融入制造业中便形成了云制造思想，也就是云技术在制造领域的实践与应用。沈鼓集团在综合以往理论的基础上，逐渐部署和落实云制造项目，这一过程中带来经济效率的同时也可能会出现一些问题，因此，沈鼓集团云制造项目可以促进我国云制造由理论走向实践，不断丰富我国云制造建设的理论和实践，推动我国云制造在实践应用中不断完善和发展。

总之，沈鼓集团是应用云制造模式的先行者。沈鼓集团云制造平台是将集团内部的设计研发、工程应用、经营管理、生产制造等全生命制造周期中的应用软件和制造资源等加以整合优化，建立在线应用共享平台，实现集团生产制造的专业化运维和服务。通过云制造平台的建设，沈鼓集团有效减少集团各子公司 IT 基础设施及相关 IT 人员的重复投入和低水平建设，有利于沈鼓集团对各子公司的信息化建设进行统一规划、统一管理、统一实施，促使下属企业集中精力进行专业化生产，从而有效提高集团整体的运作效率，实现集团内部工作流程规范化，进一步推动沈鼓集团工业化和信息化的融合。云制造模式对提升沈鼓集团组织敏捷性及其绩效具有深刻影响，本章将详细研究沈鼓集团云制造模式以及云制造模式对提升沈鼓集团组织敏捷性及其绩效的影响机理。

### （三）云制造服务平台的发展战略

为了进一步推进集团信息化与工业化的融合，沈鼓集团制定了"云制造三步走战略"，确定了集团云制造的发展愿景。根据沈鼓集团对云制造建设方案的规划，沈鼓集团云制造项目日期是从 2011 年 1 月到 2013 年 12 月，项目周期约为三年。沈鼓集团希望通过云制造平台的建设有效整合下属企业资源，有效解决各子公司的信息化难题。一方面，云制造平台能够避免下属企业 IT 基础设施、维护人员等资源的重复投入和浪费；另一方面，云制造平台能够对集团优势 IT 资源、制造资源进行整合优化，实现下属企业资源的高度共享。因此，沈鼓集团构造云制造平台，有利于进一步推进"两化"融合。

沈鼓集团对云制造的规划主要包括云制造制定和确定方案期、软硬件系统搭建期、构建云制造平台、云制造推广应用期，对云制造应用经验总结，最后完成项目验收。沈鼓集团"云制造三步走战略"具体如下：

第一步,开发云制造平台。沈鼓集团首先要在充分考虑集团内部各子公司的需求下开发云制造服务平台,这也是沈鼓集团云制造项目的重点。沈鼓集团主要在集团内部构建云制造平台,实现内部平台的统一,有效发挥"平台即服务"的云系统功能。沈鼓集团云制造平台主要包括四大"云平台",即"制造云"平台、"计算云"平台、"管理云"平台、"服务云"平台。[①] 其中,"制造云"平台是利用虚拟化技术建立的共享平台,实现制造资源的虚拟化;"计算云"平台是优化和整合企业现有计算资源和软件资源的共享平台;"管理云"平台是优化和改进集团现有的信息系统的共享平台;"服务云"平台是拓展信息服务领域的共享平台。

第二步,在集团内部推广应用云制造。沈鼓集团要把云制造应用推广到集团内部各个子公司中,实现对集团内部下属企业优势制造资源、IT资源等整合优化,及时更新下属企业IT资源和信息,提升下属企业的研发创新能力和协同制造能力,实现资源的有效整合,提高集团产品质量和生产效率,有效避免资源的浪费,缩短产品上市周期,从而提高沈鼓集团的市场份额,进一步降低产品生产成本,促进集团企业信息化与工业化的进一步融合,推动集团的快速发展。

第三步,在全社会中推广应用云制造。云制造是先进制造模式的一种,为制造业信息化建设提供了一种全新的制造模式和管理理念。沈鼓集团计划在总结"云制造"建设与应用经验的基础上,准备进一步开放基于集团内部的"私有云"平台,提供面向中小企业的公共服务云平台,实现沈鼓集团商业模式的创新,推动沈鼓集团由生产型向生产服务型转变,为中小企业提供产品研发设计、生产制造、采购、营销、售后维修等服务,提供信息化知识、计算软件、解决方案、运维托管等相关资源,推动中小企业的快速发展,为辽沈地区乃至全国的信息化建设服务做出贡献。

总之,沈鼓集团"云制造"项目以期利用现代信息技术、制造技术及物联网等先进技术,将云计算思想融入集团研发、设计、管理、制造、销售等制造全生命周期制,以实现工业化与信息化的深度融合,将有助于沈鼓集团解决许多目前存在的信息化难题,实现"用计算机语言统一全集团",打造真正的"数字沈鼓"。

**(四) 云制造服务平台的应用现状**

截止到2014年7月,沈鼓集团建设"云制造"项目已经花费了三年多的时

---

[①] 贾莉. 沈鼓集团云制造平台建设 [J]. 科技传播, 2012 (12): 143-144.

间，在充分利用现有的两化融合的成果和先进的云技术的基础上，初步构建了以沈鼓集团中心机房、网络、硬件平台、ERP等先进的管理系统及专业的应用软件为基础条件的云制造平台。该平台是以沈鼓集团下属企业北方电脑公司为主体，融合了各界社会专家学者的专业知识、经验优势等，充分借鉴了云计算思想，是信息技术、制造技术以及物联网等先进信息技术交叉融合的产物。

1. 沈鼓集团云制造模式与传统制造模式比较分析

沈鼓集团采用先进的云制造模式，取得了快速发展。沈鼓集团云制造模式与传统的网络制造存在很大差异，主要表现在以下几个方面：

第一，云制造服务平台具有高度的开放性。与传统制造模式不同，沈鼓集团的云制造服务平台可以允许各方面制造资源及制造能力的引进和输出，能够充分集中和有效利用各方的优势资源和能力，对企业的生产制造能够有效起到优势互补的作用，增加下属企业及合作伙伴之间业务协作的灵活性，此外，参与到云制造平台中企业的多少和企业规模的大小都可以按照协作的实际需求实现敏捷变化。

第二，运营效率更高。传统制造模式下，企业往往将信息化建设的重点放在企业制造资源的网络化集中上，而忽视了制造网络的运营管理，而在云制造模式下，企业使用云制造服务的第三方管理，从而有效地保护了制造相关者的利益，同时也提高了客户参与企业制造过程的热情，沈鼓集团云制造引入制造服务运营方进行有效管理，有效保证了参与各方的利益，也使得制造服务能够高效长久地运行下去。

第三，资源利用率更高。在传统制造模式下，沈鼓集团利用资源的种类和数量不会轻易发生变动，只有发生大的变革的情况下才会有所改变，而且只关注生产制造的部分活动，而在云制造模式下，企业生产从原材料的采购开始到产品上市的各个阶段全程参与到云制造当中，并且企业可利用的制造资源也不局限于硬件资源本身，还包括信息技术以及各方面制造能力。沈鼓集团云制造模式是伸缩性较强的动态模式，由于云制造平台汇集各方优势资源和能力，并智能匹配给下属企业及合作企业，大大减少了资源的浪费和闲置，此外，当企业需要资源量较大时也可以充分利用集聚在云制造平台中的众多资源。

第四，更具经济性。在传统制造模式下，企业不仅需要花费大量资金购置设备和信息技术，而且容易造成资源的浪费、闲置或冗余，此外，现代信息技术更新换代非常快，购置技术往往容易被淘汰，从而导致企业的投资回报率不高；在云制造模式下，沈鼓集团构造云制造服务平台，一方面，避免下属企业IT基础设施构建和维护的重复投入及相关IT人员的雇用成本的投入；另一方面，云制造平台汇集大量资源及下属企业间的协作，推动集团进行规模化生产，从而使集团产生规模经济，有利于降低资源成本和能耗。

表6-1 云制造模式与传统制造模式比较

| 制造模式<br>区别 | 传统制造模式 | 云制造模式 |
| --- | --- | --- |
| 客户端设备 | 对信息技术设备要求较高 | 设备要求低，只需网络接入即可 |
| 程序系统 | 企业需要亲自完成系统维护更新工作，可供使用的系统有限 | 对系统维护更新由平台统一完成，第三方运维管理，可利用资源丰富 |
| 服务范围 | 对制造过程中某一流程的服务 | 整个制造全生命周期过程的服务 |
| 成本效益 | 前期投资较大，资源容易闲置、冗余；设备能耗较大，成本高但效益较低 | 按需购置服务，降低成本，设备能耗较小，成本低效益高 |
| 效率 | 生产周期长，反应慢 | 具有敏捷性 |

2. 沈鼓集团云制造平台体系

沈鼓集团构造云制造项目，形成了较为完整的云制造平台应用体系。沈鼓集团云制造平台主要由制造云平台、计算云平台、管理云平台、服务云平台四大平台组成。这四大云平台并不是孤立存在的，而是相辅相成，有机结合，形成一个有机的统一体，为沈鼓集团鼓风机等产品的全制造生命周期服务。我们将一一介绍沈鼓集团的四大云平台。

制造云平台是融合沈鼓集团内部CAD、CAM、CAPP、PDM、数控机床、三维加工软件等为主体的生产工艺的加工平台，利用虚拟技术实现下属企业制造资源与产品研发设计资源的有机整合，为沈鼓集团企业生产制造的信息化管理提供了数据支持，全面实现集团在云平台支持下的生产制造。

计算云平台是以沈鼓集团内所需的热场分析、流场分析、力学分析、设计计算等计算分析软件为主体的计算分析平台，实现了对集团内部各种应用软件的整合，有利于沈鼓集团对应用软件进行统一配置、优化、升级等，方便集团下属企业各取所需。

管理云平台是在制造云平台和计算云平台的基础上，融合集团内的以物料编码系统、ERP、制造执行系统（Manufacturing Execution System，MES）、办公自动化（OA）等为主体的经营管理平台、企业管控应用平台、供应商平台等而建立的集成化的智能云平台，实现集团内部系统流程优化，统一管理下属企业的生产运作，提高集团内部的运营效率。

服务云平台是集呼叫中心和物联网远程监控、客户管理等应用为一体而建立的服务平台，能够使沈鼓集团提高远程在线监控、诊断和报警的应用水平，保障用户设备安全可靠的运行，最大限度地降低用户因设备维护不当而产生的损失，与此同时，客户可以将产品需求发送到云服务平台，进行定制化服务，提升顾客的满意度。

综上可见，沈鼓集团四大云平台涵盖了企业内部制造、计算、管理、服务等方方面面，为沈鼓集团内部产品全制造生命周期服务。这四大云平台相辅相成，共同组成了沈鼓集团的云制造平台应用体系。

在沈鼓集团云制造体系中，如图6-6所示，客户Q（某工厂）需要某种型号的鼓风机，将订单需求发送到沈鼓集团云制造平台，云制造平台根据订单需求进行智能化云管理，如果用户对产品有特殊需求，云平台则需向沈鼓集团合作伙伴高校A和研究院B发送请求，高校A与研究院B则需研究设计并提供相应的模型或者图纸，然后输入到沈鼓集团云制造平台中，云平台根据模型或者图纸向供应商G、钢厂F等索取相应的原材料及配件等，然后组织各个制造厂进行协同制造，最终生产出用户所需的鼓风机，云平台向物流公司E发送指令，将鼓风机配送到客户Q，而且沈鼓集团对客户Q所购置的鼓风机进行实时监控，尽最大限度避免客户的损失。可见，沈鼓集团云制造平台服务于设计、采购、生产、维护等产品制造全生命周期。

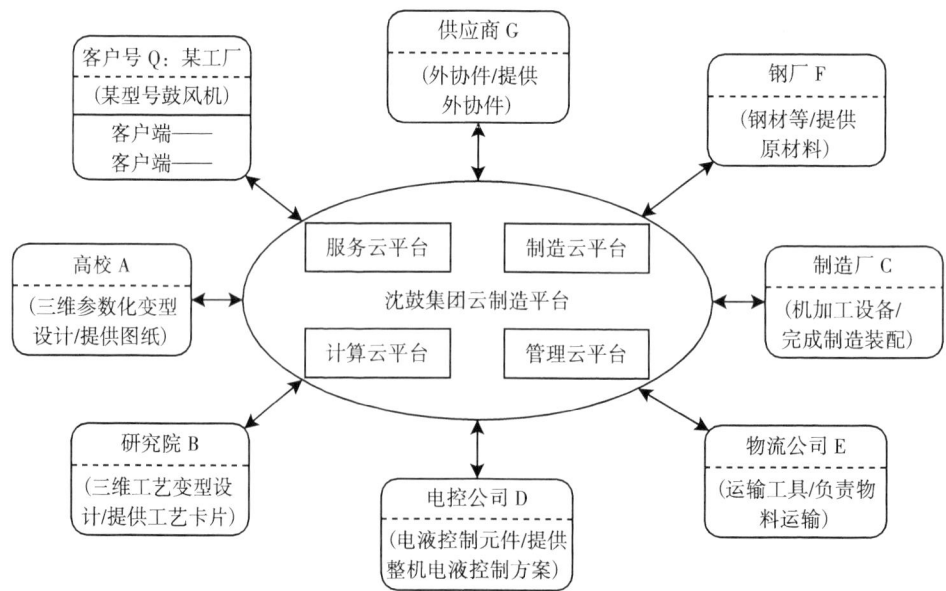

图6-6 沈鼓集团的云制造平台应用体系

3. 沈鼓集团应用云制造模式取得的绩效

目前，沈鼓集团作为我国鼓风机行业支柱型企业，一直致力于探索和应用先进制造模式和发展模式。随着云计算和云制造理念的不断发展和应用，沈鼓集团已经初步完成了中心机房的云计算建设，构建了沈鼓集团云制造平台。云制造项目建设和应用是沈鼓集团进一步深入工业化和信息化融合的阶段性成果。沈鼓集团通过云制造模式的应用，取得了显著的成效，在不断提升集团企业技术创新，增强核心竞争力的同时，有效推进了集团内部先进制造技术和信息技术等在产品研发设计、生产制造、管理经营等方面的应用和融合。这不仅提高了集团的生产制造水平和管理水平，也提高了资源利用率并降低了能耗，同时提升了集团内企业间及合作伙伴的协同合作能力，能够有效增加企业的产值和利润。

（1）推动集团向服务型企业转变。

沈鼓集团云制造模式改变了企业单纯注重生产制造的经营理念，逐步开始由生产型企业向生产服务型企业转变。沈鼓集团运用以物联网为基础的云制造平台为用户进行实时远程监控用户的设备，帮助用户防范和排除潜在的设备故障，防患于未然，有效维护用户设备的正常运作和使用，从而减少了用户对设备的维护压力及设备故障所造成的损失，例如，沈鼓集团运用云制造服务平台为37家用户、139台机组提供24小时不间断的远程监控及故障诊断服务，帮助防范和排除苗头性故障，不仅使用户减少了上亿元的经济损失，而且使沈鼓集团在国产化重大装置维护和检修质量管理的远程化、信息化上实现了零的突破。与此同时，沈鼓集团正在积极探索云制造模式，在已取得云制造实践经验的基础上，努力尝试为中小企业提供基于云制造的公共服务平台。云制造平台中包含ERP、MES、OA等管理软件、流场、热场分析计算等各种计算和设计软件以及CAD等各种工具软件，为中小企业提供应用软件在线租用服务，满足中小企业对各种应用服务的需求。沈鼓集团还可以提供服务器及存储器数据中心服务，为用户提供数据安全和备份管理的服务，实现集团专业化服务体系。总之，沈鼓集团通过应用云制造模式，不断推动着集团由传统的生产型企业向生产服务型企业转变，推动集团经营理念的转变，不断提升集团的服务能力，有助于提升用户满意度，从而有利于沈鼓集团良好品牌形象的树立，巩固和创造市场份额的增长。

（2）降低成本。

沈鼓集团云制造平台对集团制造资源、应用软件等进行了整合优化，实现下属企业按需分配。一方面，沈鼓集团能够避免集团下属企业IT基础设施、应用软件等的重复投入，减小下属企业的成本压力，促使下属企业集中资本进行专业化生产运作;另一方面,沈鼓集团推动了下属企业信息化进程,实现下属企业信息管理的标准化,例如将CAX、PDM、ERP等信息化应用软件纳入沈鼓集团的统一管理,避免了下属企业IT基础设施及应用软件运营、维护等IT人员的雇用,降低了企业人员成本压力。

(3) 提升集团创新能力。

沈鼓集团通过云制造平台将云技术应用于集团企业研发设计、生产制造、经营销售及服务等制造全生命周期中,为产品或服务的创新提供技术支持,极大地提高了沈鼓集团研发创新能力,有效缩短了产品的设计周期,例如沈鼓集团产品设计周期从以前的6个月缩短为1到3个月,接近国际先进水平。沈鼓集团通过云制造平台对下属企业的生产运作进行智能化管理,提升了下属企业的协同性,在企业信息化水平不断提高和产品创新能力不断增强的基础上,大大缩短了产品的制造周期,例如,沈鼓集团的产品制造周期由5到8个月缩短为1到4个月,产品的交付能力显著增强,有效提升了集团整体的市场反应能力,能够快速应对外部环境的变化。沈鼓集团利用云制造平台,使得集团整体的信息化综合实力不断提高,从集团产品的订单开始到产品的研发设计、生产制造、经营销售及售后服务等全过程实现了"数字化、物联化、服务化、协同化、智能化",真正打造"数字沈鼓"。

(五) 云制造模式下信息化建设架构

沈鼓集团的主导产品不但产值高、结构复杂、科技含量高,而且技术准备周期长、数控加工量大,涉及集团内部下属企业的协同运作及国内外厂商的合作。因此,沈鼓集团需要不断加强信息化建设,实现集团内部管控的集约化、标准化、专业化、敏捷化。沈鼓集团应用云制造模式,完善集团内部信息系统管理体系,促进集团信息化与工业化的融合,增加信息技术在工业生产中的应用,有利于沈鼓集团总部及时掌握下属企业的生产、经营、销售等业务动态发展情况及下属企业信息资源、软件资源、制造资源等资源的需求状况,从而有利于集团制定更为准确的发展规划,推动集团不断优化和完善集团的管理流程与运营模式。沈鼓集团在信息化建设的支持下,有利于及时发现集团内部潜在的问题,不断降低企业的运营风险,促进集团实现更快、更好的发展。

1. 沈鼓集团信息化建设历程

沈鼓集团一直致力于信息化建设,这是由其产品属性所决定的。沈鼓集团生产的主导产品具备结构特别复杂、技术含量高,而且产值特别高,有生产周期长、设计制造难度大的特点。这就决定了沈鼓集团必须注重信息化建设。科学技术是第一生产力。特别是我国提出以信息化带动工业化,以工业化推进信息化的政策以来，使信息化技术得到了飞速发展，并推动了信息技术在企业中的广泛应用，信息技术在我国工业快速发展过程中发挥着至关重要的作用。沈鼓集团认识到了发展先进信息技术的重要性和前景，更加肯定了加强企业信息化建设是推动沈鼓集团技术进步和提高产品技术水平的重要支撑力量。沈鼓集团信息技术的应用能够推动传统产品的改造升级，改善产品的生产工艺，有利于提高企业的管理水平，增强企业的竞争优势和提高产品的市场份额。

20世纪末，沈鼓集团引进了第一台大型计算机，从此开始走上了信息化建设的道路。自20世纪末至今，沈鼓集团实现了由计划经济向市场经济转变，引进了国外先进技术，对企业进行了战略重组和重大技术改造，不断自主创新，使企业获得了快速成长。在此期间，沈鼓集团一直注重信息化建设，把信息化建设上升到战略高度，作为推动沈鼓集团企业管理创新和实现企业跨越式发展的重要支柱。在信息建设方面，沈鼓集团从引进和消化IBM、COP、ICS系统到自主研发生产主计划、物料需求计划、生产动态监控管理、采购供应管理、库存管理等信息化建设过程取得了非常丰富的经验，特别是最近30年，沈鼓集团信息化建设取得了飞速发展，已经达到国内领先水平。例如，沈鼓集团建立了全新的企业网络，包括主服务器系统、网络综合布线、网络设备系统、网络安全管理系统、网络存储及备份系统、视频会议系统、企业一卡通系统及机房工程等；建立了以设计和研发为主的CAX系统和集成化的CAX/PDM产品研发系统；构建了以ERP为核心的经营管理信息化总体框架；实施集团企业全流程自动化办公系统，推动制造企业协同办公等，这一系列的信息化建设成果极大推动了企业生产管理模式的深刻变革，特别是在沈鼓集团传统产业改造升级的过程中，信息技术发挥了不可替代的作用，从根本上改变了企业的发展方式以及企业的管理组织形式，通过信息化建设对业务流程再造，实现了物流、资金流、信息流的融合，减少了管理层次，实现了企业管理的扁平化，大大降低了企业人工成本，提高了信息利用率和生产效率。

2. 云制造下的信息化建设架构

沈鼓集团不断深化两化融合，以北方电脑应用开发公司为依托，构建云制造模式下的信息化建设架构，推动下属企业信息化发展，实现集团企业软件资源和硬件资源的充分共享与应用，形成庞大的资源云池，提高信息的安全性，以期打造"数字沈鼓"。沈鼓集团继续贯彻"纵向到底，横向到边，实现立体化全方位业务融合"的信息化建设目标，深入推进云制造项目的建设。所谓"纵向到底"是指企业信息化建设覆盖了产品订单、生产设计、材料采购、生产制造、成本控制、售后服务等全过程管理，这与云制造理念相辅相成，"横向到边"是指信息化建设涉及集团内部所有产品、所有品种的全过程管理，涵盖范围非常广。沈鼓集团云制造建设目标就是将企业内部的产品研发、软件应用、经营管理、生产制造等应用软件进行整合优化，构建软件在线应用平台，促进技术创新与企业生产经营活动的融合，以期快速解决各下属企业信息化难题，不断完善管理流程和制造流程，提升企业的管理水平，降低企业资源的消耗和提升资源利用率，实现集团内部资源的"云共享"、"云互联"。

沈鼓集团云制造模式下的信息化建设按照以下五点建设原则实施。第一，信息化建设要与企业自身实际相匹配，信息化建设只有适合自身企业发展才是最好的，不能盲目借鉴外国制造业的发展模式和建设经验，要结合集团企业的实际情况及下属企业发展的特点，注重信息化建设要与企业的业务发展相匹配，与企业信息化战略相一致，与信息化未来发展趋势相适应，紧跟时代发展潮流；第二，集团要对信息化建设进行整体规划，云制造项目不是一蹴而就的，是一个长期的信息化建设项目，特别是云制造目前还有许多技术性难题需要研究和突破，需要CIO做好长期规划；第三，信息化建设要分步实施，集团进行云制造项目信息化建设要按照整体规划按部就班进行，在分步实施过程中注重IT人才队伍的建设，并委任相关信息化建设负责人，确保各部分建设的稳健进行；第四，加强沟通与协调，信息化建设需要得到高层的理解和基层的支持，企业信息化建设并不是简单的业务重组或流程再造，而是根据企业已有信息化基础和长期总结的先进经验，使得企业全体人员对企业信息化进程理解和适应，这是一个需要高层领导者与基层相互沟通与协调的过程，特别是对新事物的出现和使用来说，企业员工需要一个不断适应的过程；第五，推进实施，注重项目管理，集团云制造项目上线，必须采用合适的方式方法保证信息化建设的成功实施，否则前面投入的资金和精力都会功亏一篑。因此，沈鼓集团进行信息化架构建设必须注重项目管理，通过项目管理和流程控制、中间项目评审、质量监控、项目进度监控以及系统测试等一系列措施，在实施过程中可能会做出临时的调整或者修改，最终的目的是确保实施结果能够最大限度地接近最初的规划目标。沈鼓集团云制造模式下信息化建设总体架构如下：

（1）基础设施架构。

沈鼓集团提出发展云制造，这也是"十二五"期间信息化建设的工作重点。沈鼓集团根据企业由传统生产型企业向生产服务型企业转型的迫切要求，在基础设施建设方面，摆脱传统下属企业单独构建的局面，由集团总部统一构建大型基础设施基地，统一为下属企业提供各种信息化服务，简言之，就是集团基础设施建设由分散型走向集中型。

首先，沈鼓集团构建云制造"支撑平台"。"支撑平台"建设是在沈鼓集团沈阳经济开发区厂区内的中心机房、网络、服务器等硬件资源基础上，利用虚拟技术建立符合"云应用"要求的资源优化共享的硬件平台。沈鼓集团整合下属企业的基础设施资源，构建庞大的集团数据中心，全面支撑下属企业各业务系统由集团总部统一进行管理和部署。随着沈鼓集团系统应用集中化管理的深入推进，下属企业信息系统需要建设和维护的数量将不断减少，大量系统包括客户管理系统、财务系统、人力资源管理系统、采购管理系统等将会迁移到集团数据中心进行统一管理和维护，与此同时，沈鼓集团需要对网络进行改造升级，加强集团总部的硬件建设，对服务器、工作站等硬件设备资源进行统一采购，减少了下属企业相关资源的重复投入，从而大大降低了下属企业 IT 运营成本，有利于下属企业集中资源进行专业化生产。

其次，沈鼓集团引入虚拟化技术，不断探索虚拟化应用。沈鼓集团在构建总部数据中心的过程中，建立虚拟化服务器，积极探索存储虚拟化和网络虚拟化，通过使用虚拟化技术建立集群，将资源集中在一起进行共享，方便下属企业按需索取资源，从而提高沈鼓集团数据中心基础设施利用率。

最后，集团构建"云制造"模式，集中统一服务。沈鼓集团以总部数据中心为依托，构建"私有云"数据中心，在下属企业及合作伙伴之间开展基础设施资源服务，包括大型数据存储服务、异地备份系统服务，这样有利于保护数据的安全，即使某处设备发生了故障，也能防止数据的丢失。

（2）信息系统架构。

在构建信息系统架构方面，沈鼓集团高度重视集团数字化建设，注重应用系统建设与企业集团战略管理目标一致，即要实现系统应用与业务流程相融合，提升企业制造全生命周期过程的自动化水平和管理水平，从而提高集团管理创新、业务流程创新、制度创新的能力，促进集团资源的优化配置，提高企业经营效益和核心竞争力。沈鼓集团建立起了全新的企业资源计划（Oracle ERP）管理系统、CAX/PDM 工程信息化的企业应用系统及全新的网络系统架构，形成了以"Oracle ERP + 北极星 MES + 北极星 CRM"为主体的数字化管理系统。根据沈鼓集团云制造项目规划，沈鼓集团要求核心信息系统架构建设要遵循集团及下属企业共享一套系统的原则，即实现对整个集团核心资源（包括人、财、物、信息等资源）进行统一规范化管理，并实现集团及下属企业在统一共享平台上实现规范化业务操作，集中进行标准化运作。

(3) 信息资源架构。

信息资源是企业一项重要的战略资源。沈鼓集团始终把信息资源放在重要的战略地位，不断加强对信息资源管理的力度，提高信息资源的管理水平。在云制造模式下，沈鼓集团的信息资源架构由原来的下属企业"分散式存储"向集团"集中规范化管理"转变。

首先，对信息资源进行编码。对信息资源进行统一标准是集团对下属企业信息资源进行统一规范化管理的基础。沈鼓集团注重对信息资源的编码，应用最新的编码系统，从而打造集团各系统模块之间"标准化语言"，为各类信息系统间实现无缝对接奠定了基础，实现集团与下属企业之间的信息共享，同时，为集团对下属企业的数据进一步进行统计分析工作提供了非常便利的条件。

其次，对信息资源进行集中管理。对信息及数据资源进行集中管理和分析是集团构建信息架构的关键。因为信息资源是集团内部重要的战略性资源，对信息及数据的集中管理和分析处理是集团高层管理者对集团未来发展趋势做出准确预测和决策的前提。在云制造模式下，沈鼓集团打造数据中心，为集团打造全沈鼓集团信息化的共享资源云池，为下属企业生产运作提供信息支持和服务。

最后，挖掘信息资源潜在价值。按信息资源架构规划要求，沈鼓集团将在利用集团庞大的资源云池的基础上，利用云计算、高性能计算等技术手段，对集中存储的大量业务数据和信息进行多维度统计分析，挖掘企业内部数据信息背后的潜在市场价值和发展机遇，为集团高层管理者及下属企业管理层的生产经营决策、财务决策、物流决策等提供信息支持。

## 二、云制造对组织敏捷性影响的指标评价体系分析

### (一) 时间指标

1. 缩短了新产品投放市场的时间

在产品研发设计方面，沈鼓集团基于云制造模式的产品设计研发系统的运行步骤为：首先系统会获取需要研发的产品的业务订单，然后对云制造平台中的虚拟资源进行整合优化，并将产品业务订单反馈给集团的研发伙伴（包括各大科研院所和高等院校），各研发伙伴就会根据用户的要求进行研发设计，这一系列过程只需要对云平台中心的数据信息进行调配、管理和传递。沈鼓集团云制造服务平台可以通过具有协作伙伴关系的企业研发部门对产品进行专业化分工设计，设计每个步骤和流程都可以在网络上实现互联，形成一系列专业的新产品研发体系，这样可以促使研发设计部门积极投入到产品设计中来，不仅可以提高企业设

计研发质量，也可以延伸企业的产业链，使集团企业不断向产业链的高端延伸。云制造平台的设计研发系统，通过研发协同很大程度上缩短了搜集各类制造资源的时间，进而缩短了新的制造产品投放市场的时间，与此同时，沈鼓集团通过云制造平台将云技术应用于集团企业研发设计、生产制造、经营销售及服务等制造全生命周期中，为产品或服务的创新提供技术支持，极大地提高了沈鼓集团研发创新能力，有效缩短了产品的设计周期，例如沈鼓集团产品设计周期从以前的6个月缩短为1到3个月，大大缩短了产品的市场投入时间，接近国际先进水平。

2. 缩短了产品投放市场的供货周期

在 Oracle ERP 服务系统的基础上，沈鼓集团建立起了全信息覆盖网络的云制造服务平台，使集团和下属企业之间、集团与其他企业之间都可以通过云制造平台进行连接。沈鼓集团可以全程利用数字化信息网络平台对产品的整个生产业务流程进行再造、调整、管理等，以最大限度优化产品的业务流程。据沈鼓集团内部资料，产品供货周期大幅缩短，过去供货周期一般需要两年时间，目前供货周期已缩短到半年。此外，沈鼓集团云制造生产智能系统同样也对缩短产品供货周期起到重要作用，由于生产智能系统的运用使人员操作环节大幅减少，很多步骤已经转换成制造设备的智能化生产，云制造生产智能化系统的应用逐渐将沈鼓集团的企业性质从劳动密集型向知识密集型转变，使得企业不再需要大量的操作人员，而是需要更多的研发型人才和管理型人才，可以有效减少由于人员操作失误而导致的产品生产故障问题的出现，这样在提高产品生产效率的同时又缩短了产品的生产周期，不断满足客户缩短交货期的要求。

随着云制造平台信息化建设的推进，沈鼓集团的产品制造周期从以往的5~8个月减少到现在的1~4个月，制造产品的交付能力和回款速度都在不断增强，企业内制造资源的运转速度也在提升。随着云制造模式的投入使用，沈鼓集团无论在研发、市场占有率还是产品附加值方面都得到了一定程度的提升，例如，企业的研发项目数量与以往相比增长了19.6%；在石油化工行业的往复压缩机的市场占有率已经达到80%以上。沈鼓集团一系列经济指标显示，云制造的应用无论在新产品研发周期、供货周期还是制造周期等方面都在大幅缩短。

（二）成本指标

1. 节省人工成本

沈鼓集团的云制造生产智能化系统除了缩短时间维度来提高组织敏捷性以外，还可以减少企业的人工成本。智能化操作系统的使用使得产品的生产制造在很多工作流程上都可以实现设备的自动化管理，可以大大减少工厂的用工量。例如企业在以往参与生产制造的一线工人达到一万人左右，引入云制造模式后，企业一线操作工人减少了至少 1/10，目前，沈鼓集团更加倾向于技术研发与管理的人才。这样不仅可以降低企业工人数量，还可以降低企业用人成本，提高企业员工的整体素质，提升员工对企业的贡献率，增强企业对技术变革的反应能力，进而提升企业的组织敏捷性。

2. 降低运营成本

云制造的核心是对应用管理的动态性、高效率和自动智能化。它可以确保用户在创建一个应用服务时，能够以最少的操作和极短的时间完成资源分配、服务配置和服务上线等一系列操作。当用户需要停用一个服务时，只需要发出响应的指令，就可以通过云制造实现自动停用服务、删除服务配置和资源回收等。在虚拟技术支持下，当企业需要某一服务的情况下，可以快速部署到云平台中，当不需要服务时，可以取消部署以释放所占用的资源，来减少资源的浪费。可见，云制造模式为企业提供了极大的灵活性。此外，企业也可以根据业务需求增删部分功能、增减资源配置等。沈鼓集团云制造服务平台能够对客户的制造需求进行集中管理和规范，分析整合所有的制造资源，并且对其进行分类和整理，实现资源的优化配置。同样，沈鼓集团同其他企业协同生产时的信息共享会对企业准时完成订单起到推波助澜的作用。云制造的协同管理不仅包括制造资源的协同，还包括销售协同、物流协调、供应商协同等，这样能够促使企业有效利用上下游供应链的资源优势，在降低成本的同时也提升了企业的效益。

(三) 鲁棒性指标

1. 提高产品质量的稳定性

沈鼓集团云制造服务平台引入了物联网中的 RFID（Radio Frequency Identification）技术，即射频识别技术。RFID 技术是一种通过射频信号自动识别目标对象从而获取相关数据的非接触自动识别技术，无须人工干预，能够适用于各种复杂恶劣的环境中，可以识别高速运动的物体并能够同时识别多个标签，操作非常便捷。该技术可以准确获取集团企业员工绩效考核的情况，不仅能够对员工的在岗情况进行动态记录和更新，而且还可以将记录员工的实际工作情况与该岗位的理想数据进行比对，科学分析该员工的工作状况与该岗位的实际匹配度，如果匹配度不高，企业需要及时寻找原因并给出相应的解决方案。另外，沈鼓集团云制造平台中 RFID 系统可以随时了解当前各车间生产线上在产品的数量，并且将产品质量的监控结果及时反馈到相关部门，查找在产品生产阶段可能存在的问题，并及时解决，避免给企业造成巨大损失。因此，沈鼓集团通过云制造平台可以有效保证在产品质量和数量，并可以真正实现柔性制造。

2. 保证业务流程的稳定性

沈鼓集团通过云制造平台的界面系统可以随时掌握企业当前产品的生产状况。集团企业中各生产部门的研发进度和生产计划完成情况都在云制造平台的监控下运行。集团可以通过对产品生产加工状况的有效监控及时洞察生产线上可能存在的威胁，发现漏洞后企业会及时采取相应的紧急预案，并对流水线上存在的问题及时做出反应。集团运用云制造可以增强企业控制内外部风险的能力，提升业务流程的稳定性，进而提高企业生产运作效率。与此同时，沈鼓集团通过云制造平台协调各下属企业的生产运作，灵活调动集团企业的制造资源和制造能力，实现集团企业与下属企业之间的无缝链接，确保下属企业之间的协同生产，充分发挥"1+1>2"的协同作用，从而使集团企业的生产运作既快速又有效地完成企业的产品任务订单，提升集团企业整体的运作能力，增强竞争优势。沈鼓集团运用数字化云制造研发设计平台，已经研发了一系列新产品研发计划，目前共计研制了652种新产品，基本达到了国际制造业高端水平。

**（四）适应范围指标**

1. 提高客户对产品的适应性

沈鼓集团借助云制造平台根据顾客对产品的订单需求对集团内部的制造资源和制造能力进行网络化自动匹配。云制造的特点之一是用户参与制造，企业客户可以根据自己对产品属性的特殊需求，将相应的设计开发、生产工艺、加工流程等创新点和独特性的思路输入云平台，真正参与到集团企业的生产制造过程中去。这样在很大程度上沈鼓集团生产制造的产品就能够满足客户对产品的特殊需求。即使外部环境发生动荡变化，沈鼓集团也能通过云制造平台按需生产，适时生产，最大限度地满足客户对产品的需求，充分提高客户对产品的适应性。此外，当市场环境发生变化时，云制造服务平台信息公开，使外部市场透明化程度更高，集团可以动态把握整个行业的发展趋势，因此，可以在最短的时间内提高顾客对产品的适应性。

2. 提高企业市场适应性

沈鼓集团通过云制造研发设计服务平台，集聚了集团及下属企业各类信息化资源、制造资源和制造能力，将集团内部基于数据支持、技术支持、管理系统支持等的软件资源聚集在一起，对产品性能、质量、功效等进行量化数据分析，通过利用相关学科的理论基础进行虚拟化方针操作和验证，为集团及下属企业提供最先进的技术支持，调高了集团对新产品设计开发的能力。在公有云平台上，中小企业还可以自愿共享其产品的加工工艺、生产过程中遇到的问题，沈鼓集团在云制造平台上可以针对中小企业面对的棘手问题（信息流的匮乏以及生产加工漏洞等问题）提出相应的解决方案服务，极大地拓展了集团企业的发展空间，从而提高了企业的新产品研发能力和适应市场的能力。

### 三、沈鼓集团云制造应用对组织敏捷性的影响分析

通过对调研材料的梳理得出了沈鼓集团云制造生产系统体系，如图6-7所示。从企业管理角度出发，结合集团内部云制造情况进行分析，下面对基于TOP

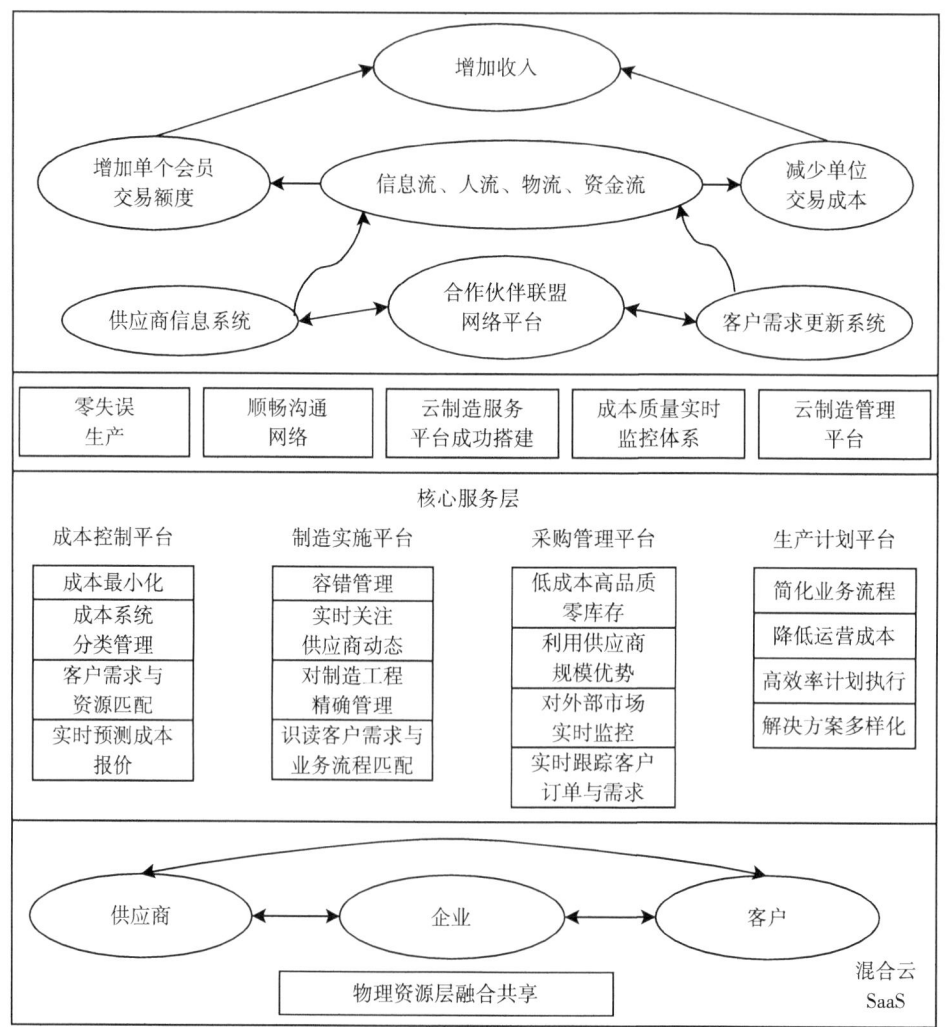

图6-7 沈鼓集团云制造平台生产系统体系

模型的云制造提高组织敏捷性进行验证分析。

## （一）对客户敏捷性的影响

每种产品的市场性在其行业领域中在一定程度上都会存在波动周期。企业在生产过程中既不能偏向市场需求波峰，也不能偏向波谷，这样都会造成制造资源的严重浪费，从而导致供过于求，或者导致企业产品不足，产生供不应求的现象。云制造模式的最大优势是可以使企业把握市场需求，实现按需组织生产，根据市场动态变化来调整自己的生产计划，既能将资源浪费和消耗降到最低，又能充分满足市场需求。

云制造平台可以通过物联网技术和虚拟化技术等将实体资源进行虚拟化，从而使物理层面的资源实现网络化融合。企业的业务流程从研发设计、物料采购、生产加工再到销售配送等，几乎所有产品制造全生命周期过程中的环节都可以通过云制造平台的虚拟化集中实现企业对生产流程的全程化监控。云制造中心会根据客户的制造需求进行智能分析，组织产品生产制造所需的资源和工具，通过专门研发机构的协同完成产品的定制生产，这一系列对顾客订单需求分解归类并进行资源匹配的活动就是云制造服务中心数据分析的结果。沈鼓集团通过工程管理实施平台，对数据进行高精度计算和管理，能够计算出产品生产制造的最佳业务流程和最短交货周期，尽可能做到对顾客定制化需求的认识没有偏差，通过云制造平台加强与客户的信息沟通和协商，不断满足顾客对制造产品功能和服务的需求，还可以通过云制造服务平台对上游供应商的采购成本和价格浮动进行实时监测，综合当前企业内库存数量和客户预订产品的数量动态调整制造产品的定价，提高产品对市场和客户变动的敏捷性。

## （二）对合作伙伴敏捷性的影响

### 1. 提高了内部供应链系统的敏捷性

随着信息技术的不断发展，产品更新换代速度不断加快，沈鼓集团一直注重产品的研发和创新，与此同时，通过云制造系统应用平台不断优化集团企业内外部供应链系统，更加注重企业中不同业务流程供应链的整合优化，构建云端供应链，形成集团内云端供应链信息平台，使集团内部在设计研发、材料采购、生产加工以及销售服务等供应链系统对快速响应市场需求方面变得更加敏捷、高效。比如，用户企业在云平台中输入鼓风机等相关产品的订单需求，该需求信息就会在云制造平台中显示，有关制造部门就会按照平台中的需求信息来调度集团及下属企业的制造资源和能力，还可以根据产品的特殊需求结合云平台中的研发设计支持工具和软件等来组织相关部门对特殊产品进行研发设计，设计结束后通过公开竞标的方式供需求方选择自己的设计成果，竞标成功后与企业进一步洽谈，并进一步采取措施完善设计需求。因此，沈鼓集团通过云制造平台使内部供应链系统能够更加准确快捷地在上下游供应链之间传递制造信息和利用制造资源和制造能力，充分提升供应链系统的敏捷性。

2. 提高了外部协作的敏捷性

沈鼓集团作为我国大型装备制造企业，产品并不是完全由集团内部完成。很多情况下，集团产品的制造加工工艺和产品设计需要外部大中型企业的支持和合作。为了使企业能够在规定的时间内保质保量地完成客户的产品需求订单，企业必须将集团内部的业务流程和外部合作伙伴加工设计的完成情况和质量情况形成对接，确保产品生产的加工进度和质量要求符合顾客的订单需求。图 6-8 为沈鼓集团支持企业间业务协作管理的云制造服务平台模式运行过程，在实现企业间协作管理方面，云制造平台为企业用户各方面协作提供了技术支持和平台支持，无论是生产加工流程协作计划，还是为企业完成生产加工制造指派任务都可以通过云制造平台实现企业之间的对接。企业利用资源计划系统可以快速集成集团及下属企业间的核心优势资源，云制造平台通过与资源计划系统的有效集成，可以使云制造平台中的数据信息与集团内部的系统数据互相共享协同。通过云制造平台，企业在制造过程中可以与供应链上的合作伙伴相互协作，当资源需求方在平台中心发布相应需求时，云制造平台就会利用虚拟资源池调动相应的人力、技术、设备等资源进行企业间的业务协作，满足资源需求方的要求，这样可以比较清晰直观地了解合作伙伴的业务开展状况，实现企业间协作的无缝链接，有效降低产品的生产制造周期，很大程度上提高了企业外部协作的敏捷性。

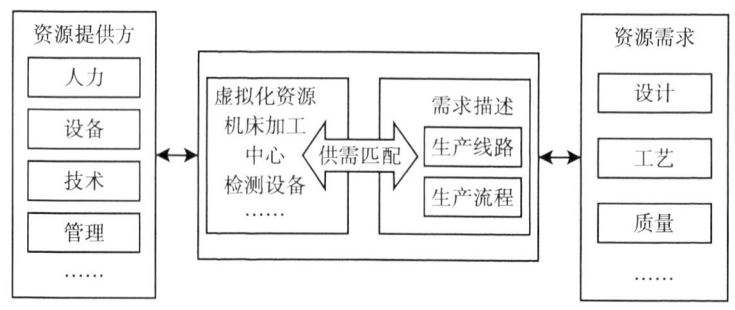

图 6-8 沈鼓集团支持企业业务协作的云制造服务平台

可见，云制造服务平台在制造能力、制造资源和知识的交互协作方面得到了很好的运用。沈鼓集团云制造平台中项目协同信息网络系统具有信息公开的特点，平台中的各主体可以在网络系统中分享和交流信息，大大降低各方群体在信息交换过程中产生的成本，集团内部在云制造模式下同样也可以实现对知识和能力的协作，较大程度上降低了集团内部的管理成本和转移知识所带来的成本。

此外，沈鼓集团通过云制造服务平台对大规模的基础设施和优势资源进行集中管理，不仅可以为客户提供高度可靠和高质量的服务，而且还可以赢得其他合作伙伴的信任。沈鼓集团主要通过以下几种方式提升合作伙伴敏捷性：第一，沈鼓集团对每个客户群提供定制服务，提升了集团与不同大中型企业建立合作伙伴关系的能力；第二，沈鼓集团通过灵活运用不同的业务模式来满足不同合作伙伴的利益需求；第三，沈鼓集团通过云制造平台将资源和服务打包，为商业伙伴提供有价值和吸引力的资源包，提升商业伙伴合作的积极性，提升产品的制造柔性和敏捷性以快速适应外部动态复杂的环境。

**（三）对运营敏捷性的影响**

1. 提升业务流程敏捷性

目前，很多大中型制造企业的业务流程并不能对内外部环境变化做出快速反应，从而导致业务下降甚至是破产。在不发生重大变革的情况下，企业的业务流程确定之后一般不会轻易变动，也就是说在传统制造模式下，制造企业业务运营流程的改变只有在市场环境发生大的变化时才会发生，这种变革也仅仅是在原有流程基础上进行微调，很少会有革命性的变动。在云制造模式下，沈鼓集团运用控制反馈系统能够针对内外部环境变化对企业的生产业务流程和运营方式进行动态调整。当环境发生变化时，企业能够动态把握市场需求并及时采取措施做出有效的响应，增强业务流程和运营管理的灵活性。

此外，沈鼓集团通过云制造服务平台聚集涉及产品设计、业务流程、生产加工、客户关系管理等各种软件系统对集团下属企业进行统一规范化管理，提高下属企业的信息化水平，提高企业员工的工作效率，简化工作流程。例如，企业员工可以通过云平台中的显示界面来了解各方面生产信息，并可以通过触摸界面来完成部分工作，实现办公自动化，使原有工作时间大幅缩短，经过数据中心的高速计算在数秒钟之内可以完成原来需要数天完成的工作，大大提升生产制造效率和运营效率。在云制造平台中，沈鼓集团通过构造参数化三维设计平台，实现产品研发设计系列化、模块化、参数化，使其成为制造产品研发设计的核心，大大缩短了沈鼓集团新产品的研发周期。沈鼓集团通过云制造平台整合内部数据中心增强了利用现有信息技术的有效性，提高了信息系统的使用效率和性能，加快了产品设计研发进程，提高了经营决策的准确性，缩短了产品投入市场的时间。

2. 降低企业运营成本

在信息技术协同创新方面，沈鼓集团基于云制造平台进行了积极的探索和尝试。在云制造平台建设上，沈鼓集团对各下属企业制造资源，软、硬件资源，制造能力等进行统一规范化协同管理，实现了各企业间资源共享，能够有效避免资源浪费、闲置、重复投资。沈鼓集团云制造平台在企业协同管理下使集团内部资源得到优化配置，提升了企业的运营效率。沈鼓集团目前已经建立了50多个立体化仓储间，这些仓储间都是通过物联网技术和虚拟化技术等技术实现联合，经由云制造平台进行集中调配管理和监测，提升了资源管理的规范性，从而有利于减少集团在运营过程中的资源浪费，提高资源配置效率。

此外，沈鼓集团还可以通过云制造中一系列应用系统和平台降低运营成本。例如，通过成本规划实施平台建立产品的生产成本系统，以确保每个产品的成本降到最低；建立报价成本预测即时系统，可以在制造过程中随时掌握企业的生产制造能力，确保适时适度生产，避免企业产生大量库存，这样既可以避免浪费资源又可以降低库存成本；根据客户需求和库存材料情况，可以通过实施低品质、高品质、零库存系统组织制造品生产，进一步提高企业的运营效率；通过计划生产实施平台，可以提供最为详尽的生产计划和多种问题解决方案，以便优化生产运营流程，从而降低产品生产成本等。

综上可见，沈鼓集团云制造服务平台能够提升企业运营敏捷性，不仅能够提升业务流程敏捷性，而且能够降低企业运营成本。沈鼓集团产品融入了企业用户的需求。用户参与制造进一步优化企业业务流程，为集团生产制造提供了新思想，为产品研发注入了创新的活力。云制造平台的应用促使资源集约化，企业运作协同化，极大地提高了企业运作效率，降低了企业运营成本。

## 四、研究结论

通过应用云制造理论分析和沈鼓集团案例研究相结合的方法对云制造模式对集团企业的组织敏捷性及绩效的影响机理进行了系统阐述，主要分为三部分内容：

第一部分介绍了云制造服务平台在沈鼓集团的动态发展过程。沈鼓集团基于信息化发展的需要，引入云制造服务平台，以改变下属企业信息化应用落后的状况，实现集团生产方式的转变，推动集团企业由传统的生产型企业向生产服务型企业转变。沈鼓集团于2011年开始规划云制造项目，建立了"开发云制造平台"、"在集团内部推广应用云制造"、"在全社会中推广应用'云制造三步走'战略,逐渐落实云制造项目。沈鼓集团经过三年多时间的项目建设,初步构建了以沈鼓集团中心机房、网络、硬件平台、ERP等先进的管理系统及专业的应用软件为基础条件的云制造平台,包括"制造云"平台、"计算云"平台、"管理云"平台和"服务云"平台四大云平台,与传统的制造模式具有很大的差异:云制造服务平台具有高度的开放性、运营效率更高、资源利用率更高、更具经济性。沈鼓集团基于云制造模式下的信息化建设架构主要包括三部分:基础设施架构、信息系统架构、信息资源架构。

第二部分运用 Rick Dove 的 TCRS 评价方法对云制造影响沈鼓集团组织敏捷性机理进行了研究分析。主要从以下四个维度进行了阐述:

在时间指标上,沈鼓集团云制造模式不仅缩短了新产品投放市场的时间,而且缩短了产品投放市场的供货周期。云制造平台的设计研发系统,通过研发协同很大程度上缩短了搜集各类制造资源的时间,进而缩短了新的制造产品投放市场的时间,与此同时,沈鼓集团通过云制造平台将云技术应用于集团企业研发设计、生产制造、经营销售及服务等制造全生命周期中,为产品或服务的创新提供技术支持,极大地提高了沈鼓集团研发创新能力,有效缩短了产品的设计周期;沈鼓集团可以全程利用数字化平台对产品的整个生产业务流程进行再造、调整、管理等,以最大限度优化产品的业务流程,从而缩短供货周期。

在成本指标上,沈鼓集团云制造模式既能节省人工成本,又能降低运营成本。智能化操作系统使得产品的生产制造在很多工作流程上都可以实现设备的自动化管理,可以大大减少工厂的用工量,从而降低人工成本;云制造的协同管理不仅包括制造资源的协同,还包括销售协同、物流协调、供应商的协同等,这样能够促使企业有效利用上下游供应链的资源优势,在降低成本的同时提升企业的效益。

在鲁棒性指标上,沈鼓集团云制造模式不仅能提高产品质量的稳定性,而且能保证业务流程的稳定性。沈鼓集团云制造平台中 RFID 系统时时了解当前各车间生产线上在产品的数量,并且对产品质量的监控结果及时反馈到相关部门,查找在产品生产阶段可能存在的问题,并及时解决,避免给企业造成巨大损失;集团运用云制造可以增强企业控制内外部风险的能力,提升业务流程的稳定性,进而提高企业生产运作效率。

在适应范围指标上,沈鼓集团云制造模式不仅能提高客户对产品的适应性,而且能提高企业适应市场的能力。沈鼓集团云制造模式是一种用户参与制造的全生命周期管理模式，企业动态掌握市场需求变化，将用户的需求订单输入到云制造服务平台，根据用户需求组织生产，调整设计思路，改进工艺流程，从而提高了企业对外部环境的适应能力。

综上分析，基于 TCRS 从组织敏捷性评价体系分析云制造对组织敏捷性及其绩效具有积极的影响。云制造模式为提升制造业集团企业组织敏捷性提供了重要的技术手段，特别是在缩短时间、节约成本、提高鲁棒性和适应范围方面发挥了重要的作用。

第三部分阐述了沈鼓集团云制造应用对组织敏捷性影响的识别。基于 TOP 模型的云制造应用对组织敏捷性的影响研究，得出以下结论：

沈鼓集团云制造对客户敏捷性影响方面，主要是沈鼓集团云制造中心会根据客户的制造需求进行智能分析，组织产品生产制造所需的资源和工具，通过专门研发机构的协同完成产品的定制和生产，从而提高组织对市场和客户变动的敏捷性。

沈鼓集团云制造对合作伙伴敏捷性的影响主要体现在以下两方面：①沈鼓集团云制造提高了内部供应链系统的敏捷性。云制造系统应用平台不断优化集团企业内外部供应链系统，更加注重企业中不同业务流程供应链的整合优化，构建云端供应链，形成集团内云端供应链信息平台，使集团内部在设计研发、材料采购、生产加工以及销售服务等供应链系统对快速响应市场需求方面变得更加敏捷、高效；②沈鼓集团云制造提高了外部协作的敏捷性。在实现企业间协作管理方面，云制造平台为企业用户各方面协作提供了技术支持和平台支持，无论是生产加工流程协作计划，还是为企业完成生产加工制造指派任务都可以通过云制造平台实现企业之间的对接，提高集团外部协作敏捷性。

沈鼓集团云制造对运营敏捷性的影响方面，主要体现在两个方面：①沈鼓集团云制造提升业务流程敏捷性。在云制造模式下，沈鼓集团云平台聚集涉及产品设计、业务流程、生产加工、客户关系管理等各种软件系统对集团下属企业进行统一规范化管理，提高下属企业的信息化水平，提高企业员工的工作效率，简化工作流程。沈鼓集团运用控制反馈系统对企业的生产业务流程和运营方式能够针对内外部环境变化进行动态调整。②沈鼓集团云制造降低企业运营成本。在云制造模式下，沈鼓集团对各下属企业制造资源、软硬件资源、制造能力等进行统一规范化协同管理，实现了各企业间资源共享，能够有效避免资源浪费、闲置、重复投资；此外，沈鼓集团还可以通过云制造中的一系列应用系统和平台降低运营成本，例如成本规划实施平台、报价成本预测即时系统、计划生产实施平台等。

综上分析，沈鼓集团云制造模式对集团组织敏捷性和绩效具有重要影响，能够提升集团的客户敏捷性、合作伙伴敏捷性、运营敏捷性，推动集团向生产服务型企业的转变，降低企业成本，提升集团创新能力，使集团生产实现了"数字化、物联化、服务化、协同化、智能化"。

## 第四节　跨案例研究
### ——英业达集团与沈鼓集团

为了弥补单案例研究的不足，我们在研究过程中找到了另一个应用云制造的大型企业集团——英业达集团，下面我们将对英业达集团的云制造应用进行解析，进而对英业达集团和沈鼓集团展开跨案例研究。

### 一、英业达集团云制造建设背景

英业达集团（Inventec）是中国台湾著名的高新技术企业之一，成立于1975年，并于1996年在中国台湾上市，主要从事笔记本电脑、消费类电子、通信及网路应用等领域产品的研发、生产、销售等，业务遍及中国、美国、英国、欧洲、日本、马来西亚等地。自成立以来，英业达集团始终坚持以"创新、质量、虚心、力行"为企业的经营理念，把创新放在企业理念的首位，在不断巩固企业原有代工业务的基础上，注重产品的研发设计，发掘新产品应用需求。目前，英业达集团已经成为世界最大的笔记型电脑生产商之一，由最初的代工厂——原始设备制造商（OEM）发展到原始设计制造商（ODM）和软件服务提供商（SSP），其产品范围由最初的电子词典、计算器等简单电子产品，扩展到笔记本电脑、智能手机、企业服务器、网络应用、数字家庭及应用软件等高科技产品，业务范围已经不再局限于生产加工，而是拓展到产品的设计、开发、制造、销售及服务等环节，实现了由传统生产型企业到现代生产服务型企业的成功转型升级。

英业达集团作为全球重要的电子设备生产商，面临着电子产品更新换代速度快、客户需求多样化、IT管理成本不断上升的压力。特别是随着云计算、物联网、虚拟化灯光信息技术的快速发展，外部环境动态复杂，IT消费需求呈现客制化趋势，强调产品生产加工的灵活性和敏捷性。英业达集团软件服务事业部的技术团队成员认为集团主要存在以下几方面的问题：

第一，在研发设计方面，新产品研发周期过长。针对不同客户和产品，研发部门需要配置不同的研发环境。特别是要启动新的研发项目时，集团需要灵活调动相关的技术人员组成临时的研发团队，并为其配置研发所需的软、硬件设备等IT基础设施及相关资源，这些烦琐的准备工作往往需要花费一周甚至更长的时间，增加了新产品的研发周期，影响了集团参与市场竞争的敏捷性。此外，随着企业订单需求的增加，集团需要扩充相应的IT基础设施，增加了企业采购、管理、运维的复杂度，相关的成本（包括IT成本、人员成本等）也随之上升。

第二，在生产制造方面，集团生产线功能单一，无法切实满足品牌厂商或最终用户的个性化需求。特别是集团生产基地受到传统生产制造流程管理系统的限制，一条生产线往往只能生产加工单一类型的产品，而无法随着产品的更新而进行自动调整，需要通过烦琐的建置以改变生产线的功能，才能满足新产品的需求。此外，随着劳动力成本的不断上升，在企业生产运营过程中的操作人员成本促使企业经营成本不断上升，进一步减少企业的盈利空间。在产品完工后，需要人工进行一系列的复杂检测过程，以保证最终出售给客户的产品是符合质量标准的合格品。复杂的检测流程不仅效率低下，而且延长了产品的停留时间。

第三，在物流运输方面，集团物流管理体系有待进一步提升。英业达集团的客户群体遍及世界各地。企业原料采购、产品运输、销售等需要与不同国家和地区法律政策相一致，一方面，集团虽然能与专业服务公司以合作的方式进行报关，但是在一定程度上增加了信息统一管理与协调的难度；另一方面，人工操作方式效率低下，难以保证运输清单的准确性，可能影响企业声誉或面临法律诉讼的风险。随着客户对物流要求越来越高，集团需要借助现代化的物流体系（包括空运、海运、陆运等）及针对特殊用户的优先快递服务交付最终产品，还要满足客户实时了解在途产品的运输情况。面对大量的物流运输数据，英业达集团需要提升集团物流管理体系，实时监测和管理客户订单产品物流动态信息，并切实满足客户对产品物流信息需求。此外，集团企业迫切需要动态掌握原材料的库存情况，借助物流系统进行统计分析，切实保证库存原材料满足生产需求。

总之，英业达集团面临着诸多问题，迫切需要运用先进的信息化技术和发展模式来解决集团企业在研发设计、生产制造、物流运输等制造生命周期过程中的问题。随着云计算在国外应用不断成熟，云计算、物联网、虚拟化等先进信息化技术与制造业融合成为信息化与工业化融合发展趋势，为英业达集团快速转型升级带来契机。

## 二、英业达集团云制造应用现状

英业达集团为推动企业信息化进程，积极探索云技术在企业制造全生命周期中的应用，希望通过应用最新的云计算、物联网、虚拟化、大数据等技术，打造基于集团的"私有云"平台制造服务体系，为集团及下属企业研发、设计、生产、销售、物流等提供技术和服务支持。英业达集团选择微软提供的基础软件和技术服务为集团私有云平台体系的搭建提供支撑。英业达集团选择微软作为合作伙伴主要是基于以下原因：第一，英业达集团与微软一直保持着长期的密切合作关系，对微软提供的信息技术及软件支持非常熟悉和信任。微软在提供软件和技术服务方面有着丰富的经验，产品具有良好的兼容性和易用性，符合英业达集团企业信息化发展需要。第二，微软专注于"云+端"企业服务平台的建设，并将其作为企业发展的重要战略之一，为众多企业搭建云平台体系提供软件和技术服务支持。这与英业达集团构建企业"私有云"平台的目标是高度一致的。第三，选择微软作为合作伙伴，可以借助微软云计算等相关服务优势，减少集团企业研发成本，有效缩短云平台的研发时间和搭建时间，以促使平台尽快上线，为集团企业和企业客户提供服务。英业达集团软件服务事业部（集团云计算策略中心）与微软深入合作，借助微软云计算技术和产品，发挥各自的优势，将信息化技术融入英业达集团制造全生命周期过程中，构建了动态的IT基础架构，打造了基于英业达集团的"私有云"制造体系。

如图6-9所示，英业达集团前期研发、研发、设计验证、生产制造、物流、销售、信息反馈等在云体系中运作，形成英业达集团的云制造全生命周期，实现了集团制造全生命周期数据化，为集团企业管理和决策提供了数据支持，实现企业生产管理的智能化、数字化、科学化、敏捷化。

英业达集团云制造体系主要是由研发云、制造云、物流云三大云服务平台组成，打造了集团先进智造企业云。其中，研发云是英业达集团基于解决研发设计需求开发的解决方案。基于微软Hyper-V虚拟化技术和System Center管理套件技术，研发云使英业达集团实现管理的虚拟化运作，为集团企业的研发设计提供模型存储、大量数据运算、资源共享服务，实现集团企业研发设计过程（建模、分析、修正、通过）虚拟化。制造云是英业达集团基于"软件即服务"（SaaS）构建的制造服务平台。英业达利用微软Hyper-V虚拟化技术和动态数据中心工具包（Dynamic Datacenter Toolkit，DDTK），将集团生产运营端数据中心底层的IT硬件设施进行深度虚拟化，能够根据下属企业数量及系统运行压力情况实时按需

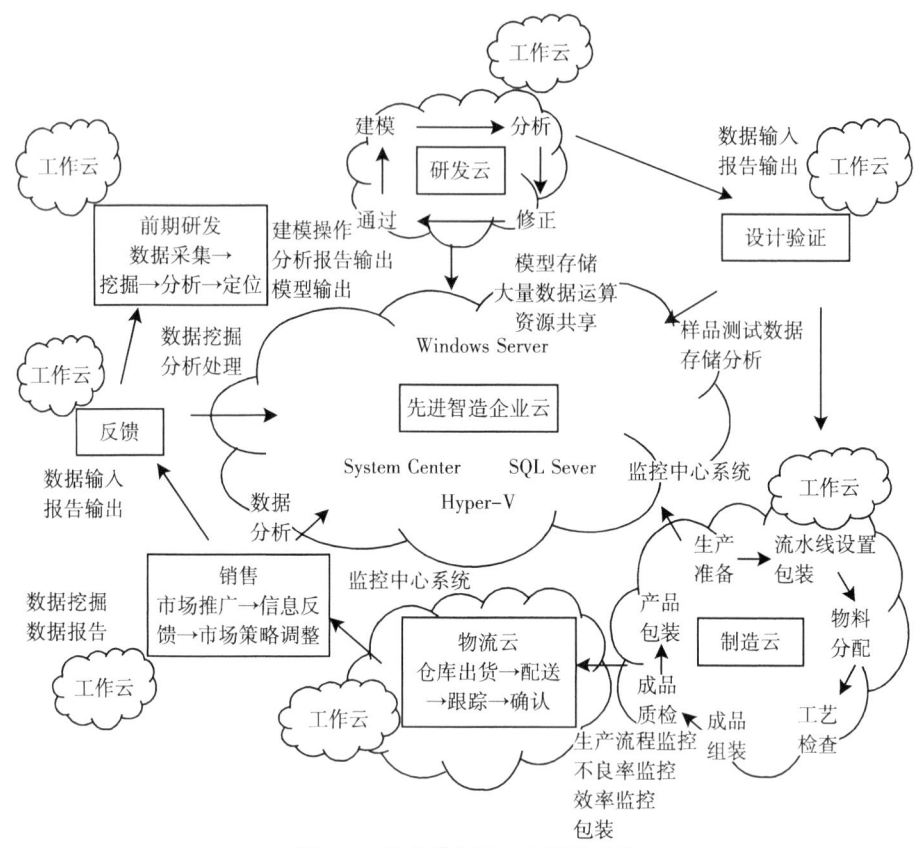

图6-9 英业达集团云制造体系[①]

调配企业资源,提高数据中心运算资源的利用效率。制造云整合了生产准备、流水线设置、物料分配、工艺检查、成品组装、成品质检、产品包装等生产运营过程,实现企业生产流程、产品合格率、生产效率的监控,全方位改善企业生产运营过程。此外,制造云平台还可以满足用户的定制化需求。有特殊需求的用户可以直接以在线的方式向制造云平台提交订单需求,制造云平台可以根据用户需求智能化分析处理,企业根据处理结果进行研发设计和生产运作,为用户提供个性化产品定制服务。物流云是英业达集团利用全球定位系统(GPS)技术、射频识别技术(RFID)技术等对在物流运输过程的原料、产品等数据信息进行收集、存储和整合的平台体系。一方面,英业达通过物流云能够为客户提供实时动态了解产品配送情况(包括时间、地点等精准信息);另一方面,可以动态整合企业供

---

① 霍娜.英业达:朵朵"云"开 创新"智"造[N].中国计算机报,2012(13):18-19.

应链中成品出库、原料库存、接单订货等相关信息,通过企业 SQL Server 数据库中的商业智能工具对企业库存原料与生产需求进行智能分析,为企业提供生产管理报表,有助于为管理人员提供智能化的辅助决策。此外,英业达集团利用 SQL Server 集成服务进行深度开发,在与海关报关系统对接的基础上实现了自动化报关。当英业达集团需要出口产品或进口原料时,可以提前将相关产品或原料的名称、种类、数量等具体信息提交到相应海关服务器,实现快速报关,有效减少在报关过程中耽搁的时间。

综上,英业达集团制造全生命周期是基于对数据的搜集、分析、挖掘,动态监控企业生产运营流程,操作流程趋于自动化。这一切离不开云计算、物联网、虚拟化等信息化技术的支持。英业达集团和微软合作,借助微软提供的 Windows Server、Hyper-V 虚拟化技术、动态数据中心工具包、System Center 管理套件等技术,促使企业研发设计、生产制造、物流配送、销售反馈等制造生命过程在虚拟化的云环境中发生,打造了基于集团"私有云"制造发展模式。

### 三、云制造模式对英业达集团绩效的影响机理

英业达集团主导产品属于消费类电子产品。随着消费电子市场的快速成长,电子产品更新换代速度非常快,特别是硬件和软件技术的快速升级,单款电子产品的生命周期开始大大缩短。顾客需求呈现多样化,客制化需求不断提高,对消费电子产品制造业的转型升级提出了更高的要求。英业达集团正面临着消费电子产品由生产制造向创造服务转型过程的压力。云制造模式为英业达集团促进信息化与工业化深度融合提供了契机。英业达集团构建集团"私有云"制造模式,提升集团企业的动态能力,进而提升了集团企业的绩效,因此,我们基于动态能力四维度(机会识别能力、整合重构能力、组织柔性能力和技术柔性能力)和英业达云制造模式,总结出了英业达集团云制造模式对集团企业绩效影响机理的"云制造—动态能力—绩效"CDP 模型图。如图 6-10 所示。

#### (一)云制造提升集团机会识别能力

英业达集团云制造贯穿于研发设计、验证测试、生产制造、销售物流等制造全生命周期,实现集团制造全生命周期过程数据化。英业达集团基于云计算技术对数据进行智能分析,包括研发模型数据、样品测试数据、生产流程监控数据、物流数据、销售数据等,特别是对销售数据和客户消费数据的深入挖掘,能够促进集团企业及时发现和把握顾客潜在需求,有助于提升集团机会识别能力。有个性化需求的用户可以基于云制造平台发布订单需求,制造云系统自动化处理需

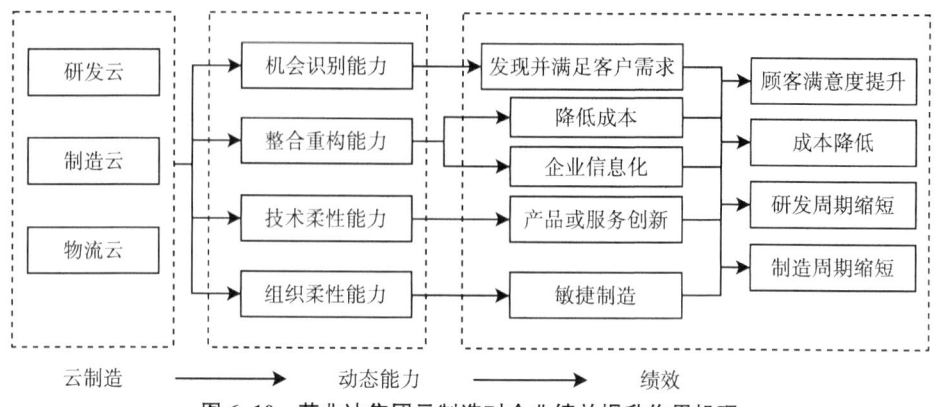

图 6-10 英业达集团云制造对企业绩效提升作用机理

求，集团根据云制造平台的处理结果进行客制化生产，最终为客户提供满意的产品，使英业达集团赢得了更多的客户。此外，英业达集团借助云制造体系中的物流云实现对运输产品信息的实时更新，为客户提供产品的时间、地点等精准信息，满足客户对产品物流信息的需求，进一步提升了客户满意度。

**（二）云制造提高集团整合重构能力**

英业达集团构建"私有云"模式，改变以往集团下属企业需要自己在当地建立 IT 基础设施和数据中心的局面，对集团下属企业资源进行整合和优化，提升集团整合重构能力，促使集团下属企业英华达、英保达、无敌科技等共享集团 IT 资源。英业达集团云制造模式不仅能够减少下属企业 IT 基础设施构建成本、IT 管理维护成本及相关 IT 人员成本，而且还可以及时淘汰下属企业陈旧的 IT 基础设施，减少设备的折旧和维护成本。

英业达集团与微软深入合作共同打造集团"私有云"，优化集团企业的 IT 架构系统，利用虚拟化技术将各个实体主机上的系统虚拟化，集中到单台主机上来运作，减少所需主机数量及其所占机房空间，大大降低了相应的空调需求和用电量，从而使下属企业集中精力和资本从事专业化生产，提升其主营业务的竞争力；动态整合企业计算资源、数据资源、信息资源等企业研发、制造、销售所需资源，根据各部门工作情况按需分配集团资源，例如英业达集团需要研发新产品时，项目经理可以借助研发云直接利用集团人员资料库自动匹配项目研发所需求的技术人员、设计人员、策划人员等；当新产品测试使用后的计算资源可以实现自动回收，以备下一个测试项目的使用，真正实现了集团企业 IT 资源的按需调配和管理，让企业相关部门能充分利用现有资源，提高资源的利用率。英业达集团构建"私有云"模式，整合集团软硬件研发创新优势，基于集团"云+端"的发展战略规划，根据集团私有云建设和应用经验，利用互联网，充分整合和发挥集团企业资源优势，按照资源共享和用量计价的原则，推出了集团发展新规划——"彩云计划"，不断对产品或服务进行创新，以期为企业和用户提供云测试、云管理、云安全等方面的云服务。目前，英业达集团已经在中国台湾地区为企业和用户提供管理云、教育云、健康云等云服务，与中国上海、重庆等地市建立合作伙伴关系，充分发挥集团云制造优势，为中国云计算产业的发展提供服务。英业达集团云制造模式促进了集团商业模式的创新，实现了集团由传统的生产型企业向现代生产服务型企业转变，加速了英业达集团的转型升级。

**（三）云制造提高集团技术柔性能力**

英业达集团云制造构建企业动态IT基础架构，实现优化企业IT架构，有效解决企业"信息孤岛"的问题，提升集团技术柔性能力，促进企业信息化与工业化的深度融合，依靠云端平台即可开启一个新虚拟机器，代替了主机和系统的采购、建置、系统平台的提供等传统搭建方式，将时间从6~7周的时间缩短到1~2天，大大提升了企业运营效率；在企业进行产品研发时，利用虚拟化技术实现桌面虚拟化，为研发人员提供虚拟化研发环境，摆脱了传统手工安装和设备配置的局面，特别是在产品测试时，研发人员可以利用私有云直接部署多达200台虚拟机测试终端，有效缩短了前期研发设备、测试设备、检验设备等设备的准备和建置时间，有效缩短产品的研发周期，加速了产品的创新和上市。

**（四）云制造提高集团组织柔性能力**

英业达集团云制造模式整合了集团从组装生产、系统安装、测试检验、营运监控四大生产制造系统，省去了集团复杂的构建过程，优化了生产制造流程，提升了集团组织柔性能力，使英业达集团应用私有云平台中的自动化IT流程取代了大量的人工操作环节，既节省了操作人员成本，又可以缩短人工操作时间，有效提升集团企业生产制造的敏捷性和精准性，大大提高集团生产效率，有效缩短制造周期。

可见，英业达集团云制造提升机会识别能力，深入挖掘顾客需求，为客户提供产品定制化服务，同时为用户提供实时产品物流信息，提高顾客满意度；英业达集团云制造提升整合重构能力，实现集团企业优势资源的集中整合，按需分配，既能节约成本，又能提升下属企业信息化水平；英业达集团云制造提升技术柔性能力，将云技术应用于产品制造全生命周期，推动产品的研发创新，缩短产品研发周期；英业达集团云制造提升组织柔性能力，优化产品生产制造流程，提升集团组织敏捷性，有效缩短产品制造周期。

## 四、沈鼓集团与英业达集团案例对比分析

### (一) 云制造模式对比分析

通过对沈鼓集团和英业达集团云制造模式的分析,其云制造体系的建设背景、构建和应用不尽相同。因此,对沈鼓集团和英业达集团云制造模式进行对比分析(见表6-2),以发现其共性特点。

表6-2 沈鼓集团和英业达集团云制造模式对比分析

| 企业 | 沈鼓集团 | 英业达集团 |
| --- | --- | --- |
| 企业性质 | 国有企业(未上市) | 外资企业(上市企业) |
| 行业领域 | 通用机械制造 | 消费电子产品制造 |
| 云制造建设背景 | (1)下属企业应用软件不统一,导致管理不协调;<br>(2)部分企业信息化水平落后,不能满足集团快速发展需求;<br>(3)信息化建设重复投入,导致资源配置效率低下;<br>(4)集团"离散式制造",运营效率较低;<br>(5)由传统制造型企业向服务型企业转变的迫切需求 | (1)消费电子产品更新换代速度加快,客户需求呈现个性化,研发周期过长,难以适应竞争日益激烈的市场环境;<br>(2)IT系统日益复杂,部分企业信息化落后,资源重复投入,管理成本不断上升;<br>(3)生产线功能单一,人力成本不断上升,利润空间被逐渐压缩;<br>(4)企业与客户实时了解物流信息的需求;<br>(5)由传统制造型企业向服务型企业转变的迫切需求 |
| 云制造体系 | 计算云、制造云、管理云、服务云等 | 研发云、制造云、物流云等 |
| 战略转型 | 面向中小企业,提供基于云制造平台的应用软件在线租用服务、服务器及存储器数据中心运维及托管服务、生产运作解决方案等 | 面向企业和个人,推出"彩云计划"(包括教育学习云、企业智慧桌面云、个人健康云等及云测试、云标准、云安全等全套解决方案) |

资料来源:笔者根据资料总结所得。

综上对比分析可知,沈鼓集团和英业达集团在云制造建设背景、云制造体系、战略转型方面具有相似性,也有不同点。在云制造建设背景方面,它们都存在信息化水平落后,资源配置效率低下的现象,企业迫切需要转型升级等问题。但由于其主导产品不同,从而导致其云制造建设背景也不尽相同。沈鼓集团主导产品属于离散式制造,研发周期时间长,产品结构复杂,价值非常高,数控加工量大,需要多企业合作完成,提高集团企业生产运营效率成为企业重要考虑的内容;而对英业达集团而言,消费电子产品更新速度快,技术发展迅速,客户需求个性化,需要集团增强研发和创新能力,缩短产品研发周期,促进产品早日上市,因此英业达集团研发需求更为强烈。在云制造体系方面,沈鼓集团和英业达集团将云制造技术应用于企业研发、生产、销售、服务等制造全生命周期过程

中，而其信息化需求不同，打造云平台的重点也就不尽相同。在战略转型方面，沈鼓集团和英业达集团都注重企业的转型升级（传统生产型企业向现代服务型企业转变），但是基于云制造模式建设和应用经验不同，面向服务的对象和提供的服务内容也不尽相同。

### （二）云制造模式对企业绩效影响机理对比分析

表 6-3　沈鼓集团和英业达集团云制造模式对动态能力影响机理对比分析

|  | 沈鼓集团云制造 | 英业达集团云制造 |
| --- | --- | --- |
| 机会识别能力 | 以顾客需求为导向，智能化管理客户需求，加强客户关系管理，实时为客户监控设备，防范和排除苗头性故障 | 智能化分析销售数据和客户需求，深入挖掘潜在需求，为用户提供个性化定制服务，提供实时物流信息 |
| 整合重构能力 | 对集团资源整合优化，实现按需分配，避免下属企业 IT 基础设施、应用软件等信息化建设重复投入，推进企业信息化进程，推动集团企业战略转型 | 对集团资源整合优化，实现按需分配，避免下属企业 IT 基础设施、应用软件等信息化建设重复投入，推进企业信息化进程，整合和发挥集团技术和资源优势，推出"彩云计划" |
| 组织柔性能力 | 协同管理下属企业，促进协同化生产运作，提升组织敏捷性 | 优化生产制造系统，利用自动化 IT 流程代替大量人工操作环节，实现敏捷制造 |
| 技术柔性能力 | 云制造技术贯穿于集团企业制造全生命周期，为产品创新提供技术支持 | 云制造技术贯穿于集团企业制造全生命周期，为产品创新提供技术支持 |

资料来源：笔者根据资料总结所得。

表 6-4　沈鼓集团和英业达集团云制造模式对集团绩效的影响对比分析

|  | 沈鼓集团绩效 | 英业达集团绩效 |
| --- | --- | --- |
| 机会识别能力 | 发现并满足顾客需求，使得顾客满意度提升 | 满足客户个性化需求，提升客户体验，客户满意度提高，赢得更多客户 |
| 整合重构能力 | 资源利用率提高，IT 基础设施、管理和维护等成本降低 | 资源实现优化配置，IT 基础设施、设备维护、人工费等成本降低 |
| 组织柔性能力 | 产品制造周期缩短 | 产品制造周期缩短 |
| 技术柔性能力 | 产品或服务创新，设计周期缩短 | 加速产品创新，产品研发周期缩短 |

资料来源：笔者根据资料总结所得。

### （三）跨案例分析的理论模型

通过对沈鼓集团和英业达集团云制造模式对绩效影响机理对比分析（见表 6-3 和表 6-4），云制造模式对集团企业动态能力（机会识别能力、整合重构能力、组织柔性能力、技术柔性能力）具有一定的提升作用，进而提高集团企业绩效。但是，由于集团企业自身特点（包括对 IT 信息化需求、主导产品特性、发展规划等），导致云制造模式对企业绩效的影响也不尽相同。通过对比分析，本书对模型进行优化,得出基于动态能力视角下云制造模式对企业绩效影响的模型(见图 6-11)。该模型认为云制造可以通过提升企业的动态能力来提高企业的绩效。本书前面的分析中已经指出,组织敏捷性本身就是一种动态能力,因此,这个模型与前文基于理论分析提出的"云制造模式对组织敏捷性和绩效的作用机理(CAP)模型"实现了较好的吻合。

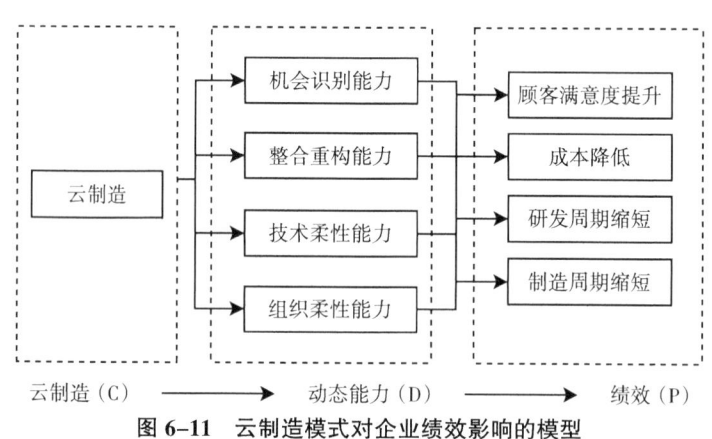

图 6-11　云制造模式对企业绩效影响的模型

## 五、研究局限与未来研究方向

### (一) 研究局限

案例研究毕竟有其局限性。案例研究过程中所采用的企业案例具有其特殊性,并不一定适合于多数企业(特别是中小企业)。此外,采用案例研究方法进行理论验证的充分性值得商榷,而且搜集到的案例资料有限,也难以保证假设验证的充分性,这也是本书的不足之处。

### (二) 未来研究方向

今后研究云制造对集团企业组织敏捷性和绩效的影响机理主要采取多个案例企业的方式,不断拓宽企业资料的来源,以提升案例论证的充分性和可靠性。此外,随着运用云制造模式企业的不断增多,可以探索采用数理实证研究的方法进行理论检验。

# 第七章　云制造模式下我国制造企业组织敏捷性的应用对策

综上分析，云制造模式是我国当前制造业发展中最新的一种制造模式，对企业应对动态复杂的经营环境、提升自身组织敏捷性具有重要影响。然而，云制造模式的研究与实践正在不断探索中，仍旧面临着许多技术难题需要突破。云制造在制造业企业中的应用不可一蹴而就，需要逐步研究、不断深入探索与实践。我国制造业信息化的发展正处于深刻变革攻坚阶段，特别是云制造的应用，对我国推动发展和推动制造业转型升级和实现制造业服务化具有重要作用。因此，探讨云制造模式下如何进一步优化组织敏捷性具有重要意义。

## 第一节　我国制造企业的云制造应用建议

### 一、打造个性化云制造模式

云制造模式要真正落实到制造业的实践与应用，就需要与企业具体的组织结构、产品生产制造模式、组织文化等管理模式相适应。云制造模式不仅仅是一种技术手段，也是一种与企业息息相关的管理手段，必须与企业的管理模式相匹配。云制造的探索和实践落实，需要充分结合自身企业的组织特点和制造特点，不能够盲目地使用和借鉴，要充分制定好企业信息化战略、计划等，关注云制造模式最新动态，积极落实云制造模式。因此，在建设和应用云制造模式时应注意以下几点：

## （一）云制造建设应注重统筹规划

云制造项目建设是一项投资巨大、项目周期长、信息化架构复杂的系统工程，是制造业实现转型升级的重要信息化建设项目。因此，构建云制造应注重统筹规划，进行信息化架构的顶层设计，为项目的开展和实施奠定良好的基础。例如，沈鼓集团不断深化两化融合，以北方电脑应用开发公司为依托，构建云制造模式下的信息化建设架构，推动下属企业信息化发展，实现集团企业软件资源和硬件资源的充分共享与应用，形成庞大的资源云池，提高信息的安全性，以期打造"数字沈鼓"。沈鼓集团云制造模式下的信息化建设按照五点建设原则实施：第一，信息化建设要与企业自身实际相匹配；第二，集团要对信息化建设进行整体规划；第三，信息化建设分步实施；第四，加强沟通与协调；第五，推进实施，注重项目管理。总之，沈鼓集团进行信息化架构建设注重统筹规划，注重信息化建设的顶层设计，注重项目管理。沈鼓集团通过项目管理和流程控制、中间项目评审、质量监控、项目进度监控以及系统测试等一系列措施，在实施过程中可能还会做出临时的调整或者修改，最终的目的是确保实施结果能够最大限度地接近最初的规划目标。云制造建设的统筹规划是企业实施云制造应用的第一步。

### 1. 注重统筹规划

云制造项目应注重统筹规划。云制造项目不是一朝一夕能够实现和完成的，应该抓好项目前期的筹划准备工作。要充分认识到云制造项目建设的艰巨性和复杂性，积极将云制造应用与企业实际相结合，无论是构建公有云平台还是私有云平台，都要让云渗透到企业生产制造全生命周期，实现企业产品或服务的设计研发、生产制造、经营销售等过程的数字化、信息化，统筹处理好项目建设与企业发展之间的关系，云制造项目建设的根本目的就是为了实现企业的快速发展。因此，既要注重项目的建设，也不能忽视企业整体综合性发展。

### 2. 强化顶层设计

云制造项目建设要注重强化顶层设计。在云制造项目统筹规划的基础上，要从全局发展的视角出发，实施自上而下的系统筹划。云制造要充分整合优化众多企业的资源，动态调整和修改企业云制造项目建设方案，不断完善云制造建设实践，尽量减少和避免云制造项目建设过程中的问题和不足。在我国，云制造理念和实践是最近几年才发展起来的，缺乏充足的建设经验和有效的实施方案计划。因此，云制造项目建设必须要进行顶层设计，充分借鉴国内外先进制造模式建设理念，稳扎稳打，研究和推进云制造项目信息化架构建设的整体框架体系，并结合企业发展和信息化建设的实际情况，不断优化和完善项目建设体系。

3. 坚持需求牵引

云制造项目建设应坚持实际需求牵引。构建云制造服务平台必须坚持以"需求牵引"为导向，结合企业业务发展实际需求，不断注重自主创新和研发设计。云制造项目建设必须与企业的发展目标相结合，而不能背离企业的发展战略，一切都应该是以企业发展需求为导向，严禁杜绝建设面子工程或形象工程。制造企业及下属企业的信息化需求是实施和建设云制造项目的前提和基础。企业在把握云制造项目建设理论基础上，动态掌握我国云制造项目实践的特点，不断总结企业发展需求，科学筹划云制造项目建设的框架体系，突出云制造项目建设的重点。企业应坚持采用企业信息化建设的能力应对和企业信息化需求相牵引的方式，充分增强云制造项目信息化建设的主动适应性和持续稳定性，切实满足企业的发展需求，推动企业的快速发展。

（二）实现云制造技术创新与突破

李伯虎等（2011）等指出，云制造技术是由云计算技术、物联网技术、高性能计算技术、服务计算技术、智能科学技术、信息化制造技术等先进新兴技术融合而成。信息技术的快速发展推动了信息化与工业化的快速融合，使制造业应用云理念成为可能。云计算技术为企业制造过程中所需信息进行智能处理和决策提供技术支持；物联网技术为企业实现物物互联和智慧化制造提供技术支持；高性能计算技术为企业解决复杂的制造问题及大规模协同制造问题提供了技术支持；服务计算技术为企业快速构建虚拟化制造服务环境提供了技术支持等。此外，云制造是一个非常复杂的系统。云制造关键技术包括总体技术、云制造资源感知与接入技术、云制造资源、能力的虚拟化与服务技术、虚拟化云制造服务环境的构建与管理技术、虚拟化云制造服务环境运行技术、虚拟化云制造服务环境评估技术、云制造可信与安全制造服务技术、云制造普适人机交互技术。

总之，云制造技术贯穿于企业从产品的设计、采购、生产加工、运营维护、销售到售后服务的制造全生命周期过程中，为企业降低成本及提升产品或服务价值提供了使能技术，为企业提供软件即服务、平台即服务、设计即服务、生产加工即服务、经营管理即服务等服务内容。企业借助云制造技术和云制造整合平台，有利于推进企业信息化进程，提升企业运作效率，实现产品生产研制与信息流、物流、资金流的集成优化，有效增加产品的附加值或者服务的满意度。因此，企业应该注重云制造技术创新和突破，为实现智能化、绿色化、信息化、服务化发展提供信息支持和技术支持。企业应该在云制造技术创新方面做到以下几点：

### 1. 加强组织领导支持

企业云制造项目信息化建设离不开组织高层领导的支持。首先，领导必须充分学习和了解云制造思想的深刻内涵，了解云制造对企业组织管理、生产运作、流程再造、产品制造等各方面的积极影响，高层领导只有意识到云制造项目信息化建设的重要性，才能为云制造项目建设工作的开展提供支持和帮助。其次，组织领导要与下属进行良好的沟通。沟通是云制造项目顺利开展的前提和基础，只有云制造项目思想被整个组织或集体接受，才能更好地开展云制造项目建设工作。特别是在项目建设过程中，组织领导要积极关心和询问项目建设进展情况，必要时给予相关的帮助和支持，甚至是给予肯定和赞赏，提高云制造项目组成员的积极性、主动性、创新性。最后，组织领导要充分发挥指导和协调作用。云制造项目建设是一个复杂的系统工程，涉及企业各单位众多人员的参与和协调，因此，组织领导层应该积极发挥协调和调度作用，要求人力资源部门的全力配合，协调和组织各单位中的最适合的人员参与到项目建设中，为项目建设出谋划策。

### 2. 实施人才强企策略

人才强企策略是指企业通过采取各种人才引进、培养、制度建设等措施，培养一批高素质的优秀人才，充分发挥人才的积极作用，为企业的发展出谋划策，推动企业快速发展的策略。人才建设问题已经成为关系到企业发展的关键问题，人才在企业发展过程中发挥越来越重要的作用。特别是在信息化飞速发展的今天，科技人才已经成为企业特别是大型集团企业重要的战略资源之一。云制造项目建设离不开信息化人才的支持，特别是在云制造技术的创新和突破方面，更要发挥科技人才和信息化人才的创新性和开拓性。因此，企业应该积极采取人才强企策略，重点培养信息化人才，在云制造项目建设过程中充分发挥人才的积极作用。

首先，企业应该通过多种渠道方式引进高层次科技人才。企业应该拓宽人才引进渠道，采用多视角、宽领域、跨国界的方式引进专业化技术人才，特别是与云计算、云制造、高性能计算等相关云技术方面的优秀人才。企业应该积极深入高校内部，加强与高等院校和科研机构的合作，建立长期的人才输送合作机制，鼓励各研究机构和高等院校为企业输送大量的优秀研发人才；与此同时，实施海外优秀人才引进计划，广泛引进符合企业发展和战略计划的优秀海外高层次创新人才，引进云计算技术、云制造技术、物联网技术、虚拟化技术等相关技术研发与产业化的领军人才，为云制造项目技术创新和突破添砖加瓦。

其次，企业应该全方位培育优秀科技人才。高等院校是最新思想和知识的聚集地，也是高端人才的聚集地，往往是创新思想和新知识的迸发地。企业应该与高等院校和科研机构建立人才培养机制，将企业的科技人才输送到院校内部进行再学习，不断巩固和培养企业人员的创新意识和学习创新能力。此外，企业也可以联合云计算、云技术等相关的培训机构，培养企业云计算技术、云技术等相关的中高端人才；企业应该与高等院校、科研机构以及相关的云计算、云技术等技术培训与咨询机构进行合作，对企业在云计算技术研发、云制造技术创新、物联网技术培训等方面的人才进行上岗前培训或进行职业再教育达成长期协议，形成良好的合作伙伴关系，推动企业人才建立机制的完善。

最后，企业应该完善人才激励机制。企业应该鼓励采取多种方式鼓励和激励人才，特别应该关注企业内部具有创新思想、战略思维、先进管理思维的高等优秀人才，避免企业内部人才的流失，例如，企业可以采取股权、期权等方式激励高层次研发人员和管理人员，将企业人才的利益与企业的利益相挂钩，有利于调动高管人才和科技人员为企业服务的积极性、主动性、创新性；企业应该严格落实关于高级技术和研发人才的各项福利政策和优惠政策，在可能的条件下解决高级人才的后顾之忧，例如，在住房、医疗保健、子女入学、配偶就业等方面为优秀人才开通绿色通道，为高水平人才营造良好的工作、生活环境，提供具有竞争性的福利待遇。

3. 优化技术创新环境

在企业内部，技术创新环境是企业科研人员进行技术研发和实验研究的重要保障。良好的技术创新环境能够激发科研人员的创新思维，能够提高科研人员特别是高级优秀人才的创新服务意识。因此，企业应该积极优化技术创新环境，为科研人员进行云计算、云制造等相关云技术的研发和创新环境。

企业应该注重完善科技创新体制和机制的构建。企业应建立以市场需求为导向，以企业自身实际为主体，构建以产、学、研相结合的技术研发与创新的体系和机制，引导企业由技术引进型向原始创新、集成创新、自主创新型转变，从而形成具有自主知识产权、项目技术专利、自主创新品牌以及持久创新能力的创新型企业。在云制造建设项目上，应该注重科技成果的应用和转化，结合自身实际情况，把云计算、云制造等相关云技术的研发成果转化为企业的市场成果和企业效益，推动云制造的技术成果转化，借助技术市场、专业院校及科研机构等实现由技术成果向生产力转化，增强企业应用云制造模式的经济效益。此外，企业要建立健全云制造等相关知识产权保护体系，营造良好的知识政策和有效的奖励政策体系，鼓励和保护现有知识和科技人才的研发成果，从而进一步提高高级优秀研发人才进行技术创新和产品研发创新的积极性和主动性。

此外，企业还应该增大对科技的投入。资金投入是企业科研项目顺利开展的保证。随着企业不断发展壮大，企业应该根据战略发展需要增加对科技研发和产品研发创新的资金投入比例，特别是对企业有重要发展战略意义的技术研发项目，例如云计算项目、云制造项目等相关技术研发创新。一方面，增加科技研发资金投入能够为这些项目建设相关技术研发和技术创新提供强大的资金支持；另一方面，增加对技术的资金投入能够有利于调动科研人员和高级人才的积极性，为科研人员进行项目研究解决后顾之忧。某些集团可能将部分科研项目的研发外包给相关的科研机构，但是也会把结余的资金投入到自己的核心业务及核心产品的研发。为企业长期发展的利益，企业应该注重培养自己的科研机构，围绕实施云制造项目进行相关的技术创新和研发，提升企业的创新能力和创新意识，必须要准备好技术研发支持资金。

4. 借鉴"工业4.0"先进理念

"工业4.0"最早源于德国，是于2011年提出来的。目前，德国已经将"工业4.0"上升为国家级战略，并将和中国开启"工业4.0"合作。德国的"工业4.0"是由德国联邦教研部与联邦经济技术部共同支持的研究项目，是在德国工程院、弗劳恩霍夫协会、西门子公司等德国学术界和产业界的建议和推动下逐步形成的。2013年，德国的"工业4.0"工作组在汉诺威工业博览会上发布了报告《保障德国制造业的未来：关于实施"工业4.0"战略的建议》。该报告指出"工业4.0"的核心就是第四次工业革命是信息物联网和服务互联网与制造业的融合创新。德国期望通过"工业4.0"将智能技术和网络融入制造业的生产和应用中，从而巩固德国制造业的强国地位，增强德国现代工业的竞争实力，进一步推动德国制造业的智能化发展，以期在新一轮工业革命竞争中获得制造业的领导地位。该战略目前已经得到德国学术界和产业界的普遍认可，此外，德国西门子公司已经开始将"工业4.0"这一概念引入其工业软件开发和生产控制系统，推动西门子的智能化发展。

"工业4.0"为云制造模式的发展和技术的突破带来先进的理念。德国学术界和产业界普遍认为，"工业4.0"是指以智能制造为主导的第四次工业革命或革命性的生产方法。该战略旨在通过充分利用信息通信技术和网络空间虚拟系统——物理系统（Cyber-physical System）相结合的手段，将推动制造业向智能化转型。"工业4.0"项目主要分为两大主题：一是"智能工厂"，重点研究智能化生产系统及过程,以及网络化分布式生产设施的实现;二是"智能生产",主要涉及整个企业的生产物流管理、人机互动以及3D技术在工业生产过程中的应用等。[1] 智能工厂主要关注智能化生产系统及过程,以及网络分布式生产设施的实现。未来,各个工厂将具备统一的机械、电器和通信标准。以物联网和服务互联网为基础,配备有感测器、无线和RFID通信技术的智能制造设备可以对生产过程进行智能化监控。[2] 德国与中国开展"工业4.0"项目合作,为我国企业云制造模式的发展带来了前所未有的发展机遇。

首先,信息物理系统(CPS)为能够建立包含其设备、仓储系统和工业产品的全球性网络。企业云制造模式可以借助和运用信息物理系统推动其生产设备、制造资源、产品等实现企业与企业之间的整体互联,从而能够实现数据流、物流、信息流的统一,有利于推动其企业智能化发展。在制造业领域,信息物理系统包含能够独立交换信息的小型智能机械、存储系统和高效的产品设备,彼此之间能够独立地完成运作和互相控制。可见,信息物理系统能够为云制造技术提供基础设施支持。当产品的生产制造要求经过信息物理系统时,纵向需要经过企业或公司的商业流程,横向需要连接实时管理的衍生价值体系,这两方面共同构建了嵌入式制造的系统网络,这种嵌入式制造的系统网络为企业云制造模式实现网络化和推动企业构建协同网络奠定了技术基础和网络化理念。

其次,"工业4.0"涉及物联网、信息技术、大数据处理技术等先进技术,与云制造模式所运用的技术非常相似。"工业4.0"更加注重的是实现工厂的智能化生产,通过更新企业的设备和大数据的处理,实现产业链间的协作,从而生产出具有服务价值的产品。"工业4.0"基于数字化技术平台实现产品制造全生命周期智能化,逐步由机器智能生产代替人的劳动。云制造模式发展离不开智能化的发展模式,更需要借助"工业4.0"的先进理念,推动企业技术和设备的更新,提高企业的信息处理能力和智能化生产水平,推动整个制造业的快速发展。

最后,"工业4.0"能够充分满足用户个性化定制需求。"工业4.0"能够借助3D打印等先进技术,以较低的成本满足用户订单个性化需求。这主要是依靠"智能工厂"和"智能生产",也就说即使是一次性的产品或服务也能够实现较高的利润。在"工业4.0"中,动态的商业模式和生产化流程使企业的生产和交付变得更加灵活和方便,而且能够使企业灵活应对在生产过程出现的产品问题和生

---

[1] 李大庆. 工程院与国资委推介德国"工业4.0"战略[N]. 科技日报, 2013-10-25.
[2] 芮明杰. "工业4.0"与CPS战略、路径下的上海准备[N]. 东方早报, 2014-9-17.

产故障，从而能够保证产品或服务的质量，大大提高企业的生产效率和水平，为顾客提供更高的服务价值。

### （三）构建开放性云制造平台

沈鼓集团开放式云制造平台建设已经初见成效，目前沈鼓集团云制造平台中通过汇集大量制造资源和能力，在产品的研发设计、信息共享交流、业务流程智能化等方面都已融入了云制造模式。沈鼓集团云制造平台不仅对众多下属企业实现开放式管理，也逐步尝试对沈阳地区中小企业实现开放。这种全新的制造模式目前在国内成功运用的案例并不是很多，沈鼓集团作为云制造的首批尝试者，它的成功将为云制造在大中型企业的部署应用提供前所未有的宝贵经验，不仅对于大型企业而言云制造是制造企业转型升级的机遇，对于中小企业而言，也可以参照云制造在沈鼓集团的成功运营来定制适合本企业的云制造服务应用，这也正是云制造部署的灵活性所在。企业可以根据自己的需求动态、灵活部署，减少运营成本和前期投资。沈鼓集团开放式云制造平台建设将会促进沈阳地区和东北老工业基地制造业发展升级。

随着经济全球化和电子商务模式的不断发展，世界真正逐步呈现交易或服务网络化、平台化趋势。企业云制造平台不仅要对集团内部下属企业实现开放，而且要尽可能实现对中小企业开放，这也是当前云制造模式探讨和研究的主要发展趋势。例如，英特尔提出了"2015年云愿景"，主要包括三个关键的云项目："互通"的云、"自动化"的云计算网络、基于PC和设备感知的"客户端自适应"云。英特尔构建了由70多家全球领先企业的"开放式数据中心联盟"，是为实现"2015年云愿景"而迈出的非常重要的一步，也为其他企业建立开放式云服务提供了创新思想和启示。云计算技术的快速发展和广泛应用为云制造实现开放提供了技术支持和更多的实践经验，因此云制造建设不能仅仅局限于集团企业内部。集团企业应该具有更加长远的眼光，具备更加开放式的思维，把开放式的云制造平台思维融入集团企业云制造项目建设的统筹规划中，创建开放式开发接口，以允许中小企业在云平台中实现即插即用的构想。

### （四）注重云制造平台运营安全

云制造平台运营的安全性不仅涉及集团及下属企业的隐私（包括数据隐私、信息隐私、战略规划、技术等），还牵扯到其他合作伙伴及中小企业的信息安全。因此，保证云制造平台运营安全对企业的发展至关重要。云安全问题不仅涉及云技术层面的问题，而且涉及云制造运营安全策略，甚至危及企业整体的发展问题。虽然安全信息技术不断完善和改进，以及各种网络安全技术云平台保驾护航，但是基于互联网的用户私人信息泄露事件时有发生，从而会对相关涉事企业造成沉重的影响。对于制造业而言，制造行业的竞争是基于核心技术的竞争，制造业技术泄密（特别是高端装备制造技术的泄密）会对制造相关参与方造成沉重的打击，而且甚至会影响企业整个云制造项目活动的推广和使用。只有保障云制造平台安全运营，才能够为云制造平台的使用者和参与者提供心理安全的稳定剂。因此，在建设云制造项目时，必须注重加强云制造平台运营的维护问题，提高云平台的安全性。

首先，要保证云平台上企业的数据安全。企业把大量的制造业务及相关的制造资源和制造信息迁移到云制造平台上，企业内部核心的数据都放在云端，保证云平台上面的业务和核心数据的安全是云制造平台建设应该关注的首要问题。如何防止云平台上数据流、信息流、资金流等核心价值资料被泄露及如何保证在网络或机器出现故障时防止企业相关信息资源丢失等，都是在构建云制造平台和维护平台正常运作时值得考虑的重要问题。

其次，要强化信息安全保障。要坚持贯彻和落实云平台信息安全保护制度，建立健全数字认证、安全测评等公共安全基础设施，始终坚持建立以网络与信息安全为目标，适时更新加密技术和认证技术；增强云平台企业信息安全意识，提高云制造平台内部参与人员的自我防范意识，严厉杜绝泄露云平台中企业、员工、技术等相关私密信息；构建安全电子交易制度等安全保障体系，规范电子认证服务，推广数字证书、数字签名等安全应用；推动云制造模式下信息安全标准、规范的制定与落实，构建安全认证体系，为云制造项目建设构建基于数据安全和隐私安全的保护环境。

## 二、探索基于云制造的商业模式

随着外部环境的动态复杂，企业与企业之间的竞争越发激烈。目前，企业之间的竞争已经不再积极局限于产品的竞争，而是基于商业模式创新的竞争。面对复杂动态的外部环境，某些企业原有的竞争优势也随着时间的推移在逐渐消失，甚至被市场所淘汰，但是随着云计算商业模式的出现，一批全球知名的IT企业（IBM、Microsoft）、互联网企业（Google、百度）、电子商务企业（Amazon、阿里巴巴）等实现了快速的发展和壮大，同时导致社会经济形态发生了重大改变，引领人们进入一个全新的经济时代——"云经济"时代。微软全球副总裁张亚勤指出：云经济的本质是通过互联网与通信网，把超大规模的云服务中心的计算与存储能力，以低成本、高效能、高可用的方式，提供给全球的政府、企业及个人消费者，以实现数据的分享与交换。云计算商业模式的创新，推动电子商务企业实现快速发展。电子商务可以利用云计算在降低中小企业运营成本及提升运营能力方面的优势。例如，阿里巴巴以阿里云计算公司电子商务云建设为核心，全面围绕中小企业经营业务需求拓展构建企业云计算服务体系。阿里巴巴通过强化云计算操作系统研发、中小企业云数据中心和云计算平台运营支撑系统建设、中小企业应用服务模式创新，增强对中小企业经营活动的全面服务支撑，降低中小企业经营门槛，提升中小企业经营水平，实现了阿里巴巴的快速发展。综上所述，云计算为云制造进行商业模式创新提供了一定借鉴和启示。

因此，在云经济时代，企业在构建云制造平台应该结合自身资源和能力以及外部发展环境，积极探索一个适合基于云制造的商业模式，实现商业模式的创新，充分发挥云制造模式的积极作用，并随着外部环境的变化不断进行更新创造，从而获得企业的核心竞争力和竞争优势。简言之，基于云制造模式的商业模式就是企业通过应用云制造模式和云制造平台实现销售收入和获得利润的方法和手段。基于云制造模式的商业模式创新将成为企业突破传统商业模式和发展模式的重要盈利点。基于云制造模式下的商业模式创新应该注重以下几点：

**（一）业务模式移动终端化**

云制造实现商业模式创新，要注重实现业务处理模式移动终端化，这也是未来提高业务处理效率的发展趋势。制造业的发展已经进入了信息化时代。制造业企业虽然在企业内部建立了大规模的信息化系统建设，例如办公自动化系统（OA）、企业资源计划（ERP）、客户关系管理系统（CRM）、供应链管理系统（SCM）等。这些信息化系统虽然也都应用在企业生产运作各环节中，但是目前这些系统主要是以PC为终端，使得企业员工局限于固定的工作单位内部，大大降低了处理业务的灵活性，越来越不能满足制造业服务可移动化的业务处理需求。特别是随着云制造项目的开展，云制造服务平台融合了大型集团企业，甚至涉及服务众多中小企业，对业务处理移动化需求提出了更高的要求。因此，云制造项目建设应该集办公自动化系统、企业资源计划、客户关系管理系统、供应链管理系统等信息化系统于一身，实现业务处理移动终端化（例如通过手机、iPad等移动终端），提高企业业务处理的灵活性。

**（二）注重产业价值链分解**

云制造商业模式应该由企业所处的产业价值链经过细化形成。成功的商业模式创新一般体现在技术创新、管理模式创新、基于产业链模式创新。主要是基于产业价值链的细分或融合，对企业价值进行定位以选择企业盈利方式来源。云制造涉及企业产品研发设计、生产制造、市场营销、售后服务等制造全生命周期。因此,对制造业企业的产业价值链进行细分,从中挖掘潜在商业机会和发展机遇,成为基于云制造进行商业模式创新和构建的有效途径之一。然而企业如何实现盈利是商业模式最重要的内容之一,也是企业进行商业模式创新的根本出发点。对制造业企业进行产业价值链分解是对企业核心能力和核心技术的深入挖掘,是企业借助云制造模式实现商业模式创新的起点。

(三) 培养长期性盈利模式

云制造商业模式要具备长期性的盈利模式。商业模式具有独特性、难以模仿、价值性的特点。因此,基于企业价值链分解,发现企业的核心价值体系,利用云制造模式将企业核心能力进行网络平台化和实现核心能力服务化,从而推动企业由传统的生产型向生产服务型转变。云制造是面向服务的制造,是一种"制造即服务"的制造新模式和技术手段,为企业进行商业模式创新提供了思路。云制造注重产品生命周期过程中服务(包括云计算提供的服务功能)的提供,例如,基础设施即服务(Infrastructure as a Service,IaaS)、平台即服务(Platform as a Service,PaaS)、软件即服务(Software as a Service,SaaS)、论证即服务(Argumentation as a Service,AaaS)、设计即服务(Design as a Service,DaaS)、生产加工即服务(Fabrication as a Service,FaaS)、实验即服务(Experiment as a Service,EaaS)、仿真即服务(Simulation as a Service,SimaaS)、经营管理即服务(Management as a Service,MaaS)、集成即服务(Integration as a Service,InaaS)等。云制造服务模式创新主要包括以下:

1. 基础设施即服务

基础设施即服务(IaaS)源于云计算三大服务(IaaS、PaaS、SaaS)之一,是指为用户提供基于云制造包括云计算在内的所有基础设施的相关服务,包括云计算供应商提供数以万计的服务器、网络、操作系统、存储设备等相关硬件设施及应用服务。基于 IaaS,中小企业用户可以避免花费巨额资金来购置相关的服务器及相关的 IT 基础设施和雇用相关的 IT 人力资本,将更多的精力集中在自己的核心业务和核心能力上,这就为基于"私有云"模式的企业带来了发展的新模式。

2. 平台即服务

平台即服务(PaaS)是指为软件开发商或者软件开发用户提供基于云计算或云制造基础设施上的软件开发语言和软件开发工具的应用程序服务。基于 PaaS,用户可以直接应用供应商提供的平台服务,同样也不用构建相关的基础设施,但是却能控制和应用云基础设施上部署的应用软件和程序来进行程序的编写和开发。平台即服务提供的是一种平台服务，为中小型企业应用开发带来了方便。一方面，程序开发者可以借助该平台开发和发布 Web 程序，从而有利于使自身服务器遭受巨大访问量而避免崩溃或瘫痪；另一方面，程序开发者可以借助云平台中的应用程序编程接口（Application Program Interface，API）或者其他协助开发程序，能够大大缩短程序的开发周期，加快了开发应用软件上市的脚步。

3. 软件即服务

软件即服务（SaaS）是指为用户提供基于 Web 即可访问云平台上的应用程序服务。因此，中小企业不用花费高额资金去购买软件，也不必花费巨额成本去构建 IT 基础设施和雇用相应的员工及进行相关机器的维护和升级工作。因此，中小企业用户可以直接通过 Internet 访问其所需的 ERP、CRM 等相应的信息化软件。基于云制造的企业可以研究如何应用软件即服务模式为中小企业用户提供相应的软件服务，既能够实现自身盈利，又能为中小企业降低成本，真正能够使大型企业与中小企业实现共赢，从而实现企业发展盈利模式创新。

4. 论证即服务

论证即服务（AaaS）是云制造模式所特有的服务模式之一，是在云计算服务模式上进行的创新，是与制造业企业服务模式的深度融合。论证即服务是指为用户或企业提供基于应用云制造平台中的可以用于企业进行辅助决策和分析的数据库、模型库、知识库作为支撑，并结合各种应用决策分析软件等进行封装的云服务。企业可以借助论证即服务对产品规划或制定相应的营销策略等相关的论证业务，也可以为中小型企业提供相应的论证服务，对各种可行性规划方案进行有效论证分析，提供可靠的分析结果。

5. 设计即服务

设计即服务（DaaS）是指云制造平台为企业用户提供基于计算机辅助软件封装的云服务。例如，在产品设计过程中，企业用户需要对产品进行设计，需要记住计算机辅助设计软件和高性能计算软件等的帮助和支持，云制造平台把相应的软件封装成为云服务提供给用户。此外，云制造平台还可以为用户进行产品设计时提供所需的各种知识，在设计过程中以提供智能化帮助。总之，设计即服务是基于云制造平台而实现的，为企业提供了高性能计算设备和计算机辅助软件平台，有助于提高企业进行产品设计和研发的效率。

6. 生产加工即服务

生产加工即服务（FaaS）是指云制造平台可以为企业用户提供基于产品的生

产加工的服务。企业生产加工产品需要各种应用软件和制造资源相配合，云制造服务平台能以提供虚拟生产单元的方式为企业的生产加工任务提供所需服务，其中包括产品加工所需的物料以及相关的机床和加工中心等制造设备及相关的操作系统应用软件等。云制造服务平台还可以对产品加工过程、机器设备运作等进行监控和管理。生产加工为服务为企业提供了加工产品的服务，有利于协调企业生产运作和提高企业生产效率。

7. 实验即服务

实验即服务（EaaS）是指云制造可以为企业提供基于产品实验和试制过程的虚拟化实验室服务。云制造平台可以根据用户的实验需求，结合各种封装的实验分析软件等，构建一个虚拟化实验室，为各种产品或设备的研发、试制提供了一个实验平台，同时也可以搜集在实验过程中的各种参数变化，促使企业用户对产品的试制情况进行分析与评估，以便企业更好地对产品进行改进。由于产品的试制和实验往往需要花费较高的成本，特别是模具的制造成本更加高昂，因此，云制造平台的实验即服务可以使企业大大缩减产品研制失败的损失成本，有利于节省制造资源和成本。

8. 仿真即服务

仿真即服务（SimaaS）是指为企业用户提供一个基于云制造的虚拟化协同仿真环境服务。由于产品的仿真过程需要结合使用各种虚拟化的软硬制造资源，在云制造平台的支持下，结合经过封装后的仿真模型、软件、数据库、知识库等云服务，为企业构建一个虚拟化的仿真环境。总之，云平台提供的仿真即服务为企业提供了产品仿真模拟服务，同时也能为客户提供智能感知、状态采集等服务。

9. 经营管理即服务

经营管理即服务（MaaS）是指云制造为企业用户提供企业资源规划、客户关系管理、供应链管理、产品数据管理、销售管理等企业制造全生命周期活动服务。用户可以根据具体的经营管理需求运用云制造平台上的各种云服务，切实满足企业用户的个性化需求。因此，基于云制造服务平台可以借助云端服务为中小企业提供在线租用服务，包括企业资源规划、客户关系管理、供应链管理、产品数据管理、销售管理等各种应用系统，解决用户经营管理、流程再造等个性化需求。

10. 集成即服务

集成即服务（InaaS）是指云制造服务为企业提供针对异构系统、平台与系统之间的集成服务。这种集成服务可以通过接口适配、数据转换等方式实现异构系统的集成，从而能够实现用户采用"即插即用"的方式使用云制造平台上的服务。云制造是一种开放式的共享平台，能够通过集成服务实现各方企业的异构系统的融合，能够让众多中小企业参与到云制造平台中来，实现彼此通过云平台进行业务的沟通与交易，最终实现互利共赢。

综上，云制造项目服务内容和形式趋于多样化，为企业进行商业模式提供了多种渠道和途径。同时，商业模式创新必须要有一定的价值主张及运营机制作为支撑。因此，基于云制造的商业模式创新必须对企业产业价值链进行细分，然后深入挖掘企业核心能力和核心价值创造机制，基于"公共云"服务平台为中小企业提供各种制造服务，真正转化为企业的盈利模式。云制造商业模式创新必须注重模式创新的独特性、难以模仿性、长期性，这样才能有利于制造业企业实现长期快速发展。

### （四）构建基于云制造模式的商业生态系统

所谓商业生态系统，是指在一定的空间和时间范围内，各种类型的企业（包括生产商、供应商、销售商、中介机构、投资者等）主要由经济利益所驱动，以某种主导产业为核心，形成的具有上下游合作伙伴关系，实现既互利共赢又相互依赖的产业链生态系统。未来的竞争是开放的竞争，是竞争中伴有合作，合作中伴有竞争，往往呈现出一种竞合关系。商业生态系统为云制造模式进行商业模式创新提供了一种最佳的模式。基于云制造的商业生态系统本质是指以先进的云技术为支撑，连接上下游企业，充分整合各方资源，从而构建一个开放的、互利互惠的云平台，为用户提供更舒适、更便捷、更高效的服务和体验，最终实现各方合作共赢的生态链。无论是"私有云"平台还是"公有云"平台，云制造平台应该是一个开放式的商业平台，只不过是相对开放程度不同而已。企业应该借助云制造发展模式，构建集众多中小型企业为一体的云制造服务平台，形成一个较为完整的商业生态系统，从而实现商业模式的创新。企业通过云平台实现与上下游企业的连接，构建起以大型集团企业为核心的网络化沟通和交易渠道。基于云制造模式的商业生态系统应该注重支持网络化、全渠道、深度管理，注重客户商机的挖掘和管理，能够实现会员服务，通过大数据、云计算等先进技术实现精准营销，敏锐地发现和捕捉顾客需求，能够动态响应市场的快速变化，能够帮助企业构建生态圈，创新商业模式。综上可见，基于云制造模式的商业生态系统是最为理想的商业模式。

## 三、发挥云制造模式的协同优势

德国科学家哈肯首次开创了一门关于协作的科学,这门学科被称为协同学。自从协同理论被提出以后,学术界和实践界引起了对生产协同、协作策略、协同制造网等相关理论的研究,极大地推动了协同理论的发展,也为指导企业进行内部协同及企业间协同发挥了重要作用。

### (一) 云制造协同制造发展趋势

随着外部环境日益复杂,现代产品更新换代速度快、消费者需求多样化、信息技术飞速发展、我国人力成本优势逐渐丧失,这就要求企业必须提高组织敏捷性以适应外部动态环境。特别是对大型企业集团而言,涉及的产品制造流程复杂、参与制造的下属企业及人员众多、离散型企业产品生产周期特别长。因此,对企业目标协同性、组织管理协同性、制造协同性、资源优化配置等提出了更高要求。

随着云计算和网络技术的快速发展,制造业发展逐渐呈现网络化和平台化趋势。特别是云制造模式的出现,为制造业企业提高资源配置效率和提升企业之间的协同合作效率提供了一种新型制造模式。随着经济全球一体化和制造业的发展逐渐打破地理空间限制,现代制造企业,特别是大型企业集团,越来越注重生产效率的提高和产品的跨区域协同制造。云制造服务平台注重企业制造全生命周期(包括研发、设计、生产、采购、销售等)的协同化运作,为企业生产运作按需匹配所需资源和服务,实现智能化匹配。云制造服务平台可以突破地理空间、文化差异的束缚,既能满足云制造服务需求者的服务请求,又可以为具备提供服务和资源资格的企业提供信息发布和业务拓展等服务。[①] 因此,企业可以利用云制造平台对生产运作所需的资源、信息、软件等进行统一规范化管理和配置,从而提高企业资源配置效率,提升企业的资源利用率。云制造可以实现制造服务与制造需求进行智能匹配,智能协同调动企业优势资源和核心能力,充分发挥各企业的剩余生产能力,切实满足顾客的个性化需求。云制造能够实现制造业信息化与工业化充分融合,实现企业生产运作协同化,充分提高企业快速响应外部环境的能力。企业基于云制造实现制造协同化是制造业未来发展的主流方向,能够有效打破时间和空间限制,利用云制造相关技术能够把分散在不同区域、不同类型企业的资源和能力汇聚在云服务平台上,从而对云平台上的资源与能力进行智能化

---

① 陈康,郑纬民.云计算:系统实例与研究现状 [J]. Journal of Software,2009,1 (20).

调配和管理。此外，云制造还可以通过其智能化的云服务平台检索大批量的资源匹配信息，进一步实现资源的优化配置。综上分析，云制造协同化制造模式是未来制造业协同化、网络化、智能化发展的必然趋势。

## （二）云制造协同机制

随着云计算技术、物联网技术、虚拟化技术等先进信息技术的快速发展，云制造模式为大型企业与中小企业之间实现协同制造提供了先进的制造模式，其按需分配服务、资源虚拟化、用户参与等特点为企业用户提供了多粒度、多方位的协同服务。在制造行业中，企业将云计算与生产运营过程相结合，充分发挥云计算技术优势，并提供面向集团企业产品生产过程中下属企业之间或基于云平台的中小企业之间的资源共享与协同，从而形成一种协同化的网络制造模式。云制造模式充分融合云计算技术、现代制造技术、虚拟化技术、物联网技术先进制造技术。云制造协同制造模式主要包括单主体单阶段制造模式、多主体单阶段制造模式、多主体跨阶段协同制造模式、多主体按需获得制造能力模式四种服务模式。在云制造协同制造模式支持下，制造集团企业下属企业之间及合作伙伴之间通过网络化的服务云平台实现互联，从而形成一个区域化、集群化、协同化的产品生产运作系统，从而以既定的目标共同完成客户的订单。云制造也有利于实现集团及集群内企业的资源优化配置，不仅可以利用云服务平台实现企业之间信息传递及生产流程优化服务，而且可以在云制造协同服务需求者和云制造服务供应商之间建立合作伙伴关系，有利于充分调动云平台上制造资源、制造能力、软硬件资源等，为企业进行协同制造提供了资源保证，也能够将云平台上资源成本控制到最低，最大限度地提高了协同制造链合作的稳定性和高效性，实现网络制造环境下制造资源的优化配置。云制造协同机制主要包括以下三点：

### 1.基于云制造的管理协同

基于云制造的管理协同是以云制造平台复杂系统上的众多参与方为管理对象，通过协调和管理参与方（包括集团下属企业及企业合作伙伴、众多中小企业等）的应用系统、大型合作项目、生产供应链及战略联盟合等，从而实现协同管理的整体功能大于各部分功能之和，即"1+1>2"的协同效果。大型企业及上下游合作企业之间的管理是一个复杂的系统，包含人、物、信息、资本、环境等各种基本要素及相互作用关系。所有相关参与方将管理信息、组织信息、产品信息等输入云制造平台，并经过云平台进行规范化处理和统一管理，从而使信息在云制造平台上更具开放性。

云制造协同管理是对集团下属企业和合作伙伴之间及众多中小企业之间的关

系、合作项目进行智能化协同。不同于传统的企业管理模式，云制造协同管理能够最大限度地发挥各参与方的核心优势，提高企业之间的协作效率，从而提高整体的运作协调性，从而实现整体利益的最大化。特别是针对大型制造企业集团而言，集团下属企业通过云制造服务平台，利用虚拟化技术、物联网技术等，以统一的标准将各自所拥有的设计能力、加工能力、管理能力等进行虚拟化、整合、聚集，形成一个制造资源云池（虚拟资源的存储中心）。云制造服务平台就类似于一个虚拟企业，行使着企业的管理职能。云制造模式通过云制造服务平台对众多企业虚拟化资源进行统一管理、运作调配，将复杂繁多的任务进行合理化分工，科学地分解给云平台上提供制造服务的企业，集中进行智能化管理。提供制造服务企业之间通过相互协作，充分发挥各自的资源和能力优势，实现优势互补、能力互补，这样才能够发挥各自的余力，避免出现有的企业负担过重，而有的企业没有订单的情况。在云制造服务平台的作用下，企业之间的协同合作，使整个云制造平台内在系统趋于稳定。

2. 基于云制造的生产协同

基于云制造的生产协同是云制造平台智能调度使企业研发、采购、生产、营销等制造全生命周期过程协同化，从而实现规模经济效应，提高企业的生产效率。以大型企业集团内部生产运作为例，当面对市场顾客需求发生变化时（如图 7-1 所示），下属企业 $A_4$ 需要生产某种特殊产品以适应外部环境和顾客的需求时，可以将自己的订单要求输入云制造服务平台，云制造服务平台根据下属企业的订单要求及时进行运营管理和统筹规划，把设计和加工任务分别分配给具备设计能力和加工能力的下属企业 $A_1$ 和 $A_2$，整个产品的生产制作过程的信息处理交由具备先进的制造全生命周期管理软件的企业 $A_3$ 处理，所有处理信息结果传递给云制造服务平台，最终由平台将结果反馈给下属订单企业 $A_4$。可见，集团企业通过云制造服务平台整合了各下属公司的制造资源和能力，通过各种先进云制造技术，实现了集团内部企业之间密切协作，充分利用了集团企业的内部资源，这种协调也提高了集团内部信息传递和任务处理的速度。

总之，云制造服务模式融合了云计算、信息化制造技术、物联网技术、高性能计算技术等最先进的科学技术，使得云制造平台上制造企业的设计、采集、生产、加工、销售等制造全生命周期活动实现了工业化和信息化的"两化"融合，实现企业之间的生产协同。

3. 基于云制造的服务协同

基于云制造的服务协同是指云制造平台聚集众多企业的服务（例如，软件即

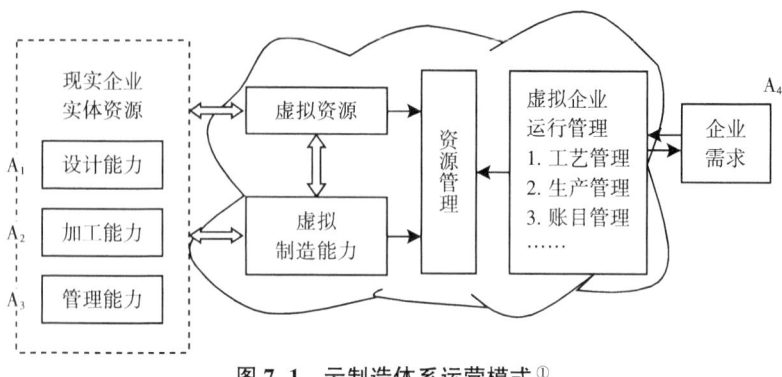

图 7-1 云制造体系运营模式①

服务、平台即服务、基础设施即服务、设计即服务等服务）为具有服务需求的企业提供协同化的服务。云制造提供的是"制造即服务"的新型网络化制造模式，聚集众多企业零散化的、涉及制造全生命周期的制造服务，形成庞大的资源和能力服务云池。

基于云制造的服务协同是云制造协同机制中最理想的协同机制。在传统模式下，企业提供的服务往往是单一的、结构相对简单的，无法满足用户复杂的、规模化的需求。而在云制造模式下，当用户需要某种服务时，只需将订单需求输入云制造服务平台，云平台会根据用户的订单需求来进行相关的任务分配，特别是对大型企业集团大规模化的服务需求（只靠个别企业根本无法完成），就需要对云平台上的众多企业的资源和服务进行智能匹配，协调众多企业的服务行为，发挥众多企业的协同作用，既能高效地完成用户复杂的订单需求，又能最大限度地利用云平台中企业空闲生产力和服务功能，实现企业的服务协同。云制造是基于互联网思维打造出的一种制造业的"电子商务"模式，推动传统的制造模式向现代的制造服务模式转变，逐步由价值链低端向价值链高端迈进，加快我国制造企业由生产型向生产服务型企业的转变。

**（三）充分发挥云制造协同作用**

1. 实现无缝链接

云制造应用层为制造领域中的企业与云制造平台实现对接提供了一系列不同的通用管理接口和专业应用接口。企业在云制造应用层不仅可以通过应用接口及时获取所需的资源和信息，而且可以连接众多企业，使企业动态掌握业务发展情

---

① 杨阳，冀何强. 面向集团企业的云制造服务平台［J］. 信息化技术，2012（2）：50-53.

况。云制造应用层有利于实现企业之间只需要一个接入口，就可以随时获取所需资源、信息及服务，真正实现"即插即用"。这样制造企业就可以通过云制造服务平台按照实际需求获取云端的资源和服务，不仅可以减少资源的浪费和闲置，而且还可以提高企业的生产效率。此外，企业可以更加快捷地通过云制造应用层的界面服务直接对平台进行在线访问，及时获取和运用云制造平台中的各类资源和服务，能够根据企业的详细订单情况与资源需求进行市场定位，动态把握市场需求，利用市场需求的引领作用来快捷、准确地组织生产过程，有效缩短企业对外部市场机遇的反应时间。

大型企业与下属企业、企业与合作商之间利用云制造平台实现物理资源、硬件制造资源等实体资源通过虚拟化技术实现与云平台无缝对接，使相互独立、分散的资源能够相互联系起来融合成为一个整体，使各个企业之间能够通过云平台融合成为一个有机的整体，实现彼此相互沟通、相互操作、相互交易，提高整个云制造系统的效能。因此，企业应该积极利用云制造平台，实现资源的无缝连接、企业的无缝连接，增大交易机会，减少剩余生产力的闲置，真正提高企业的经济效益和社会效益。

2. 加强云资源管理

云制造模式实质上是云计算等前沿IT技术在制造业的应用，云制造模式下引入了第三方运营方来管理信息系统，这样对系统的运维都由第三方完成，为企业带来专业化和规模化优势。另外企业对信息技术成本也变得动态可变，原因在于云制造模式本身是一种弹性极高的应用服务技术，云制造平台中所有的资源都是随企业需求动态变化的，因此企业的信息技术成本也并不是一成不变的，根据当时的资源成本按使用量来支付。如今企业在市场状况高不可预测的状况下，也在积极地寻找将技术运营成本部分转嫁到外部供应商的方法，企业中构建的云制造数据中心就是可以降低企业信息技术运维费用的方式。另外，云制造模式下，企业通过虚拟云层聚集各类资源，其中也包括了对企业而言至关重要的信息技术资源，在云制造服务平台中企业可以获取最新技术动态信息，更可以通过虚拟合作伙伴来利用最新技术方法和手段，使企业的信息技术更新速度更快。

云制造服务平台通过一系列虚拟化技术和云制造定义工具将物理资源层中的制造资源和能力进行集中分类，按照不同类别将物理制造资源与虚拟制造资源达成一一对应关系，将制造资源和制造能力的相关信息通过虚拟技术转化为可动态调配的数据信息。云制造服务平台可以对制造资源和能力进行智能优化配置。由于制造资源和制造能力不仅种类和形式比较多，而且受内外部环境的变化影响而缺乏系统内在的稳定性，因此，企业通过对制造资源和能力进行集中虚拟化封装，既可以对云制造服务平台中的物理资源进行灵活调动，又可以按照用户需求进行数据信息的配置，大大提升了集团企业使用资源和能力的灵活性。总之，制造集团企业可以根据订单需求动态快捷地调度企业资源，能够有效节省资源分配所耗费的时间。

云制造本身作为最新信息技术，在运营过程中对资源的系统化管理更加便捷灵活，第三方的运维管理以及云制造平台所带来的信息技术优势使制造企业在云制造平台上对资源的动态化管理具有可拓展的特性，通过聚合分散在各地的制造资源和能力对其进行集中协同管理，大大提高了资源的配置效率。因此，企业特别是集团企业应该借助云制造模式的协同作用，加强对企业资源的管理，有效提高资源的利用率。

3. 注重企业协同管理

由于制造企业的设计、生产、加工、物流、销售等业务流程各方面资源和能力相对比较分散，不利于制造业中制造资源和能力的共享利用，严重影响企业的生产效率和生产质量。特别是对企业集团而言，在很多情况下制造企业集团的下属公司地理位置分散，优势制造资源和能力不能实现充分协同，使得集团对下属企业各类信息不能进行统一有效的管理，从而导致集团内部信息沟通交流的滞后性。因此，企业需要借助云制造模式改变这种局面。

云制造平台将一系列物理层级资源通过物联网技术、嵌入式云终端技术等有效地连接到信息网络中，实现物理资源的全面协同和互联，其中这些物理层级资源主要包括软件和硬件制造资源和制造能力，例如，新产品研发设计、制造加工设备、销售服务、物流承载力、人员管理等制造资源和能力。因此，云制造可实现对共享平台中企业各种类型的制造资源进行充分利用，并通过建立物理资源层可保证关联企业间信息传递的及时性以及信息交换的准确性，有利于提升管理层对信息与资源整体把握的能力，为管理层进行有效决策缩短搜集企业信息的时间，从而提升企业参与市场竞争的能力。例如，沈鼓集团通过云制造平台将包括CAX、产品数据管理（PDM）、企业资源计划（ERP）等信息化应用软件的管理纳入沈鼓集团的统一管理当中。沈鼓集团通过采用先进的制造技术实现制造资源的整合优化和下属企业的协同合作。云制造平台的引入整合了企业软件资源和硬件资源，由平台对制造企业的资源和服务进行统一管理调配，使生产制造业务流程和运营都有一个统一的标准，有利于实现对企业的规范化管理，也同时提高了企业的信息化水平，使企业能够通过云制造平台对所需资源和能力进行更方便、快捷、智能的获取和使用，提高企业的运作效率。

## 四、构筑集团企业的"私有云"

### （一）私有云应用模式发展趋势

Forrester Research 对北美和欧洲约 1000 家企业对私有云计算的兴趣进行了调研，调查中发现，在 2012 年，对私有云感兴趣的企业占 36%，而在 2013 年时该数字则增长到了 46%。中国制造业企业也逐步倾向于应用私有云模式，特别是大型制造业集团企业正积极实施基于私有云平台的应用，并取得较好的效果。

青岛中集冷藏产业基地成立于 1999 年，是由中集集团投资兴建，由青岛中集集装箱制造有限公司、青岛中集设备有限公司和青岛中集运输设备有限公司共同组成，现已形成了遍布全球的客户网络，成为世界冷藏物流运输设备的主力供应商，是一家传统的劳动密集型的制造企业。正在不断探索产业基地的私有云模式，从最开始的服务器虚拟化到后来的桌面虚拟化、应用虚拟化。虽然青岛中集目前仍然还有很多应用没有部署，但是已经初步具备了"私有云"模式的某些特性，真正将云技术开始应用到制造业中，未来将要打造一个数字化工厂：智能化的生产过程、智能化的仓储物流和制造加工中心的生产线。青岛中集将要把信息化技术和自动化技术结合起来，打造一个集工艺流程、信息流程、信息流"三流"合一的私有云平台，是对传统制造业的深刻变革，有利于充分实现工业化与信息化的深度融合。

联宝电子成立于 2011 年，是由联想与仁宝合资共同建立，主要生产联想笔记本电脑和一体台式机产品。目前，联宝电子是安徽省产值最大的电子制造企业，年产值 600 亿元。作为传统制造业企业的联宝电子面临着人员成本压力的提升、营业利润的下降、生产效率较低等众多问题，联宝电子借助联想私有云解决方案以期实现"智慧制造"。对于联宝电子来讲，最需要的是高稳定性的系统，因为联宝电子整个生产的要求是一周 7 天 24 小时不间断地生产。联宝电子曾经简单估算过，以目前的规模进行生产，一个小时的营业额可以达到 470 万元左右。换句话说，如果平台系统发生故障一个小时，对于联宝电子的直接经济损失就是 470 万元。所以从技术层面上讲，联宝电子需要的是高可用和高效率的私有云解决方案平台。联想私有云解决方案，不仅解决了联宝电子以往多系统"信息孤岛"、重要数据无法共享的难题，还降低了企业的投入成本。目前，联宝电子每年节约用电 20 万度，减少碳排放 160 吨，IT 系统应用成本整体降低60%。①

中冶赛迪集团提供中高端的电气及自动化产品，包括CCTS（核心工艺控制器）、CHPDA（高速过程数据采集与分析系统）、PCDP（过程控制应用软件开发平台）、便携式液压伺服测试仪，以及电力电子和电气传动装置、高低压电气成套装置等，主要设备处于同行业先进水平。中冶赛迪集团已经建立了"赛迪云"。"赛迪云"平台采用Exadata搭建底层架构，结合工业设计服务平台，通过线上云服务方式（SaaS）提供设计、制造、项目交付以及信息化的整体服务。"赛迪云"计划分三步进行搭建：首先，建立集团内部的私有云；其次，为客户和合作伙伴提供混合云服务；最后，为工程建筑行业、钢铁行业和其他行业的客户提供公有云服务。目前，"赛迪云"的建设已经进展到第二阶段，在面向集团内18家子公司建立私有云的同时，打造了一个基于"赛迪云"平台的工程行业领域的电子商务网站。

综上所述，我国制造业集团企业正积极探索私有云模式的应用。在云计算时代，信息化在制造业企业的全生命周期过程中发挥着越来越重要的作用，正推动着制造业企业从传统的生产型企业向智能化、数字化、绿色化的新型企业转变，推动企业传统业务的深刻变革，不断推进制造业的转型升级。集团企业的私有云平台则成为企业深刻变革的重要引擎，不断促进"两化"深度融合。

**（二）集团企业应用私有云的必要性**

1."两化"深度融合的要求

在传统制造业发展模式下，我国制造业企业，特别是大型制造业集团企业面临着转型升级的压力，例如，人力成本不断上升，资源和能源耗费不断提升，产能过剩等问题日益突出。《工业转型升级规划（2011~2015年）》明确提出，坚持把推进两化深度融合作为转型升级的重要支撑，并对全面提高工业信息化水平进行了全面部署。"十二五"时期是全面落实中央推进信息化和工业化深度融合的关键时期，要充分发挥信息化在工业转型升级中的牵引作用，完善信息化推进机制，推动信息技术深度应用，不断提高工业信息化的层次和水平。

近年来，以移动互联网、云计算、物联网、大数据等为代表的先进信息化技术不断涌现，将引发传统制造业的深刻变革，将推动信息化与工业化深入融合，是传统制造业集团企业千载难逢的历史机遇。集团企业应用"私有云"模式是实

---

① 边丈峰.联宝利用联想私有云改善流程提高生产效率[EB/OL].http://www.idnovo.com.cn/people/2014/0921/article_298.html.

现企业生产经营管理模式创新的重要手段，是推进传统生产方式转变的重要支撑。要适应外部环境动态复杂的新变化，制造业集团企业需要借助"私有云"平台推进生产制造、经营管理、采购销售、服务咨询等核心业务系统的集成和优化，推进集团企业产、供、销一体化，促进企业组织扁平化，实现企业决策科学化，推动产品全生命周期管理、客户关系管理、供应链管理的云端化，实现产业链上下游企业的信息共享和业务协作。

由于云计算、大数据、移动互联网技术的广泛应用，过去计算机辅助设计、办公自动化等信息化内容已经过时，基于"云计算"先进理念的新一轮IT建设成为当前信息化建设的主要目标。总之，在云计算时代，"私有云"模式才是制造业集团企业真正追求的信息化。

2. 私有云实践日益成熟

相对公有云模式而言，私有云模式的构建更加容易。中国制造业企业对云计算，特别是私有云的价值认可程度日益提高，市场调研公司Forrestor 2011年度亚太区云成熟度指数报告显示，高达40%的被访中国企业计划部署私有云，居亚太区之首。在网络世界《2011~2012年度中国企业网络用户需求调查》中，关注云计算的用户比例达到53.4%。未来三年里虚拟化部署比例超过20%的达到六成，虚拟化比例超过50%的用户达到24%。在网络世界《2011~2012年度中国云计算发展前景调查》中，已经制定云计算战略的用户达到20%，准备制定云计算战略的用户达到33%。

云计算源于2006年前后，至今仍为理论界和实践界研究的热点。从最初的概念到现在广泛的实践应用，企业所处的IT环境发生了巨大的变化，IT基础设施也获得了长足的技术进步。目前，我国已将云计算作于"十二五"战略性新兴的重要产业之一，为企业应用和构建云计算模式提供了许多政策支持，为推动云计算在我国企业中的应用和发展带来了重要的机遇。与此同时，云计算产业的日趋成熟，而基于对成本、安全性、扩展性等方面的考虑，企业更加偏爱私有云。许多大型集团企业（沈鼓集团、青岛中集、航天科技集团、中国北车集团、中国兵工集团等）也逐步尝试"私有云"实践，并取得了良好的绩效，进一步推动了"私有云"模式在大型集团企业的应用，使云技术在企业经营管理过程中发挥着越来越重要的作用，从而进一步激发了制造业企业集团对"私有云"模式的潜在需求。

（三）私有云模式的特点

1. IT控制的独立性

集团企业构建的IT基础设施和相关系统具有相对的独立性，是作为企业的资产而被企业所控制，并由企业来进行运营和维护。因此，企业需要构建一支强大的IT技术人员团队，对企业的"私有云"模式下的IT基础设施和信息架构体系等进行建设、维护和管理，可以独立控制IT系统，并可以根据企业的实际需要来进行改造和定制化。而与公有云服务相比，企业实际上是对公有云平台上的服务进行租用，按月或按年缴纳租用费，不需要企业亲自管理基础平台服务，但是大大降低了企业对自身需求定制化的能力。因为所有IT基础设施，包括服务器、网络和存储等相关的硬件设施和软件设施都是由公有云平台上服务提供商来进行维护和管理。因此，集团企业私有云模式大大提升了企业对IT基础设施的控制性和独立性，提高了企业自主操控能力和创新能力。

2. 满足企业个性化需求

对于许多大型集团企业而言，随着企业多年的IT基础设施建设和技术不断演变，企业的IT技术具有传承性和技术依赖性，其IT基础设施往往采用了不同的技术和平台，即这些企业采用的是异构化的平台环境。然而，对于当前大部分公有云服务提供商来说，他们提供的服务平台往往是标准化的硬件设施搭建的平台，是针对市场上大部分用户共同化需求而搭建的，忽视了企业用户的个性化需求，这也是公有云平台存在的不足之处。因此，对于大型企业集团而言，需要搭建"私有云"平台来满足企业个性化需求。私有云具备更多的个性化属性，企业可以根据自身情况（例如生产制造、经营管理、客户关系管理、供应链管理、采购销售等生产全生命周期过程）进行服务定制，实现私有云和企业现有IT资源的无缝对接，切实满足企业自身的个性化需求。

3. 保护企业信息隐私

与互联网企业相比，传统制造企业的数据量并不是很大，但是往往涉及企业内部数据和信息机密，因此数据的安全性对企业而言成为最重要的因素之一。选择公有云意味着拿企业的生命在"冒险"。与公有云相比，私有云具有更高的安全性。私有云有多项特殊功能，在公有云里面往往不能简单实现。企业可以根据需要定制强大的安全防控举措（例如网络隔离、"防火墙"、数据库隐私和安全连接），从而大大提高企业数据和信息的安全性。①

---

① 私有云VS公共云：建立私有云的好处 [EB/OL]. http://www.enet.com.cn/article/2012/0731/A20120731143484.shtml.

### (四) 集团企业云制造模式的应用建议

#### 1. 平台资源数据化

随着大数据时代的到来，数据已经成为企业的核心资产和重要资源，所以在构建私有云平台时，要注重整合企业产品制造全生命周期过程中的资源整合、数据整合、信息整合。私有云数据中心的构建在很大程度上就是基于对企业数据信息的整合和优化。任何与企业业务相关的资源（包括制造资源、客户资源、软件资源、产品、客户需求等）都可以进行数据化。这些资源的数据化呈现了复杂的、异构的特点，如何将这些特殊的数据集中在云平台上和充分挖掘潜在的价值信息值得集团企业深入思考。根据 BCG（波士顿咨询）发布的企业创新力报告《2014 最具创新力企业：突破并非易事》，大数据、移动是创新支点。报告指出，最具创新力的企业更依赖大数据分析和数据挖掘。67%的突破性创新者表示在大数据分析和数据挖掘方面的投入产生了显著的回报。因此，基于私有云平台的数据需要借助大数据分析和数据挖掘技术对企业的数据挖掘、分析、归档、重复数据删除等各种处理，从而把有价值的数据提取出来。企业可以搭建基于私有云模式下的云数据库、云内容管理、搜索引擎以及云数据分析，包括根据企业信息化的需求去建立数据模型，从企业全生命周期过程中能搜索到所有数据抽象出来自己的关键数据，实现企业将 IT 转成产能，真正发挥数据的潜在价值。

#### 2. 私有云移动终端化

随着移动互联网的快速发展，利用目前的移动终端技术来促使企业私有云平台移动终端化，提升企业办公效率。私有云移动终端化是指私有云模式在现代移动通信技术、移动互联网技术构成的综合通信平台上，通过掌上终端（包括手机、平板电脑等）、服务器、个人计算机等多平台实现企业业务的处理、平台的管理。外部环境动态复杂，社会瞬息万变，企业要快速发展和适应外部环境的变化就必须把握转瞬即逝的机遇，要求企业整体由上而下做到迅速反应。基于私有云的移动终端化业务处理，摆脱了时间和空间的限制，实现了跨地域的同步信息交流，实现了企业内部各分支机构、各部门之间的信息共享。

集团企业可以利用移动终端将管理者的决策指令迅速传达云端，然后再到企业内部各相关部门，而企业内部各环节也能迅速根据指令做出反应，并把相关反馈信息收集整理后传输到云端，最终传递给管理者，从而提高企业整体应变速度，有效提高企业的敏捷性。

#### 3. 私有云模式开放化

在云时代，集团企业应该立足于"私有云"模式的基础架构，与此同时，也要积极思考一些新的业务发展模式,在总结应用私有云模式经验的情况下,实现私有云模式的开放化,将集团企业空闲的资源(包括软件资源、制造资源等)租用出去。特别是针对有需求的中小企业而言,集团企业可以将私有云平台对中小企业一定程度地开放化,可以为中小企业提供基于研发设计、生产制造、采购销售等业务服务,也可以为中小企业提供基于信息化的知识、产品、服务解决方案等,在提高企业集团营业利润的基础上,促进中小企业发展。

此外,集团企业也可以为中小企业提供应用软件在线租用服务,包括ERP、MES、协同办公系统(OA)、物料编码系统、供应商管理平台等管理类软件,为中小企业提供各自需要的应用服务,也可以提供服务器及存储器数据中心服务,提供数据安全和备份管理等专业化管理服务。

## 五、搭建中小企业的"公有云"

### (一)中小企业发展的局限性

我国中小企业众多,是我国发展市场经济的重要组成部分,为推动我国经济的快速发展做出了重要贡献。然而,中小企业的发展受到内外部环境因素的制约和自身局限性的限制,阻碍了中小企业的快速成长。中小企业成长存在的问题主要有以下几个方面:

1. 创新能力薄弱

我国中小企业普遍存在创新能力薄弱的问题。中小企业面临着资金短缺、信用体系不健全、融资难等问题,从而导致技术研发投入不足,科研人才严重缺乏的现象,进一步导致中小企业无法提高自身创新能力和实现迅速扩张,这也是中小企业产品和技术严重同质化现象长期存在的原因。因此,中小企业迫切需要一种公共服务平台或社会服务体系的支持,从而有助于获取更多的社会资源和资金,帮助企业提升自身的创新能力和管理效率,实现中小企业快速发展。

2. 管理水平落后

我国中小企业普遍存在管理落后、信息化水平不高的问题。中小企业在管理和信息化水平方面缺乏相关的人才,从而导致管理制度不健全,管理体系落后,资源配置效率低下。特别是在信息化方面,信息化软件在传统模式下需要花费资金购买、维护和升级,既要建设基础设施又要雇用相关技术人员,从而造成企业管理成本高昂,严重阻碍了中小企业的快速成长。

### 3. 协作能力不足

我国中小企业目前处于非协作状态或是协作不成熟的状态，严重降低了中小企业运作和合作效率。中小企业在行业内往往注重竞争，而忽视了彼此协作，不能有效利用网络化、平台化的协作优势，从而容易造成一种"信息孤岛"现象，严重地阻碍了中小企业协作能力的提高。因此，这就迫切需求一种新型的协同制造公共服务平台来提升中小企业业务协作水平和提高企业生产运作效率。

总之，我国中小企业普遍存在创新能力薄弱、管理水平落后、协作能力不足等问题。然而，云制造的出现为中小企业的快速发展带来了契机。云制造模式是基于云计算技术发展和衍生出来的一种面向服务的新型制造模式，利用云计算、互联网、物联网等相关技术按用户需求安排和组织网上制造资源和制造能力，为用户提供各类制造服务。云制造在高性能计算机和服务器的支持下，进行统一的、集中的智能化管理和经营，为中小企业中制造全生命周期过程提供可随时获取的、按需使用的、安全可靠的、优质廉价的各类制造活动服务，从而盘活我国中小企业的制造资源的整体存量。[①]

### (二) 公有云制造平台的特点

"公有云"与"私有云"不同，公有云平台是对外开放的，是使众多中小企业的制造业务实现平台化、网络化、共享化的开放式服务平台，而私有云平台主要是针对集团企业内部及其下属企业的服务平台。因此，公有云平台相对私有云平台而言具有显著的特点：

#### 1. 资源的广泛性

与私有云平台相比，公有云制造服务平台运用虚拟化技术、封装技术等先进的技术，把分散在各地的中小企业的各式各样的制造资源和制造能力（包括数据、模型、知识、能力等）按照一定的标准和规范进行虚拟化处理和封装，然后对封装后的制造资源和制造能力进行发布和集中存储作为服务以供用户按需购买和使用，这样可以有效摆脱地域空间限制，融入更多企业的资源和能力，实现对用户需求、数据信息和制造资源的有效汇集和规范化管理，有助于实现规模效应。

#### 2. 服务的多样性

公有云制造平台不仅汇集了众多资源，而且能够为中小企业提供多种多样的云服务（基础设施即服务、平台即服务、软件即服务、论证即服务、设计即服

---

[①] 申超群，李东方. 面向中小企业的云制造应用 [J]. 电脑知识与技术，2011 (15)：3568-3569.

务、生产加工即服务、实验即服务、仿真即服务、经营管理即服务、集成即服务等）。此外，云制造服务平台在聚集资源过程及其与制造过程相匹配的基础上，还能为中小企业提供生产流程优化与再造、生产工艺参数优化决策、管理协同服务等业务模式，从而实现云制造服务与中小企业核心技术的深度融合，切实满足中小企业个性化发展和壮大的需求。中小企业还可以通过云制造服务平台上的服务搜索引擎与管理工具集等，根据企业对制造资源与服务的需求来快速发布订单需求、搜索相应的服务供需能力、实现服务交易在线协同等，从而有利于中小企业提高制造资源的配置效率，真正实现为用户提供按需分配、按量计价、方便快速的服务。

3. 交易的不确定性

公有云制造平台交易的不确定性主要体现在交易模式上。根据中小企业的具体需求和云制造服务平台交易模式，主要分为三种模式：自主选择模式、平台推荐模式、与平台交易模式。自主选择模式是指中小企业用户主要通过云制造平台上的搜索功能，根据用户自身的业务需求寻找特定的服务提供方，然后与所找的服务提供商进行相关业务的洽谈与合作；平台推荐模式是指云制造平台根据中小企业用户的特点主动推动相关业务服务供应商的信息（包括加工服务商、设计服务商、决策提供商等），中小企业可以根据平台提供信息自主选择交易的对象，也是自己与服务提供商进行洽谈与合作；与平台交易模式是指中小企业用户将自己的业务需求输入云制造平台，完全由云平台去选择服务解决方案，用户并不知道产品或服务是哪家供应商提供的。用户在云制造平台上进行交易方式多种多样，交易的方式具有不确定性，从而导致交易的对象也具有不确定性。

4. 服务平台的市场性

公有云服务平台具有一定的市场性，因为该平台由第三方进行运营和维护，为中小企业用户提供了进行交易的平台或载体。云制造服务平台的运营和维护需要建立一定的利益分配与协调机制，例如会员制（会员每年需要交纳一定的费用）、交易佣金（按照交易金额提取一定比例的佣金）等方式，从而使云制造平台中资源服务的供应商、需求方、平台的运营方等相关参与方获取其应得的利益，实现中小企业与云制造平台运营方共赢，这样才能激发中小企业参与到云平台中来的积极性，推动云制造平台运维构成要素及时更新升级和推动中小企业和云制造平台的可持续发展。

### （三）云制造平台工作流程

公有云制造服务平台虽然各有特色，但是其工作流程大同小异。因此，企业用户（包括服务供应商和服务需求方）需要了解云制造平台的基本工作流程，才能进行相关的操作与交易。云制造服务平台操作流程如下：

中小企业用户在初次访问云制造服务平台时，需要进行注册，填写企业用户相关的信息（例如用户名、密码、注册邮箱、企业地址等信息），然后提交企业用户信息进行注册，一般需要验证邮箱完成注册；企业用户登录时则需要利用注册时登记的用户名和密码进行身份验证，验证通过则可以进入相应的系统模块，如果忘记密码，可以通过寻找密码的方式找回自己的密码；登录后企业用户可以进行相关的操作，例如在服务资源管理模块中，需求方可以发布服务资源需求信息，服务供应商可以发布服务资源供应信息等，也可以在用户中心更新自己的产品等相关资料，资源或服务需求方企业可以利用服务资源搜索相关资源或服务，通过供需智能匹配引擎找到与之匹配的制造或服务能力，需求方可以根据供应方的报价、资质、技术水平、信用等级来选择合适的供应方，然后需求方企业可以提交需求订单到云制造服务系统，并与已经选择好的供方企业签订线下合同，系统会接受订单并智能发送给供应方。云制造平台会对订单进行跟踪和管理，引导需求方和供应方按照相关的操作流程规则完成在线支付、进度反馈、交货验收和交易评价等一系列交易流程。服务需求方可以随时登录云制造系统，查询交易进度和订单状态，并根据提示处理未完成订单。①

与传统的电子商务模式不同，云制造服务平台交易过程的复杂性和制造行业的特点决定了它的特殊性。随着云制造技术的不断发展，云制造服务理念终将取代各自生产的方式而成为制造领域的主流。云制造服务平台以其方便性、简捷性和强大的功能体验得到制造业界的认可，它将整合中国制造业中小企业的服务资源，把各企业的优势结合起来，最终提高中小企业的生存竞争能力。云制造服务不仅是一种新的先进制造模式，更是一种新的商业模式，通过搭建第三方服务运营平台，可以针对不同行业提供更加优质的服务资源。云制造服务平台在初期是一个以提供交易和任务管理为主的制造业服务平台，后期随着供需智能匹配引擎的不断完善和服务管理能力的提升，它将演化为一个大的虚拟制造企业，用户只需提交制造服务需求给平台，就可以自动完成企业匹配、交易管理等一系列复杂的制造业务流程。而对于需求方企业而言，提供服务的企业是透明的，他们面对的是一个整合了各方资源的统一的云制造服务提供商。因此，公有云制造服务平台对中小企业的发展具有极其重要的意义。

---

① 薛建勋. 面向中小企业的云制造服务平台构建 [J]. 煤矿机械，2012，33 (7)：279-281.

### (四) 云制造对中小企业的意义

**1. 提升管理能力**

我国中小企业普遍面临着资金短缺、技术水平落后、自身实力薄弱低、研发投入不足的问题。面向中小企业的公共服务平台能够为一批中小企业的研发、设计、生产、销售等提供专业的服务。云制造服务平台还能够提供各种信息化软件和管理决策方案服务，能够提升中小企业的信息化水平和改善企业的管理能力，优化企业的产品的生产流程。中小企业无须购买相关的软件，只拥有软件的使用权，具体软件的维护和升级统一由云制造平台来管理，因此，云制造模式在一定程度上降低了企业的管理成本和运营成本。中小企业还可以通过云制造平台学习到先进经营管理方式和实现流程再造，提高产品的生产效率，增强中小企业在市场中的竞争力。

**2. 促进技术和产品创新**

云制造平台是一个开放式的交易平台。中小企业通过云制造服务平台不仅可以了解制造行业领域发展动态和发展趋势，了解客户的真实需求，而且还可以了解竞争对手的产品及服务模式，有利于实现制造行业信息进一步明朗化。中小企业可以根据云制造平台上的信息来确定企业的发展目标、技术和产品研发方向，推动企业进行技术和产品创新。针对在创新过程中技术落后、创新能力不足等问题，中小企业可以运用云制造提供的设计即服务、软件即服务、仿真即服务等服务模式进行产品的研发和试制，提高中小企业技术和产品创新能力。因此，云制造平台信息的公开性及各种先进的服务模式能够有效推动中小企业不断进行创新，提升自身在同行业的竞争实力。

**3. 提高产品质量和服务水平**

云制造平台为用户提供了交易评价体系。用户经过交易后会对中小企业的产品和服务水平进行评价，其评价内容会直接体现在云制造服务平台上，这种用户评价信息会直接影响到中小企业未来的交易量和发展。因此，这样会推动中小企业提升自身产品的质量和服务水平，以提高顾客满意度，尽量减少顾客对中小企业产品或服务的差评，从而提升企业产品或服务的销量。此外，云制造会通过国内有关制造业产品或服务的相关准则或标准为中小企业制定明确的制度及规范，推动中小企业严把质量关，提升产品或服务水平，根据企业产品的质量、服务水平、用户评价等相关信息来确定中小企业的信用等级，从而推动中小企业注重提高产品质量和服务水平，提升中小企业的竞争力。

### 4. 实现资源优化配置

云制造服务平台可以对制造资源和能力进行智能优化配置。由于制造资源和制造能力不仅种类和形式比较多，而且受内外部环境变化的影响而缺乏系统内在的稳定性。因此，企业通过对制造资源和能力进行集中虚拟化封装，既可以对云制造服务平台中的物理资源进行灵活调动，又可以按照用户需求进行数据信息的配置，有利于提高企业使用资源的使用效率。此外，中小企业无须构建IT基础设施建设、无须购买信息化软件和雇用相关的IT人员进行维护和升级，有利于节约资本，有利于中小企业集中资金进行核心能力和核心竞争优势塑造，提高资源的利用率。

### （五）中小企业应用云制造模式的建议

#### 1. 加强信息化建设

吴李知（2013）指出云制造发展需要经过三个阶段，其中第一个阶段是企业的信息化，即通过公有云服务或混合云的方式全面提升制造企业内部生产运作的智能高效。无论是对云制造的发展还是对企业自身的发展而言，企业信息化建设都至关重要，特别是对中小企业而言，企业信息化建设有利于中小企业充分融入云制造平台，实现与云服务平台的良好对接，积极参与市场竞争。此外，并不是所有的企业都需要建设"私有云"制造平台，中小企业应该从云制造服务平台上直接购买相关的信息化服务，推动企业信息化建设，例如，在现代化企业中，企业资源规划、客户关系管理系统、供应链管理系统等软件应用管理系统在企业生产与管理中发挥着举足轻重的战略地位。[1] 在传统模式下，企业资源规划、客户关系管理系统、供应链管理系统等软件项目开发周期长、资金投入大、运营和维护成本高，从而导致中小企业对信息化建设信心不足。在云制造模式下，中小企业可以直接购买云平台上的信息化服务，也可以获得相关的信息化解决方案，极大地降低了企业的信息化建设成本。

虽然云制造模式为中小企业信息化建设提供了方便，但是，中小企业必须意识到信息化建设只是推动企业发展的一种手段。中小企业最应该关注的问题是如何利用这些信息化手段来满足企业实际发展需要，如何更好地为企业的生存和发展服务。特别是云技术一直在不断发展更新，还存在着关键技术和基础设施缺乏一定的行业标准和规范、信息数据安全性等问题。此外，中小企业业务差距相对

---

[1] 蔡建湖，俞凌云，韩毅，等. 云制造环境下中小企业信息化建设思路 [J]. 现代制造工程，2013（3）：32–38.

较大，灵活性更强，需要结合自身实际来选择信息化解决方案，应注重考虑以实现企业业务流程优化和管理方式变革为基础，将信息技术与企业业务流程充分结合，从而提升中下企业的管理水平、运营效率和竞争实力。因此，在信息化建设过程中，中小企业应该注重以下几点：

（1）以企业发展战略为导向。

中小企业信息化建设归根结底是为企业发展提供服务的。中小企业应该以企业发展战略为导向，以信息化建设为手段，不能过分强调信息化建设，而偏离了企业发展的最终目标。在进行建设信息化建设之前，企业高层管理者首先应当从企业经营战略、发展目标等对企业进行准确定位或重新定位，在此基础上，确定企业的信息化需求、建设范围、发展阶段等，从而确定企业信息化建设策略，才能很好地为企业未来经营发展和增强核心竞争力服务。因此，中小企业进行信息化建设不能盲目，必须以企业未来的发展方向为指导，要结合企业自身发展特点和企业战略规划目标，逐步推进以解决当前信息化建设的迫切需求。

（2）与企业管理目标相结合。

企业推进信息化建设，一方面是优化企业的管理制度，另一方面是实现企业管理模式的改变。中小企业建设信息化的过程，也是引进先进管理理念的过程。云制造平台为中小企业学习和借鉴国内外先进的管理理念提供了便捷的途径。中小企业通过云制造平台引进先进的管理软件，切实满足企业生产和管理需求，有效提升企业经营水平和降低企业管理成本。企业经营管理的目标包括：加强企业上下级之间、同级之间以及企业与合作伙伴之间的沟通和交流；加强企业客户关系的管理和维护，从而提高企业服务的质量；不断加强企业生产流程的优化和促进资源优化配置等。只有将企业信息化建设与企业管理目标相结合，逐渐实现企业现阶段的管理目标，才能逐步推动企业的发展和成长。如引进和使用云制造平台中的企业资源规划、客户关系管理系统、供应链管理系统等应用软件系统，有利于实现企业经营辅助决策智能化，有利于企业管理和维护客户关系，有利于实现企业资源的优化配置，有利于调整企业管理与组织模式，逐步提高中小企业的管理水平。

（3）引入第三方咨询和培训机构。

中小企业建设信息化需要引入第三方咨询和培训机构。因为制造业中小企业信息化需求不断发展，差异化需求明显，而且中小企业所处发展阶段不尽相同，例如生产流程、管理水平、企业规模、技术实力等各不相同，从而导致中小企业信息化建设的内容也有所不同。因此，中小企业应该根据企业实际情况，以企业发展战略为导向，与企业管理目标相结合，引入第三方咨询机构分析企业信息化发展所存在的问题，寻找企业信息化发展的突破点。

此外，中小企业信息化建设需要引入第三方培训机构。中小企业通过第三方培训机构对企业所有员工进行企业资源规划、客户关系管理系统、供应链管理系统等应用软件系统的培训，特别是对不同软件系统的不同项目对不同人员进行有针对性的培训是非常有必要的，因为不同的软件系统的培训和应用，能够加深员工对企业业务的了解和掌握，而不是单纯的模式化的操作软件，从而使员工接受企业信息化管理的新思想、新理念，转化为企业源源不断的生产力。

2. 提升专业化水平

在传统模式下，企业信息化建设需要购置硬件、软件、系统设计、准备设施场地、雇用相关的 IT 人员，对中小企业而言，这都需要支出一笔相当大的费用。在云制造模式下，中小企业可以直接租用 IT 基础设施、在线租赁管理系统应用软件等，从而有效避免服务器、IT 基础设施、IT 人员等相关费用的支出，大大降低了企业信息化建设成本，节约了费用。此外，云计算技术解决了大规模并行计算、数据分布存储、数据实时备份等问题，[①]从而使企业可以通过使用浏览器在线访问企业的管理软件，实现直接通过云端服务器集群中以最快的速度处理和完成企业的需求。与此同时，中小企业可以随时在线获取云服务提供商的信息化技术支持和服务等，以此减少相关 IT 人员的费用支出，促使中小企业以较低成本来获取更先进的信息化应用服务。因此，中小企业可以拥有更多的资本和更多的空余时间来集中精力研究企业的发展战略和关注企业的核心业务。

总之，中小企业参与云制造平台中的市场竞争，应该集中精力提升自身的专业化水平，培育企业的核心竞争力，将更多的资本和时间投入企业专业化经营中。中小企业实施专业化战略主要包括市场渗透战略、市场开发战略、产品开发战略。

（1）市场渗透战略。

市场渗透战略就是在现有产品和现有市场的基础上，企业通过采取一系列有效措施，努力增加企业产品或服务的销售，以维持和提高市场占有率。例如，企业通过采取扩大生产规模的方式降低产品或服务的成本，采取低价销售策略，以增加现有顾客的购买需求；企业可以开辟以专卖店或经销商为主的销售渠道来增加产品或服务的销售量；企业通过增加广告投入量，提升产品或服务的知名度，

---

① 丁璐. 基于云计算的中小企业财务会计信息化探讨 [J]. 财会通讯，2011，07：124-125.

从而增加现有顾客的消费需求；企业也可以改进产品或服务的质量，提升服务水平，以提升现有顾客重复购买量等。市场渗透战略是专业化经营战略中最基本的一项战略，是在维持现有客户群体基础上增加市场销售份额。

（2）市场开发战略。

市场开发战略是企业通过利用现有产品来不断开辟新市场，提高企业市场占有率的战略。例如，企业可以通过市场细分的方法，进入新的消费市场；也可以开辟新的销售渠道，吸引更多的消费群体来购买企业的产品或服务；企业根据自己的实际情况也可以开辟国外市场。中小企业实施市场开发战略是在维持现有客户群的基础上，不断开发新的客户群体和开辟新的消费市场，从而不断扩大产品或服务销售量。这种发展战略特别适合存在未开发或未饱和的市场、企业在该经营领域特别成功、企业拥有多余的资金和生产能力、企业获得高质量的销售渠道等情况。

（3）产品开发战略。

产品开发战略是指企业通过研发新的产品或改良现有产品来维持和提高市场占有率。中小企业实施产品开发战略，可以开发全新的产品，也可以对企业原有产品进行改进，例如可以增加产品的新功能，对产品的结构进行完善，提高产品的安全性等，最终目的是抢占更多的市场份额。中小企业实施产品开发战略必须以市场需求为导向，关注未来市场发展趋势，从中发现潜在的市场机遇，通过对消费者需求分析、市场细分、缺口分析等方法寻找新产品研发或创新的突破点。产品开发战略是中小企业实现快速扩张，抢占市场份额的最为有效的战略之一，也是激发企业自主创新能力的驱动因素之一。因此，中小企业应该积极采取产品开发战略，提升自主创新能力，增强竞争优势，提高市场占有率。

总之，中小企业应该根据企业的实际情况采取相应的专业化经营策略，提升产品或服务的质量，努力提高企业在云制造平台中的竞争实力，从而赢得更多的合作伙伴或消费群体，推动企业的快速发展。

3. 注重企业间协同

云制造模式注重协同制造，强调企业间的协同合作。中小企业应充分借鉴云制造模式，实现中小企业之间的合作交流，既能实现企业资源优化配置，又能快速寻求其他企业的优势资源，从而充分发挥各自的资源优势，提升中小企业的运营效率，发挥"1+1>2"的协同效应。

中小企业应该积极融入云制造平台，通过云平台可以实现上下游关联企业业务信息共享、有效提升企业间生产协作的效率以及企业运作的灵活性。一家下游企业可能需要多家上游原材料或零部件供应商提供资源支持，与此同时，一家上游企业往往需要为多家企业提供原材料或零部件等，这样众多企业之间就形成了一个庞大的交易网络，从而形成大量的信息流、物流、资金流。如果每个都要建立单独的信息协同系统，一方面会浪费很多资源，另一方面不利于企业与企业之间信息化标准的构建，从而影响企业之间的运作效率。因此，云制造平台的构建融合了众多中小企业，不仅能够实现统一标准下的企业间信息自动化协同，而且能够实现企业间信息流、物流、资金流的"三流"融合，同时有利于企业动态掌握制造业全局信息，实现中小企业资源的优化配置，提高了中小企业对市场需求变化动态响应的灵活性。

在中小企业云制造服务平台中，云服务平台根据制造服务进行专业化细分，可以分为机械制造、产品设计与分析、设备与工程、产品检测、电子制造、工业软件应用、咨询服务等制造服务，每个细分的制造服务根据制造业务或服务的具体情况还可以进一步划分子项目。例如，机械制造可以分为模具设计与制造、成形加工、切削加工等，子项目还可以继续向下分，例如，模具设计与制造可以细分为模具设计、锻造模具、模型手板、注塑模具、冲压模具、铸造模具等。综上可见，中小企业云制造服务对制造服务进行了专业化细分，为中小企业提供了专业化分工协作网络，为推动中小企业的快速发展提供了前所未有的市场机遇。

云制造的专业分工协作平台为中小企业带来了许多发展机会，但目前存在着众多中小企业不知如何发挥和利用云制造模式的协同优势，甚至有很多中小企业对云制造模式处于观望状态。因此，对于中小企业而言，一方面，要意识到基于云制造服务平台的协同网络是中小企业未来发展的主流趋势，要具有敏锐的洞察力，动态关注和发现云制造协同网络中的潜在发展机遇，对企业未来发展方向进行科学定位，在云制造服务协作平台中寻找企业的位置；另一方面，要充分意识到参与云制造平台协同网络的重要性，充分利用云服务平台的资源共享和协同优势，并积极采取相应的行动，将潜在的发展机遇转化为企业的经济利润，从而获得超额报酬。

此外，云制造服务平台能够为中小企业提供创新方面的协同优势。云制造服务平台的创新协同优势能够为中小企业提供自主创新方案解决服务，特别是对中小企业信息化建设、管理模式创新、生产流程创新提供解决方案，推动中小企业的快速发展。因此，对中小企业而言，应该转变企业经营和发展观念，一切从企业实际情况出发，通过建立以企业自主创新为主体，充分利用云制造服务平台的协同创新优势，将企业经营管理理念和商业模式创新模式与云制造服务平台实现对接，积极参与到云制造服务平台的协同制造模式中来，发挥企业的协同竞争优势，改善中小企业成长和发展的经营环境，实现中小企业的快速发展。

总之，中小企业应该正确认识和正确把握云制造服务平台的协同优势，要充分整合和利用云制造服务平台中各类制造资源、制造能力、软硬件资源等优势资源，注重结合云制造服务平台的协同创新，构建基于专业化发展模式的具有低成本优势的协同创新机制，实现中小企业的可持续发展。

4. 引入"制造即服务"的经营理念

云制造是一种面向服务、面向市场需求的新型制造模式，改变了传统制造业单纯依靠制造谋求生存和发展的状态，能够推动我国传统制造业由单纯的生产型企业向生产服务型企业转变，推动企业由价值链低端向价值链高端发展，实现中小企业的快速转型升级。顾客是企业提供产品或服务的最终消费者和使用者，是中小企业获取超额收入和实现快速发展的源泉。因此，中小企业应该以市场需求为导向，引入"制造即服务"的经营理念，为顾客提供高附加值、低成本的服务，丰富和满足顾客的需求。中小企业应该做到以下几点：

（1）转变制造理念。

云制造公共服务平台聚集中小企业资源和服务，通过物联网、虚拟化等相关技术把企业优质资源以服务的方式进行输出，对交易过程中的信息流、物流、资金流进行智能化管理。中小企业各类制造资源、制造能力等输入云端，实现与全球产业链的对接，用户可以通过云制造服务平台实现按需购置相关资源或服务。云制造服务进一步推动了"制造即服务"的经营理念。

因此，中小企业应改变传统的制造经营理念，摒弃传统的单纯制造模式，主动挖掘企业内部制造模式向制造服务模式转变的积极因素，探索如何实现企业的制造服务化模式，借助云制造模式充分了解和把握市场需求，抓住市场发展机遇。在云经济时代下，基于云计算和云服务的商业模式不断创新，成就了一批知名的互联网企业，例如百度、阿里巴巴、亚马逊等。因此，企业急需转变制造经营理念，推动企业由单纯的制造企业向制造服务型企业转变，在动态复杂的环境中不断提升自身的适应能力，保持持续的自主创新能力，随时把握市场发展的新机遇。制造业中小企业应该引入"制造即服务"的思维新模式，不断实现企业商业模式的创新，提升企业的盈利能力。

（2）推动制造服务化。

中小企业推动制造服务化，是在企业制造专业化经营基础上，不断探索新的发展模式。制造业服务化是指企业以产品为中心不断向上下游价值链延伸，不断实现制造模式服务化。制造企业不再仅仅是一个产品的提供者，而成为集产品和服务于一体的供应商。在现代制造业的"微笑曲线"中，高附加值往往在价值链的两端，即研发设计和销售服务环节，而处于价值链中间环节的制造附加值最低。

因此，中小企业实现传统制造模式的转变，要着眼于价值链的两端，不断探索制造服务化新模式。首先，中小企业要以产品为核心向产业价值链下游延伸。李毅中（2014）指出，鼓励引导制造业围绕产品功能扩展服务业务，搞好售后服务、全生命周期服务。发展故障诊断、维护检修、检测检验、远程咨询、仓储物流、电子商务、在线商店等专业服务和增值服务，向下游延伸。其次，中小企业要以产品为核心向产业价值链上游延伸。中小企业可以凭借产品的专利技术、优秀人才资源，向价值链上端的研发、设计服务扩展，可以利用中小企业的产品研发技术、设计服务、生产流程咨询等服务方式不断推动中小企业转型升级。最后，科技型中小企业可以为企业提供软件服务、信息化服务等。制造业中小企业要顺应时代发展潮流和市场需求的动态变化，不断实现制造业制造模式和服务模式的融合，推进制造业的智能化、数字化、网络化、服务化。

## 第二节 基于云制造的组织敏捷性优化策略

本节基于CAP模型从技术敏捷性、顾客敏捷性、运营敏捷性、合作伙伴敏捷性四个方面提出以下优化策略：

### 一、技术敏捷性优化策略

#### （一）加强技术管理

在信息化时代，加强技术管理能够有效推进企业技术创新与企业发展的良性循环，有效提升企业技术敏捷性。Beatriz等（2001）指出提升技术管理的能力的关键过程是清查技术能力、评价技术、优化组织、丰富技术来源、增强吸收技术能力、保护知识产权和监视技术状态。"公有云"服务平台集聚了大量的资源、服务、设计能力、先进的制造技术等，体现了分散资源实现集中化，集中资源共享化的服务思想。云制造本身作为先进技术的集合体，在运营过程中对信息技术的管理会更加灵活便捷，通过第三方的运维管理以及云制造平台所具备的信息技术优势使制造企业在技术应用方面具有高度吸收的特性,通过聚合分散在各地的制造资源和能力对其进行集中协同的管理模式,这表明云制造模式具有很强的技术管理水平。制造业企业积极融入云制造服务平台,特别是对中小企业而言,自身研发设计能力有限,而企业的快速发展又离不开先进技术的采纳和使用,切实需要借助云制造服务平台的共享机制模式,动态感知和把握相关技术更新,不断清查企业现有技术,更新企业落后的技术,吸收和引进云制造服务共享平台中的先进技术。此外,大型集团企业应该积极探索"私有云"云制造模式,能够有效保护企业的知识产权和动态监视企业内部技术状态,动态提升集团企业的技术管理的能力,从而进一步优化技术敏捷性。

(二) 提高技术接受度

技术接受体现在企业对外部先进技术的接受程度和采纳意愿。在某种程度上,企业对一种IT技术的采纳和接受度取决于该技术的有用性和可操作性,即该技术是否能为企业创造价值,是否易于推广和使用。

一方面,云制造技术具备有用性。云制造可以通过云端整合和优化企业制造资源和能力,智能调度虚拟资源满足客户需求,在技术上提升制造企业对环境的应变能力,例如,云制造中的制造资源的语义匹配技术、优势制造资源优先匹配技术、云制造容错技术等,能够将行业中企业制造资源和能力进行特征化分解,通过虚拟化技术对资源进行描述以便企业生产运作与资源进行智能匹配,使企业的运营状态达到最佳,快速应对动态复杂的外部环境。

另一方面,云制造技术具备易用性。云制造能够为企业用户提供简化的操作页面和服务网络,集团企业内部下属企业可以借助"私有云"平台,简单操控,就可以获取所需资源和服务。此外,中小企业可以借助由第三方运营方的"公有云"平台提供的技术和服务,大大减少购买IT基础设施和雇用运维人员的费用,将更多的精力集中于核心业务,能够有效避免外部技术环境迅速变化的影响。

综上所述,企业应结合自身发展需求,积极融入云制造模式,动态把握技术环境变化,提高企业技术接受和采纳,或采用私有云服务,提高集团及下属企业运维的灵活性,或采用公有云服务,提高中小企业应对技术环境快速变化的风险。

(三) 打造敏捷研发组织

打造基于云制造模式下的敏捷研发组织是提升技术敏捷性的重要举措之一。敏捷研发组织主要包括并行工程研发组织、虚拟研发组织、大规模定制生产模式下的研发组织、动态项目型研发组织等。特别是随着先进制造技术和信息技术的快速发展，云制造融合了云计算、物联网、高性能计算、服务计算等先进技术，在企业制造全生命周期活动中发挥着越来越重要的作用。企业技术敏捷性在一定程度上取决于企业的研发能力，特别是在动态复杂的外部环境下，企业拥有强大的研发能力，能够有效应对外部技术环境的变化，提高企业对新技术的适应性和应用水平，例如沈鼓集团基于云制造数字化设计平台，打造集团的敏捷研发组织，研发了一系列新产品，提高了集团企业的研发水平，有效提高集团企业的技术敏捷性。因此，企业应该将现有敏捷研发组织模式与云制造模式相结合，打造基于云制造模式下的敏捷研发组织，注重将云制造先进理念和技术融入企业研发体系，打造云制造的数字化研发平台，将企业相应的设计研发、生产工艺、加工流程等具备新颖性和独创性的思路融入云制造服务平台，实时动态更新企业研发组织内部管控信息，提升研发组织对企业内部生产工艺流程、产品和服务的敏感性，从而提升企业快速研发的能力，有效提升组织的技术敏捷性。

## 二、顾客敏捷性优化策略

### （一）提供敏捷化服务

郑晓明等（2012）认为服务敏捷性是指企业集成和协调所有可用资源以快速感知、预测和响应由高质量、高附加值、低成本的以顾客为导向的服务需求驱动的外部市场机会的能力。云制造模式的最大优势就是能够使企业动态把握市场需求，实现按需来组织生产，根据市场动态变化调整生产计划，既能够有效避免资源浪费，又能充分满足顾客需求。云制造以顾客需求为导向，体现"制造即服务"的特点，整合和优化企业内外部资源（顾客资源、制造资源、数据资源等软硬资源），通过物联网技术和虚拟化技术等将实体资源进行虚拟化，从而使物理层面的资源实现网络化融合。云制造涉及产品或服务的研发设计、物料采购、生产加工再到销售配送等制造全生命周期过程，可以对企业生产流程进行全程化监控。云制造中心会根据客户的制造需求进行智能分析，组织产品生产制造所需的资源，通过专门研发机构和生产加工车间的协同共同完成产品或服务，提升顾客服务敏捷性。因此，企业应该借助云制造服务平台提供敏捷化服务，实现对数据的精度计算和细化管理，快速计算出产品生产制造的最佳业务流程和最短交货周期，提高企业对顾客需求的应变能力。

### （二）加强顾客关系管理

企业基于云制造模式下需要加强客户关系管理。Ritter等（2003）指出顾客参与体现了顾客的创新智慧和力量，证实了顾客关系管理、相互适应可以直接并积极影响顾客参与新产品的开发。云制造模式注重顾客参与，强调将顾客融入企业制造全生命周期过程中，为企业产品或服务的研发设计和生产运作等出谋划策。此外，企业可以通过云制造平台加强与客户信息沟通，动态掌握顾客的服务或消费反馈，挖掘顾客对产品或服务的潜在需求，根据顾客对制造产品和服务信息的反馈，不断对现有产品和服务进行完善与更新。

### 三、合作伙伴敏捷性优化策略

#### （一）构建内部敏捷供应链系统

随着技术和产品更新不断加快，企业在注重研发和创新的同时，需要不断提升内部供应链的敏捷性。企业可以借助云制造平台对企业内外部供应链进行优化和重构，构建基于云端的内部供应链系统，形成内部云端整合平台，使企业的信息流、物流、商流、资金流实现深度融合，从而打造企业在设计研发、材料采购、生产加工以及销售服务等内部敏捷性供应链系统，提升企业快速响应市场需求的有效性。构建基于云端的内部敏捷供应链，有利于加快企业内部上下游供应链之间信息的传递，提高企业内部生产运作的协同性，提升企业内部合作伙伴的敏捷性。

#### （二）塑造敏捷的外部协作

随着全球化时代快速发展，企业之间的合作在激烈竞争中的作用越来越凸显。为了保证在规定时间内能够高质量低成本地完成客户的订单需求，企业在构建内部敏捷供应链的同时，需要塑造敏捷的外部协作，以提升企业的应变能力。云制造平台为企业间协作和对接提供了技术支持和平台支持。企业可以利用云制造平台实现自身优势资源和服务的共享，有效实现服务与需求的有效对接，提升信息的透明度（例如服务的种类、质量、价格等产品的相关信息），能够实现基于云制造平台的外部协作者之间无差异化对接，实现彼此之间的供需平衡，减少彼此讨价还价的时间和成本。此外，企业可以通过云制造平台，在制造过程中与合作伙伴相互协作，动态了解合作伙伴的业务开展情况，实现企业间协作无缝链接，有效降低产品生产制造周期，充分提高企业外部协作的敏捷性。

### 四、运营敏捷性优化策略

#### （一）提升业务流程敏捷性

当环境发生变化时，企业需要动态调整业务流程以应对市场环境变化。集团企业可以借助云制造服务平台，聚集产品设计、生产加工、客户关系管理、ERP

等应用软件系统，对集团下属企业进行统一规范化管理，切实提高下属企业的信息化水平，有效提高企业员工的工作效率，进一步简化工作流程和业务流程。例如，企业员工可以通过云平台界面快速了解企业生产信息，实现办公自动化，提高生产加工和事务处理速度，有效提升生产制造效率和运营效率。此外，企业可以根据客户需求和库存情况，通过实施低成本、高品质、零库存系统组织生产，进一步提高企业的运营效率，从而打造敏捷化的业务流程。

### (二) 降低运营成本

集团企业可以借助云制造平台对下属企业分散化的制造资源、软硬件资源、制造能力等进行协同管理，通过物联网技术和虚拟化技术等技术实现联合，经由云制造平台进行集中调配管理和监测，提升资源管理的规范性，从而有利于减少集团在运营过程中资源浪费，提高资源配置效率。此外，集团企业可以通过云制造中一系列应用降低运营成本。例如，建立生产成本系统，以确保产品生产成本降到最低；建立报价成本预测即时系统，可以动态掌握企业的生产制造能力，确保适时适度生产，既可以避免浪费资源又可以降低库存成本；通过计划生产实施平台，提供详尽的生产计划和问题解决方案，以便优化生产运营流程等。

附　录

# 附录一　华晨金杯汽车有限公司组织结构

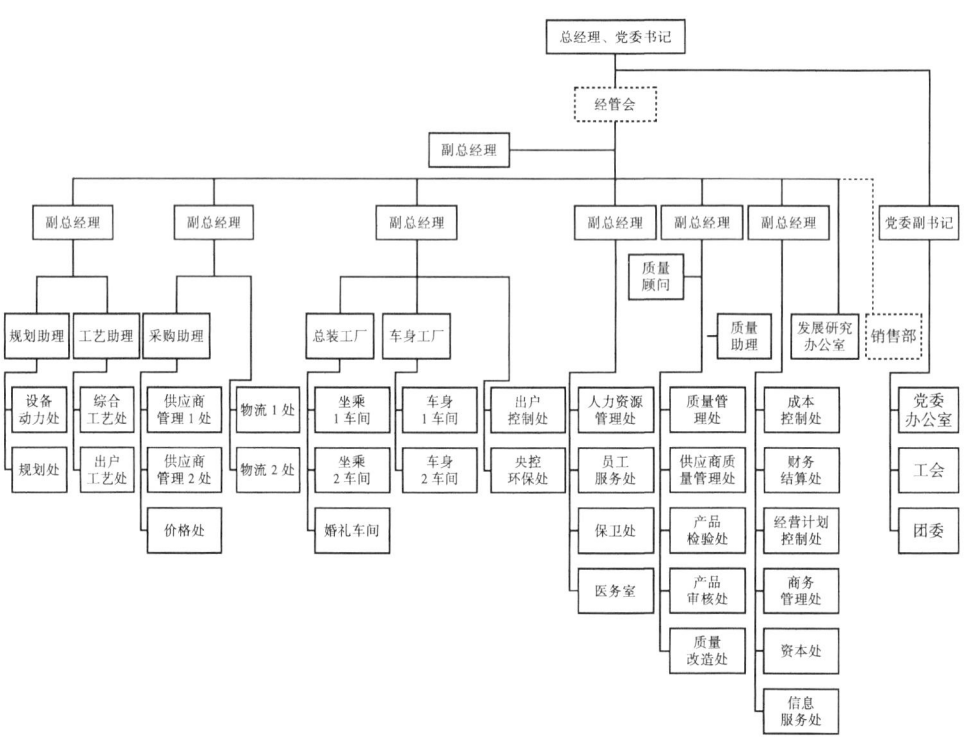

# 附录二　调研时间与访谈对象

| 访谈时间 | 参与访谈人员 | 访谈对象 |
|---|---|---|
| 2012年12月17日 | 王嵩、沙倩、吴雪梦 | 物流处：宋伟、孙利龄 |
| 2013年1月15日 | 王嵩、孙寅、丁锐 | 财务主管：薛荣 |
| 2013年3月17日 | 王嵩 | 副总经理：赵静芝<br>采购助理：孙中立 |

# 附录三　组织敏捷性的变量和指标

| 组织敏捷性变量 | 指标 | 内容 |
|---|---|---|
| 顾客敏捷性<br>（H1） | S5Q16 | 在本行业中，我们的企业以及主要竞争对手一般都会经常改变部分或者全部的生产线，以满足客户需求 |
| | S5Q19 | 我们的客户越来越期望我们通过在线的方式来定制化我们的产品 |
| | S5Q20 | 我们的客户越来越要求更多的产品多样化 |
| | S5Q21 | 我们的客户要求我们提供同一型号产品的不同配置 |
| | S5Q22 | 产品多样化是我们客户看中的一个重要的特征 |
| 合作伙伴敏捷性<br>（H2） | S4Q26 | 我们经常使用跨职能部门的小组，小组由我们公司的员工和从我们主要的供应商中抽调的人员共同组成，去执行产品开发阶段中的关键活动 |
| | S4Q27 | 我们经常使用跨职能部门的小组，小组由我们公司的员工和从我们主要的供应商中抽调的人员共同组成，去执行产品产品组装线中的关键活动 |
| | S4Q28 | 为了解决问题，一旦遇到不可预见的情况发生的时候，我们经常与我们的主要供应商合作 |
| 运营敏捷性<br>（H3） | S4Q3 | 我们产品中的绝大多数已经被分解成独立的模块，这些模块可以重新组合成新的产品设计样式来实现高度的多样化并节省研发的时间 |
| | S4Q4 | 对我们主要的产品来说，我们可以在主要组件方面进行变革而无须重新设计其他的组件 |
| | S4Q5 | 对于我们当前的主要产品而言，我们已经从前期开发的几代产品中重复使用了一些组件（剩余的部分） |
| | S4Q6 | 在我们主要产品线的不同产品之间，我们实现了高水平的组件共享 |
| | S4Q10 | 总体而言，我们的业务单位在生产中采用了高度的模块化的方式 |

续表

| 组织敏捷性变量 | 指标 | 内容 |
| --- | --- | --- |
| 技术敏捷性<br>（H4） | S3Q10 | 在技术发生变革的时候，我们的企业已经准备好快速地在产量方面做出调整以适应新的技术标准 |
| | S3Q22 | 我们拥有一个使用现有技术来进入新的细分市场的业务计划 |
| | S3Q23 | 我们拥有一个开发新技术来生产不同类型的新产品的业务计划 |
| | S3Q24 | 我们拥有一个形成合作与战略联盟来开发和探索新技术的业务计划 |

注：李克特量表：1. 完全不同意；2. 不太同意；3. 无所谓同意不同意；4. 同意；5. 非常同意。

# 附录四　业务流程变量及指标

| 业务流程变量 | 指标 | 内容 |
| --- | --- | --- |
| 上市速度[1] | S6Q4 | 我们对新提出的技术可行性的决策时间 |
| | S6Q5 | 我们决策产品开发和导入的时间 |
| | S6Q6 | 我们研发和制造部门花在决策如何在期望的价格内生产一种产品的时间 |
| | S6Q7 | 我们从承诺到制造再到产品面市所花费的时间 |
| | S6Q8 | 我们的产品从最初想法到最初开始销售的总体上市速度 |
| 质量[2] | S6Q12 | 产品的总体表现 |
| | S6Q13 | 独特的产品特征的数量 |
| | S6Q16 | 产品服务能力的轻松程度 |
| | S6Q17 | 产品的声誉 |
| | S6Q18 | 产品的声望 |
| 效率[3] | S6Q33 | 我们的进料到出货（生产线从开始到结束的时间）指标已经缩短 |
| | S6Q34 | 我们的产品一次通过率（最终产品无问题的比率）已经得到改善 |
| | S6Q35 | 我们已经能够提高众多员工生产的最终产品数量比率 |
| | S6Q38 | 我们的绿色指标（每生产一单位产品的废品数量）已经降低 |

注：[1] 李克特量表：1. 非常慢；2. 偏慢；3. 一般水平；4. 偏快；5. 非常快。
[2] 李克特量表：1. 非常低；2. 偏低；3. 一般水平；4. 偏高；5. 非常高。
[3] 李克特量表：1. 非常不同意；2. 不太同意；3. 无所谓同意不同意；4. 同意；5.非常同意。

# 附录五 企业绩效变量及指标

| 企业绩效变量 | 指标 | 内容<br>(在过去的12个月中,与我们的三个主要竞争对手相比) |
|---|---|---|
| 市场绩效[1] | S6Q21 | 我们的业务单位表现通过销售增长率来评价 |
| | S6Q22 | 我们的业务单位表现通过市场占有率来评价 |
| | S6Q24 | 我们的业务单位表现通过客户忠诚度来评价 |
| | S6Q25 | 我们的业务单位表现通过客户满意度来评价 |
| | S6Q30 | 我们业务单位的市场绩效 |
| 财务绩效[1] | S6Q23 | 我们的业务单位表现通过利润率来评价 |
| | S6Q26 | 我们的业务单位表现通过投资回报率来评价 |
| | S6Q27 | 我们的业务单位表现通过销售收入来评价 |
| | S6Q28 | 我们业务单位的财务绩效 |

注:[1] 李克特量表:1. 非常低;2. 偏低;3. 一般水平;4. 偏高;5. 非常高。

# 参考文献

[1] Acocca Institute. 21st Century Manufacturing Centerprise Strategy [R]. Bethlehem, PA: Lehigh University, 1991.

[2] Allworth E., Hesketh B. Construct-oriented Biodata: Capturing Change-related and Contextually Relevant Future Performance [J]. International Journal of Selection and Assessment, 1999, 7 (2): 97-111.

[3] Amit R., Schoemaker P.J.H. Strategic Assets and Organizational Rent [J]. Strategic Management Journal, 1993 (14): 33-46.

[4] Amit R., Zott C. Value Creation in E-Business [J]. Strategic Management Journal, 2001 (22): 493-520.

[5] Amrhein D., Quint S. Cloud Computing for the Enterprise. Part 1: capturing the Cloud, IBM Dever Works [EB/OL] (2009-04). http://www.ibm.com/deverloperworks/websphere/techjournal/0904-amrhein/.

[6] Armstrong J. S., Overton T. S. Estimating Non-Response in Mail Surveys [J]. Journal of Marketing Research, 1977 (16): 396-400.

[7] Arteta B.M., Giachetti R.E. A Measure of Agility as the Complexity of the Enterprise System [J]. Robotics and Computer-integrated Manufacturing, 2004, 20 (6): 495-503.

[8] Ashby R. Design for a Brain [M]. Wiley, New York, 1956.

[9] Barney J. Firm Resources and Sustainable Competitive Advantage [J]. Journal of Management, 1991, 170 (1): 99-120.

[10] Barney. Is The Resource-based View A Useful Perspective For Strategic Management Research? Yes. [J]. Academy Of Management Review, 2001, 26 (1).

[11] Barua A., Kriebel H. C., Mukhopadhyay T. Information Technologies and Business Value: An Analytic and Empirical Investigation [J]. Information Systems Research, 1995, 6 (1): 3-23.

[12] Black N. What is SaaS? Understanging the Concepts of Cloud Computing [EB/OL] (2009-02). http://blog.firmex.com/what-is-saas-concepts-cloud-computing.

[13] Bohdana Sherehiy, Waldemar Karwowski, John K. Layer. A Review of Enterprise Agility: Concepts, Frameworks, and Attributes [J]. International Journal of Industrial Ergonomics, 2007, 37: 445-460.

[14] Breu, K., Hemingway, S.J., Strathern, M., Bridger, D., 2002. Workforce agility: The New Employee Strategy for the Knowledge Economy. Journal of Information Technology 17 (1), 21-31.

[15] Brown S., Eisenhard K. Competing on the Edge [M]. Boston, MA: Harvard Bussiness School Press, 1998.

[16] Bullinger H.J. Turbulent Times Require Reative Thinking: New Concepts in Production Management [J]. International Joumal of Production Economies, 1999 (60-61): 9-27.

[17] Burns T., Stalker G.M. The Management of Innovation [M]. London: Tavistock Publications, 1961.

[18] C.K. Prahalad, Gary Hamel. The Core Competence of the Corporation [J]. Harvard Business Review, 1990 (May-June): 79-91.

[19] Chin W. W. Issues and Opinions on Structural Equation Modeling [J]. MIS Quarterly, 1998, 22 (1): vii-xvi.

[20] Cho H., Jung M., etc. Enabling Technologies of Agile Manufacturing and Its Related Activities in Korea [J]. Computers and Industrial Engineering. 1996 (3): 323-334.

[21] Choudhury V., Xia W. A Resource Based Theory of Network Structures [M]//J. C. Henderson, N. Venkatraman. Research in Strategic Management and Information Technology Stamford, CT: JAI Press, 1999, 2: 55-85.

[22] Clark K.B., Fujimoto T. Product Development Performance: Strategy, Or-

ganization, and Management in the World Auto Industry [M]. Boston, MA: Harvard Business School Press, 1991.

[23] Collis D.J., Montgommery C.A. Corporate Strategy: A Resource-based Approach [M]. McGraw-Hill Companies, Inc, 1998.

[24] Dastmalchian A. The Concept of Organizational Flexibility: Exploring New Direction [M]//.Dastmalchian A., Blyton P. Organizational Flexibility, Proceedings of A Colloquium. British Columbia: University of Victoria, 1993.

[25] Dastmalchian A., Blyton P. Organizational Flexibility in Crossnational Perspective: An Introduction [J]. International Journal of Human Resource Management, 1998, 9 (3).

[26] Dawis R.V., Lofquist L.H. A Psychological Theory of Work Adjustment [M]. Minneapolis: University of Minnesota Press, 1984.

[27] Dierickx I., Cool K. Asset Stock Accumulation and Sustainability of Competitive Advantage [J]. Management Science, 1989, 35 (12): 1504-1514.

[28] Dillman, D. Mail and Telephone Surveys: The Total Design Method [M]. New York: Wiley, 1978.

[29] Donaldson, L. The Contingency Theory of Organization. London, UK. Sage Publications, 2001.

[30] Dooley K. A Complex Adaptive Systems Model of Organizational Change [J]. Non-linear Dynamics, Psychology and the Life Sciences, 1997, 1: 69-97.

[31] Dove R. Knowledge Management, Response Ability and the Agile Enterprise [J]. Journal of Knowledge Magement, 1999, 3 (1): 18-35.

[32] Dove R. Lean and Agile: Synergy, Contrast, and Emerging Structure [R]. Proceedings of the Defense Manufacturing Conference, San Francisco, CA, 1993.

[33] Dove R. Response Ability: the Language, Structure, and Culture of the Agile Enterprise [M]. New York: Wiley, 2001.

[34] Dover R., B. Graves, etc. Agile Manufaeturing Researeh: Accomplishments and Opportunities [J]. IIE Transanetions, 1997 (10): 83-823.

[35] Dyer L., Shafer R. Dynamic Organizations: Achieving Marketpelace and Organizational Agility with People [M]//. Peterson R.S., Mannix E.A. Leading and Managing People in the Dynamic Organization. Mahwah: Laurence Erlbaum Associates, 2003.

[36] E.Overby, A. Bharadwaj, V. Sambamurthy. A Framework for Enterprise Agility and the Enabling Role of Digital Options [J]. Business Agility and Information Technology Diffusion, Springer Boston, 2005 (180): 295-312.

[37] Eisenhardt K. M., Martin J. A. Dynamic Capabilities: What are They? [J]. Strategic Management Journal, 2000, 21: 1105-1121.

[38] Eisenhardt K. M., Sull D. N. Strategy as Simple Rules [J]. Harvard Business Review, 2001, 79 (1): 106-116.

[39] Evans J.S. Strategic Flexibility for High Technology Ma-noeuvers: A Conceptual Framework [J]. Journal of Management Stud-ies, 1991, 1: 69-89.

[40] Ferrier W. J., Smith K. G., Grimm C. M. The Role of Competitive Action in Market Share Erosion and Industry Dethronement: A Study of Industry Leaders and Challengers [J]. Academy of Management Journal, 1999, 42 (4): 72-388.

[41] Forsythe C. Human Factors in Agile Manufacturing: A Brief Overview with Emphasis on Communications and Information Infrastructure [J]. Human Factors and Ergonomics in Manufacturing, 1997, 7 (1): 3-10.

[42] Garvin D.A. Managing Quality: the Strategic and Competitive Edge [M]. New York: Free Press, 1998.

[43] Gautam Ray, Jay B. Barney, Waleed A. Muhanna. Capabilities, Business Processes, and Competitive Advantage: Choosing the Dependent Variable in Empiri cal Tests of The Resource-Based View [J]. Strategic Management Journal, 2004, 25: 23-37.

[44] Gefen D., Straub D.W., Boudreau M. Structural Equation Modeling and Regression: Guidelines for Research Practice [J]. Communications of AIS, 2000, 4 (7): 2-76.

[45] Ghoshal S., P. Moran. Bad for Practice: A Critique of the Transaction Cost Theory [J]. The Academy of Management Review, 1996, 21 (1): 13-47.

[46] Goldman S.L., Nagel R.N. Management, Technology and Agility: The Emergence of a New Era in Manufacturing [J]. International Journal of Technology Management, 1993, 8 (1/2): 18-38.

[47] Goldman S.L., Nagel R.N., Preiss K. Agile Competitors and Virtual Organizations: Strategies for Enriching the Customer [R]. New York: Van Nostrand Reinhold, 1995.

[48] Gosain S., Malhotra A., El Sawy O. A. Coordinating for Flexibiity in E-Business Supply Chains [J]. Journal of Management Information Systems, 2004, 21 (3): 7-45.

[49] Gould P. What15 Gility [J]. Manufacturing Engineering, 1997 (1): 28-3.

[50] Griffin B., Hesketh B. Adaptable Behaviours for Successful Work and Career Adjustment [J]. Australian Journal of Psychology, 2003, 55 (2): 65-73.

[51] Gunasekaran A. Agile Manufacturing: A Framework for Research and Development [J]. International Journal of Production Economics, 1999, 62: 87-105.

[52] Hage J., Aiken M. Routine Technology, Social Structure and Organizational Goals. Administrative Science Quarterly, 1969, 14: 366-376.

[53] Hage J., Dewar R. Elite Values Versus Organizational Structure in Predictinng innovation [J]. Administrative Science Quarterly, 1973, 18: 279-290.

[54] Hatch M.J. Organization Theory: Modern, Symbolic and Postmodern Perspectives [M]. Oxford UK: University Press, 1997.

[55] Henry J. Johansson, et.al. Business Process Reengineering: Break Point Strategies for Market Dominance [M]. John Wiley & Sons, 1993.

[56] Herzenberg S.A., Alic J.A., Wial H. New Rules for New Economy: Employment and Opportunity in Postindustrial America [M]. Ithaca, NY: Cornell University Press, 1998.

[57] Holström H. Virtual Communities as Platforms for Product Development: An Interpretive Case Study of Customer Involvement in Online Game Development [R]. Proceedings of the Annual International Conference on Information Systems (ICIS) Meeting, New Orleans, Louisiana, 2001.

[58] Hopp W.J., Van Oyen M.P. Agile Workforce Evaluation: A Framework for Cross-training and Coordination. IIE Transactions, 2004, 36 (10): 919-940.

[59] Howell D.C. Fundamental Statistics for the Behavioral Sciences [M]. Belmont, California: Wadsworth Publishing, 5th Edition, 2003.

[60] Huber P.H. Temporal Stability and Response-order Biases in Participant Descriptions of Organizational Decisions [J]. The Academy of Management Journal, 1985, 28 (4): 943-950.

[61] Jackson M., Johansson C. Agility Analysis from a Production System Perspective [J]. Intergarted Manufacturing Systems, 2003, 14 (6): 482-488.

[62] Jacobs, Droge, Vickery, Calantone. Product and Process Modularity's Effects on Manufacturing Agility and Firm Growth Performance [J]. Journal of Product Innovation Management, 2011, 1 (28): 123-137.

[63] Kalleberg A.L. Organizing Flexibility: the Flexible Firm in a New Century [J]. British Journal of Industrial Relations, 2001, 39 (4): 479-504.

[64] Kambil A., Friesen G., Sundaram A. Co-creation: A New Source of Value [J]. Outlook Magazine, 1999, 2 (2): 23-29.

[65] Kathuria R., Partovi F.Y. Work Force Management Practices for Manufacturing Flexibility [J]. Journal of Operations Management, 1999, 18 (1): 21-39.

[66] Kidd P.T. Agile Manufacturing: Forging New Frontiers [C]. Reading, MA: Addison-Wesley, 1994.

[67] Kolar J., Pitner T. Agile BPM in the Age of Cloud Technologies [J]. Scalable Computing: Practice and Experience, 2013, 13 (4).

[68] Kotabe M., Parente R., Murray J. Antecedents and Outcomes of Modular Production in the Brazilian Automobile Industry: A Grounded Theory Approach [J]. Journal of International Business Studies, 2007, 38 (1): 84-106.

[69] Lanctot A., Swan K. S. Technology Acquisition Strategy in an Internationally Competitive Environment [J]. Journal of International Management, 2000, 6: 187-215.

[70] Lawler III E.E., Mohrman S.A., Ledford Jr. G.E. Employee Involvement in Total Quality Management: Practices and Results in Fortune 100 Companies [M]. San Francisco CA: Jossey-Bass, 1992.

[71] Lawrence P.R., Lorsch J.W. Organization and Environment: Managing Differentiation and Integration [M]. Cambridge, MA: Harvard University Press, 1967.

[72] Leonard Barton D. Core Capabilities and Core Regidities: A Paradox in Managing New Product Development [J]. Strategic Management Journal, 1992, 13 (8): 111.

[73] Lin C.T., Chiu H., Chu P.Y. Agility Index in the Supply Chain [J]. International Journal of Production Economics, 2006, 100 (2): 285-299.

[74] Lin C.-T., Chiu H., Tseung Y.-H. Agility Evaluation Using Fuzzy Logic [J]. International Journal of Production Economics, 2006, 101 (2): 353-368.

[75] Lorsh J.W., Allen S.A. Managing Diversity and Inter-Dependence: An Organizational Study of Multidivisional Firms [M]. Boston: Harvard University, 1973.

[76] Magretta J. The Power of Virtual Integration: An Interview with Dell Computer's Michael Dell [J]. Harvard Business Review, 1998, 76 (2): 72-84.

[77] Malhotra N.K., S.S. Kim, A. Patil. Common Method Variance in IS Research: A Comparison of Alternative Approaches and a Reanalysis of Past Research [J]. Management Science, 2006, 52 (12): 1865-1883.

[78] Marcel van Oosterhout, Eric Waarts, Jos van Hillegersberg. Assessing Business Agility: A Multi-Industry Study in the Netherlands [J]. Business Agility and Information Technology Diffusion, Springer Boston, 2005 (180), 275-294.

[79] Margaret A. Peteraf. The Cornerstones of Competitive Advantage: A Resource-based View [J]. Strategic Management Journal, 1993, 14: 179-191.

[80] Markus M. L., Soh C. Banking on Information Technology: Converting IT Spending into Firm Performance [M]. // R. D. Banker, R. J. Kauffman, M. M. Mahmood. Strategic Information Technology Management. Harrisburg, PA: Idea Group Publishing, 1993.

[81] Mccarty F.H. Agility in Manufacturing [J]. Manufacturing Engineering, 1993, 111 (6): 8.

[82] Michael Hammer, James Champy. Reengineering the Corporation: A Manifesto for Business Revolution [M]. Harper Business, 1993.

[83] Mooney J., Gurbaxani V., Kraemer, K. A Process Oriented Framework for Assessing the Business Value of Information Technology [J]. Database for Advances in Information Systems, 1996, 27 (2): 68-81.

[84] Mosakowski E., McKelvey B. Predicting Rent Generation in Competence-based Competition [M]. // A. Henne, R. Sanchez. Competence-based Strategic Management, Chichester: John Wiley and Sons, 1997.

[85] Nagel R.N., Dove R. 21st Century Manufacturing Enterprise Strategy: An Industry Led View. Bethlehem, PA: Iacocca Institute, Lehigh University, 1991.

[86] Nambisan S. Designing Virtual Customer Environment for New Product Development: Toward a Theory [J]. Academy of Management Review, 2002, 27 (3): 392-413.

[87] National Science and Technology Council. A National Strategic Plan for Advanced Manufacturing [Z]. 2012.

[88] Nazir A., Raana A., Khan M. F. Cloud Computing Ensembles Agile Development Methodologies for Successful Project Development [J]. International Journal of Modern Education and Computer Science (IJMECS), 2013, 5 (11): 28.

[89] Nelson R, Winter S. An Evolutionary Theory of Economic Change [M]. Cambridge, MA: The Belknap Press, 1982.

[90] Nicholas, Varun, Investigating Firm's Customer Agility and Firm Performance: The Importance of Aligning Sense and Respond Capabilities [J]. Journal of Business Research, 2012, 65 (5).

[91] Nicolai J. Foss. Resource Firms and Stratedies [M]. London: Oxford University Press, 1997.

[92] Nonaka I., Umemoto K., Senoo D. From Information Processing to Knowledge Creation: A Paradigm Shift in Business Management[J]. Technology in Society, 1996, 18 (2): 203-218.

[93] O'Day P. IaaS A.: Web 2.0 Allows User to by pass IT Department, BillSt. Arnaud Blogspot [EB/OL] (2007-10). http://billstarnaud.blogspot.com/2007-10-01 Archive.html.

[94] Oliveira P., A.V. Roth. New Multi-item Measurement Scales of the Antecedents and Consequences of B2B E-service Capability: A Two-stage Approach [R]. Working Paper, 2006.

[95] Overby E., Bharadwaj A., Sambamurthy V. Enterprise Agility and the Enabling Role of Information Technology [J]. European Journal of Information Systems, 2006, 15: 120-131.

[96] Peteraf M.A. The Cornerstones of Competitive Advantage: A Resourced-based View [J]. Strategic Management Journal, 1993, 14: 179-191.

[97] Peterson R.A. Constructing Effective Questionnaires [M]. Thousand Oaks, CA: Sage, 2000.

[98] Pinochet A., Matsubara Y., Nagamachi M. Construction of A Knowledge-based System for Diagnosing the Sociotechnical Integration in Advanced Manufacturing Technologies [J]. The International Journal of Human Factors in Manufacturing, 1996, 6 (4): 323-349.

[99] Plonka F.S. Developing A Lean and Agile Work Force [J]. Human Factors and Ergonomics in Manufacturing, 1997, 7 (1): 11-20.

[100] Podsakoff P.M., MacKenzie L. S.B., Jeong-Yeon, Podsakoff N.P. Common Method Biases in Behavioral Research: A Critical Review of the Literature and Recommended Remedies [J]. Journal of Applied Psychology, 2003, 88 (5): 879-903.

[101] Podsakoff P.M., Organ D.W. Self-reports in Organizational Research: Problems and Prospects [J]. Journal of Management, 1986, 12 (4): 531-544.

[102] Priem R. L., Butler J. E. Is the Resource-based Theory a Useful Perspective for Strategic Management Research? [J]. Academy of Management Review, 2001, 26 (1): 22-40.

[103] Priem R. L., Butler J. E. Tautology in the Resource-based View and Implications of Externally Determined Resource Value: Further Comments [J]. Academy of Management Review, 2001, 26 (1): 57-66.

[104] Pulakos E.D., Arad S., Donovan M.A., Plamondon K.E. Adaptability in the Workplace: Development of a Taxonomy of Adaptive Performance [J]. Journal of Applied Psychology, 2000, 85 (4): 612-624.

[105] Pulakos E.D., et al. Predicting Adaptive Performance: Further Tests of a Model of Adaptability [J]. Human Performance, 2002, 15 (4): 299-323.

[106] Reed K., Blunsdon B. Organizational Flexibility in Australia [J]. International Journal of Human Resource Management, 1998, 9 (3).

[107] Ren J., Yusuf Y.Y., Burns N.D. A Prototype of Measurement System for Agile Enterprise [J]. International Conference on Quality, Reliability, and Maintenance. Oxford, UK, 2000: 247-252.

[108] Ren J., Yususf Y.Y., Burns N.D., The Effect of Agile Attributes on Compettitive Priorities: A Neural Network Approach [J]. Integrated Manufacturing, 2003, 14 (6): 489-497.

[109] Ritter T., Walter A. Relation-specific Antecedents of Customer Involvement in New Product Develepment [J]. International Journal of Technology Management, 2003, 26 (5/6): 482-502.

[110] Rummler & Brache. Improving Performance: How to Manage the White Space on the Organizational Chart [M]. San Francisco: Jossey-Bass, 1995.

[111] Salesforce. com. Types of PaaS Solutions. [EB/OL]. http: //www. Salesforce.com/pass/pass-solution/.

[112] Salesforce. com. What is PaaS? [EB/OL] http: //www.salesforce.com/paas/.

[113] Sambamurthy V., A. Bharadwaj, Grover V. Shaping Agility through Digital Options: Reconceptualizing the Role of Information Technology in Contemporary Firms MIS Quarterly, 2003, 27 (2): 237-263.

[114] Sanchez L.M., Nagi R. A Review of Agile Manufacturing Systems [J]. International Journal of Production Research, 2001, 39 (16): 3561-3600.

[115] Sharifi H., Colquhoun G., Barclay I., Dann Z. Agile Manufacturing: A Management and Operational Framework [J]. Proceedings of the Institution of Mechanical Engineers Part B—Journal of Engineering Manufacture, 2001, 215 (6): 857-869.

[116] Sharifi H., Zhang Z. A Methodology for Achieving Agility in Manufacturing Organisations: An Introduction [J]. International Journal of Production Economics, 1999, 62 (1-2): 7-22.

[117] Sharifi H., Zhang Z. Agile Manufacturing in Practice—Application of a Methodology [J]. International Journal of Operations and Production Management, 2001, 21 (5-6): 772-794.

[118] Soh C., Markus M. L. How IT Creates Business Values: A Process Theory [R]. Proceedings of the Annual International Conference on Information Systems (ICIS), Amsterdam, the Netherlands, 1995.

[119] Stewart A.M., Mullarkey G.W., Craig J.L. Innovation or Multiple Copies of the Same Lottery Ticket: the Effect of Widely Shared Knowledge on the Organization Adaptability [J]. Journal of Marketing Theory and Practice, 2003, 11 (3): 25-44.

[120] Straub D. Validating Instruments in MIS Research [J]. MIS Quarterly, 1989, 13 (2): 147-169.

[121] Stump R. L., Heide J. B. Controlling Supplier Opportunism in Industrial Relationships [J]. Journal of Marketing Research, 1996, 33 (4): 431-441.

[122] Sumukadas N., Sawhney R. Workforce Agility through Employee Involvement [J]. IIE Transactions, 2004, 36 (10): 1011-1021.

[123] Teece D., Pisano G., Shuen A. Dynamic Capabilities and Strategic Fit [J]. Strategic Management Journal, 1997, 18 (7): 509-533.

[124] Thomas Davenport Process Innovation: Reengineering Work through Information Technology [M]. Boston: Harvard Business School Press, 1993.

[125] Toni D.A., Tonchia S. Manufacturing—flexibility: A Literature Review [J]. International Journal of Production Research, 1998, 36 (6): 1587-1617.

[126] Tsourveloudis N.C., Valavanis K.P. On the Measurement of Enterprise Agility [J]. Journal of Intelligent and Robotic Systems, 2002, 33 (3): 329-342.

[127] Upton D.M. What Really Makes Factories Flexible? [J]. Harvard Business Review 1995, 73 (4): 74-84.

[128] van Hoek R.I., Harrison A., Christopher M. Measuring Agile Capabilities in the Supply Chain [J]. International Journal of Operations and Production Management, 2001, 21 (1-2): 126-147.

[129] Van Oyen M.P., Gel E.G.S., Hopp W.J. Performance Opportunity for Workforce Agility in Collaborative and Noncollaborative Work System [J]. IIE Transactions, 2001, 33: 761-777.

[130] Vecchio R.P. Organizational Behavior: Core Concepts [M]. Cincinnati, OH: Thomson/Southwest Learning, 2006.

[131] Venkatraman N., Henderson, J. C. Real Strategies for Virtual Organizing [J]. Sloan Management Review, 1998, 40 (1): 33-48.

[132] Viñas B., Bessant J., Pérez G. H., et al. A Conceptual Model for the Development of Technological Management Processes in Manufacturing Companies in Developing Countries [J]. Technovation, 2001, 21 (6): 345-352.

[133] Volberda, H.W. Toward the Flexible Form: How to Remain Vital in Hypercompetitive Environments [J]. Organization Science, 1996, 7 (4): 359-374.

[134] Weick K., Quinn R.E. Organizational Change and Development [J]. Annual Review of Psychology, 1999, 50: 361-386.

[135] Weick Managment of Organiztional Change Among Loosely Coupled Units [M]. //Goodman, P.S. Change in Organizations. San Francisco: Jossey-Boss.

[136] Weill P., Sabramani, M., Broadbent, M. Building IT Infrastructure for Strategic Agility [J]. MIT Sloan Management Review, 2002, 44 (1): 57-65.

[137] Wernerfelt B. A Resource-based View of the Firm [J]. Strategic Manage-

ment Journal, 1984, 5: 171-180.

[138] Winter S. Understanding Dynamic Capabilities [J]. Strategic Management Journal, 2003, 24: 991-995.

[139] Worren N. Creating Dynamic Capabilities: The Role of Modular Product and Process Architectures [D]. Unpublished Doctoral Dissertation, Said Business School, Oxford University, 2001.

[140] Worren N., Moore K., Cardona P. Modularity, Strategic Flexibility and Firm Performance: A Study of the Home Appliance Industry [J]. Strategic Management Journal, 2002, 23 (12): 1123-1140.

[141] Yang S.L., Li T.F. Agility Evaluation of Mass Customization Product Manufacturing [J]. Journal of Materials Processing Technology, 2002, 129 (1-3): 640-644.

[142] Youndt M.A., Snell S.A., Dean J.W., Lepak D.P. Human Resource Management, Manufacturing Strategy, and Firm Performance [J]. Academy of Management Review, 1996, 39 (4): 835-866.

[143] Yusuf Y., Sarhadi M., Gunasekaran A. Agile Manufacturing: the Drivers, Concepts and Attributes [J]. International Journal of Production Economics, 1999, 62 (1-2): 33-43.

[144] Yusuf Y.Y., Adeleye E.O. A Comparative Study of Lean and Agile Manufacturing with Related Survey of Current Practices in the UK [J]. International Journal of Production Research, 2002, 40 (17): 4545-4562.

[145] Yusuf, Sarhadi, Gunasekaran, Agile Manufacturing: the Drivers, Concepts and Attributes [J]. International Journal of Production Economics, 1999, 62 (1).

[146] Zahra S.A., Nielsen, A. P. Sources of Capabilities, Integration and Technology Commercialization [J]. Strategic Management Journal, 2002, 23 (5): 377-398.

[147] Zain M., Rose R.C., Abdullah I., Masrom M. The Relationship Between Information Technology Acceptance and Organizational Agility in Malaysia [J]. Information and Management, 2005, 42 (6): 829-839.

[148] Zollo M., Winter S. G. Deliberate Learning and the Evolution of Dynamic Capabilities [J]. Organization Science, 2002, 13: 339-351.

[149] ZottC. Dynamic Capabilities and the Emergence of Intraindustry Differential Firm Performance: Insights from a Simulation Study [J]. Strategic Management Journal, 2003, 24: 97.

[150] 奥村宏. 21世纪的企业形态 [M]. 王键译. 北京: 中国计划出版社, 2002.

[151] 边丈峰. 联宝利用联想私有云改善流程提高生产效率 [EB/OL]. http://www.idnovo.com.cn/people/2014/0921/article_298.html.

[152] 蔡建湖, 俞凌云, 韩毅等. 云制造环境下中小企业信息化建设思路 [J]. 现代制造工程, 2013 (3): 32-38.

[153] 常盛. 基于BPR的柔性应变模式研究 [D]. 杭州: 浙江工业大学, 2001.

[154] 陈红菊, 汪应洛, 孙林岩. 灵捷虚拟企业 [M]. 西安: 西安交通科技大学出版社, 2002.

[155] 陈康, 郑纬民. 云计算: 系统实例与研究现状 [J]. 软件学报, 2009, 20 (5): 1337-1348.

[156] 陈庆修. 企业应以信息化迎接全球化 [J]. 新视野, 2002 (4): 30-31.

[157] 陈云海, 黄兰秋. 大数据处理对电子商务的影响研究 [J]. 电信科学, 2013, 29 (3): 17-21.

[158] 陈志祥, 马士华, 陈荣秋. 敏捷化供应链系统的分析、设计与重构 [J]. 管理工程学报, 2009 (1): 1-4.

[159] 成思危. 虚拟经济与金融危机 [J]. 管理评论, 2003 (1): 4-6.

[160] 程武山, 朱明年. 云制造-先进制造信息化 [J]. 系统仿真学报, 2011, 23 (10): 2258-2262.

[161] 丛强, 朱景萍, 刘炳义, 吴纯忠, 李宝功. 海外装备制造强国支持政策与发展趋势 [J]. 石油科技论坛, 2010 (3): 57-60.

[162] 崔荣会, 李艾艾. 云制造落地 [J]. 中国制造业信息化, 2010, 39 (3): 18-21.

[163] 单汨源, 高阳, 陈荣秋. 基于敏捷制造的协同生产管理概念框架 [C]. 全国青年管理科学与系统科学论文集第5卷, 1999.

[164] 丁璐. 基于云计算的中小企业财务会计信息化探讨 [J]. 财会通讯, 2011 (7): 124-125.

[165] 董俊武, 黄江圳, 陈震红. 基于知识的动态能力演化模型研究 [J]. 中

国工业经济，2004（2）：77-85.

[166] 段聪聪.第三次工业革命，中国不能滞后［N］.环球时报，2012-07-05.

[167] 高阳，王铁骊.复杂环境下企业动态能力与敏捷能力比较研究［J］.价值工程，2008，26（8）：8-11.

[168] 郭政.德国"工业4.0"对我国制造业发展的启示［J］.上海质量，2014（4）：22-27.

[169] 国民经济和社会发展第十二个五年规划纲要［EB/OL］. http：//www.gov.cn.

[170] 胡安瑞，张霖，陶飞等.基于知识的云制造资源服务管理［J］.同济大学学报（自然科学版），2012，40（7）：1093-1101.

[171] 胡迟.从2009年我国制造业企业500强看我国制造业的差距与成长建议［J］.我国经贸导刊，2009（19）：18-21.

[172] 胡锦涛.坚定不移沿着中国特色社会主义道路前进 为全面建成小康社会而奋斗［J］.求是，2012（22）：11.

[173] 胡心专，段灿.云计算在企业电子商务系统中的作用研究［J］.江苏社论，2011（2）：71-72.

[174] 桓永兴，敏捷企业智能工艺信息系统关键技术研究［D］.西安：西北工业大学，2002.

[175] 黄先智.战后日本技术引进，产业结构变迁及其启示［J］.云南科技管理，2003（1）：58-60.

[176] 霍春辉，刘建基.云制造模式对集团企业的组织敏捷性影响机理探析［J］.辽宁大学学报（哲学社会科学版），2014（4）：88-95.

[177] 贾莉.沈鼓集团云制造平台建设［J］.科技传播，2012（12）：143-144.

[178] 蒋工亮，张根保.面向21世纪的敏捷制造企业［J］.机械设计与制造，2001（4）：91-95.

[179] 蒋钦云.我国战略性新兴产业规划与美国重振制造业框架比较研究［J］.国际经济合作，2012（1）：51-52.

[180] 蒋新松.21世纪企业的主要模式——敏捷制造企业［J］.计算机集成制造系统，1996，2（4）：3-8.

[181] 金启明.欧盟激励技术创新的手段和措施［J］.科技广场，2003（4）：32-33.

[182] 鞠丽.中国和德国将开展工业4.0对话［N］.工信微报，2014-10-15.

[183] 李伯虎，张霖，王时龙等.云制造——面向服务的网络化制造新模式[J].计算机集成制造系统，2010，16（1）：1-7.

[184] 李伯虎，张霖等.再论云制造[J].计算机集成制造系统，2011（3）：450-456.

[185] 李伯虎等.云制造概论[J].中兴通讯技术，2010，8（4）：5-8.

[186] 李春泉，尚玉玲，胡春杨.基于K-最短路算法的云制造多粒度访问控制技术[J]，计算机应用，2011（9）：2356-2357.

[187] 李春泉，尚玉玲，胡春杨.云制造的体系结构及其关键技术研究[J].组合机床与自动化加工技术，2011（7）：105-107.

[188] 李大庆.工程院与国资委推介德国"工业4.0"战略[N].科技日报，2013-10-25.

[189] 李大元.发达国家再工业化对我国转变经济增长方式的启示[J].现代经济探讨，2011（8）：26-27.

[190] 李海婴，周和荣.敏捷企业协同机理研究[J].中国科技论坛，2004（3）：38-42.

[191] 李毅中.大力推进制造业服务化[N].人民日报，2014-6-24.

[192] 李正信."再工业化"美国的战略选择[N].经济日报，2013-4-17.

[193] 廖成林，仇明全.敏捷供应链背景下企业合作关系对企业绩效的影响[J].南开管理评论，2007，10（1）：106-110.

[194] 刘飚.企业业务流程分析及其再造的评价方法研究[D].武汉：华中科技大学，2004.

[195] 刘曦.发达国家装备制造业发展特点及经验启示[J].特区经济，2011（10）：91-93.

[196] 刘心报，叶强，杨善林.基于群决策的供应链敏捷度的研究[J].中国管理科学，2003（z1）：372-375.

[197] 刘雁.应用云技术搭建中小企业信息化平台[J].邮电设计技术，2011（10）：34-38.

[198] 卢怀宝，冯英浚，曲世友.工业化与信息化协调发展研究[J].中国软科学，2003（10）：30-31.

[199] 罗建强，赵艳萍.云制造服务模式下的延迟策略实施[J].技术经济与管理研究，2013（12）：9-13.

[200] 马翠霞，任磊，滕东兴等.云制造环境下的普适人机交互技术[J].计

算机集成制造系统，2011（3）：504-510.

[201] 马光磊. 精准营销在 B2C 电子商务中的应用研究 [D]. 北京：北京邮电大学，2013.

[202] 马国强. 云制造理论对协同制造模式发展趋势的影响 [J]. 学理论，2012（20）：131-132.

[203] 马绍奎. 沈鼓集团的"云制造"[J]. 中国信息化，2012（22）.

[204] 马月才. 中、美、日制造业发展比较研究 [J]. 中国工业经济，2003（5）：26-27.

[205] 迈克尔·于戈斯，德瑞克·哈里斯基. 赢在云端——云计算与未来商机 [M]. 王鹏等译. 北京：人民邮电出版社，2012：113-121.

[206] 毛基业，李高勇. 案例研究的"术"与"道"的反思——中国企业管理案例与质性研究论坛（2013）综述 [J]. 管理世界，2014（2）：111-117.

[207] 孟晓斌，王重鸣，杨建锋. 企业动态能力理论模型研究综述 [J]. 外国经济与管理，2008，29（10）：9-16.

[208] 倪宁，金韶. 大数据时代的精准广告及其传播策略——基于场域理论视角 [J]. 现代传播，2014，36（2）：99-104.

[209] 宁焕生，张瑜，刘芳丽等. 中国物联网信息服务系统研究 [J]. 电子学报，2006，34（12）：2514-2517.

[210] 潘人杰. 电子商务 F2B2C 模式研究——以家电行业为例 [D]. 青岛：中国海洋大学，2013.

[211] 綦振法，徐福缘，强同波. 开放型企业组织的敏捷性评价体系与方法研究 [J]. 山东理工大学学报：自然科学版，2003，17（1）：60-65.

[212] Rick Dove. 敏捷企业（上、下）[J]. 张申生译. 中国工程机械，1996（3，4）：21-27.

[213] 任宏波，基于 BPM 的企业信息平台的构建与企业敏捷性研究 [D]. 成都：成都理工大学，2009.

[214] 任宏波，刘红军，白旭. 基于业务流程管理框架的企业敏捷性研究 [J]. 中国管理信息化，2008（11）：64-68.

[215] 芮明杰. 第三次工业革命与中国的选择 [M]. 上海：上海辞书出版社，2013.

[216] 芮明杰. 欧美"再工业化"对我国的挑战与启示 [N]. 中国社会科学报，2013-03-06.

[217] 芮明杰."工业 4.0"与 CPS 战略、路径下的上海准备 [N]. 东方早报, 2014-9-17.

[218] 申超群, 李东方. 面向中小企业的云制造应用 [J]. 电脑知识与技术, 2011 (15): 3568-3569.

[219] 沈坤荣. 如何应对国际经济格局新变化 [J]. 求是, 2013 (8): 34.

[220] 沈苏彬, 范曲立, 宗平等. 物联网的体系架构与相关技术研究 [J]. 南京邮电大学学报: 自然科学版, 2009, 29 (6): 1-11.

[221] 私有云 VS 公共云: 建立私有云的好处 [EB/OL]. http://www.enet.com.cn/article/2012/0731/A20120731143484.shtml.

[222] 宋加升, 杨学民. 敏捷制造企业及其组织特性 [J]. 技术经济, 2000 (3): 22-25.

[223] 宋振晖, 王芬婷. 云制造服务价值网络战略管理 [J]. 科技与管理, 2012, 14 (2): 5-8.

[224] 陶飞, 张霖, 郭华等. 云制造特征及云服务组合关键问题研究 [J]. 计算机集成制造系统, 2011 (3): 476-485.

[225] William Y. Chang Hosame Abu-Amara Jessica Sanford. 转型中的企业云服务 [M]. 朱爱红, 李连, 李瑛, 鹿珂珂, 刘华玉, 郭天杰, 译. 北京: 国防工业出版社, 2012.

[226] 汪鸿昌, 肖静华, 谢永勤. 基于企业视角的云计算研究述评与未来展望 [J]. 外国经济与管理, 2013, 35 (6): 13-22.

[227] 汪应洛. 新世纪的生产系统——精简、灵捷、柔性生产系统 [J]. 中国机械工程. 1995 (5).

[228] 王丹萍. 云计算背景下电子商务发展的新趋势 [J]. 国外社会科学, 2011 (5): 61-65.

[229] 王道平, 李贺. 基于知识流的敏捷供应链知识服务模式研究 [J]. 软科学, 2010, 24 (3): 1-3.

[230] 王尔德. 德国工业 4.0 战略对《中国制造 2025》的启示 [N]. 21 世纪经济报道, 2014-07-04.

[231] 王惠, 王冲锋, 王意刚. 略论敏捷企业及其特征 [J]. 科技进步与对策, 1999 (6): 60-63.

[232] 王惠, 王冲锋, 王意刚. 敏捷企业的组织结构与组织设计 [J]. 技术经济与管理研究, 2000 (4): 27-28.

[233] 王惠等. 敏捷企业组织设计探讨 [J]. 科技进步与对策, 2000 (1): 101-103.

[234] 王九云, 丁晶晶, 王栋. 国外装备制造业发展经验及对我国的启示 [J]. 学术交流, 2011 (7): 121-122.

[235] 王田苗. 云制造先从简单处做起 [J]. 中国制造业信息化, 2010 (3): 24-25.

[236] 王铁骊. 基于敏捷性的制造企业组织变革研究 [D]. 长沙: 中南大学, 2007.

[237] 王意刚等. 敏捷企业组织设计研究 [J]. 中国机械工程, 1998 (9): 28-31.

[238] 王云霞, 邱胜海等. 面向服务的制造新模式——云制造研究综述 [J]. 现代制造工程, 2013 (3): 124-128.

[239] 乌家培. 云计算与企业管理 [J]. 中国信息界, 2012 (11): 5-6.

[240] 吴畅. 东莞制造网运用云制造服务的战略分析 [D]. 武汉: 华中科技大学, 2011.

[241] 吴红玲. 信息技术接受和企业组织敏捷性关系的实证研究 [D]. 西安: 西北工业大学, 2007.

[242] 吴李知. 抢位云制造掌握工业核心平台控制权 [J]. 现代国企研究, 2013, 12: 40-43.

[243] 吴卫华. "云计算"环境下电子商务发展模式研究 [J]. 情报杂志. 2011, 30 (5): 147-151.

[244] 吴晓波, 齐羽, 高钰, 白云峰. 我国先进制造业发展战略研究 [M]. 北京: 机械工业出版社, 2013.

[245] 吴晓波, 齐羽等. 我国先进制造业发展战略研究——创新, 追赶与跨越的路径及政策 [M]. 北京: 机械工业出版社, 2013, 7: 33-63.

[246] 谢磊, 马士华, 桂华明等. 供应物流协同与供应链敏捷性、绩效关系研究 [J]. 科研管理, 2012, 33 (11): 96-104.

[247] 熊斌, 钱碧波. 敏捷制造企业的生命系统理论研究 [J]. 系统工程理论与实践, 2002, 22 (5): 12-18.

[248] 虚拟化与云计算小组. 云计算实践之道: 战略蓝图与技术架构 [M]. 北京: 电子工业出版社, 2011.

[249] 徐秀梅. 浅议我国云管理模式的现状及问题 [J]. 财经界, 2014 (8):

102-103.

[250] 徐志磊. 国内外制造业发展趋势 [J]. 航空制造技术, 2003 (10): 17-19.

[251] 薛建勋. 面向中小企业的云制造服务平台构建 [J]. 煤矿机械, 2012, 33 (7): 279-281.

[252] 杨海成. 云制造是一种制造服务 [J]. 中国制造业信息化, 2010 (6): 22-23.

[253] 杨楠, 杨涛. 敏捷企业合作环境下的企业注册代理 [J]. 计算机集成制造系统, 2001, 7 (7): 62-66.

[254] 杨阳, 冀何强. 面向集团企业的云制造服务平台 [J]. 信息化技术, 2012 (2): 50-53.

[255] 杨宇环, 杨君岐. 基于云计算的B2C电子商务企业价值链优化 [J]. 企业经济, 2012 (4): 117-120.

[256] 杨竹青. 国外敏捷企业研究体系及发展趋势 [J]. 科技进步与对策, 2012 (11): 155-160.

[257] 于锦华, 霍春辉. 国外组织敏捷性理论研究综述 [J]. 经济管理, 2009 (5): 170-174.

[258] 袁望冬. 发展战略性新兴产业的几点思考 [J]. 现代经济信息, 2010 (23).

[259] 战德臣, 赵曦滨, 王顺强等. 面向制造及管理的集团企业云制造服务平台 [J]. 计算机集成制造系统, 2011 (3): 487-494.

[260] 张鹤达. 基于资源观的IT能力对企业绩效的影响机制研究 [D], 长春: 吉林大学, 2008.

[261] 张洁, 李培根. 敏捷企业的组织模型 [J]. 华中科技大学学报, 2000 (9): 78-80.

[262] 张丽虹. 重视质量鼓励创新提高制造业国际竞争力 [J]. 质量与标准化, 2014 (3): 01-03.

[263] 张霖, 罗永亮, 范文慧等. 云制造及相关先进制造模式分析 [J]. 计算机集成制造系统, 2011, 17 (3): 458-468.

[264] 张霖, 区和坚, 罗永亮, 陶飞. 云制造的研究及应用现状 [J]. 新材料产业, 2013 (8): 63-68.

[265] 张青山, 李铁瑛. 企业敏捷性及其评价 [J]. 沈阳工业大学学报, 2003

(25)：25-26.

[266] 张申生. 敏捷制造的理论、技术与实践 [M]. 上海：上海交通大学出版社，2000.

[267] 张曙. 工业 4.0 和智能制造 [J]. 机械设计与制造工程，2014（8）：1-4.

[268] 张文汇. 欧美再工业化及其挑战 [J]. 中国金融，2013（5）：73-75.

[269] 张旭梅，黄河，刘飞. 敏捷虚拟企业——21 世纪领先企业的经营模式. [M]，北京：科学出版社，2003（3）：59-69.

[270] 张亚勤，沈寓实，李雨航. 云计算 360 度，微软专家纵论产业变革 [M]. 北京：电子工业出版社，2013.

[271] 仉福江，田也壮. 中美制造企业敏捷性改进的比较研究 [J]. 中国管理科学，2005（10）：375-378.

[272] 赵磊，胡小梅，俞涛. 先进制造技术研究综述 [J]. 装备制造技术，2011（11）：75-80.

[273] 赵彦云，秦旭，王杰彪."再工业化"背景下的中美制造业竞争力比较 [J]. 经济理论与经济管理，2012（2）：81-82.

[274] 郑江绥，董书礼. 美国，欧盟发展制造业的经验及其对中国的启示 [J]. 中国科技论坛，2006（3）：130.

[275] 郑晓明，丁玲，欧阳桃花. 双元能力促进企业服务敏捷性——海底捞公司发展历程案例研究 [J]. 管理世界，2012（2）：131-147.

[276] 中国管理模式杰出奖理事会. 云管理时代：解码中国管理模式 [M]. 北京：机械工业出版社，2014.

[277] 周必健. 国际制造业发展五大趋势 [J]. 产经纵深，2003（3）：54-56.

[278] 周和荣，李海婴. 敏捷企业知识管理的动因与机理探讨 [J]. 科技进步与对策，2004（6）.

[279] 周和荣，李海婴. 信息技术提高企业组织敏捷性的作用机理 [J]. 华东经济管理，2004，18（1）：77-80.

[280] 周和荣. 敏捷企业及其运行机理研究 [D]. 武汉：武汉理工大学，2005.

[281] 周和荣. 敏捷企业理论研究综述 [J]. 中国科技论坛，2007（9）：64-68.

[282] 周敏. 面向业务流程的企业知识创新研究 [D]. 长春：吉林大学，

2008.

［283］周晴. 日本制造业竞争优势的分析及对我国的启示［J］. 北方经贸，2010（3）：109-111.

［284］周晓南. 从苏宁电器到苏宁云商：路径，动因与绩效［J］. 商业会计. 2013（19）：33-35.

［285］邹国庆. 企业持续竞争优势的经济学评析［J］. 当代经济研究，2003（4）：28-32.